"十四五"普通高等教育规划教材

教师教育融媒体教材

JIAOYU PINGJIA

教育评价

第 2 版

刘志军◎主　编
张红霞◎副主编

北京师范大学出版集团
BEIJING NORMAL UNIVERSITY PUBLISHING GROUP
北京师范大学出版社

图书在版编目（CIP）数据

　教育评价／刘志军主编，张红霞副主编．—2版．—北京：北京师范
大学出版社，2023.8（2025.8重印）
　教师教育融媒体教材
　ISBN 978-7-303-28613-3

　Ⅰ．①教…　Ⅱ．①刘…②张…　Ⅲ．①教育评估－师范大学－教
材　Ⅳ．①G40-058.1

　中国国家版本馆CIP数据核字(2023)第000192号

出版发行：北京师范大学出版社 https://www.bnupg.com
　　　　　北京市西城区新街口外大街12-3号
　　　　　邮政编码：100088
印　　刷：北京虎彩文化传播有限公司
经　　销：全国新华书店
开　　本：787 mm × 1092 mm　1/16
印　　张：24.75
字　　数：557千字
版　　次：2023年8月第2版
印　　次：2025年8月第3次印刷
定　　价：50.00元

策划编辑：王建虹　　　　　　　责任编辑：吴纯燕
美术编辑：李向昕　　　　　　　装帧设计：锋尚设计
责任校对：陈　民　　　　　　　责任印制：马　洁

全书栏目

本课程的发展历史：开始本课程之前，先了解一下它的发展历程。

本课程的研究方法：如何学习本课程，并进一步展开研究，方法至关重要。

简要目录：一个层级的简要目录让你一眼览尽全书的章目要点。

详细目录：三个层级的详细目录为你提供更具体的页码索引，并展现作者阐释每个章节的角度。

关键术语表：书后会对全书的关键术语做一个整体呈现，并配上英文和解释。

章前栏目

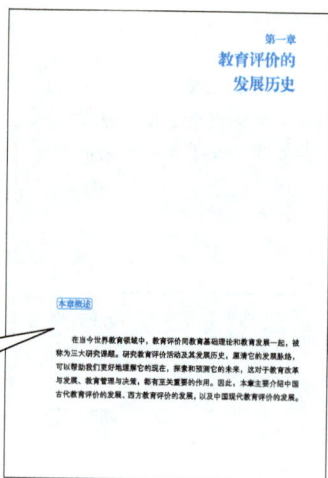

本章概述: 学习每章之前,先了解一下它的内容概要。

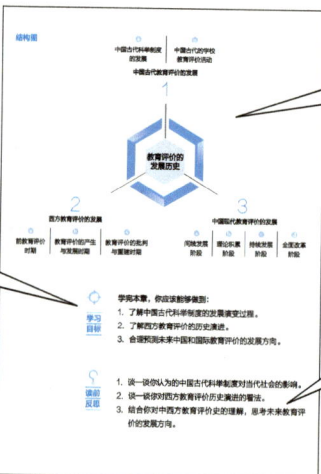

第一章
教育评价的
发展历史

本章概述

在当今世界教育领域中,教育评价同教育基础理论和教育发展第一起,被称为三大研究课题。研究教育评价活动及其发展历史,厘清它的发展脉络,可以帮助我们更好地理解它的现在,探索和预测它的未来,这对于教育改革与发展、教育管理与决策,都有正关重要的作用。因此,本章主要介绍中国古代教育评价的发展、西方教育评价的发展,以及中国现代教育评价的发展。

结构图

中国古代科举制度的发展
中国古代的学校教育评价活动
中国古代教育评价的发展

1

教育评价的
发展历史

2
西方教育评价的发展
前教育评价时期
教育评价的产生与发展时期
教育评价的批判与重建时期

3
中国现代教育评价的发展
初始发展阶段
探索改革阶段
持续发展阶段
全面改革阶段

章结构图: 这张"地图"助你在第一时间把握本章知识结构。

学习目标

学完本章,你应该够做到:
1. 了解中国古代科举制度的发展演变过程。
2. 了解西方教育评价的史演进。
3. 合理预测未来中国和国际教育评价的发展方向。

章学习目标: 清楚了解目标,学习才能更高效。

读前反思

1. 谈一谈你认为的中国古代科举制度对当代社会的意义。
2. 谈一谈你对西方教育评价历史演进的看法。
3. 结合你对中西方教育评价史的理解,思考未来教育评价的发展方向。

读前反思: 反思的问题将带你进入新的知识探索。

章内栏目

节学习目标：只有完成节学习目标，才能实现章学习目标，直至掌握全书内容。

案例：丰富的案例助你更好地掌握理论，并在实践中灵活运用。

章后栏目

本章小结：它概述了本章的重要知识点，为你的复习和回顾提供方便。

关键术语：章后为你提供了本章的关键术语，包括它的英文名称。

体验练习：练习能深化你对知识的学习，并助你查漏补缺。

章节链接：知识之间是有联系的，章节链接为你提供了这种指引，它能让你的知识更加融会贯通。

补充读物：它为你的学习提供了更广阔的阅读空间。

本课程的研究方法

教育评价学是教育科学的一个重要分支学科，与教育理论研究、教育发展理论研究并称为现代教育科学研究的三大领域。教育评价这一概念自产生以来，作为提升教育教学质量、改善教育管理与决策、促进人的成长与发展等的有效手段与主要途径之一，其重要性越来越受到人们的重视。对于未来的教师来说，应学习并掌握教育评价的理论知识与主要技术这一不可缺少的专业素养。本书是为师范类本科生学习"教育评价"这门课程编写的教材，主要介绍了教育评价的一般原理和常用的教育评价方法。下面主要介绍本课程的学习方法以及研究方法，以激发同学们学习教育评价的兴趣，为同学们正确认识、学习这门课程奠定基础。

一、学习教育评价需要正确的方法做指导

正确的学习方法是有效学习的前提和基础，有没有好的学习方法做指导直接决定了本课程的学习效果。在学习教育评价这门课程之前，有必要先了解它的正确学习方法。

第一，理论与实践相结合。教育评价是一门高度体现理论性与实践性相融合的学科。一方面，教育评价与一般的教育理论相比，深具实践性特征。纵观教育评价发展历史，泰勒之所以能够提出"教育评价"这一概念，正是基于20世纪30年代美国课程改革"八年研究"评估工作的实际需要，在理论上突破了教育测量的桎梏；而斯塔弗尔比姆也是出于20世纪60年代美国政府教育资助项目评估的实践需要，在反思、批判泰勒目标评价模式的基础上，提出了CIPP评价模式，在理论界影响至深。此外，教育评价活动的开展是一项深深扎根于实践领域的工作，其组织、实施、程序、方法、技术等无不要求具有实践操作性，脱离了这种"草根式"的土壤，教育评价的实践工作将无从谈起。因此，在广大教育行政管理人员、中小学校长、教师及学生等眼中，教育评价更多的是一项与他们切身利益密切相关的实践工作，而非一种纯粹的理论研究。另一方面，教育评价与一般的技术方法相比，又深具理论性诉求。尽管教育评价对实践性有着较高的要求，但教育评价又不仅仅遵循实践逻辑，其实践性背后同样需要深刻的基础理论作为支撑。例如，教育评价准则与标准设计的方法要能够用测量学的理论解释清楚，评价信息收集及评价结论得出的方法也需要符合统计学、教育学等的一般规律。此外，就教育评价研究本身而言，理论研究就是一个不断澄清、沉淀、提升实践的过程，教育评价理论研究恰恰是教育评价实践工作被高度概括化、抽象化的结果。因此，学习"教育评价"这门课程，必须将理论和实践相结合，在理论学习的时候，不忘观照实践；在实践学习的时候，不忘弄通理论。

第二，历史与现实相结合。在唯物辩证法看来，任何事物的发展都遵循着历史与逻辑统一的原则，教育评价同样也不例外。如前所述，就教育评价的产生与发展来看，教育评价每一次在理论上的重大突破和在实践上的显著进步，都深受当时社会、政治、经济、文化、科学等特定的时代背景或现实条件的影响，如果用今天的眼光来看，可能很多理论观点和实际

做法都存在不少值得商榷的问题，但在当时的历史背景与条件下，它们又无疑具有一定的历史合理性和进步性。例如，泰勒提出的一套以教育目标为中心的课程和评价编制的模式，它所带来的轻过程、重结果的导向，忽略人的主体性、复杂性，把教育评价简单化、机械化，甚至是作为根基的教育评价目标的科学性等，虽然成为后来者批判的地方，但是我们也必须看到，目标评价模式首次明确地把评价引入课程编制过程，程序严密、结构紧凑，且针对性强、实效性好，有利于目标达成和找出差距，有利于解决高级智慧技能的测量问题等，这些都是此前教育测量时代无法比拟的，也是此后教育评价理论突飞猛进的前提和基础。因此，才有评论指出，泰勒是教育评价史上一个不能跨越也无法跨越的里程碑式的人物。同样，在当代教育改革与发展中，针对教育评价问题的怀疑与批判也有不少，如应试教育、唯分数论等，这些问题固然有其现实的不良影响，但也应该明白，目前存在的问题既有历史的原因，也有现实的原因，但其本质上是属于改革过程中的问题，而非改革性质的问题。总体而言，我国在推进素质教育、实施考试与制度改革方面的大方向是正确的，也是不断进步的。因此，学习教育评价这门课程，需要秉持历史与逻辑相统一的原则，能够全面、客观、理性地认识和对待教育评价的历史与今天。

第三，国内与国外相结合。众所周知，教育评价这门学科脱胎于西方话语体系，我国教育评价的理论研究最初也是通过译介、学习国外研究成果开始的，我们今天经常谈起的泰勒、斯塔弗尔比姆、斯克里文、古巴和林肯、梶田叡一等，都是国际教育评价领域的代表人物，他们的理论观点和学术建树在我国学术界影响甚广。21世纪以来，国外教育评价领域的先进做法和实践经验也源源不断地被介绍到我国，如真实性评价、表现性评价、档案袋评价、PISA测试等，为我国学生评价的理论研究和实践探索带来不少新鲜的声音，在教育评价的国际交流与学习越来越畅通便捷的今天仍显得尤为珍贵。但同时，我们也应该看到，不同国家教育评价问题的产生及其解决的办法，一定是结合了不同国家的实际情况与需要的，即教育评价的理论研究与实践探索一定是根植于特定"土壤"的，没有所谓放之四海而皆准的评价理论或评价模式，换言之，就教育评价的学习与借鉴而言，只有适合不适合，而没有所谓是不是最好。例如，为扭转教育评价的不科学导向，打破我国学生评价领域长期以来的"唯分数论"倾向，2014年开始试点的新高考改革确立了"两依据一参考"的高校招生录取机制，尤其是把综合素质评价作为重要参考，被视作这次新高考改革的关键点和突破口，即要求对学生思想品德、学业水平、身心健康、艺术素养、劳动和社会实践等多方面素质进行综合评判，以帮助高校招生实现精准选拔。美国私立高校联盟推出的学生综合素质评价新模式也颇受关注，该模式以不打分、不评级，只是持续追踪、记录、评估学生能力为特点，着重测评学生的分析与创造性思维、口头和书面表达等复杂沟通能力、领导力和团队协作能力、数字化和量化分析素养、全球视野、适应性主动性和冒险性、道德与诚信的决策力、思维习惯等综合素质，并获得了包含80余所美国著名高校的美国"入学、资助以及成功联盟"

（Coalition for Access，Affordability and Success，CAAS）的支持。可见，两种综合素质评价模式都试图涵盖学生发展的重要方面，并期待通过评价对人才培养规格与发展方向带来积极引导作用。同时，二者在评价侧重点和评价体系上又有着明显区别，并且都面临着评价科学性与公平性的问题。研究和分析国内外综合素质评价的不同模式，对于认识新时代对人才素质的要求，加强我国学生综合素质评价工作，完善"两依据一参考"的新一轮高考招生制度改革方案等，都有着十分积极的作用。因此，学习教育评价这门课程，需要将国外与国内有机结合，既不能夜郎自大、故步自封，也不能一味跟随崇拜、亦步亦趋，正确的学习态度应该是兼容并蓄、博采众长、扎根本土、自主探索，从而各美其美、美美与共。

二、教育评价需要科学的研究方法

研究方法常常决定了科学研究的广度和深度，作为一门学科，教育评价的研究方法同样非常重要，科学的研究方法将有助于教育评价在理论和实践领域取得更加广泛、深刻的成效。具体而言，本课程的研究方法有以下几种。

1. 文献研究法。文献研究法指的是通过系统全面搜集、查阅、分析与本课程相关的文献资料，明晰研究现状、问题和发展趋势的一种研究方法。学习者要想学好教育评价这门课程，必须要注意研读教育评价领域中的经典名著、文章，深刻理解其中的思想精华，同时，还要密切关注改革发展过程中具有代表性的与教育评价有关的重要政策文本或实践资料，充分吸收其中的实践智慧。总之，对各类文献不仅要多读、会读，还要读深、读透，才能切实提高学习效率和学习质量。

2. 比较研究法。比较研究法指的是遵循一定的标准，把与本课程相关的多种教育问题或教育现象放在一起进行考察，通过辨别其异同，揭示评价真相、性质和规律的一种研究方法。比较既是一种思维方法，也是一种具体的研究方法，有比较，才有鉴别，有鉴别，才有判断。教育评价如果只是局限于对某个（些）教育现象或教育问题就事论事，往往很难形成对该现象或问题的全面、透彻把握，难逃狭隘、偏颇的窠臼。科学运用比较研究法，能够扩大研究视域，增长教育知识，并有助于获得新的认识和结论，深化对教育问题本质的理解。

3. 历史研究法。历史研究法指的是通过对教育问题或教育现象的史料进行系统、周密的搜集、鉴别、分析，探求教育发展历史过程，揭示其发展规律，指导现在、预测未来的一种研究方法。这种方法以逻辑分析为主，就教育评价而言，非常强调研究者的主体性、研究对象的具体性以及研究问题的综合性。科学运用历史研究法，能够把握教育评价发展的规律和特点，深化对教育问题的理解，同时，通过借鉴历史经验和教训，达到鉴古知今、古为今用的目的。

4. 调查研究法。调查研究法指的是在教育理论指导下，运用观察、问卷、访谈等方式搜集资料，科学分析与认识教育现状，并提出具体工作建议的研究方法。调查研究以当前的教育问题为研究对象，为的是认识某一教育现象、过程以及解决某个实际问题。教育评价的实践性取向非常明显，通过各种调查方法，可以了解教育现状，获得第一手实践材料，能够帮助发现教育中的问题，总结教育经验，更好地为教育管理和决策提供依据，从而不断推进改革发展。

综上所述，正确的教育评价学习方法为研究教育评价现象与问题奠定了基础，反过来，科学的教育评价研究方法也为教育评价的有效学习提供了保障，两者相辅相成，缺一不可。对此，学习者和研究者要有清醒的认识，并正确处理好两者的关系。

简要目录

第一章　教育评价的发展历史

第二章　教育评价的概念

第三章　教育评价的目的与功能

第四章　教育评价的类型与内容

第五章　教育评价的模式

第六章　教育评价的程序

第七章　教育评价的方法

第八章　学生评价

第九章　教师评价

第十章　学校评价

第十一章　课程评价

第一章
教育评价的
发展历史

本章概述

　　在当今世界教育领域中，教育评价同教育基础理论和教育发展一起，被称为三大研究课题。研究教育评价活动及其发展历史，厘清它的发展脉络，可以帮助我们更好地理解它的现在，探索和预测它的未来，这对于教育改革与发展、教育管理与决策，都有至关重要的作用。因此，本章主要介绍中国古代教育评价的发展、西方教育评价的发展，以及中国现代教育评价的发展。

结构图

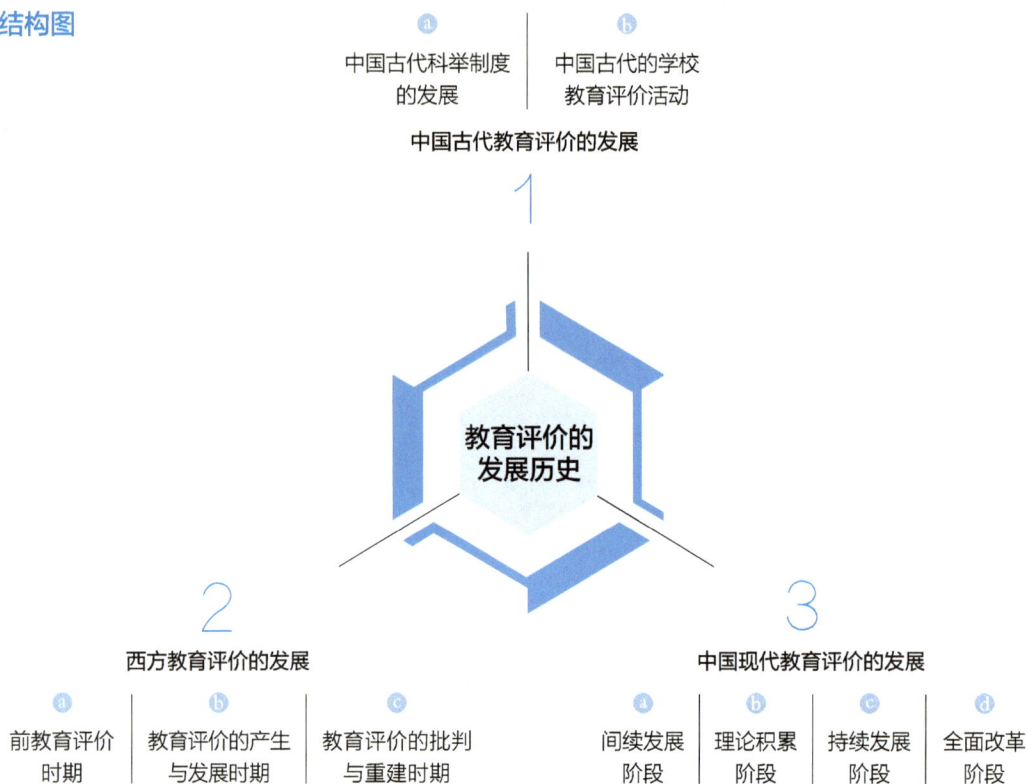

学习目标

学完本章，你应该能够做到：

1. 了解中国古代科举制度的发展演变过程。
2. 了解西方教育评价的历史演进。
3. 合理预测未来中国和国际教育评价的发展方向。

读前反思

1. 谈一谈你认为的中国古代科举制度对当代社会的影响。
2. 谈一谈你对西方教育评价历史演进的看法。
3. 结合你对中西方教育评价史的理解，思考未来教育评价的发展方向。

纵观教育评价的发展历史，我们既可以看到中国古代源远流长的教育评价思想和丰富的教育评价实践，又可以看到西方，特别是西方现代系统的教育评价理论和教育评价实践。缺少或忽视任何一方，都将有损于我们对今日教育评价的完整理解，本章按照中国古代教育评价的发展、西方教育评价的发展和中国现代教育评价的发展三条线索来展开叙述，努力还原教育评价发展的历史全貌。

第一节
中国古代教育评价的发展

学习目标

解读中国古代科举制度和学校评价活动，理解中国古代教育评价的内涵与发展。

中国是世界文明古国之一，历史悠久，文化灿烂。研究中国古代教育评价活动的产生和发展，无论对我们正确理解中国教育评价的现状，还是深刻理解世界教育评价的进展，都具有十分重要的意义。

中国古代教育评价活动一直与科举制度密切相关，其所形成的一整套包括教育、考试、选才在内的严密完整的评价制度，是中国传统教育的一大特色，并成为中国现代教育评价活动的源头。科举制度的演化，正是我国古代教育评价进展的主线。因此，研究中国古代学校教育评价活动，必须从研究我国古代科举制度开始。下面就科举制度和学校教育评价活动两部分来介绍我国古代的教育评价活动。

一、中国古代科举制度的发展

中国古代选士制度是中国古代政治的一个重要组成部分，它的形成和发展经历了一个由简单到复杂，由低级到高级的漫长过程。它贯穿中国的历史，以先秦时期的世袭制为开端，经两汉时期的察举制、魏晋南北朝时的九品中正制得以发展，其后从隋唐时期科举制定型，一直沿用到1905年。科举制是我国古代社会持续时间最长、影响范围最广的选士制度，也是迄今为止沿用时间最长的一种教育评价制度。科举考试制度自产生以来受到历朝历代的推崇，对我国的政治、经济、思想文化都产生了巨大的影响。

科举制度产生于隋朝，经唐朝的发展和宋、元、明、清的演变，逐渐成为一种完备化、定型化的选士考试制度。所谓科举制度，是指分科考试并根据考试成绩来选拔人才的制度。

它既不同于以德取人的两汉的察举制，又不同于以门第取人的魏晋南北朝的九品中正制——两者都以荐举为主，考试为辅；而隋唐以后的科举制则以考试为主，荐举为辅。[1]自隋唐至明清，科举制度的发展过程大致可以分为三个阶段：隋唐形成、宋代成熟、明清高度程式化。

隋朝建立起统一的、多民族的封建国家后，迫切需要大批德才兼备的人才来充实行政机构，巩固政权。而在隋朝创建过程中，经济力量日益发展、社会地位得以上升的庶族地主要求分享政治权力。为不拘一格选拔人才，解决官吏缺乏的问题，新的选士制度应运而生。隋炀帝大业二年（606年）秋七月，"始建进士科"，科举制度正式产生，九品中正制基本废除。

到了唐朝，科举制度得到进一步发展：逐步扩大考试科目，增加考试内容，完善考试程序。科举制度逐渐取代了以荐举为主的选士制度，成为国家选拔人才的主要途径。唐代参加科举考试的考生主要是中小地主（即所谓庶族地主）出身的知识分子，有三个来源：一是生徒，二是乡贡，三是制举。其中，生徒和乡贡都是常科的考生，生徒指通过考试的官学学生，乡贡则是由各州县考送的士人；制举不是常科，是因帝王的一时高兴或急需而举行的。通常说的科举指的是常科。每年十一月一日，中央和各州、县、馆、监，通过考试挑选学业已成的学生（生徒）报送至尚书省，而乡贡则由个人自己向州县提出书面申请，考试通过者由长史送至尚书省，经户部审查后再将名册送往礼部。礼部定期举行省试，省试及第后再参加吏部考试，合格后才能授官。

唐朝科举设科繁多，有常科（12种）、制科（多达86种）和武科，但实际上经常举行的是常科中的秀才、明经、进士、明德、明字和明算六种。[2]虽然每科考试内容各有特点，但最后录取的主要是通经的儒士。常科中，明德、明字、明算等科，因为所选人才需要数量不多，统治阶级又不大重视，故不常开；秀才科因取人标准过高过难，于高宗初年停止。最常见的是明经和进士两科。明经科的主要内容是对五经义理的记忆和解释。进士科的内容主要是试时务策问，也试经义。进士科难度高于明经科，而入仕及待遇则优于明经科，所以进士科投考者多而录取者少，故有"三十老明经，五十少进士"的说法。

唐朝科举考试的主要方法有帖经、墨义、口试、策问、诗赋五种。"帖经"是将所考经书的某页遮掩两端仅露一行，再用纸贴盖此行的三五字，让考生填写这几个字，类似现在的填空题；"墨义"是一种对经义的简单问答，相当于现今的简答题，只要熟读经文和注疏就能回答，被试者以笔回答称"墨义"，以口回答就是"口试"（口义）；"策问"是以重大历史或现实问题为题，让考生分析并提出自己的主张和解决问题的方法，类似于现在的论述

1 孙培青. 中国教育史[M]. 上海：华东师范大学出版社，2009：160.
2 张惠芬，金忠明. 中国教育简史[M]. 上海：华东师范大学出版社，2001：226.

题；"诗赋"是后来加试的一种方法，也称帖诗。唐朝进士科考试偏重诗赋，对于诗赋的兴盛起了一定的推动作用。

唐朝科举考试非常重才，对考生的才能提出很高的要求。例如，吏部考试包括"书、判、身、言"四个方面："书"，即书法，标准是"楷法遒美"；"判"，即文字逻辑，标准是"文理优长"；"身"，即仪表，标准是"体貌丰伟"；"言"，即口齿是否清楚，标准是"言辞辨正"。

唐宋以后，由于政治的需要，统治者越来越重视科举制，科举制因而日益完善。以科举考试的分级为例，唐朝科举一般分为县试与礼部试两级，宋代增设殿试，明清时增至四级：童试（选秀才）、乡试（选举人）、会试（选贡士）和殿试（选进士）。再以评阅试卷为例，早期只在卷面上批上"通"或者"不"，到清朝时评卷采用的是五级评定法。[1]宋朝以后，科举取士规模扩大，及第后待遇更加优厚，凡中进士者立即授官，无须再经吏部考试，所授官职亦十分尊显。科举考试的组织也更加严密，采取了"锁院""糊名""誊录""别头试"等办法，来提高考试的客观性和公正性。

宋元时期的科举制度主要在沿袭唐朝科举旧制的基础上，结合社会发展的实际情况，做出适当调整和改革，使科举的规模和制度得到进一步发展，逐渐走向成熟。

唐朝时期，科举考试每榜录取人数很少。宋朝为扩大科举名额，除按照常例录取正奏名外，还增设"特奏名"。所谓"特奏名"，就是对多次参加省试而不及第的年老举子给予优待并特赐出身的办法。[2]

宋代科举考试时间并不统一。宋太祖时沿袭唐制实行一年一考。宋太宗以后，考试时间没有规律，多间隔一年或两年开科，甚至也出现过连续五年未开科的情况。宋仁宗嘉祐二年（1057年）后，曾固定为"间岁一贡举"。至宋英宗治平三年（1066年），确定科举考试时间为"三年一贡举"并将此作为定制，该定制一直延续至清末科举考试制度被废除。

宋代科举考试地位高，深受重视。以科举考试分级为例，唐朝科举一般分为县试与礼部试两级，宋代增设殿试，形成州试（地方考试）——省试（尚书省礼部主持）——殿试（由皇帝主持）。殿试的确立使得考生成为"天子门生"，这一制度也被后世采纳，成为科举的一大显著特征。

为了维护考试的客观性和公正性，防止考生舞弊，宋代实行了"别头试""锁院""糊名""誊录"等办法，加强对科举考试组织管理。"别头试"是为了防止考生与考官因亲戚朋友关系而影响考试公正。宋太宗雍熙二年（985年），规定凡是省试主考官、州郡发解官和地方长官的子弟、亲戚、门生旧故等参加科举考试，都应另派考官，别院应试。"锁院"是为了限制和防范主考官的权力而实行的考官隔离制度。宋代主持礼部试的主考官由皇帝直接

1　涂艳国. 教育评价[M]. 北京：高等教育出版社，2007：48.
2　刘海峰，李兵. 中国科举史[M]. 上海：东方出版中心，2004：311-313.

任命，年年更换，称为"知贡举"，同时又配置"同知贡举"以对考官进行监督。宋太宗淳化三年（992年），建立锁院制，即知贡举官员一经任命，立即锁宿于贡院，使其与外界隔离，以避免考官接受寮友权贵的请托或贿赂。"糊名"是指将试卷上的姓名、籍贯等密封起来，以防止考官徇私舞弊。实行"糊名"后，为防止考官根据字迹辨认出答卷人，在宋真宗景德二年（1005年）开始实行"誊录法"，即将试卷另外誊录副本。宋代在防止科场舞弊方面作了积极探索，在实际中也取得了一定成效，在历史上产生重要影响，其建立的防止舞弊的办法为后世所沿用。[1]

宋代科举在考试方法和考试内容上也有所变动。王安石领导"熙宁兴学"期间，在崇实尚用的教育思想指导下，对科举考试制度进行改革。在他的建议下，熙宁四年（1071年）二月，正式下令废除明经诸科，进士科考试罢帖经、墨义、诗赋，试以经义、策论。此外，为统一思想，熙宁六年（1073年）三月，宋神宗下诏设置经义局，由王安石主持对《诗》《尚书》《周礼》三部儒家经书重新加以注释，通称《三经新义》，并将《三经新义》作为士子学习的官定统一教材，也是科举考试的基本内容和标准答案。[2]

元朝在科举制上没有明显创新之处，但民族区分明显。如蒙古人、色目人和汉人、南人在考试科目、考试要求等方面有所不同，存在"蒙易汉难"问题。在御试放榜时，也有左右榜之分，蒙古人、色目人列榜于右，以示尊贵，而汉人、南人则列榜于左。

明朝是科举制度的鼎盛时期，在继承宋、元科举制度的基础上，建立了称为"永制"的科举定制。除了对考试程式作出明确规定外，明朝还将八股文固定为科举考试文体。八股文是一种命题作文，有固定结构。一般而言，每篇八股文的结构由破题、承题、起讲、入手、起股、中股、后股、束股八部分组成。[3] 八股文的产生使考试文体更为标准化，一定程度上促进了考试的客观公正，然而，八股文也禁锢了士人的思想，严重败坏士风、学风，预示着科举制度由一种先进的人才选拔制度开始走向僵化和没落。明朝对于考生的来源也有了更多限制。明朝将学校教育纳入科举体系，主张"科举必由学校"[4]，只有接受学校教育取得出身的学子才有资格参加科举考试，从此，学校教育与科举考试紧密联系在一起。

清朝是中国科举制的衰落和灭亡时期。清朝的科举制度与明朝的科举制度基本相同，沿用八股取士制度，大兴文字狱，科举制度日益腐朽。清朝学校教育与科举的联系更为密切，科举考什么，学校就学什么，学校教育彻底沦为科举附庸。清朝科场条例最为严密，然而在利益的驱使下，考生不得不铤而走险，致使科场舞弊现象层出不穷，即使朝廷进行严厉打压和惩处，舞弊现象也只是暂时收敛，产生舞弊的根源并没有消除。朝廷管控一旦松懈，考生就会寻找时机作弊，舞弊现象又重新出现，这也是科举制度必将走向灭亡的征兆之一。

---

1 孙培青. 中国教育史[M]. 上海：华东师范大学出版社，2009：230.
2 孙培青. 中国教育史[M]. 上海：华东师范大学出版社，2009：230.
3 刘海峰，李兵. 中国科举史[M]. 上海：东方出版中心，2004：311-313.
4 孙培青. 中国教育史[M]. 上海：华东师范大学出版社，2009：230.

科举制度自产生以来便与学校教育制度联系在一起，其对后代的影响也都源于两者的结合。尽管科举考试在历代王朝的推崇下逐渐异化，其内容和形式逐渐僵化，禁锢了知识分子的思想，导致学校成为科举的附庸，阻碍了教育的发展，但是在科举制度的发展与完备过程中，考试科目的演变、考试方式的多样、考务管理的日益完善等都对当代的学校教育考试具有一定的借鉴意义，值得后人不断研究和学习。

二、中国古代的学校教育评价活动

与科举制度相适应，我国历朝历代也形成了各具特色的学校教育评价制度。其中最具代表性的有以下几种。

（一）西周的视学考试制度

中国古代的学校教育评价活动始于西周时期的视学考试制度。《礼记·学记》中记载了西周的视学考试制度："比年入学，中年考校，一年视离经辨志，三年视敬业乐群，五年视博习亲师，七年视论学取友，谓之小成；九年知类通达，强而不反，谓之大成。"这是我国有记载的最早的系统的学校教育评价制度。又《礼记·王制》载，主管大学的大乐正负责评定、推选在学者，从"大成"中选取"进士"，经过考核与选拔，呈报于王，授予官位与爵禄。可见，西周时期，在各级乡学和国学之间，不仅建立了逐级递升制度，而且学校的考查和国家的选士有机统一，这就极大地激发了士子读书做学问的积极性，促进了当时文化教育的发展，对春秋战国在学术上的百花齐放，以及取士的不拘一格起了重要作用，为中国古代教评合一的学校评价与选士制度的发展奠定了基础。

（二）汉代太学的"学选"制度

汉武帝元朔五年（公元前124年）创立的太学，既是全国最高学府，又是一个国家考试机关。汉代太学没有规定修业年限，只要通过了考试就可以毕业授官，所以汉代太学很重视考试。西汉时一年一考，通过者委以官职，此谓"学选"。东汉时改为两年一考，考试的办法称为"策试"，类似今天的抽签考试。由主试官根据经义拟出若干试题，按难易程度分为甲乙两科，由主试者选择题目令考生回答的称为"对策"；由考生抽取题目然后回答的称为"射策"。策试合格按甲乙科授予不同的官职。不合格者继续学习，下次再考。每次考试结束后依据考试结果或授予不同的官职，或给予奖赏，考试成绩低下者，则令退学。例如，西汉时太学中的岁试规定，能通一艺以上者，授文学掌故；成绩优异者，可任郎中；才能低下，考试又不能通一经者，则令退学。东汉时，对太学学生，根据通经多少授予不同的官职，过程如下：考试——（通二经）——授文学掌故——再考试——（再通二经）——授太子舍人——再考试——（再通二经）——授郎中。这种考试方法具有选拔贤才和督促学生学习的双重作用。

（三）隋唐的学校评价制度

自隋唐至清末，与科举考试的产生与发展相配合，学校评价制度也获得了较大的发展。

隋唐时期学校考试分为三种：旬考、岁考、毕业考。旬考在旬假前举行，考学生十日之内所学习的课程，分背诵和讲解两类。旬考因相隔时间太近，后改为月考。岁考是考一年以内所学习的课程，口问大义十条，答对八条为上等，六条为中等，三条为下等，下等为不及格，须重习。如不及格达三次，则延长在校时间，至九年而仍不及格，则令其退学。毕业考由博士出题，国子祭酒监考。凡学生能通二经者，方能与试。考试及格者可出校应省试；欲继续求学者，四门学的毕业生则补入太学，太学毕业生则补入国子学。

（四）宋代的"三舍法"

宋代学校考试制度的典型代表是王安石在改革太学时创立的"三舍法"。"三舍法"有三个特点：一是采用升舍考选制度。即把太学分为外舍、内舍、上舍三等，太学生依次升舍；上等考试成绩优异者直接授官，中等者直接参加殿试，下等者直接参加省试，即所谓"上等以官，中等免礼部试，下等免解"。这一改革措施，事实上将太学变成了科举的一个层次，学校彻底变成了选官制度的一个组成部分。二是学问、德行并重。每月考核"行""艺"，而所谓"行"主要指遵法守纪的品行，所谓"艺"主要指每月由学官出题考试的成绩。三是实施积分法。依学生平时"行""艺"表现计分，学年末再评定等级，作为学生升舍的重要依据。这样可以使总成绩评定比较合理、准确，减少了考核中的偶然性和主观随意性。

（五）元代的"升斋积分法"和"贡生制"

元代学校考试制度的典型代表是国子学实行的"升斋积分法"和"贡生制"。"升斋积分"是把学员按程度分别编入三斋，后改为六斋。每季考其所习，依次递升。汉人升至上两斋，蒙古人、色目人升至中两斋后，只要两年未曾犯过，则允许按月参加考试，依其成绩判分，一年内积至八分为及格，可充高等生员。坐斋三年以上即可充贡举，其中最优者六人可直接授官。这种选拔优异生员直接授官的制度称为"贡生制"，是西周以来学校考试与选士制度相结合的传统的延续。

（六）明代的"六堂教学法"

明代也有明确的学校考试制度。例如，国子监教学组织分为"六堂"，初等生员入"正义""崇志""广业"三堂，修业一年半以上；初等生员修业期满，文理流畅的，升中等，入

"修道""诚心"二堂，修业一年半以上；中等生员修业期满，经史兼通，文理全优的，升高等，入"率性"堂。生员升入"率性"堂，则用积分制，按月考试，一年内积分达到八分者为及格。但在学校需满700天才可毕业，毕业后即派相应的官职。

综观我国古代教育评价活动的发展历程，可以看到，我国古代社会的教育评价活动有两个突出特点：其一，教育评价与选士制度紧密结合，学校考试是学生入仕的重要途径；其二，教育评价制度以科举制度最为完备，在历代科举制度的演化中，人们对考试的意义及其与学校教育的关系的认识越来越清晰，在考试的组织、管理、方法、评分等方面逐渐形成了一整套较为严密的制度。这是中国古代文化的一大特色，也是对教育评价理论和实践的贡献，为现代教育评价制度的形成与发展奠定了一定的实践基础。

第二节
西方教育评价的发展

🎯 **学习目标**

了解前教育评价时期、教育评价的产生与发展时期、教育评价的批判与重建时期，系统梳理西方教育评价分期。

20世纪上半叶，美国学者明确提出了教育评价这一科学概念，开始系统探索现代意义上的教育评价理论和方法，并把教育评价作为一门独立学科来研究和发展。因此，我们需要对西方教育评价的历史，尤其现代西方的教育评价理论和实践的发展进行系统的梳理。

关于西方教育评价历史阶段的划分，国内外教育评价界有着不一的看法，有的甚至差异较大。如美国学者马道斯（G. F. Madaus）、斯克里文（L. Scriven）和斯塔弗尔比姆（D. L. Stufflebeam）在他们1983年合编的《评价模式》一书中，把教育评价的发展历史分为六个阶段，分别是1800—1900年的变革时期、1901—1930年的效率和测验时期、1931—1945年的泰勒时期、1946—1957年的萌芽时期、1958—1972年的发展时期和1973年以后的专业化时期。[1] 而古巴和林肯则在《第四代评价》一书中认为评价经历了四个阶段，即19世纪末至1930年的测量时期、1930—1957年的描述时期、1957—1980年的判断时期、1980年以后的以共同建构为标志的第四代评价时期。[2]我国自20世纪80年代开始研究教育评价，国内研究者也从不同

---

1 [美]马道斯，斯塔弗尔比姆，斯克里文. 方案的评价：历史的概观[M]. 文新华，唐玉光，王钢，译，赵永年，校. //瞿葆奎. 教育学文集·教育评价. 北京：人民教育出版社，1989：70-90.
2 刘志军. 走向理解的课程评价：发展性课程评价理论探索[M]. 北京：中国社会科学出版社，2004：172.

的角度出发，对教育评价的发展历史做出了多种不同的时期划分。本书根据教育评价方法的变化和发展，对西方教育评价的历史进行概观的处理，把它分为三个时期：前教育评价时期、教育评价的产生与发展时期、教育评价的批判与重建时期。[1]

一、前教育评价时期

一般认为，现代教育评价产生于20世纪30年代的"八年研究"，但并不是说在此之前西方学校教育中完全不存在教育评价。实际上，学校出现以后至20世纪30年代以前的这个时期，教育评价已经以萌芽和片断的形式在西方学校教育中存在和发展了很长时间，我们把这一时期称为前教育评价时期。此时，真正意义上的"现代教育评价"还没有出现，还没有形成专门的教育评价理论，但教育评价的实践却非常丰富，通常与教育活动或人才选拔活动相融合而大量存在。

（一）以考试为主的时期

西方早期的教育评价活动主要是考试，有口试和笔试两种形式。19世纪上半叶以前，学校评价学生的基本方法是对学生逐个进行口试。其执行主体主要是教师，其目的是检查学生的学习情况。评价通常伴随教学过程进行或者在教学之后进行，随意性和主观性很大，缺乏统一的标准和应有的客观性。

19世纪的工业革命给西方社会带来了经济和科学技术的迅速发展。广泛和迅速地提高劳动者的素质和技能成为当时社会发展的迫切需要。因大批的劳动者进入学校学习和培训，单纯的口试法越来越不适应学校发展的需要。这时，受中国考试形式的影响，西方学校逐渐开始出现笔试法，提出了以笔试取代口试的改革要求。1702年，英国剑桥大学首先以笔试代替口试，开西方笔试之先河。不过那时的笔试和现在不尽相同，主要是一种论文式的考试。1845年，美国马萨诸塞州波士顿教育委员会率先倡导以笔试代替口试来考查该市所属学校的毕业生，笔试第一次在西方得到官方的认可。这是教育评价史上的一件大事，它为用学生考试分数作为评价学校教学质量的重要依据打下了良好的基础。此后，笔试在西方就逐渐流传开来，至19世纪后半期，笔试最终取代口试成为西方学校考试的主要形式。

教育评价方法从以口试为主发展到以笔试为主，是一个了不起的进步。因为相对于口试而言，笔试拥有极大的优势：第一，口试不能用相同的题目考查不同的应试者，考试就失去了统一的标准，而笔试可让应试者做相同的题目，进行公平竞争；第二，口试耗费的时间多，效率低，在相同的时间里，笔试能获得更多有关学力的信息资料；第三，口试不能保存

1　刘志军. 走向理解的课程评价：发展性课程评价理论探索[M]. 北京：中国社会科学出版社，2004：172.

考试记录，而笔试则可以保存原始资料，以便事后吸取经验，总结教训，也有利于改进以后的考试；第四，口试成绩在很大程度上受考官的情绪、考场气氛、应试者的性格等因素的左右，而笔试则比较客观、可靠，可以减少考官对个别应试者的偏袒或歧视。

（二）以教育测验为主的时期

这一时期大致为19世纪末到20世纪30年代。19世纪末，受实证主义追求客观、科学的思想的影响，笔试中的问题逐渐受到人们的关注。当时的笔试一般主要是论文式试题，评分时易受主观因素的影响，客观性程度不高，而且试题往往太少，不足以反映学生学习程度的全貌。为矫正这种弊端，一些学者做了大量研究工作，提出了以教育测验取代考查考试的主张。

从教育测验的发展历史来看，教育测验的产生不仅在理论上受实证主义哲学的影响，而且在技术上以三个条件为前提：一是现代实验心理学周密的实验计划和测量方法的启示；二是统计测量技术的相继问世；三是心理测验的直接推动。[1]这三个前提条件在19世纪末到20世纪初相继具备，为教育测验的诞生奠定了基础。

1864年，英国格林尼治医学校校长费舍尔（G. Fisher）公布了以习字、拼字、数学、《圣经》以及与其他科目质量水平相对应的实例和说明为主要内容的标准对照表（Scale-book），并规定了按"五分制"评分的标准。这是第一个依据一定的价值标准进行评分的标准的尺度表或量表，是用科学方法研究教育测验问题的最初尝试，费舍尔也由此被视为考试客观化的先驱者。他的成果成为50年后桑代克等人开展教育测验的重要依据。

1879年，冯特（Wundt）在德国莱比锡设立了第一个心理学实验室，为进一步揭示人的心理本质问题设计了种种周密的实验方案和实现这些方案的各种严密的测量方法。1882年，英国的高尔顿（S. Galton）在伦敦设立了人类学测验实验室，对人类个别差异进行研究。他在统计学者皮尔逊（K. Pearson）的帮助下，设计了许多统计方法。一些教育家借鉴这些统计方法，把不同学生的学习能力和学习效果量化，并加以客观比较。

1897年，美国巴尔的摩市教育长莱斯（J. M. Rice）发表了他对20所学校的1.6万名学生所做的拼字测验的结果，在教育界引起了强烈反响。他的测验表明：8年中每天花45分钟进行拼字练习的学生的测验成绩同每天花15分钟进行拼字练习的学生的测验成绩并没有多大区别。于是，他提出要对教学方案进行改进。1895—1905年，莱斯还编制了算术、拼音、语言等测验，他因此被称为教育测量的先驱者。

正是在这些前期研究的推动下，一场教育测验运动蓬勃地开展起来。

教育测验运动的中心人物是美国著名心理学家桑代克（E. L. Thorndike）。艾尔斯（L.

1　刘志军. 走向理解的课程评价：发展性课程评价理论探索[M]. 北京：中国社会科学出版社，2004：174.

P. Ayres）曾说过："我们既称莱斯为教育测验的创始者，则对桑代克应称之为教育测验运动的鼻祖。"1904年，桑代克发表《精神与社会测验学导论》（*An Introduction to the Theory of Mental and Social Measurement*），这是一本测验学史上划时代的巨著，标志着教育测验运动的开始。该书系统地介绍了统计方法以及编制测验的基本原理，并提出了一个著名的论断："凡是存在的东西都有数量。"该论断奠定了教育测量的基础。后来，美国的麦柯尔（W. A. McCall）又做了进一步的补充："凡是有数量的东西都是可以测量的。"这一论断与前一论断珠联璧合，激励了众多的教育研究者参与到教育测验运动中，大大推进了教育测验的发展。

1909年，桑代克又编写了适用于书法、拼字、作文和画图测验的标准化测验工具，包括《书法量表》《拼字量表》和《作文量表》等，形成了教育测验史上最早的标准量表。[1]在学业成就测验方面，美国教育家斯通（C. W. Stone）于1908年编制出"数学标准学力测验"。麦柯尔进行了"考试信度实证研究"，于1920年前后发明了T. B. C. F制。而在智力测验上，法国的比纳（A. Binet）与西蒙（T. Simon）于1905年提出了第一个智力量表，即《比纳—西蒙量表》，1908年的修订版引入了"智力年龄"概念，1911年再次修订。此量表奠定了智力测量的基础，为此，比纳被称为智力测量的鼻祖。美国斯坦福大学心理学教授推孟（L. M. Terman）1916年发表了对《比纳—西蒙量表》进行5年之久研究的新成果《斯坦福量表》。在人格测验方面，1921年，华纳德（G. G. Fernald）着手试做人格测验；1924—1929年，哈芝红（H. Hartshorne）与梅氏（M. May）等人组织了人格教育委员会，着手研究人格测量工具，并不断加以改进，使之更加精密。[2]这一阶段，教育测量研究达到了如火如荼的程度。

在长达20多年的教育测验运动中，测验研究取得了很大的成绩，突出表现为：第一，测验范围广泛、类型多样，既有学业成就测验（又称"学力测验"）、智力测验，也有测验学生品德、观念、态度和性格的人格测验。第二，编制了大量测验量表。据统计，从桑代克发表《书法量表》（1909年）到1928年为止的20年间，美国就出现了各种类型的测验3000余种。第三，追求测验的科学性与客观性。受桑代克思想的影响，当时人们普遍相信只要经过不懈的努力，学生学习发展的全部内容都可以客观地转化为数量，而且只有这样，才能使教育教学建立在更科学的基础之上。[3]

随着教育测验运动的发展，教育测验的弱点逐渐暴露出来。美国教育界对教育测验提出了如下批评意见：无论是知识测验还是人格测验，都只能做片断的测定，不能全面了解人格与知识的发展过程；测验只是注意客观的信度，不足以说明效度；教师为测量成绩所采用的

1　涂艳国. 教育评价[M]. 北京：高等教育出版社，2007：27.
2　朱德全，宋乃庆. 教育统计与测评技术[M]. 重庆：西南师范大学出版社，2007：350-351.
3　刘志军. 走向理解的课程评价：发展性课程评价理论探索[M]. 北京：中国社会科学出版社，2004：174-175.

学业测验，根本就是教科书中心主义；测验或考试易培养个人主义和被动式的学习态度。因而出现了对教育测验的批判以及对教育评价思想的倡导。

二、教育评价的产生与发展时期

这一时期从泰勒主持的"八年研究"开始，至20世纪70年代中期止，是现代课程评价从产生到繁荣发展的一段时间。根据教育评价产生与发展的脉络，我们把这一时期大致分为三个阶段。

（一）泰勒模式阶段（1930—1945年）

1929—1933年，资本主义世界爆发了严重的经济危机。经济萧条使大批青年人找不到工作，流浪街头，还有许多人为避免在社会上闲荡而涌向高级中学。然而，当时美国高中课程内容狭窄，教学与考试的教科书主义倾向严重，高中教育不能满足社会发展的需要，也无法引起青年人的学习兴趣。于是，中学课程现状与失业青年需要之间产生了尖锐的矛盾，原有的教育目标和课程标准都受到前所未有的挑战。为解决高中课程及教学问题，美国进步主义教育协会负责人艾钦（W．M．Aikin）于1933—1941年领导了一项长达8年之久的中学课程改革运动，这就是美国教育史上著名的"八年研究"。

经过"中学与大学关系委员会"的协商，该研究挑选了300所大学和30所中学联合起来进行实验研究。参加实验的中学被称为"进步学校"，没有参加实验的中学被称为"传统学校"。让参加实验的30所中学的学生，高中毕业后免试直接升入美国300所左右的有关大学和学院。为了对课程改革实验进行跟踪研究与评价，进步教育协会邀请美国俄亥俄州立大学R．W．泰勒教授对教育改革的成效进行评估，并于1942年形成了"八年研究"报告，即《史密斯—泰勒报告》。

在上述报告中，泰勒和他的同事对当时还在全盛期的教育测验运动进行了反思，认为以往的测验是以教科书为中心的，仅考查学生对课本规定内容的机械记忆，不能考查学生运用课本知识解决实际问题的复杂行为和技巧，不能检查学生的实际动手能力。因此，测验不能以教科书为中心，而要以一定的教育目标为指导。在报告中，泰勒首次提出了"教育评价"的概念，并将教育目标作为评价过程的核心和关键，对实施评价的方法、步骤，以及评价结果的运用等，做出了可操作的详细说明。这便是泰勒创立的"目标模式"，又称"泰勒模式"。这一模式结构紧凑，逻辑脉络清晰，评价观念简洁明了，评价方法、步骤以及评价结果的运用可操作性强，所以一经提出便受到人们的欢迎和推崇，成为当时直至20世纪50年代末在西方各国占据统治地位的教育评价思想和模式，而且至今依然是世界各国常用的评价模式。由于泰勒在教育评价上的开创性成就，泰勒也被称为"教育评价之父"。

（二）稳定发展阶段（1946—1957年）

这一阶段，教育评价研究没有大的突破，泰勒模式仍然是教育评价工作的重要指导思想，但是也取得了一些新的成就，在评价方法和技术上有了两个重要的进展，使得教育评价在泰勒评价理论的基础上向科学化、可推广化的道路上迈进了一大步。

一是标准化测验的迅速发展，出现了许多新的全国性标准化测验。1947年，林德克威斯特（E. F. Lindquist）和泰勒等帮助国家建立了教育测验服务机构，促进了教育测验的进一步发展。20世纪50年代，标准化测验的实践迅速扩大，专业组织参与了测验的设计。1950年，古里克生（Gulliksen）发展了经典测量理论，使其系统化。1953年，林德克威斯特发展和应用了实验设计原理。1954年，美国心理联合委员会提出心理测验和诊断技术方案。1955年，美国教育调查联合委员会和国家教育测量委员会提出关于成绩测验技术方案，这两个方案是1966年编辑教育和心理联合地区测验标准手册及1974年修订教育和心理测验标准的基础。

二是评价技术得到进一步发展，出现了教育目标分类学。在评价中，泰勒模式的实施需要清晰地表述目标，以向方案设计人员提供指导，于是20世纪50年代和60年代早期，与泰勒评价模式相适应的技术得到发展，出现了对教育目标分类的研究。1956年，美国心理学家布卢姆（B. S. Bloom）和他的同事提出了认知领域教育目标分类学。1964年，克拉斯沃尔（D. R. Krathwohl）完成了情感领域的目标分类体系。这对泰勒模式的运用和推广起到了积极作用。

（三）反思与改造阶段（1958年—20世纪70年代中期）

这一时期大约从20世纪50年代后期开始，至70年代中期结束。

1958年，美国联邦政府颁布《国防教育法》，投入巨额资金用于发展新教育计划，主要是新课程发展计划，特别是数学、自然科学（生物、化学和物理）和外语，并要求对实施的新教育计划进行评估，以确定投资的使用效果。于是，20世纪50年代后期和60年代早期，美国联邦政府投入大量资金，较大规模地评价课程发展计划，这标志着教育评价一个新时期的开始。

在这一时期，人们在遵循泰勒模式对政府的投资效益进行评价的过程中发现了一些问题，使一些学者对当时占据统治地位的泰勒模式提出了异议，开始对之进行反思和改造，提出了一些新的评价思想和评价模式。从此以后，对泰勒评价模式的批判几乎成了教育评价发展的主旋律，泰勒模式独霸天下的状况被打破，多种评价思想和评价模式并存的局面逐渐形成。不过，不同于20世纪70年代以后的颠覆性批判，这一时期主要是对目标评价模式的适用性、目的与功能等问题进行批判，对其基本思路并没有太大的触动，可以看作对泰勒模式不同程度的改进。其中影响最大的主要有CIPP评价模式和CSE评价模式。

三、教育评价的批判与重建时期

从20世纪70年代开始，随着各国经济的迅速增长和对受教育者素质要求的提高，教育改革得以全面推行。与之相适应，对泰勒评价模式的批判也进入了新阶段，由原来的局部的改造发展为全面批判和重建，教育评价出现了各抒己见、百家争鸣的局面，进入了一个全面兴盛时期。

20世纪70年代以来，一些学者在全面批判泰勒模式时越来越认识到，它有一些根本的缺陷，即教育评价如果单纯地以目标为中心和依据，那么目标本身的合理性和可行性又怎样得到保证呢？而且任何教育活动，除了要达到预期目标之外还会产生各种非预期效应和效果，对它们又怎样来评价呢？教育过程是受教育者个人自我实现的过程，每个人都是自身的创造者，是自己生活的创造者，因此，如果用统一的目标和模式要求他们，限制他们的自由发展，用固定的准绳衡量教育和教学结果，这是根本不能接受的。[1]这些批判从根本上动摇了泰勒模式的价值和伦理基础，引导人们在对泰勒模式的怀疑和批判过程中，开始了对教育评价的重新构建，相继提出各种全新的评价思想和评价模式，其中最具代表性的是目的游离模式、应答评价模式和自然主义评价模式等。这些模式从批判泰勒对评价的界定入手，针对泰勒模式过分强调以目标为核心、只重视结果评价、只关心目标达成度、忽视被评价者的需求与意愿、过分强调量化评价等问题，分别提出了目的游离、重视过程评价、关注评价各方参与者的需求与意愿、加强自然主义的质性评价等重要的评价思想，并发展出与之相应的多种方法和技术。同时，它们还对评价过程中涉及的价值问题和伦理问题进行了深入的分析和批判。这种批判与重建的努力一直持续到现在，体现了以多元化为主要特征的政治、社会和哲学思潮对教育评价的影响，代表了教育评价模式未来的发展方向。

这一时期，世界各国还创办了许多为评价者交流评价工作信息服务的专业杂志，如《教育评价和政策分析》《评价研究》《评价评论》《方案评价新探》《评价和方案计划》和《评价信息》等。实践证明，这些杂志在传播评价工作各方面的信息方面，很好地发挥了交流平台的作用，是教育评价繁荣发展的重要促进力量。

21世纪以来，为适应社会的迅速发展，西方各国努力改变原有的教育系统，教育评价在教育改革中占有举足轻重的地位，在教育政策中扮演着核心战略的角色，人们普遍认识到，评估和测评安排是学校系统改进和问责的关键。各国越来越多地使用各种方法来评估和测评

1　吴钢. 西方教育评价发展的原因分析[J]. 外国中小学教育，2000（3）：19-21.

学生、教师、学校领导、学校和教育系统，评估和测评的重点是更好地装备并鼓励教师进行自我考核和学生形成性评价，为学校的自我评估提供激励和手段，鼓励增值评价，以及对学生进行更常规的标准化测试，对整个教育系统进行国家层面的监控，尤其是强大的信息技术能力使得分析大规模的学生测评数据以及开发个性化的评估方法成为可能。在这一过程中，以经济合作与发展组织（OECD）成员为代表的国际教育评估和测评呈现出一些共同的发展趋势，具体表现在：学校系统中的教育评估不断扩展，教育评估和测评活动多样化，教育测量和指标发展的重要性日益上升，教育评估和测评结果的作用更大、更多样化，问责作为评估和测评的目的越来越重要，对教育标准的日益依赖，教育测评越来越国际化，教育测评涉及更多成熟技术等。尽管各国在学生测评、教师考核、学校评估、学校领导考核、教育系统评估等问题上面临着不同的挑战，其具体实施情况也有着较大差异，但在下列评价侧重点上却面临着共同的改革主题：在评估和测评框架内培养协同作用，将学生的学习目标与评估和测评相结合，关注课堂实践改进和教师专业化建设，考虑将评估和测评结果有效地运用于问责，以学生为中心，不限于教育评估的测量，建构评估和测评能力，设计适用于目的的评估和测评程序，平衡国家教育一致性与满足地方需求，成功实施评估和测评政策等。总之，以学生为中心的评价观，旨在通过教育评价和测量促进教育变革，成为21世纪以来国际教育评价的新视野和新趋势。[1]

第三节
中国现代教育评价的发展

🎯 **学习目标**

了解中国现代教育评价的间续发展、理论积累、持续发展、全面改革阶段，读懂中国现代教育评价体系的历程与特征。

　　孙中山在《五权宪法·民权初步》中指出："现在各国的考试制度，差不多都是学英国的。追本溯源，英国考试制度，原来是从我们中国学过去的。"[2]然而，古代中国所萌发的教育评价思想的嫩芽，却因种种原因未能顺利成长和发展起来。直到1905年，中国废止科举制度，开始参照西方现代学校制度兴办新式学校，现代意义上的教育评价才在西方教育测量和教育评价理论的影响下，开始发展起来，并经过一个多世纪的曲折历程，逐渐形成了

1　经济合作与发展组织编. 为了更好的学习：教育评价的国际新视野[M]. 窦卫霖，等译. 上海：上海教育出版社，2019：5-14.
2　盛奇秀. 中国古代考试制度[M]. 济南：山东教育出版社，1988：128.

中国现代教育评价体系。华东师范大学陈玉琨教授于2000年撰文，将我国现代教育评价理论的发展历程划分为三个阶段，即间续发展阶段（1905—1977年）、理论积累阶段（1977—1985年）、持续发展阶段（1985年以后）。借鉴陈玉琨教授的划分思路，同时考虑到2001年基础教育课程改革以后教育评价理论与实践的快速发展，我们将中国现代教育评价的发展历程大致分为四个阶段：间续发展阶段（1905—1977年）、理论积累阶段（1977—1985年）、持续发展阶段（1985—2001年）和全面改革阶段（2001年以后）。

一、间续发展阶段

这一阶段历时很长，中国教育评价在西方教育测量和教育评价思想以及苏联教育评价实践的影响下，在曲折艰难的探索中，获得了一定的发展。

（一）20世纪初：废除科举制度，建立初步的现代教育测评制度

鸦片战争后，中国思想界发生了急剧的变化，改良主义思潮逐渐形成并发展，出现了百日维新。清政府为了维护其摇摇欲坠的统治，不得不于1901年开始推行新政。其中，教育方面也做出了某些改革，实行所谓"新教育"，设立新学堂，建立新的学制。一方面，加速了科举制的衰亡；另一方面，促使了新的测评制度的出台。

在壬寅—癸卯学制中，明确学制为初、中、高3段并7级，对各级各类学校培养目标做出了具体规定，对一些专业领域提出了具体专业素养要求，如规定初等小学的培养目标为"启其人生应有之知识，立其明伦理爱国家之根基，并调护儿童身体，令其发育"，以此为依据对学生进行测评。对学校的测评考试及评定标准也做了明确规定：学堂考试分不定期的临时考试及学期、年终、毕业、升学5种考试形式。这样，在20世纪初，出现了与封建科举制并存的新教育下的教育测评制度。为了加强对教育的管理和督察，清末建立了督导制度，并设立了相应机构。1905年，清政府下令停止科举，同时成立学部，作为统辖全国教育的行政机关。[1]学部成立的第二年奏定官制，部内设视学官，"专任巡视京外学务"，各省"设省视学六人，承提学使之命令，巡视各府厅州县学务"，"各厅州县劝学所，设县视学一人，兼充学务总董"。视学的督导范围，包括各级教育行政部门的工作及各类学校的教育、教学和卫生、设施、经费等各个方面。视学在巡视评价的基础上写出报告，作为对教育行政官员及办学人员的升降、奖惩的依据。[2]

1　刘尧. 中国教育评价发展历史述评[J]. 北京工业大学学报（社会科学版），2003（3）：88-92.
2　侯光文. 教育评价概论[M]. 石家庄：河北教育出版社，1996：44.

（二）民国时期：开展心理与教育测量的初步探索，奠定了我国现代教育测量最初的理论与实践基础

辛亥革命后，中国学者很快吸收了西方先进的测验理论和方法，开始了现代心理测验的探索。1915年，克雷顿在广东进行身体和心理（如心理记忆、机械记忆等）的测试，被试者有500多人，这标志着测验方法开始传入中国。[1]1916年，樊炳清首先将《比纳—西蒙量表》介绍到我国。1918年，俞子夷模仿桑代克的《书法量表》编制了《小学生语文毛笔书法量表》，这是我国最早的标准测验量表。[2]

五四运动以后，1920年，北京高等师范学校和南京高等师范学校建立了我国最早的心理实验室。同年，廖世承和陈鹤琴在南京高师开设心理测验课程，并用心理测验量表对学生进行了测验，这是我国正式运用科学心理测验的开始。1921年，二人合著出版《心理测验法》一书，该书被认为是我国最早介绍心理测量的著作。这一时期，智力测验的研制与实施盛行一时：有陆志韦订正的比纳—西蒙智力测验、廖世承的团体智力测验、刘廷芳的中学智力测验、刘湛恩的非文学智力测验、陈鹤琴的图形智力测验、艾伟等编制的小学各科测验及诊断测验等。

这期间，西方以智力测验为代表的各种理论传入我国，我国学者在翻译、引进的同时也结合中国的具体情况做了修订、改造，出版了一大批教育测验类理论著作。例如，法国比纳、西蒙著，费培杰译《儿童心智发达测量法》（上海商务印书馆，1922年5月初版）；张秉洁、胡国钰编《教育测量》（北京高等师范，1922年8月出版）；华超编《教育测验纲要》（上海商务印书馆，1925年1月初版）；汤鸿鬻著《教育测验》（上海大华书局，1933年8月初版）；吴天敏著《中国比纳西蒙智力测验之经过（第二次修正）》（上海商务印书馆，1936年6月初版）等。

为了加强理论研究，在艾伟、陆志韦、陈鹤琴、萧孝嵘等教育学家和心理学家的倡导下，中国测量学会于1931年成立。这是我国教育测量方面的第一个专门学术研究组织。

（三）新中国成立至70年代中期：引进学习苏联五级分制计分法，全国统一高考从建立到中断

新中国成立至70年代中期，我国教育评价工作在理论和实践两个层面都开展了积极探索和尝试，其中以基础教育领域引进学习苏联五级分制计分法和高等教育领域全国统一高考的建立和中断为代表。

20世纪50年代初，我国教育评价研究主要是学习引进苏联评价模式，其中五级分制计分法正是在"借助苏联教育建设的先进经验"过程中，在我国中学学校教育生活领域被广泛运

---

1 张惠芬，金忠明. 中国教育简史[M]. 上海：华东师范大学出版社，2001：476.
2 郭庆科. 心理测验的原理与应用[M]. 北京：人民军医出版社，2002：8.

用的一种学生学业和品行成绩评定方法，主要包括对平时课堂上的知识评定、月末评定、学季评定、学期评定、学年评定、毕业评定等方面的成绩评定。它以旅顺中学向苏联中学学习和使用为开端，然后在东北行政委员会教育部指示下在东北解放区开始逐步推行，此后被我国各级各类学校效仿而广泛运用。[1]同时，五级分制计分法也受到学界普遍关注，先是以翻译介绍和模仿方法为主，如葛天民的《介绍苏联五级分制记分法》(《人民教育》1950年第4期)、何绍芳的《苏联五级分制计分法介绍》(《广东教育与文化》1951年第25期)，随着五级分制计分法的实验推广，人们也逐渐认识到要以科学的态度和实验的精神认真结合实际，以避免以偏概全和教条主义，如广东教育与文化月刊社编的《学习五级分制计分法》(华南人民出版社1952年8月初版)一书，即是关于如何贯彻五级分制的说明。外国语学校外语教学丛书编委会编的《五级分制与考试的检查工作》(五十年代出版社1953年5月4版)一书，讨论的也是如何在外语教学和考试中应用五级分制。尤为值得一提的是，当时有不少学者提出在学生成绩评定中运用五级分制计分法不单纯限于评定一个分数，最重要的是结合分数联系实际程度看问题，对成绩提高的要给予表扬，对保持现状的要给予鼓励，对忽高忽低的要给予批评，充分利用发挥评价手段使学生在前进途中充满希望和动力。[2]这种以促进学生发展宗旨的学业评价制度，既有利于发挥学生学习的主动性、积极性，也有利于养成学生的主体意识和主体能力，是人们在学习和实验国外先进教育理念和实践过程中，独立思考、认真比较、结合实际的结果。

新中国成立初期，为使高等教育保持平稳过渡，先是基本沿用了民国时期的高校招生制度，各高校采取单独招生或部分学校联合招生，为高等教育迅速恢复起到了积极作用，但也因此带来各高校、各地区招生不平衡，缺乏统一协调和规划的问题。针对这一问题，教育部于1950年发布了《关于高等学校1950年暑期招考新生的规定》，又于1951年发布了《关于高等学校1951年暑期招考新生的规定》，先后提出了高考招生进一步规范化、统一化措施：各大行政区分别在适当地点实行全部或局部高等学校统一或联合招生，全国统一考试日期；如有困难，仍允许各校单独招生；在其他地区招生时应尽量采取委托的办法进行。

1952年全国统一高考制度正式建立，规定除经教育部批准的个别学校外，全国高等学校一律参加全国统一招生考试，具体包括：严格控制招生名额，须经教育部、人民政府批准；考试操作环节统一执行，统一招考日期、考试内容、录取原则等。1952年至1965年，全国统一高考制度除受短暂干扰外，基本保持平稳推进，考试内容做了进一步调整和完善，颁布了考试大纲，实施了健康检查制度，增加了录取环节灵活性等。1966年，随着"文化大革命"

1　孙杰. 新中国中学生成绩评定方法的实验：以五级分制计分法为个案的研究[J]. 华东师范大学学报（教育科学版），2014（2）：1-6.
2　隋永品. 旅顺中学运用五级分制评定学生成绩的经验[M]. //五级分制和它的用法. 沈阳：东北教育出版社，1952：33-34.

的开始，高校招生被迫终止，在一定程度上导致人才和教育的断裂。1972年起，学校教育教学秩序有所恢复，大多数高等学校开始恢复招生，按照"自愿报名、群众推荐、领导批准、学校复审"的选拔录取办法，主要招收具有两年以上实践经验和初中毕业以上文化程度的工农兵学员。

二、理论积累阶段

随着"文化大革命"的结束，学校教育教学逐步回到正常轨道。本阶段最突出的特点是发展的持续性、不间断性。这种连续性使研究成果得到了有效的累积，同时由于我们具有后发优势，从而使得我国的教育评价理论与实践在短短不到20年的时间内，取得了令人瞩目的成绩。

（一）恢复高校统一招生制度

20世纪70年代末80年代初，我国教育评价研究兴起的背景和动因大致有以下几点。

一是反思历史、重建秩序的需要。拨乱反正以后，人们看到了新中国成立以来我国教育发展上的大起大落和重大失误，感到有必要认真反思和评价过去的教育政策和实践，探究我国教育发展的客观规律。这种整治、重建工作成效如何，需要及时做出评价。而以何标准、如何评价，是需要研究的新课题。

二是教育改革实践的要求。改革是一个除旧布新的过程，需要在实践中不断探索和完善，只有及时总结，才能减少失误。发展中不免会出现问题，必须加强监控，妥善处理好数量与质量、速度与效益等重要关系。由于教育评价具有系统收集信息、检查改革与发展的目标是否达成、对教育工作过程及成果质量做出科学评定和价值判断、为科学管理和决策提供依据等功能，因此，日益受到教育界乃至社会各方面的密切关注。

三是国外教育评价实践和理论发展的影响。

[资料来源] 陈玉琨，李如海. 我国教育评价发展的世纪回顾与未来展望[J]. 华东师范大学学报（教育科学版），2000（1）：1-12.

1977年8月，教育部在北京召开全国高等学校招生工作会议，形成了《关于1977年高等学校招生工作的意见》，恢复统一考试，由省级命题。这种具有公平、高效、权威特点的高考方式得到社会的大力认可，我国从此形成了"统一命题、统一考试"的高考模式。这是时隔11年之后我国再度实行高校统一招生考试制度。高校统一招生制度的恢复，一方面使教育恢复了正常秩序，另一方面也有利于国家选拔人才。同时，高校统一招生制度的恢复，也极大地刺激了我国教育评价研究的发展，不仅为我国教育评价理论研究提供了发展动力和研究素材，而且也为中小学教育教学评价的恢复与改进指明了方向。

（二）引进和介绍教育评价研究成果

从20世纪80年代初开始，我国的许多教育期刊陆续译介了国外及我国台湾地区有关教育评价的文章及专著，如我国台湾李聪明的《教育评价的理论与方法》、加拿大梅森的《教育与评价》等。这些著述将现代教育评价的基本概念和大体内容首次介绍到中国大陆。1983年9月，教育部邀请"国际教育成就评价协会"（IEA）时任主席胡森及世界银行高级专员、教育评价专家海德曼等人来我国讲学。他们做了《当前世界教育发展的趋势与评价》等报告，全面介绍了世界教育的动向、发展趋势以及国际教育评价研究与实践活动的动态。1984年1月，我国加入IEA，在中央教育科学研究所建立"中国国际教育成就评价中心"，并参加第二次IEA科学研究活动，开展了大规模的现状调查评价。这些活动加强了我国同国外教育评价界的联系和交流，使得我国能够更好地学习国外的先进成果和经验，并把我国的情况介绍到国外去。[1]

（三）开展教育测验与教育评价的理论与实践研究

这一时期，随着国家工作重点由以政治为中心转向以经济为中心，中小学以及大学的教育教学秩序全面恢复。与之相呼应，各级各类学校的教育测验和教育评价的实践活动也逐渐恢复发展。知识学习重新成为学生学习的重点，学期、学年考试制度重新恢复，百分制重新成为学生评价的主流方法。与此同时，吴天敏第三次修订并于1982年出版了《中国比纳测验》；林传鼎和龚跃先分别主持修订了韦克斯勒儿童和成人量表；龚跃先完成了艾森克个性问卷的修订工作；宋维真主持修订了MMPI全国常模等。1982年，华东师大心理系和上海市教科所联合进行了新的学科考试研究，这是我国学科评价的开端。1983年，在武汉召开的有关会议提出要对重点学校进行评议后，有的学校结合实践着手研究适合我国国情的评价制度和评价高校工作状态的理论和方法。

三、持续发展阶段

1985年5月，《中共中央关于教育体制改革的决定》（以下简称《决定》）颁布，明确了我国未来各级各类教育改革的基本原则与发展方向，标志着我国教育改革进入了系统设计、全面推进的新阶段。《决定》也明确提出了开展教育评价改革的要求："教育管理部门还要组

---

1 陈玉琨，李如海. 我国教育评价发展的世纪回顾与未来展望[J]. 华东师范大学学报（教育科学版），2000（1）：1–12.

织教育界、知识界和用人部门定期对高等学校的办学水平进行评估。"其后，国务院在《关于第七个五年计划的报告》中又指出："要加强教育事业的管理，逐步建立系统的教育评价和监督制度。"由于国家的引导、组织和扶持，从20世纪80年代中后期开始，教育评价的研究与实践在我国大规模开展起来。本阶段发展的主要成果有以下几方面。

（一）成立专门的教育评价研究机构，举行了一系列全国性教育评价学术会议

1988年，我国成立了全国性学术组织"全国普通教育评价研究会"，1990年正式定名为"全国普通教育评价专业委员会"，定期召开普通教育评价学术研讨会。

1991年6月25日，"中国教育评估研究协作组"成立大会在天津大学举行。协作组的成立，有利于整体规划和协调我国的教育评价研究工作，集中力量攻克重大课题。

1992年年底，国家教委成立了全国高等学校设置评议委员会。该委员会作为国家教委的咨询机构，接受国家教委的委托，组织力量对省、自治区、直辖市以及中央各部门申报的普通高等学校和成人高等学校进行评议。

1994年1月，"中国教育学会高等教育评估研究会成立大会暨第五次学术讨论会"在长春举行。该研究会的任务是围绕我国高教评估的理论和实践问题，开展专题研究，提供专题咨询服务和组织国内外学术交流。会议同时决定，教育评估研究会与上海市高等教育研究所、国家教委高等教育研究中心合作，办好《中国高等教育评估》杂志。该研究会的成立，为高教评价研究的深入发展做了组织上的重要准备。

1994年7月29日，受国务院学位委员会和国家教育委员会的委托，经中国兵器工业总公司批准，"高等学校与科研院所学位与研究生教育评估所"在北京理工大学成立。该所是受国务院学位委员会和国家教育委员会的委托，承担开展学位与研究生教育评估及有关咨询服务的事业性质的非营利性机构。该所的主要任务是：①组织对已试办研究生院及申请试办研究生院的高等学校进行评估；对现有和申请博士、硕士学位授权的高等学校、科研院所进行整体条件的评估。②对现有博士、硕士学位授权学科、专业点进行评估。③对国内外学位、学历和文凭承担评估、鉴定等咨询事务，面向社会开展服务。

（二）完成了一批教育评价理论研究成果，初步构建了我国的教育评价理论体系

在前一阶段理论积累的基础上，1985年以后，我国学者根据师范院校教育教学需要和各级各类学校教育评价实践发展的需要，开始自己编辑教育评价教材和专著，形成了一批教育评价理论研究成果，初步构建了我国的教育评价理论体系。据不完全统计，这一时期出版的教育评价相关理论著作有40余部，如瞿葆奎主编的《教育评价》（人民教育出版社，1989年）、王汉澜主编的《教育评价学》（河南大学出版社，1995年）、陈玉琨主编的《教育评价学》（人民教育出版社，1999年）、侯光文主编的《教育评价概论》（河北教育出版社，1996

年）、吴钢主编的《现代教育评价基础》（学林出版社，1996年）、陶西平主编的《教育评价辞典》（北京师范大学出版社，1998年）等。这些著作阐述了教育评价的基本理论与方法技术，对普及教育评价知识、推动教育评价实践的发展，起到了积极的作用。

与此同时，国内学者继续关注国外教育评价的研究成果，翻译介绍相关书籍，如美国的布卢姆等编、邱渊等译的《教育评价》（华东师范大学出版社，1987年），日本的梶田叡一著、李守福译的《教育评价》（吉林教育出版社，1988年）等。

（三）出台了一系列教育评价改革政策，教育评价工作得到制度化保障

1990年10月，国家教委发布第14号令，正式颁布了《普通高等学校教育评估暂行规定》，对教育评价的目的与作用、基本形式、组织和程序以及某些政策都做出了规定。这是中华人民共和国成立以来我国第一个关于教育评价的行政法规性专门文件，是教育评价一般规律同我国具体国情相结合的重要成果，标志着我国教育评价活动走向了规范化，并为其进一步发展提供了重要的制度保证。同年12月，国家教委对评价试点工作进行了总结，提出了今后教育评价要"逐步展开，扩大试点，深入研究"的工作方针。

1993年2月，中共中央、国务院颁布了《中国教育改革和发展纲要》（以下简称《纲要》）。《纲要》对与社会主义市场经济相适应的教育体制改革的目标以及相应的教育评价的地位、作用有明确的规定。《纲要》明确指出："建立各级各类教育的质量标准和评估指标体系。各地教育部门要把检查评估学校教育质量作为一项经常性的任务。""对职业技术教育和高等教育，要采取领导、专家和社会用人部门相结合的办法，通过多种形式进行质量评估和检查。各类学校都要重视了解用人单位对毕业生质量的评估。"《纲要》还指出："通过试点，改进硕士学位授权点和博士生导师的审核办法，同时加强质量监督和评估制度。"

（四）教育评价中介化趋势初显，出现了若干教育评价中介机构，开展第三方教育评价试点

1992年我国开始建设社会主义市场经济体制以后，教育体制的三个基本要素——学校、社会和政府之间的关系发生了变化。在不断的教育评价实践中，人们逐渐认识到，作为一种为社会培养人才的教育机构，学校不仅需要经常性地接受来自政府教育主管部门的检查评估，而且更需要接受来自社会用人部门的评价。以往的教育评价主要由政府职能部门担当，而它本身属于被评价者的上级主管部门，与被评价者之间是上下级关系，有着多种利益联系。这种利益上的密切相关性，使得评价者很难做出真正客观、科学的评价。因此，迫切需要引入作为利益无关者的第三方——教育评价中介机构，来沟通学校与社会、政府三者之间的联系，在进一步完善政府教育主管部门评估的基础上，开拓社会评估的新路子，建立社会评估的新体系。这不仅有助于解决各方之间的利益冲突关系，而且有利于教育评价专门化、

专业化的发展。这种更加客观、科学的评价体系符合教育评价本身的客观要求，在西方国家发展较早，也较为完善。在这种认识的基础上，部分省市开始尝试建立教育评价中介机构，如1993年建立的北京高等学校教育质量评议中心、1996年建立的上海教育评估事务所、1997年建立的江苏省教育评估院等。

（五）不断调整高考内容与方式，探索适应教育改革需要的高校招生考试制度

进入20世纪80年代后，随着高考的实施，国家对高考政策又进行了一系列调整。1983年，国务院批准了《一九八三年全日制高等学校招考新生的规定》，规定在中央部门或国防科工委系统所属的某些院校，按一定比例实行面向农村或农场、牧场、矿区、油田等艰苦行业的"定向招生，定向分配，委托培养"，以解决高等教育在农村地区存在的"招不来，分不去，留不住"这一"老大难"问题。1985年1月，教育部决定在广东开始进行标准化考试试验，同时在上海进行高中毕业会考后高考科目设置的试验，开始试行"3+1"模式（"3"是指语文、数学、外语，为每个考生必考科目，"1"是指考生根据自己所报的高等学校要求，参加高等学校从其余的6个科目中确定的科目的考试）。1990年，国家教委颁布了《国家教委关于改革高考科目设置的通知》，提出"4×4"模式，高考科目设置为第一组：政治、语文、历史、外语；第二组：数学、语文、物理、外语；第三组：数学、化学、生物、外语；第四组：数学、语文、地理、外语。1995年，国家教委正式宣布，高考实行"3+2"改革，即语、数、外+政治、历史，或语、数、外+物理、化学。1999年3月，教育部发布《关于进一步深化普通高等学校招生制度改革的意见》，再度宣布高考科目设置改革，要求用3年左右的时间分步骤推行"3+X"科目设置方案，即"语、数、外+综合能力测试"，其中综合能力测试又分为文理综合、文科综合和理科综合三种。

四、全面改革阶段

如前所述，自20世纪80年代中期以来，我国在教育评价方面进行了一系列的改革和尝试，取得了许多有价值的进展和有意义的成果。但是，这些探索大多是微观的、分散的，没有从整体上和根本上触及和解决我国教育评价中存在的主要问题。至20世纪末，这些问题越来越突出，已经成为全面推进素质教育的严重阻碍。因此，要想从根本上改变教育评价的状况，还需要对教育评价体系进行全面而深刻的反思和批判，展开全方位的评价改革。

世纪之交教育评价存在的主要问题有以下几方面。

1. 评价功能失调，过分强调甄别与选拔的功能，忽视改进、激励、发展的功能。表现在学生身上就是学生只关心考试得了多少分，排在第几名，而很少关心考试中反映出来的自

身发展中存在的问题。

2．评价重心仍过分关注活动结果（如学生学业成绩、教师工作业绩、学校的升学率等），忽视被评价者在活动的各个时期的进步状况和努力程度，忽视对日常教育教学活动的评价，忽视对教育活动发展、变化过程的动态评价。

3．评价主体单一，基本上没有形成学生、教师、管理者、教育专家、家长等多主体共同积极参与、交互作用的评价模式，忽视了评价主体多元、多向的价值，尤其忽视自我评价的价值。

4．评价标准机械、单一，过于强调共性和一般趋势，忽略了学生、教师、学校的个性发展和个体间的差异性。

5．评价内容片面，过于注重学业成绩，而对教师和学生在教育活动中体现和培养起来的创新精神、实践能力、心理素质、行为习惯等综合素质的评价或者相对忽视，或者缺乏有效的评价工具和方法。

6．评价方法单调，过于注重量化评价和传统的纸笔测验，对体现新的评价理念的新质性评价方法（如成长记录袋评价法、表现性评价法）不够重视。

7．忽视对评价结果的反馈和认同，使评价的激励、调控、发展功能得不到充分发挥。

8．评价对象基本处于被动的被检查、被评判的地位，自尊心、自信心得不到很好的保护，对评价往往持一种冷漠、应付、对立、讨厌、拒斥，或者害怕、恐惧、逃避的态度，甚至出现欺骗、弄虚作假的行为。

[资料来源] 周卫勇．走向发展性课程评价：谈新课程的评价改革[M]．北京：北京大学出版社，2002：10．

为迎接21世纪知识经济时代的挑战，应对日益激烈的国际竞争，2001年，在党中央、国务院的领导下，教育部正式启动了新一轮基础教育课程改革，颁发了《基础教育课程改革纲要（试行）》等一系列政策文件，努力构建符合时代要求、具有中国特色的基础教育课程体系，教育部还成立了国家基础教育课程改革"促进教师发展与学生成长的评价研究"项目组，把促进教师发展与学生成长的评价作为重点项目予以立项。同年，全国38个县、区开始进行义务教育阶段课程改革国家级实验，分层推进，滚动发展。2004年，山东、广东、海南和宁夏四个省（区）开始进行普通高中新课程改革实验，并陆续推进扩展到其他各省。在这次改革中，评价改革作为改革的重要目标之一被提了出来，备受重视。经过近十几年的发展，基础教育评价改革已初见成效，具体表现为以下几方面。

（一）转变观念，全面推行发展性课程评价

《基础教育课程改革纲要（试行）》在关于课程改革目标的规定中明确提出："改变课程评价过分强调甄别与选拔的功能，发挥评价促进学生发展、教师提高和改进教学实践的功能。""建立促进学生全面发展的评价体系。评价不仅要关注学生的学业成绩，而且要发现和发展学生多

方面的潜能，了解学生发展中的需求，帮助学生认识自我，建立自信。发挥评价的教育功能，促进学生在原有水平上的发展。""建立促进教师不断提高的评价体系。强调教师对自己教学行为的分析与反思，建立以教师自评为主，校长、教师、学生、家长共同参与的评价制度，使教师从多种渠道获得信息，不断提高教学水平。"这些表述集中体现了发展性教育评价的理念，明确了评价改革的发展方向。这一方向具体表现为：在评价功能上，由侧重甄别和选拔转向侧重促进发展；在评价对象上，从过分关注对结果的评价逐步转向关注对过程的评价，强调通过关注"过程"而促进"结果"的提高；在评价主体上，强调评价主体多元化和评价信息的多源化，重视自评、互评的作用；在评价结果上，不仅关注评价结果的准确、公正，而且更强调评价结果的反馈以及被评价者对评价结果的认同和对原有状态的改进；在评价内容上，从只注重对评价对象某一个或某几个方面发展情况的评价，转向强调对评价对象的各方面情况进行全面综合的考察；在评价方法上，强调评价方式多样化，尤其注重把质性评价与量化评价结合起来，以质性评价统整量化评价；在评价者与评价对象的关系上，从敌对的、戒备的"检查与被检查"的关系，转向强调平等、理解、互动，体现以人为本的价值取向。[1]在这一转向的指导下，我国先后多次编制、修订了中小学课程标准和教材，中小学开展了广泛的学生评价、教师评价、课堂教学评价、学校评价以及课程教材评价的改革尝试，形成了一大批实践研究成果，如"借分制""分层分阶段考试""多次考试""档案袋评价""表现性评价""差异性学生评价""综合素质评价""区分性教师评价""发展性学校督导评估"等。

《义务教育历史课程标准（2022年版）》中的教学评价建议

历史课程的评价要以历史课程目标、课程内容、学业要求和学业质量为依据，以培育学生核心素养为出发点和落脚点，综合发挥评价与考试命题的导向、鉴定、诊断、激励、调控和改进功能，准确判断学生核心素养的达成度。

1.教学评价

历史课程的评价主要是评价学生在学习过程中表现出的核心素养水平，并用评价结果改进教师的教学行为和学生的学习方式，使教、学、评相互促进，共同服务于学生核心素养的发展。

（1）评价原则

历史课程的评价要以课程目标和课程内容为依据，确定符合学业质量标准的评价目标；要从社会、学校、教师、学生等不同评价主体的视角进行评价；倡导过程评价的校内外结合，对学生校外的学习情况进行评价，并将这方面的评价与校内进行的多种评价结合起来；倡导跨学科评价、增值评价，关注学生经历多次评价后展现的进步程度；注重评价目标与教

---

1 曾继耘. 由甄别选拔到促进发展：学生评价改革的方向[J]. 教育理论与实践，2003（19）：20—23.

学目标的一致性，教学和评价围绕学生学习这一中心展开，以过程评价促进学生核心素养的发展。

（2）评价内容

评价内容包括学生学习态度、学习参与程度、学习内容掌握程度、核心素养的发展状况等；要对学生核心素养五个方面的综合发展状况进行评价，主要评价学生将所学历史知识与技能运用于解决具体问题时所体现的核心素养水平。

（3）评价方法

评价要进行整体规划和设计，重点关注课堂评价、作业评价、单元评价、跨学科主题学习评价和期末评价。

课堂评价主要运用观察等方法测评学生在课堂上的学习方式和学习表现。教师要观察、记录学生的学习过程，对学生参与学习活动的状态、进展与成效等作出评判，根据课堂评价的结果优化教学，提高教学活动的有效性。

作业评价主要通过各种形式的作业任务的完成情况评价学生的学习表现。任务形式包括完成课后练习、制作历史模型、撰写历史调查报告或历史小论文等。作业评价要紧扣课堂学习的内容和目标，在注重理解和应用的基础上，加强综合性、探究性和创新性，体现层次性；针对不同学生的特点，布置不同层次的作业，供学生选择。评价时，教师应和学生一起设计可行的量规，注意考查学生在完成历史作业过程中的心理感受和收获，对学生的作业进行公正、合理的评价。

单元评价主要运用纸笔测试和作业，对学生完成一个单元的学习后达到的学业成就进行评价。要制订单元评价指标，从课程内容、核心素养等维度来评价学生。纸笔测试要尽可能覆盖单元所学内容和目标，作业要根据单元内容特点以及要考查的核心素养侧重点进行设计；测试体量或作业任务量要适当。

跨学科主题学习评价需要历史教师与相关课程教师合作，对学生的学习进行评价。评价的主要内容：一是对学生参与跨学科主题学习活动的表现，以历史学科为本位，兼从多学科的角度进行评价；二是对学生在语文、道德与法治、地理、艺术等课程的学习过程中表现出来的历史素养进行评价，如时空观念、史料实证、历史解释；三是对学生表现出来的具有各学科共同特征、共通性素养进行评价，如唯物史观、家国情怀。

要完善学生综合素质档案建设，并将上述评价的结果纳入其中，作为期末评价的重要组成部分。

期末评价要综合运用多种方式评价学生一个学期的学习情况。期末评价以纸笔测试为主，日常教学中课堂评价、作业评价、单元评价、跨学科主题学习评价的结果在期末评价中也应占一定比例。纸笔测试要设计完整的多维细目表，即将课程内容体现的核心素养分解为若干维度，并以此设计试题；试题应该尽可能覆盖学期所学内容，重点考查学生运用所学知识解决新情境下的历史问题的能力，确保测评的信度和效度；试题创设情境所用资料尽可能贴近生活，贴近现实，易于理解。

（4）评价结果的使用

对于评价结果的解释与反馈，要更多地关注学生的进步，注重学生在掌握知识、运用方法、解决问题、论证及表述等方面的提高，以及在学习过程中的合作交流、情感态度等方面的变化；评价结果要及时通过适当渠道向学生反馈，对学生给予适当的、有针对性的鼓励、指导和帮助，使学生在了解自己学习结果的基础上，总结经验，扬长补短，建立自信，激发学习动力，更积极地投入历史学习中。教师要充分利用评价发现教学中存在的问题，根据评价结果及时调整教学进度和内容，改进教学策略。要建立师生对话交流的沟通途径，共同解读和分析过程评价结果信息，提高评价结果的使用效率。

[资料来源] 中华人民共和国教育部. 义务教育历史课程标准（2022年版）[M]. 北京：北京师范大学出版社，2022：61-63.

（二）形成了丰富的教育评价研究成果，教育评价理论研究走向深化

21世纪以来，围绕课程发展中面临的各种评价问题，我国教育评价工作者开展了大量的理论研究，在进一步完善上一阶段形成的教育评价学科体系基础上，对相关问题进行了深入的专题研究。据不完全统计，出版的以教育评价（或课程评价，或教师评价，或学生评价，或学校评价）为主题的书籍达百余部。其中，比较有代表性的有："新课程实施过程中培训问题研究课题组"的《新课程与评价改革》（教育科学出版社，2001年）、陈玉琨等的《课程改革与课程评价》（教育科学出版社，2001年）、吴钢的《现代教育评价教程》（北京师范大学出版社，2008年）、黄光扬的《教育测量与评价》（华东师范大学出版社，2002年）、刘志军的《走向理解的课程评价——发展性课程评价理论探索》（中国社会科学出版社，2004年）、虞永平等的《幼儿园课程评价》（江苏教育出版社，2009年）等。

（三）进一步推进高考改革，完善高校招生考试制度

2004年秋，备受关注的高中新课程改革实验率先在山东、广东、海南、宁夏四个省（区）进行，至2010年，全国各省（自治区、直辖市）高中全面进入新一轮课程改革。这次高中课程改革涉及很多方面的内容，无论是在课程目标的设定、课程的编制和开发，还是课程的实施和评价上，都发生了深刻的变化。这就要求与高中教育密切相关的高校招生考试制度进行相应的变革，否则新课程改革的进展将受到极大的阻力，甚至会湮灭在传统的高考体制之中。

2001年《基础教育课程改革纲要（试行）》中已明确指出："高等学校招生考试制度改

革，应与基础教育课程改革相衔接，要按照有助于高校选拔人才、有助于中学实施素质教育、有助于扩大高校办学自主权的原则，加强对学生能力和素质的考查，改革高等学校招生考试内容，探索提供多次机会、双向选择、综合评价的考试、选拔方式。"这就为高考改革指定了原则、内容和方式，同时也指明了改革方向。

2007年，首批进行高中课改的广东、海南、山东、宁夏四省（区）率先启动新课程高考改革，2008年江苏省也开始了新课改后的高考改革。2009年，天津、浙江、安徽、福建、辽宁作为第三批试验区"试水"新高考，紧接着2010年北京作为第12个省（市）出台了新高考方案。至此，在新课程改革背景下，各省（区、市）的高考模式逐渐成形。

2014年9月，国务院发布《国务院关于深化考试招生制度改革的实施意见》，指出："改革开放30多年来，我国考试招生制度不断改进完善，初步形成了相对完整的考试招生体系，为学生成长、国家选才、社会公平作出了历史性贡献，对提高教育质量、提升国民素质、促进社会纵向流动、服务国家现代化建设发挥了不可替代的重要作用。这一制度总体上符合国情，权威性、公平性社会认可，但也存在一些社会反映强烈的问题，主要是唯分数论影响学生全面发展，一考定终身使学生学习负担过重，区域、城乡入学机会存在差距，中小学择校现象较为突出，加分造假、违规招生现象时有发生。"为此，需要进一步推进高考改革，并就招生计划分配方式、考试形式与内容、招生录取机制、监督管理机制等方面提出了改革意见。这次高考招生制度改革的总体目标为："2014年启动考试招生制度改革试点，2017年全面推进，到2020年基本建立中国特色现代教育考试招生制度，形成分类考试、综合评价、多元录取的考试招生模式，健全促进公平、科学选才、监督有力的体制机制，构建衔接沟通各级各类教育、认可多种学习成果的终身学习'立交桥'。"

国务院关于深化考试招生制度改革的实施意见（节选）

国发 [2014] 35号

二、主要任务和措施

（一）改进招生计划分配方式。

1. 提高中西部地区和人口大省高考录取率。

2. 增加农村学生上重点高校人数。

3. 完善中小学招生办法破解择校难题。

（二）改革考试形式和内容。

1. 完善高中学业水平考试。

2. 规范高中学生综合素质评价。

3．加快推进高职院校分类考试。

4．深化高考考试内容改革。

（三）改革招生录取机制。

1．减少和规范考试加分。

2．完善和规范自主招生。

3．完善高校招生选拔机制。

4．改进录取方式。

5．拓宽社会成员终身学习通道。

（四）促进政府职能转变，推进教育管办评分离

改革开放以来，我国教育体制改革不断深化，政府、学校、社会之间关系逐步理顺，但政府管理教育还存在越位、缺位、错位的现象，学校自主发展、自我约束机制尚不健全，社会参与教育治理和评价还不充分。为进一步提高政府效能、激发学校办学活力、调动各方面发展教育事业的积极性，2015年5月，教育部颁布了《教育部关于深入推进教育管办评分离　促进政府职能转变的若干意见》，要求推进教育管办评分离，厘清政府、学校、社会之间的权责关系，健全学校自主发展、自我约束的运行机制，转变政府职能，开展第三方评估，以构建三者之间新型的良性互动机制。

（五）落实学校办学的主体地位，深化教育"放管服"改革

"放管服"是我国教育管理制度改革的继承与发展，是对教育"管办评"分离改革中政府职能转变的具体化。2016年"放管服"的概念被提出，2017年开始在高等教育领域进行探索实施。2018年，习近平总书记在全国教育大会上强调："深化办学体制和教育管理改革，充分激发教育事业发展生机活力。"至此，"放管服"改革成为激发教育事业发展活力的主要措施。2019年，全国基础教育工作会议明确我国基础教育已进入全面提高质量的新阶段。2020年9月，教育部等八部门联合发布《关于进一步激发中小学办学活力的若干意见》，明确提出"深化教育'放管服'改革，落实中小学办学主体地位，增强学校发展动力，提升办学支撑保障能力，充分激发广大校长教师教书育人的积极性创造性，形成师生才智充分涌流、学校活力竞相迸发的良好局面"的发展目标。同时针对影响和制约中小学办学活力问题，从政府权力下放、激活学校办学内生动力、提升支持保障力度、完善管理机制四个方面提出重大举措。该文件的颁布是对国家基础教育管理体制改革的继承与发展，也是对全面进入提高质量发展阶段的回应，对于加快推进教育"放管服"改革，促进教育"管办评"分离不断深入具有重要意义。

（六）破除"五唯"问题，系统推进教育评价改革

教育改革已然进入深水区，评价改革成为牵动教育改革的"牛鼻子"。教育评价事关教育发展方向，有什么样的评价指挥棒，就有什么样的办学导向。为深入贯彻落实习近平总书记关于教育的重要论述和全国教育大会精神，完善立德树人体制机制，扭转不科学的教育评价导向，坚决克服唯分数、唯升学、唯文凭、唯论文、唯帽子的顽瘴痼疾，提高教育治理能力和水平，加快推进教育现代化、建设教育强国、办好人民满意的教育。2020年10月，中共中央、国务院印发《深化新时代教育评价改革总体方案》。该文件充分考虑了教育评价改革的艰巨性、长期性，着眼于与中国教育现代化总体进程相适应，分两个阶段提出深化新时代教育评价改革的目标；围绕党委和政府、学校、教师、学生、社会五类主体，坚持破立结合，重点设计了5个方面、22项改革任务，强调扭转不科学的教育评价导向，坚决克服"五唯"的顽瘴痼疾，并提出，到2035年，基本形成富有时代特征、彰显中国特色、体现世界水平的教育评价体系。2022年，党的二十大报告专门提出深化教育领域综合改革，完善学校管理和教育评价体系。深化新时代教育评价改革，使命光荣、责任重大，对于全面贯彻党的教育方针、加快推进教育现代化、建设教育强国、办好人民满意的教育具有重大意义。

深化新时代教育评价改革总体方案（节选）

（印发时间：2020年10月13日）

二、重点任务

（一）改革党委和政府教育工作评价，推进科学履行职责

1. 完善党对教育工作全面领导的体制机制。

2. 完善政府履行教育职责评价。

3. 坚决纠正片面追求升学率倾向。

（二）改革学校评价，推进落实立德树人根本任务

4. 坚持把立德树人成效作为根本标准。

5. 完善幼儿园评价。

6. 改进中小学校评价。

7. 健全职业学校评价。

8. 改进高等学校评价。

（三）改革教师评价，推进践行教书育人使命

9. 坚持把师德师风作为第一标准。

10．突出教育教学实绩。

11．强化一线学生工作。

12．改进高校教师科研评价。

13．推进人才称号回归学术性、荣誉性。

（四）改革学生评价，促进德智体美劳全面发展

14．树立科学成才观念。

15．完善德育评价。

16．强化体育评价。

17．改进美育评价。

18．加强劳动教育评价。

19．严格学业标准。

20．深化考试招生制度改革。

（五）改革用人评价，共同营造教育发展良好环境

21．树立正确用人导向。

22．促进人岗相适。

总的来说，改革开放以来，我国的教育评价在理论和实践方面稳步发展，尤其是随着21世纪的课程改革的推进，教育评价改革已触及深层的问题。随着教育改革的推进，教育评价必将会朝着更加科学、合理的方向发展。

本章小结

要理解教育评价的现在，探索和预测它的未来，需要对中西方教育评价思想和教育评价实践的历史进行梳理。

中国古代社会的教育评价活动与科举紧密联系在一起，评价制度以科举最为完备，在历代科举的演化中，人们对考试的意义及其与学校教育的关系的认识越来越清晰，在考试的组织、管理、方法、评分等方面逐渐形成了一整套较为严密的制度。

20世纪前半期的美国，明确提出教育评价这一科学概念，系统探索现代意义上的教育评价理论和方法，并把教育评价作为一门独立学科来研究和发展。

经过了以考试为主和以教育测验为主的前教育评价时期，西方教育评价进入了产生与发展的时期，即泰勒模式阶段（1930—1945年）、稳定发展阶段（1946—1957年）、反思与改造阶段（1958年—20世纪70年代中期）。随后，在20世纪70年代中期，又进入教育评价

的批判与重建时期。

　　1905年，中国废止科举制度，开始参照西方现代学校制度兴办新式学校，现代意义上的教育评价才在西方教育测量和教育评价理论的影响下，开始发展起来，并经过间续发展阶段（1905—1977年）、理论积累阶段（1977—1985年）、持续发展阶段（1985—2001年）和全面改革阶段（2001年以后）一个多世纪的曲折历程，逐渐形成了中国现代教育评价体系。

总结 >

Aa 关键术语

中国古代教育评价	西方教育评价	中国现代教育评价
Ancient Chinese Education Evaluation	Western Education Evaluation	Modern Education Evaluation in China

章节链接

　　本章属于基础性历史梳理，旨在帮助学习者厘清教育评价的发展脉络，对教育评价的历史演进有一个整体性的认知和把握。后续所有章节与本章内容都有密切的联系。

应用 >

体验练习

　　1. 简述中国古代科举制度对当代教育产生的影响。

　　2. 了解我国现代教育评价发展的四个历史阶段，并简要说明各阶段教育评价发展的主要成就。

　　3. 掌握西方教育评价产生和发展的几个时期，简要说明各个阶段教育评价发展的主要成就。

　　4. 与同学合作学习，讨论交流未来教育评价发展的趋势。

拓展 >

☕ 补充读物 ▨▨

1　王汉澜．教育评价学[M]．开封：河南大学出版社，1995．

　　该书共11章，其中前2章与本章关系较大。第1章"教育评价概述"论述了教育评价的由来与发展、教育评价的概念与特性、教育评价的种类与功能；第2章"教育评价的基本理论"论述了教育评价的构成与价值取向、教育评价与人的发展、教育评价的目标分类、教育评价的基本原则。

2　胡中锋．教育评价学[M]．北京：中国人民大学出版社，2008．

　　该书主要包括3篇，其中第1篇分为3章，主要论述了"教育评价的基本原理"。第1章"教育评价概述"部分重点介绍了什么是教育评价、教育评价的功能和意义、教育评价的种类、现代教育评价的主要模式、教育评价的发展阶段。

3　陶西平．教育评价辞典[M]．北京：北京师范大学出版社，1998．

　　《教育评价辞典》按教育评价的理论基础，基本理论，方法技术，统计测量，学生评价，教师及其他人员评价，学校评价，区域及督导评价和人物、事件、机构、著作七卷组织词目，共收入反映高等教育评价、中小学教育评价、职业教育评价、成人教育评价、师范和幼儿教育评价的词目1800余条；可作为教育科研人员、教学人员、各级各类学校干部教师、教育督导、教育行政部门广大干部进行教育、教学研究，开展教育评价实践的参考工具。还适用于中等、高等师范院校学生学习教育评价课程参考。

4　[日] 田中耕治．教育评价[M]．高峡，田辉，项纯，译．北京：北京师范大学出版社，2011．

　　全书分2部6章14节，作者通过对教育评价概念的梳理和阐释，对教育评价功能的比较和分析，对日本教育评价发展历史的回顾与评述，向读者系统展现了日本教育评价发展的历史、现状与问题，使人们清晰地了解近代以来，"教育评价"思想在日本本土化的过程所经历的曲折、面对的困惑和不懈的探索，教育评价观念的演变和发展对教育实践、考试制度等产生的重要影响。

5　刘志军．走向理解的课程评价：发展性课程评价理论探索[M]．北京：中国社会科学出版社，2004．

　　发展性课程评价是立足现在、面向未来，立足现实、追求发展的课程评价。全书共4章，通过对发展性课程评价理论基础的分析，对课程评价进行重新诠释，并确立了课程评价的基本理念。形成了以课程设计评价、课程实施评价、课程结果评价相互交融的开放的三螺旋结构表现形式的发展性课程评价的基本结构。最后提出了以理解、多元和现实为基本原则，以网状结构模型为内在机制，以行动研究为基本策略的发展性课程评价的方法体系。

6　涂艳国．教育评价[M]．北京：高等教育出版社，2007．

　　该书第2章"教育评价的历史发展"重点介绍了三方面内容。第1节"西方教育评价的发展"，主要论述了考评阶段、测量阶段、描述阶段、判断阶段、建构阶段；第2节"我国教育评价的发展"，主要论述了经验考核时期、科举考试时期、系统发展时期；第3节"现代教育评价的发展趋势"，主要论述了量化评价与质性评价互补、结果评价与过程评价并重、他人评价与自我评价结合、正式评价与非正式评价共存、元评价日益受到重视等问题。

教育评价的概念

　　教育评价的概念基于对教育评价的基本认识，无论是教育评价理论、方法与程序，还是具体的评价活动，都离不开对教育评价的基本认识。回顾教育评价不同的历史时期，人们对教育评价的认识和理解也在不断地加深。因此，本章主要介绍人们对教育评价的认识和理解的变化过程，对教育评价的价值基础进行理论论证，并据此对教育评价的内涵及相关概念进行辨析。

结构图

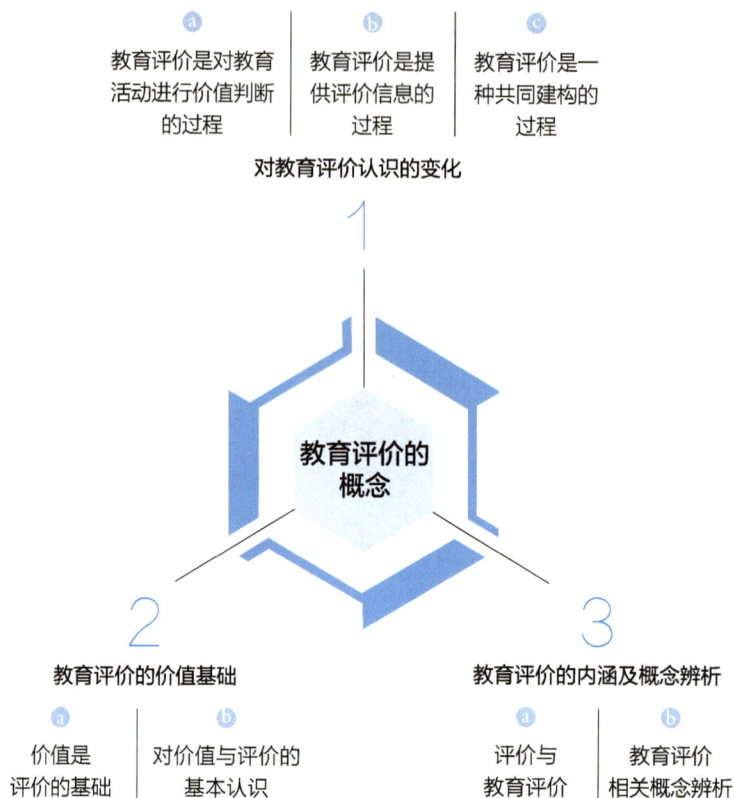

ⓐ	ⓑ	ⓒ
教育评价是对教育活动进行价值判断的过程	教育评价是提供评价信息的过程	教育评价是一种共同建构的过程

对教育评价认识的变化

1

教育评价的概念

2 教育评价的价值基础

ⓐ	ⓑ
价值是评价的基础	对价值与评价的基本认识

3 教育评价的内涵及概念辨析

ⓐ	ⓑ
评价与教育评价	教育评价相关概念辨析

学完本章，你应该能够做到：

1. 了解人们对教育评价认识的变化与发展。

2. 理解教育评价的价值基础。

3. 对教育评价的内涵与相关概念有清晰的理解与把握。

学习
目标

读前
反思

1. 浅谈你对教育评价的认识与理解。

2. 依据教育教学实践，说明教育评价有什么价值与意义。

3. 尝试对教育评价、教育评估、教育测量、教育鉴定进行区分与界定。

现代教育评价自产生到现在，虽然经过近百年的发展历程，但人们对它的认识却莫衷一是，其中的原因既有时代的变迁导致人们对教育评价认识的变化，也有对教育评价本质属性的不同认识。但当前教育评价的重要性决定了人们开始教育评价活动时，首先应对教育评价有一个基本认识，无论是教育评价理论、方法与程序，还是具体的评价活动，都离不开对教育评价的基本认识。

第一节
对教育评价认识的变化

🎯 **学习目标**

通过人们对教育评价的不同认识理解教育评价的不同内涵。

在教育评价发展过程中，关于什么是教育评价，在不同的历史时期，人们有不同的回答，至今还没有一个统一的表述，不同的人从不同的角度出发，有着不同的表述，其中许多人提出了颇有见地的主张，为教育评价的发展和繁荣做出了积极的贡献。回顾教育评价不同的历史时期，人们对教育评价的认识和理解也在不断地加深。总的来说，对教育评价的认识和理解有以下几种观点。

一、教育评价是对教育活动进行价值判断的过程

这一类观点在教育评价研究中长期以来一直占据着主导地位。它最早可以追溯到现代教育评价产生之初，泰勒及其评价委员会，经过"八年研究"中的探索与实践，总结形成了现代教育和现代教育评价的基本原理。泰勒在他的《课程与教学的基本原理》一书中明确提出："评价过程本质上是一个确定课程与教学计划实际达到教育目标的程度的过程。然而，由于教育目标实质上是指人的行为变化，也就是说，力求达到的目标是要使学生行为方式产生所期望的某种变化，因此，评价是一个确定行为发生实际变化的程度的过程。"[1]这一最早的对教育评价的表述虽然没有直接谈到价值及价值判断的内容，但它通过教育与教学计划以及教育目标的关系，间接地把价值判断的内涵提了出来。在此以后，教育评价是价值判断的观点得到了许多研究者的认可。1981年，由12个教育评价组织形成的美国评价标准联合会对评价

1　[美]拉尔夫·泰勒. 课程与教学的基本原理[M]. 施良方，译. 北京：人民教育出版社，1994：85.

提出了一个简明的定义，即认为"评价是对某些对象的价值如优缺点的系统调查"。这一观点对以后的教育评价研究者产生了很大影响，人们或多或少地接受了这一对评价的认识和理解。日本评价学者梶田叡一在其《教育评价》一书中认为："教育评价……包括了全部与教育活动有直接或间接关系的各种实态的把握和价值判断。"[1]我国早期教育评价研究者从研究之初，也大多接受并发展了这一价值判断的观点。我国学者张厚粲认为，教育评价就是"依据一定的教育目标利用科学的手段收集信息，在此基础上进行价值判断的过程"[2]。刘本固在《教育评价的理论与实践》一书中认为："教育评价是指按照一定的价值标准，对受教育者的发展变化及构成其变化的诸种因素所进行的价值判断。"[3]陈玉琨认为教育评价从本质上是一种价值判断的活动，"是对教育活动现实的（已经取得的）或潜在的（还未取得，但有可能取得的）价值做出判断"的过程。[4]在此期间，教育评价作为价值判断的观点逐步为人们广泛接受。

二、教育评价是提供评价信息的过程

这一观点是从20世纪60年代开始出现，并在研究中产生较大影响的一种观点。美国学者克龙巴赫（L. Cronbach）率先对泰勒的教育评价的总结性功能做出批评，他认为，"评价能完成的最大贡献是确定教程需要改进的方面"。克龙巴赫还进一步提出，所谓教育评价是指为获取教育活动的决策资料，对参与教育活动的各个部分的状态、机能、成果等的情况进行收集、整理和提供相关信息的过程。[5]继克龙巴赫之后，20世纪60年代美国著名评价专家斯塔弗尔比姆也提出："评价最重要的意图不是为了证明，而是为了改进。"在此基础上，他把评价界定为"为决策提供有用信息的过程"[6]。20世纪70年代以后，以斯塔弗尔比姆为首的美国全国评价研究委员会进一步完善了CIPP评价模式，该模式为评价提出了一个全新的定义："评价是一种确定、获取及提供叙述性与判断性信息的过程。这些信息涉及研究对象的目标、设计、实施及结果的价值与优缺点，以便指导如何决策，如何符合绩效的要求，并增加对研究对象的了解。"[7]在这一定义中，评价包括三个方面：①评价不是一次性的，而是一个过程，它包括确定信息的范围、获得信息的过程、提交信息的过程。②评价对象包括目标、

1 [日]梶田叡一. 教育评价[M]. 李守福，译. 长春：吉林教育出版社，1988：20.
2 张厚粲. 构建教育评价体系的新探索:《教育评价概论》评介[J]. 山东教育科研，1998（1）：79.
3 刘本固. 教育评价的理论与实践[M]. 杭州：浙江教育出版社，2000：55.
4 陈玉琨. 中国高等教育评价论[M]. 广州：广东高等教育出版社，1993：23.
5 [美]克龙巴赫. 通过评价改进教程[M]. 陈玉琨，等译. //瞿葆奎. 教育学文集·教育评价. 北京：人民教育出版社，1989：164.
6 [美]斯塔弗尔比姆. 方案评价的CIPP模式[M]. 陈玉琨，等译. //瞿葆奎. 教育学文集·教育评价. 北京：人民教育出版社，1989：298-301.
7 黄光雄. 教育评鉴的模式[M]. 台北：师大书苑有限公司，1989：192.

设计、实施和结果，这分别对应于背景、输入、过程、结果四类评价。③信息有两种，既有叙述性信息，也有判断性信息，既有优缺点的描述，又有是否满足需要的价值标准的判定。这一定义为以后的许多教育评价研究者所接受并进一步阐发。

三、教育评价是一种共同建构的过程

20世纪70年代以后，随着教育研究中质性方法的发展，教育评价中逐渐出现了一种新的思想和方法，其中以古巴（E. G. Guba）和林肯（Y. S. Lincoln）为代表，他们以当代哲学、社会学如现象学、解释学、符号相互作用理论为基础，提倡在评价中使用顺应人类本性的评价模式，即自然主义评价模式。他们在批判前三代评价缺陷与问题的基础上，提出了他们自称的"第四代评价"的基本主张，主要包括以下七个方面：①评价是社会政治的过程（评价不会也不可能脱离社会、文化和政治因素的影响）；②评价是各方力量（评价参与人）合作的产物；③评价是一个相互学习和交流的过程；④评价是一个连续的、问题反复呈现的、并可能有众多分歧的过程；⑤评价是一个应急的过程（不是一个按部就班的过程）；⑥评价是一个可能产生许多非预期结果的过程；⑦评价是一个产生（形成）事实的过程。[1]在这七种主张中，其核心则是共同建构的思想。所谓共同建构，即通过对各类与评价有利害关系的人的需求、关注点和问题的应答，通过解释性辩证环节进行对话和协商，逐步达成共识，最后形成共同建构的过程。

以上对教育评价认识的三种观点体现了教育评价研究中的三种倾向。第一种倾向以价值判断为标志，明确提出了教育评价是以准则为核心的价值关联活动。第二种倾向则把评价的核心转到为决策服务上来，这一倾向没有提出价值及价值判断的问题，从表面上看，它并没有明确的评价准则，但它提供的评价信息也必然内含其潜在的评价准则。从这个角度看，前两种倾向都是把教育评价看作与评价准则有关的活动，只是二者的程度不同而已。第三种倾向则与前两种倾向相反，它对教育评价的理解则意在消解评价准则本身。从时间上看，上述三种对教育评价认识的倾向是不同时期的产物，学者们在不同的历史条件下，受不同的哲学、社会学思潮的影响形成了不同的理论假设，在此基础上形成了对教育评价的基本认识。但也应认识到，教育实践活动是一种非常复杂的活动，对教育实践活动进行评价的过程则更具复杂性和多向性。因此，用一种倾向简单地否定另一种倾向只能导致片面和绝对化，很难体现出教育评价丰富、复杂的内涵，在实践中也可能会出现失误。如何认识这三种倾向在教育评价研究中的地位，并在新的条件下对教育评价有一个完整清楚的认识，是我们面临的重要的问题。

1　E. G. Guba & Y. S. Lincoln. Fourth Generation Evaluation [M]. London：Sage Publications，1989：p. 16.

第二节
教育评价的价值基础

一、价值是评价的基础

🎯 **学习目标**

理解价值基础对教育评价的意义界定。

不同的思想视域和思想方式对于价值有不同的理解。从经济学领域理解，价值泛指客体对于主体表现出来的积极意义和有用性。在哲学概念里，价值属于关系范畴，表示客体的属性和功能与主体需要间的一种效用、效益或效应关系的哲学范畴。价值作为哲学范畴，具有最高的普遍性和概括性。

"评价"一词，从汉语字面上理解为"评定其价值"。在英语中，"evaluate"（评价）也是从"value"（价值）这一词根变化而来的，只是加上了前缀"e-"，该前缀具有"出""引出""出自"之意。所以，由评价的中英文解释来看，评价与价值是密不可分的：评价是价值的存在意义，价值是评价的基础。

价值是评价的基础，可以从这两个角度来理解：第一，价值判断是区分认知活动和评价活动的关键；第二，价值事实是评价客体即评价对象。

评价活动与认知活动的关系也是非常密切的，对客观事实的认识是认知，对价值事实的认识则为评价。评价活动与认知活动的区别就在于是否进行了价值判断。"这是一朵花"，描述的是一种事实判断，即认知；"这是一朵漂亮的花"，展现的是一种价值判断，即评价。评价活动的本质特性就是价值判断。但价值判断是以事实判断为前提的，因此，认知活动是开展评价活动的前提和依据，即首先认识到"这是一朵花"这种事实，然后才能评价它漂亮不漂亮。

"事实"这一词汇有很强的证据含义，它是静态的，确立事实，目的是解释、证明、评价。关于价值事实的解释，李德顺在《价值论：一种主体的研究》中指出："价值事实存在于价值关系运动的现实的或可能的结果之中。"[1]马俊峰在《评价活动论》中提出："价值关系、价值关系运动及其后果，就构成价值事实。"[2]作为认识活动的评价，就是指评价主体对评价客体的认识，评价客体即评价对象则是价值事实。

有学者（李德顺）认为，人对事物的态度和情感，归根到底是以事物同自己价值关系的实际状况及其理解和感受为转移的。事物使人的需要得到满足的情况以及人自己对这一情况

1　李德顺. 价值论：一种主体的研究[M]. 北京：中国人民大学出版社，1987：262.
2　马俊峰. 评价活动论[M]. 北京：中国人民大学出版社，1994：189.

的感受和理解怎样，他的评价也就怎样。在这里，被感受、被理解、被应之以态度和情感的东西，就是评价所反映的对象，即我们所要说的价值事实。价值事实作为评价认识的对象，是主客体之间价值关系运动所形成的一种客观的、不依赖于评价者主观意识的存在状态。它既是客体对主体的价值现实，又是客观的事实，所以叫"价值事实"。

评价所表达的，就是人对一定价值事实的感受、理解、情感和态度。

二、对价值与评价的基本认识

经验主义走向极端就会成为不可知论的怀疑主义，价值相对走向极端就会成为不可调和的价值相对主义。如何恰当处理教育评价中客观性与主观性、事实与价值、不同当事人之间不同价值观的关系，是促进教育评价研究和实践发展的重要保障。要处理好这些关系，就必须对价值和评价有一定的基本认识。

（一）价值

目前为止，学术界关于价值的研究主要有以下几种观点（表2-1）。[1]

表2-1　关于价值的主要观点

分类	观点	特点
1. 实体论	价值即有价值的事物本身，是价值客体中的某种东西	单纯从客体的角度认识价值
2. 属性论	价值就是客体固有的某些属性或功能	
3. 人道价值论	价值是人类所赞赏、所希望、所追求、所期待的东西，是人的生命、尊严、自由、权利的价值	
4. 观念论	价值是人类的一种精神或心理现象，是与人的兴趣、欲望、情感、态度、意向或规定等相关的东西	单纯从主体的角度认识价值
5. 价值是人论	价值是人作为人所追求的那个目的物，这个目的物就是人的自身本质	
6. 主体性人学价值论	价值的本质是主体本质力量的对象化或主体性对象化，在这里主体是价值的源泉，价值的确定是以主体需要的满足为依据的	
7. 效应价值论	价值的本质是客体主体化，是主客体相互作用中客体对主体本质力量的效应（意义、作用或影响）	从主、客体互动来认识价值，在价值的认识上较进步，影响较大
8. 主客体关系论	价值是主客体的一种关系，价值是客体对主体的意义，是客体对主体需要满足之间形成的特定关系，它来源于客体，取决于主体的需要，产生于实践	

以上诸说，有些单纯从客体的角度认识价值，如实体论、属性论。有些单纯从主体的角

1 王玉樑. 近几年中国价值哲学研究情况简介[M]//王玉樑，[日]岩崎允胤. 价值与发展：《中日价值哲学新论》续集. 西安：陕西人民出版社，1999：507-509；孙伟平. 价值定义略论[J]. 湖南师范大学社会科学学报，1997（4）：9-14.

度来认识价值，如观念论、价值是人论以及主体性人学价值论。效应价值论与主客体关系论则从主、客体互动来认识价值，克服了前面几种定义的缺陷，在价值的认识上有了较大进步，因此得到了多数人的认可。到目前为止，主客体关系论仍是价值论领域中影响最大的一种观点。

价值的主客体关系论较好地刻画了客体相对于主体的价值，回答了价值的生成问题。但这一观点却无法回答作为主体的人自身的价值，即人的生命存在的价值问题，同时，它也无法界定主体与主体之间的价值和客体与客体之间的价值。为解决这一问题，有学者提出了价值的分层次说，把价值分为三个层次：人道价值、规范价值、效用价值。一是人道价值，包括人的生命存在的意义以及人的尊严、自由、权利等，它是主体自身的内在价值；二是规范价值，包括社会的民主、公平、正义等，它是主体与主体之间的结构性价值；三是效用价值，包括人的效用价值和物的效用价值，它是客体相对于主体的功能性价值。[1]具体如表2-2所示。

表2-2　价值的三层分类及其表现与意义

分层	认识领域的表现	实践活动中的意义
人道价值	包括人的生命存在的意义以及人的尊严、自由、权利等，它是主体自身的内在价值	即主体的存在价值：人作为人自身特有的对人的尊严、自由和权利的追求
规范价值	包括社会的民主、公平、正义等，它是主体与主体之间的结构性价值	即主体与主体之间的交往价值：生成于主体间交往实践，是主体与主体共同面对社会性中介客体时的交流和整合成为特定的规范所表现出的价值，它是人们在社会交往中，为实现人的存在价值而对社会规范的发现与追求
效用价值	包括人的效用价值和物的效用价值，它是客体相对于主体的功能性价值	即主客体价值：生成于认识实践中的主客体之间，它是以作为主体的人为内在尺度，客体对主体需要的满足为表现的价值

这一价值的分层说为我们全面地认识价值提供了启示。在价值问题的研究中，长期以来，人们习惯于把它纳入认识活动中研究，在认识范围内，主客体关系说相对于单纯从主体和单纯从客体角度研究价值的观点无疑有了很大的进步，也可以说，在认识领域中，主客体关系说全面地刻画了价值问题。但是我们认为，价值与评价并不是单纯存在于认识领域，因此，对价值和评价的研究不能局限于认识范围内，而应把它们作为一种实践活动去把握，用实践的思维方式研究价值与评价问题。这样，除了要在主客关系中研究价值问题之外，还需要在交往关系中研究它，需要研究主体与主体交往活动中的价值关系。另外，在属人的实践活动中，人本身的价值也是我们应予以关注的内容。由此，我们把价值分为三种：人的存在价值、交往价值、主客体价值。其中，人的存在价值是人作为人自身特有的对人的尊严、自

1　赖金良. 人道价值的概念及其意义[J]. 天津社会科学，1997（3）：40-44.

由和权利的追求和确认；交往价值是主体与主体在交往实践中生成的价值，是主体与主体共同面对社会性中介客体时的交流和整合成为特定的规范所表现出的价值，它是人们在社会交往中为实现人的存在价值而对社会规范的发现与追求；主客体价值是在认识实践中在主客体之间生成的价值，它是以作为主体的人为内在尺度，以客体对主体需要的满足为表现的价值。

在这三种价值中，人的存在价值是第一位的。它是一种元价值，是另外两种价值的根源和基础，也是它们产生的前提条件和依据。没有对人的存在价值的追求，就不会有主体之间交往价值的产生，也不会形成主客体价值。从交往价值与主客体价值都从属于人的存在价值来说，二者是一种并列关系，它们同时受到人的存在价值的制约。但从实践来看，交往价值与主客体价值还存在一种相互作用和相互转化的关系。交往价值更加强调追求和形成规范的过程，主客体价值则主要表现为一种结果，过程与结果之间是一种互为表里的关系。如主体与主体在以形成特定的社会规范为追求的交往中所形成的是交往价值，但这种规范一旦形成，就可能成为主客体价值的依据，新的交往价值则可能在已有的主客体价值基础上进一步发展。从这个角度看，交往价值是一个不断发展的价值形成系统，主客体价值则是发展过程的结果。

（二）评价

在对评价的认识上，一直存在认知主义和情感主义之争。前者认为评价即对事物属性的价值判断，只要清楚认识该事物的特点，就可以对它进行评价；后者认为评价是一种心理现象或情感现象，评价对象随评价者的情感、兴趣而转移。争论过程中，后者处于有利地位。它从18世纪英国哲学家休谟（D. Hume）对事实与价值关系的怀疑开始，到英国著名哲学家艾耶尔（A. J. Ayer）那里达到了顶峰。艾耶尔认为，价值判断除了表达情感之外，并未陈述任何内容。价值判断既没有真假可言，也不存在客观的、人类社会所公认的、一致的价值标准。他进一步提出，当我们处理有别于事实问题的纯粹价值问题时，会理屈词穷，导致论证无法进行，最终只能乞助于谩骂。[1]

苏联哲学家布罗夫认为：评价过程是对对象的掌握过程，是一种认识行为。苏联的波波夫等人也认为，评价彻头彻尾地属于认识论范畴。[2]国内对评价问题的认识比较一致，即都把评价纳入认识论的框架来研究，把评价活动作为认识活动的一种来看待。[3]在评价研究中，人们所关注的问题只是评价活动的结构以及评价活动在认识活动中的地位，如评价活动与价值的关系、评价活动与认知活动的关系等问题。

客观地说，把评价作为认识活动来研究，提出评价是区别于认知活动，但以事实判断为

1　冯平. 评价论[M]. 北京：东方出版社，1995：246-256.
2　袁贵仁. 价值学引论[M]. 北京：北京师范大学出版社，1991：212-213.
3　陈新汉. 评价论导论：认识论的一个新领域[M]. 上海：上海社会科学院出版社，1995：10.

前提的价值判断活动，对于消除西方在这一问题上认知主义与情感主义之间的争论无疑具有重要意义，同时对其他社会领域的评价研究起到了巨大的推动作用。但是评价作为与价值密切相关的活动，研究评价必须与价值研究联系在一起。从上述评价的基本观点来看，目前我国评价研究的立足点主要是主客体关系价值，其他类型的价值还没有进入评价研究者的视野。

如前所述，从马克思实践唯物主义出发，把价值研究由原来的认识框架中提升到实践框架中研究，特别是在交往实践中理解价值，价值不仅包含早已成为共识的主客体价值，还应该包含主体与主体之间的交往价值。对作为与价值相关的评价活动来说，要想全面地把握评价，也必须把评价纳入实践框架中研究，用实践的思维方式重新研究和认识评价。

从实践的形式来看，实践活动既有主体与客体的关系，也有主体与主体的关系，在主体—客体的实践活动中，价值主要体现为主客体关系价值形态，此时的评价非常符合我国现有的主流的评价研究成果。评价就是依据一定标准，对评价对象进行价值判断的过程。评价主体就是评价者，是发动和进行评价活动的人。评价客体就是价值主体与价值客体形成的价值关系。在形成评价标准和进行价值判断时，评价活动一方面受评价主体的需要、愿望甚至个人经验的影响，具有主体的烙印；另一方面也存在现实的客观基础，这一客观基础就是评价标准确立时和进行价值判断时应考虑的两个因素，即价值主体的客观需要、实际利益和价值客体的现实状况。从价值主体的需要与利益的产生来看，它不可能超越历史和现实对价值主体的规定，同时价值客体自身的规律性也决定了评价标准不可能提出背离价值客体规律的内容。因此从总体上看，评价标准是历史实践和生活实践的产物，它不是纯形式化的、虚无的甚至神秘的东西，而是具有它独特的客观性。

在以主体—主体交往为表现形式的实践活动中，评价主要是以交往价值为基础开展的。此时的评价活动的结构与形式和以主客体关系价值为基础的评价有所不同。评价作为交往实践活动，其主要结构也是由评价主体与主体之间的关系组成的，而不是由评价主体与评价客体形成的，同时，评价主体与主体之间的关系和构成交往价值的价值主体与主体的关系非常相似，只是作为交往实践的评价活动的主体比构成交往价值的价值主体更加具体和外显，也就是说，交往价值可以是观念形态的，也可以是具体的，但交往实践的评价只能是现实的、具体的活动。作为交往实践的评价功能，相对于主客体关系的评价也有很大的变化。通过评价主体之间的交往实践，其主要功能不在于进行价值判断，而是把重心转移到批判、反思、理解和创造上来。它可以是对已有价值规范的批判、反思，可以是评价主体价值观念的相互理解和交流，也可以是新的价值规范的创造等。在评价活动中，作为交往实践的评价活动，具有更强的主体特征，受评价主体的情感、兴趣影响也较大，但它同样也有其独特的客观基础。这一客观基础来自两个方面：一方面，任何评价都是特定历史条件下的产物，都是具体的、历史的，不可能超越特定条件的限制；另一方面，处于交往实践中的评价主体的交往不是没有任何中介的交往，这一中介就成为各评价主体共同的客体，这一中介客体的现实特性就成为开展交往性质的评价的客观"底板"。

根据以上我们对评价的结构和功能的描述，我们可以把评价大致分为两种类型：一是规范性评价；二是超规范性评价（表2-3）。其中，规范性评价是指以主客体关系价值为基础的评价，是依据一定的标准，以价值判断为主要特征的评价。由于在这类评价中，评价标准是进行评价的重要依据，我们可以把这种评价标准看作一种特定的规范。因此，我们把这一类型的评价称为规范性评价。超规范性评价是以交往价值为基础的评价，是通过评价主体之间的交流实现对已有评价标准或规范的批判、理解、反思、建构。这类评价可以说是以评价标准为对象的评价，是超越规范的评价。因此，我们认为这一类型的评价是超规范性评价。

表2-3　评价的主要分类

分类	评价对象	评价过程	评价目的
规范性评价	对教育价值的认识及相关准则	让教育准则体现在教育活动中	让教育准则成为现实
超规范性评价	教育价值取向及相关教育准则	重建教育准则和规范	检验规范的合理性，重建教育准则

规范性评价与超规范性评价是两类不同性质的评价，二者的区别是明显的。其中，规范性评价是以规范为判断评价对象的准则，其全部活动是围绕规范如何应用而展开的，它考虑的问题是规范的应用是否合理的问题。超规范性评价则是以规范为批判和建构的对象，其全部活动是围绕如何重建规范展开的，它考虑的问题是规范如何成为现实的问题。

第三节
教育评价的内涵及概念辨析

一、评价与教育评价

（一）评价

学习目标

理解教育评价的基本内涵，掌握与教育评价密切相关的概念区分。

作为评价的两种类型，规范性评价与超规范性评价具有密切的联系。

第一，在评价活动中，二者具有互补性和连续性。规范性评价与超规范性评价都是围绕规范展开的，只是方式有所不同。在具体的评价活动中，二者的互补性表现为互为研究的起点。规范性评价以已有规范为评价准则，以确定性为起点。随着评价对象的变化，已有的规范不能解释新的事实时，评价规范就与评价客体出现了矛盾，此时规范性评价的确定性开始走向不确定性。超规范性评价则从不确定性开始，通过评价主体多元价值的交流、碰撞达成理解和共识。此时，评价的不确定性又走向了确定性。正是通过确定性与不确定性的矛盾运动，形成了连续性的评价活动，从而促使评价活动不断向前发展。

第二，规范性评价与超规范性评价都必须以人的存在价值为最终追求。根据我们对价值的认识，主客体关系价值与交往价值都决定于人的存在价值，这也决定了任何评价活动都必须以人的存在价值为最终归宿。规范性评价中的规范应以人的存在价值为核心，超规范性评价中批判的依据和理解与建构的方向也不能背离人的存在价值。从这个角度看，二者最终交汇于人的存在价值的弘扬（图2-1）。

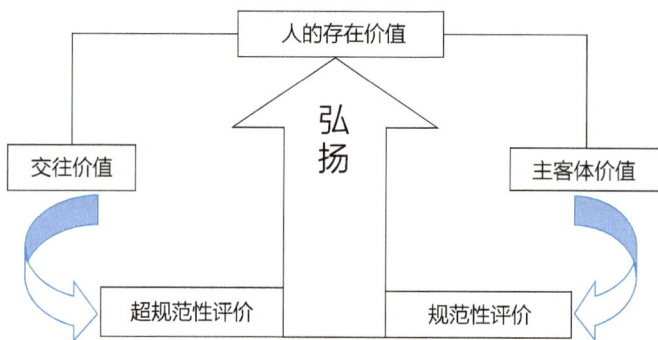

图2-1 价值分层与评价分类关系图

根据规范性评价与超规范性评价的关系，我们可以得出结论，规范性评价与超规范性评价是既对立又统一的矛盾统一体，正是在这种矛盾运动过程中，评价告别了过去封闭的状态，形成一种开放的体系，正是这一开放特征，使评价由僵化走向机动灵活。

（二）教育评价

建立在主客体价值和交往价值基础上的教育评价可以这样来表述：教育评价是通过对教育现象和活动价值的调查、分析、协商、判断，逐步达成共识，促进教育现象与活动不断调适、改进和发展的过程。

基于规范性评价与超规范性评价的教育评价，在现实中应发挥以下三个方面的功能。

1. 判断价值

规范性评价作为教育评价的重要形式，它的一个重要特征就是价值判断。从规范性评价角度来看，教育评价就是依据一定的准则对教育活动和现象进行好坏、优劣及其程度的判断。教育是充满价值的活动，规范性教育评价就是通过判断价值优劣，实现对评价对象价值的认定。

判断评价对象的价值这一功能特性是基于主客体价值关系的框架完成的。价值判断的前提是对客观事实的准确认识，在事实认识的基础上开展价值判断活动是评价判断价值的重要内容。根据这一特性，开展教育评价常常需要依据一定的标准（价值标准），通过采取科学的方法和手段，收集评价对象的信息，并在此基础上进行价值判断。

2. 发现价值

人类活动不仅在实现已有的价值，同时也在不断开拓着价值的新领域。教育评价活动作为人类活动的重要组成部分，在评价活动中，通过评价主体之间的交往活动使评价不断发现教育活动中蕴含的新价值，从而实现价值的不断创新。

价值的发现与创新是评价特别是超规范性评价的重要功能。教育活动中新的价值内涵不能通过判断的形式得出，因为判断只是依据特定的价值标准对评价对象进行判定，评判是评不出新的价值意义来的。但在超规范性评价中，通过评价主体依据各自的价值观点，进行充分、有效的交流和磋商，并在特定的交往活动中逐步达成共识，就可能产生新的价值内涵。因此，这里的发现价值，并不是说价值及价值关系客观存在于某一个地方，等待人们去发现，而是一种价值创新的过程。

3. 提升价值

从评价与教育的关系来看，教育评价活动只是实现教育目的的手段，它永远不可能上升为教育目的本身，更不能超越教育目的。教育评价的最终目的就在于促进教育教学质量提高，促进学生身心全面发展。无论是规范性教育评价，还是超规范性教育评价，都应遵循这一基本规则。在教育评价的具体活动中，无论是价值判断活动，还是评价主体的交往活动，目的都会落在评价对象的改进和提高上。对于评价主体的交往活动来说，它可以实现教育价值的发现与创新，可以更深入地认识作为评价对象的教育活动或现实，从而实现价值的提升。对于管理者和决策者有重要作用的总结性评价来说，它可以通过评价判断活动，了解更多、更丰富的评价信息，也可以更好地实现教育的目的，达到教育价值的提升。

教育评价通过判断价值和发现价值，实现着提升教育价值的目的，也就是说，达到教育价值增值的目的。从这个角度看，提升价值也是规范性教育评价与超规范性教育评价的现实结合点。

（三）当前教育评价的基本理念

教育理念作为一种理性认识，是对教育实践的理性构建。一方面，它立足于教育实践，建立在对教育现实的分析和反思的基础之上；另一方面，它又经过人们的头脑加工，体现人们的目的和价值倾向。一般地说，有前瞻性的教育理念，将会成为教育行动的思想先导，为教育实践活动指引方向。从以上对教育评价的理解与分析出发，同时基于时代的变迁与当前时代的特点，我们认为现代的教育评价有以下三个方面的基本理念。

1. 以学生发展为本的理念

从教育评价本身的发展来看，以学生发展为本的理念是逐步走上前台的。20世纪30年代，教育评价就是作为测量手段诞生于美国一次教育改革实验研究——"八年研究"之中的。在当时的教育实验中，教育评价的主要任务是对教育实验的结果——学生的行为变化进行调查和分析。此时评价的主要目的并不在于学生的发展，而在于了解教育的效果。由于当时教育评价刚刚崭露头角，而且评价本身就是在对教育测量扬弃的基础上的进一步发展，在评价中深深地打着实证主义的烙印。虽然影响教育评价近30年的目标评价模式的评价对象是学生，但由于在教育评价研究和实践中，人们更多地把工具理性放在优先地位，对目的理性的重视明显不足。泰勒提出在教育评价中应遵循三个重要准则"客观性、信度、效度"就是最好的证明。20世纪60年代以后，教育评价得到了迅速发展，虽然在评价中开始出现了一些人文的因素，但在整体上仍强调实证的方法，对学生发展的作用仍较小。从20世纪70年代开始，在人本主义哲学和社会思潮的影响下，教育评价出现了一系列新的评价模式，如斯塔克（R. E. Stake）的应答评价模式，艾斯纳（E. W. Eisner）的教育鉴赏、教育批评模式，古巴和林肯的自然主义评价模式，以及在此模式基础上发展起来的"第四代教育评价"思想等，它们的共同特点就是在评价中不追求客观性，并试图摒弃评价中的数量特征，而是从人的角度出发，充分考虑教育相关人员的观点和看法。由于学生在教育开发中的特殊作用，此时的教育评价在重视学生发展方面有了很大进展。在这些教育评价模式指导下，人们还开发了许多质性教育评价的方法，如学生的表现评定、档案袋方法（又称公文包方法）、苏格拉底式评定等，这些方法相对于过去的偏重客观测量的标准化考试来说，弱化了教育评价的甄别功能，强化了发展性功能，使评价向着有利于学生发展的方向迈了一大步。

确立以学生发展为本作为教育评价的基本理念，要求我们在教育评价中要注意面向学生，保证学生的身心发展。教育改革本身是一个不断探索的过程，而探索就有可能付出"代价"，建立教育质量保障体系，在教育改革的每一阶段为学生的发展提供充分的评价保障，其目的是把教育改革中的这一"代价"降到最小，并有利于学生的身心全面发展。

2. 促使教育不断改进与提高的理念

促进教育改进的评价观念在20世纪60年代就已经出现，当前教育评价的基本理念则是在原来评价观念的基础上的进一步发展。具体表现在以下两个方面。

（1）更加重视过程评价

教育评价产生之初，过程评价只是作为教育开发结束后判定该教育优劣的一个步骤，是结果取向的。虽然在后来的教育评价发展过程中，人们开始认识到过程评价的意义，但在评价时，评价者仍被看作外于教育研究的外部评价者，教育评价所能发挥的作用受人们对评价者的信任度影响较大。当前的教育评价则是把教育评价渗透于整个教育开发过程之中，不仅在制度上保证了教育评价成为教育研制过程中的一个不可缺少的环节，而且评价人员也积极参与到教育开发全过程之中，在教育开发的各个阶段，与教育开发的各类人员进行广泛交流、对话、磋商，在这一过程中及时发现问题，针对问题展开研究，在广泛收集资料的基础上，提出解决问题的办法，促使问题及时、有效地得到解决。从这个方面看，教育评价又具有行动研究的倾向。

（2）关注非预期效果

当前的许多教育评价实践证明，教育评价并不单纯地根据教育目标进行评价，而是对教育目标以外的非预期效果给予更大的关注。一般地说，人们都认为教育效果是可以预期的，而且教育效果大都是由教育本身形成的。但由于教育问题的复杂性，在教育方案实施过程中，还有许多因素影响教育的运行，进而影响到教育的结果，如教师素质、学生已有水平、学校的软硬件环境，还有参与教育改革的各种心理效应等，这些因素在教育改革过程中都会参与到教育实施之中，它们都会以各种方式影响教育方案的实施。这些非教育因素参与教育方案实施的一个直接结果，就是与教育本身产生交互影响，产生各种非预期效果。而非预期效果可能存在于各个方面，有些是外显的，有些则是内隐的。有时候，这些非预期效果可能会对以后教育的运行产生更大的影响，如果不能对这些非预期效果，特别是影响深远的非预期效果做出明确的分析，将会对教育改革产生难以预料的影响。因此，教育评价常常把较多的精力用在对非预期效果的评价上，强调利用各种手段对各种非预期效果的分析，通过对非预期效果的监控，实现对教育开发质量的保证。

3. 面向多元的理念

交往实践理论影响教育评价的一个重要表现就是多极评价主体的参与。在过去的教育评价研究和实践中，无论是评价的主体，还是评价标准，抑或评价方法，大都强调一元化、统一化，对多元化考虑得较少。西方国家从20世纪70年代开始，由于受现象学、存在主义等思潮的影响，在教育评价研究中出现了一些新的教育评价模式，如斯塔克的应答评价模式和斯克里文的消费者导向评价模式。在这些评价模式中，强调评价应从关心教育方案的所有人的需要出发，通过不断地信息反馈，使评价结果尽可能满足大多数人的需要。这样，教育评价的服务方向出现了变化，即由过去评价只满足一元的价值需要开始向试图满足多元的价值需要发展。这种多元化的趋势为教育评价理念提供了借鉴。

（1）对话

由于评价对象的复杂性，导致其价值主体的非中立性，而价值的非中立性必然会导致教育评价的多样性和差异性，形成评价主体多元的格局。这种评价主体多元和价值多元的现象最容易导致"公说公有理、婆说婆有理、公婆各有理"的现象，产生评价中的相对主义，使教育评价过程难以为继。为避免这一现象，教育评价在强调多元的同时，需要建立对话机制，在多元的评价主体之间进行平等的对话和广泛的磋商，在对话中逐步消除分歧，最终形成一个以一元为主导的多元评价格局。值得注意的是，这里的一元与过去的一元有所不同，在对话基础上形成的一元是在充分吸纳多元的基础上的一元，而不是建立在"权威"基础上的统一。

面向多元理念的对话，还包括各种不同类型的教育评价方法的对话。我们在选择和使用教育评价方法时，可以通过评价主体对不同的评价方法进行沟通和融合，消除选用评价方法中的偏见和二元对立倾向，合理选择教育评价方法，充分发挥各自的功能，为开展全面的教育评价服务。

（2）开放

开放是相对封闭而言的，过去的教育评价，由于过于强调一元价值在评价中的作用，较少吸纳其他价值观点而显得封闭。教育评价面向多元即是向多元的开放，也就是说，教育评价应主体多元、价值多元、方法多元，在多元中寻求平衡，尽可能吸纳各方的观点以求得发展。

开放的另一方面含义在于，由于多元化的教育评价中价值判断的相对合理性，通过对话所形成的格局并不是尽善尽美的，其合理性都是有限度的。因此，在评价过程中，评价者应有一种开放的心态，在评价活动中还要不断地与评价主体甚至与被评价者进行观点、意见和信息的交流，使评价活动在动态中不断完善。

（3）反思

在开放性的对话之后，教育评价还要不断进行反思。反思不是简单的对前面对话结果的再思考，而是要求在行动中反思，反思的对象也可以说是教育评价行动本身。反思包括对评价活动的全方位的反思：一是对评价开始的反思，可以使评价者对自己评价的出发点有一个更深入的认识；二是对评价过程的不断反思，可以使评价者在评价中对评价方法和手段以及评价的侧重点不断调整，甚至对评价标准进行调整；三是对评价结果的反思，可以使评价者对评价所发挥的功能和作用有一个清楚的审视，以正确认识教育评价。

从广义上看，教育评价的意义在于反思，即对教育开发全过程的"反思"。对教育设计及教育方案的"反思"，可以实现对教育开发的预评价；对教育实施过程的"反思"，可以实现对教育开发的动态调控；对教育实施效果的"反思"，可以实现对教育开发的质量控制。对教育开发各阶段的反思评价，为教育改革能够沿着正确的轨道前进提供了必要的保障。另外，从更宽泛的意义上讲，教育本身也是一种反思性实践，教育并不是一套需要实施的计划或方案，而是一个行动过程，是在行动与反思之间的相互作用中开发的。也正是在这种不断地反思过程中，教育才能真正实现"可持续发展"。

二、教育评价相关概念辨析

教育系统中的评价活动非常复杂，教育评价在教育理论和实践中的表现形式也是多种多样的。鉴于教育研究者对教育评价与其他相关概念理解上的混淆，正确认识教育评价在教育系统中的内涵及与相关概念的区别与联系，具有重要的理论价值和实践意义。

（一）教育评价与教育评估

教育评估（Educational Assessment），即通过系统地寻找并搜集资料，对评估对象做出预测、估计性的评判，以影响教育决策者选择策略、制定决策的过程。

两者从时间上来讲，产生于同一时期；从指代对象上来讲，指称同一事物。只是因个人喜好不同而有不同说法而已。从当前的研究来看，教育评价是较为普遍的用法，但也仍有一些人偏爱用教育评估，他们的观点不外乎以下两种。

一种是"对象模糊说"。持这种观点的人们认为，教育评价以教育现象为评价对象，教育现象从来都是模糊的而非精确的，评估最能表达对现象的揣度、推测、估价、估量之意，所以，应该用教育评估。

另一种是"文件规定说"。1985年，国家颁布《中共中央关于教育体制改革的决定》以来，有些行政部门特别是国家级行政部门在颁布相关文件时，常用评估一词，此后沿用至今，所以，应该以国家文件为例，主用教育评估。

随着教育评价的专业化和科学化发展不断增强，作为一门专业的基本概念，是教育评价还是教育评估，必须正本清源，以确保概念的精准及专业的严谨。

首先，从词意来讲，评价的英文是"evaluation"，译为"确实的评估""探知教学的价值"，最初由泰勒提出用来替换"testing"一词，且与"value"（价值）密切相连，并没有估计的意思。在中文里，"评价"即评定价值，与"evaluation"语义相通。

其次，把精确定量和模糊定量区分开来并把它们赋予到评价与评估两个词的特定含义之中，这种做法本身就是不科学、不全面的。因为评价自产生之日就强调定量与定性的结合，它是基于教育测验过分追求量化而摒弃将教育现象绝对量化的观点而发展起来的。相比较而言，"评估"一味地追究现象模糊而排斥定量的手段，是不全面的。

最后，教育评估一词只出现于中国，在其他国家和地区均无这一说法。

总的来讲，教育评价与教育评估从理论上来说没有严格区别；实践中，不同的范围和场合有不同的使用习惯，如高等教育中多用评估，政府督导部门也称督导评估，而在普通教育领域中多用教育评价。[1]

1　一帆. 教育测量·教育评价·教育评估[J]. 教育测量与评价（理论版），2009（5）：47.

（二）教育评价与教育测量

教育测量（Educational Measurement）指服务于学生发展，侧重从量的规定性上给予确定和描述的过程。教育测量与教育评价分属不同领域，有着不同的范畴，但由于教育评价本身就是在教育测量的基础上发展起来的，教育评价在许多方面都以教育测量的结果为基础，所以，在很多场合里，仍存在一些相通且不易区分的理解。

20世纪40年代，美国心理测量学家史蒂文斯（Stevens）指出，测量是"按照规则给客体和事件赋予数字"[1]。一般来讲，测量活动包括五大因素：即测量对象或者客体、所要测量的属性、测量仪器、量表系统以及在该量表系统中蕴含的测量单位。[2]从学科本质上讲，教育测量学涵盖了三个基本问题：测验的编制、测验分数特征的分析、测验及测验分数的科学使用，对这三个问题的研究构成了教育测量学的基本理论框架。

从根本上讲，教育测量是对教育中的各种客体在某个或者多个属性上的特征的描述。其独特性在于测量是一种量化的描述，即运用数字系统来对教育客体的属性的量加以描述。相比之下，教育评价不但包括这种描述，还必须包含在一定标准下对教育对象的价值或者特征的评判。这种内涵上的区别也就决定了教育评价和教育测量在实践运用中的区别。

那么，教育测量在教育评价中的角色又是什么呢？通过前面对教育评价内涵发展历程的梳理，可以大致理解出：教育评价的发展史就是测量与评价的博弈过程，评价者最初曾以测量技术员的身份为教育测量服务，随后，由于"价值"的加入，测量又成为评价的方法之一，直至现在，二者各自发展成为有内涵差异的两大学科。

两者的区别主要体现在以下方面，详见表2-4。

表2-4　教育评价与教育测量的主要区别

分类	教育测量	教育评价
目的	体现测量对象量化数值的单一活动 例：分别量出学生A和学生B的身高	根据数值做出价值判断，旨在改进的系列活动 例：对A和B的身高做比较，给出身体素养上的建议
方法	量化 例：用工具量出具体数据	定性与定量相结合 例：得出量化数据差，给出质性建议
过程	注重对事物的性质和最后的效果加以测定 例：分别量出两个学生的具体身高	在测定的基础上，对结果和过程的价值加以判断 例：根据数值，发现评价对象的不足
结论	得出具体数值 例：学生A身高168cm；学生B身高178cm	得出结论，给出建议，用以指导进一步的工作 例：A比B低10cm，相对来讲，A要加强锻炼，注意营养

由表2-4也可以看出：相对来讲，教育评价重在做出价值判断，教育测量只为价值判断提供基本的价值事实，且主要是数量事实。鉴于这一点，教育测量是教育评价的基础，其结

1　Stevens, S. S. On the theory of scales of measurement[J]. Science, 1946（7）, pp. 677–680.

2　杨向东. 教育测量在教育评价中的角色[J]. 全球教育展望，2007（11）：15–25.

果只有通过教育评价才能获得实际意义；教育评价则往往是教育测量过程的延续，是对测量结果的解释与应用，并朝着价值判断与释放教育功能的方向拓展。[1]

（三）教育评价与教育鉴定

教育鉴定（Educational Accreditation），在西欧常被等同于教育质量保证（Quality Assurance），指通过某种手段，来认可一项方案或一个教育机构是否符合某种普遍接受的标准。

美国早期的学校种类繁多，且彼此都有不同的办学目标、不同的教学方法、不同的教育标准。为了改变这种混乱局面，地区性院校协会应运而生。协会的主要任务是为其会员院校制定共同标准并代言共同关心的问题。随着教育观念的逐步趋同，协会便具有了对学校进行鉴定的功能，因此，这些协会也被称为鉴定组织。到目前为止，美国各地区都有各自的地区性的教育鉴定协会，学校自愿参加，并通过协会自觉地、不断地进行自我质量鉴定，以提高基础教育质量。

这里的"教育鉴定"是指一个组织或机构承认一所学校符合预先制定的合格标准的质量保证过程，它的目的主要有三类：首先是监督，即对协会成员学校的申请进行评议、审查，并组织听证会。其次是指导，即对各下属委员会所制定的鉴定标准，各学校进行的自我评价等，协会都起到很好的指导作用。最后是服务，即通过研究、制定政策来改进鉴定过程，对下属鉴定机构的人员培训计划进行协调，为讨论与改进本地区的鉴定政策提供论坛，以及传播有关鉴定信息等。

教育鉴定与教育评价有很多的一致之处，它们都依据一定的标准对评价与鉴定的对象进行价值分析与判断，并得出一定的结论。相对于教育鉴定来说，教育评价的范围更宽，它不仅包括指向结果的总结性评价，也包括指向过程的形成性评价；它既对教育机构进行评价，也更多地对教育机构中的人，如学生、教师、校长以及各类人员进行评价。从这个角度来说，广义的教育评价包含教育鉴定。

本章小结

回顾教育评价不同的历史时期，人们对教育评价的认识和理解主要有三种观点：第一，认为教育评价是对教育活动进行价值判断的过程；第二，认为教育评价是提供评价信息的过程；第三，认为教育评价是一种共同建构的过程。它们体现了教育评价研究中的三种倾向。

---

1 一帆. 教育测量·教育评价·教育评估[J]. 教育测量与评价（理论版），2009（5）：47.

其中，第一种倾向以价值判断为标志，明确提出了教育评价是以准则为核心的价值关联活动。第二种倾向则把评价的核心转到为决策服务上来。这两种倾向都是把教育评价看作与评价准则有关的活动，只是二者的程度不同而已。第三种倾向则与前两种倾向相反，它对教育评价的理解则意在消解评价准则本身。

评价旨在表达个体对一定价值事实的感受、理解、情感和态度。建立在主客体价值和交往价值基础上的教育评价是通过对教育现象和活动价值的调查、分析、协商、判断，逐步达成共识，促进教育现象与活动不断调适、改进和发展的过程。基于规范性评价与超规范性评价的教育评价，在现实中具有判断价值、发现价值、提升价值三方面的功能。

基于时代的变迁与当前时代的特点，我们认为现代的教育评价有三个方面的基本内涵：以学生发展为本；促使教育不断改进与提高；面向多元。

教育系统中的评价活动非常复杂，教育评价在教育理论和实践中的表现形式多种多样，正确认识教育评价与教育评估、教育测量、教育鉴定等相关概念的区别与联系具有重要的理论价值和实践意义。

总结 >

Aa 关键术语

教育评价的价值	教育评估	教育测量	教育鉴定
Value of Education Evaluation	Educational Assessment	Educational Measurement	Educational Accreditation

章节链接

本章是理解教育评价的关键，旨在帮助学习者了解教育评价的内涵与概念定位，与本书各章都有密切联系。尤其是本章第一节"对教育评价认识的变化"与第一章"教育评价的发展历史"有密切联系。

应用 >

体验练习

1. 查阅有关资料，深化对教育评价的基本认识。

2. 举例说明什么是教育评价、教育评估、教育测量、教育鉴定，并在教育教学实践中尝试运用。

拓展 >

补充读物

1 陈玉琨．教育评价学[M]．北京：人民教育出版社，1999．

该书从教育价值与教育评价、教育评价的步骤及其技术和方法、学生评价的原理与原则、学生评价的方法、教师评价的原理等方面介绍教育评价学理论发展的新进展，以及教育评价学各领域中的新研究成果。

2 涂艳国．教育评价[M]．北京：高等教育出版社，2007．

该书第1章"教育评价概述"重点论述了三方面内容。第1节"教育评价的概念"，主要讨论了价值与教育价值、教育评价的概念界定；第2节"教育评价的类型"，主要论述了三个维度的评价类型，首先是量化评价与质性评价，其次是诊断性评价、形成性评价与总结性评价，最后是绝对评价、相对评价和个体内差异评价；第3节"教育评价的功能"，主要论述了教育评价的鉴定—选拔功能、导向—激励功能、诊断—改进功能、反馈—调节功能。

3 黄光扬．教育测量与评价[M]．上海：华东师范大学出版社，2012．

该书介绍了国内外教育测量与评价的学科发展，阐述了教育测量与评价的类型和功能、教育测量与评价的质量特性、编制教育测验的一般原理与方法、制定教育评价表的一般方法和步骤等内容。全书体现了全面推进素质教育的时代精神与要求，体现了教育测量和教育评价这两学科内容朴素整合的基本趋势，较好地继承、发展了教育测量与评价的新思想、新理念、新模式、新方法，同时在编写体例上进行了一些创新，增强了教材的可读性。

4 胡中锋．教育测量与评价[M]．广州：广东高等教育出版社，2006．

该书第1章"教育测评概述"对教育测量、教育评价、教育测评的发展阶段进行了论述。全书包括教育测评的基本原理、方法与各类基础教育测评两大部分。作者采用通俗易懂的语言，详细、准确地阐述了教育测评的质量指标、编制方法与结果处理方法，介绍了几种主要的教育测评类型，内容涉及学科测评、标准化考试、智力测验、学生学业评价、学生品德测评、教师评价、课程评价、学校体育评价、中小学学校评价等。作者对很多问题都提出了自己独特的看法和见解，对指导当前的教育测评工作有较为重要的意义。

第三章

教育评价的
目的与功能

本章概述

　　教育是一种有目的指向的活动，同一定的价值和理念相关，人们对教育评价的理解，也始终同对教育评价目的与功能的理解密切联系在一起。本章要回答的就是教育评价为了什么、教育评价有什么样的功能这两个问题。因此，本章主要讨论了教育评价的形成性目的和总结性目的，以及它们在教育中的地位与关系，阐明了教育评价的主要功能，包括导向功能、诊断功能、鉴定功能、调控功能和改进功能等。

结构图

ⓐ 关于教育评价
目的的争论

ⓑ 形成性目的与
总结性目的

ⓒ 形成性评价和
总结性评价在
教育中的地位

ⓓ 不同类型的
评价目的

教育评价的目的

1

**教育评价的
目的与功能**

2

教育评价的功能

ⓐ 导向功能　ⓑ 诊断功能　ⓒ 鉴定功能　ⓓ 调控功能　ⓔ 改进功能

学完本章，你应该能够做到：

1. 了解教育评价历史上关于教育评价目的的争论。

2. 熟悉教育评价的形成性目的与总结性目的。

3. 掌握形成性评价和总结性评价在教育中的地位及其
关系。

4. 理解并掌握教育评价的主要功能。

1. 你是怎样理解教育评价历史上关于教育评价目的的争
论的？

2. 结合你的学习生活，谈谈哪些是教育评价的形成性目
的，哪些是总结性目的，并思考两者之间的关系。

3. 谈谈你对教育评价功能的认识与理解。

第一节
教育评价的目的

一、关于教育评价目的的争论

学习目标

了解教育评价的目
的；理解形成性评价
与总结性评价的关系
和地位。

从教育评价的发展历史来看，在教育评价产生之初，并未区分评价目的，20世纪60年代以前，教育评价主要受泰勒的目标导向评价模式的影响，评价目的主要围绕教育活动的最终结果，所进行的评价活动大都以总结性评价为主。直到20世纪60年代，人们才逐渐认识到这一问题，并不断试图摆脱原有评价目的的束缚，重新对评价目的进行定位。可以说，人们关于教育评价目的的争论总是离不开泰勒对教育评价的认识，在某种意义上，泰勒所理解的教育评价成为后来教育评价目的争论不休的肇始和滥觞。

20世纪30年代，泰勒和他的同事正式提出了"教育评价"的概念，根据泰勒的理解，"评价的过程实质上是一个确定课程与教学计划实际达到教育目标的程度的过程"。自这一概念提出以来一直到20世纪50年代末，指引教育评价运动的思想"评价不是为评价而评价，而必须是为更好地达到教育目标而进行评价"[1]一直占据着主导地位。虽然泰勒在其描述中很强调评价应借助信息的反馈，以帮助教育者达成预期的目标，但泰勒的目标概念与结果概念紧密相关，使人们更容易把注意力集中到对结果的评价上，正如马道斯等人分析泰勒评价时指出："由于泰勒的方法要求测量用行为来界说的目标，因此它的注意力集中在学习的结果上，而不是有组织的和教学的输入上……"[2]因此，人们更多地把泰勒的评价看作一种对结果的总结性评价，发挥的是一种总结功能。

自泰勒评价理论提出之初，人们就开始不断反思目标—结果导向的评价的不足，如重结果、轻过程，重预期效果、轻非预期效果，重目标、轻"人"本身等，并逐渐触及了总结性评价与形成性评价的本质。20世纪60—80年代，围绕总结性评价和形成性评价，关于教育评价目的的争论进入一个高峰期。1963年，克龙巴赫在《通过评价改进教程》一文中考察了前一阶段的评价成就后，认为过去的教育评价仅把评价目的局限在对事后的结果评价上，关心的是最终分数，尖锐地批评这一评价的主导概念缺乏实用性和妥帖性，他建议评价者们摆脱

1　[日]桥本重治. 教育评价的意义与特点[M]. 钟启泉，译. //瞿葆奎. 教育学文集·教育评价. 北京：人民教育
　　出版社，1989：155.
2　[美]马道斯，斯塔弗尔比姆，斯克里文. 方案的评价：历史的概观[M]. 文新华，唐玉光，王钢，译，赵永年，校.
　　//瞿葆奎. 教育学文集·教育评价. 北京：人民教育出版社，1989：78.

对事后评价的偏爱，并提出要重新确定评价的概念——不是根据竞争的成绩，而是作为一个搜集和报告对课程研制有指导意义的信息过程，强调"评价能完成的最大贡献是确定教程需要改进的方面"，并修改了泰勒对评价的定义，把评价广义地界定为"为做出关于教育方案的决策，收集和使用信息"。克龙巴赫也第一次证明了报告测验项目的分数并进行分析要比只报告平均总分对教师们更有用。因此，他尖刻地把教育评价中某些类似总结性评价的功能称作为主人服务的"奴仆功能"，反对把评价者理解为一个"专门雇来决定'对'或'错'的'篮球裁判员'"。[1]他认为"用于改进正在实施中的教程的评价，对于改进教育所作的贡献，要比那种用于估价市场上现有产品的评价大得多"[2]，换言之，用于改进工作的形成性评价的作用，远比总结性评价重要得多，因此，形成性评价也比总结性评价重要得多。

斯塔弗尔比姆的观点和克龙巴赫有着很大的一致性，他确信"教育者需要一个较广义的评价定义，而不只是局限于确定目标是否达到"[3]。在他看来，总结性评价更多地类似于"对不法行为所做的严密调查"，他认为"评价最重要的意图不是为了证明，而是为了改进"，为此，他在1969年提出了一种广为人知的评价定义："为决策提供有用信息的过程"，并在以后的研究中不断丰富、充实了这一基本观点。与克龙巴赫对待总结性评价的尖锐态度不同，斯塔弗尔比姆的态度要相对缓和一些，一方面他强调了过程性评价的重要性，另一方面他并不反对总结性评价的功能与作用。在他提出的CIPP评价模式中，背景评价、输入评价、过程评价、结果评价分别服务于不同的决策类型。其中，过程评价是对计划实施情况不断加以检查，主要用途是获得反馈信息，用于指导实施决策，在人们看来，这就是一种形成性评价；结果评价的目的是要测量、解释和判断方案的成就，主要用于决定某一特定方案是否值得继续、重复和（或）扩展到其他情境，即再循环决策，在人们看来，这就是一种总结性评价。[4]可以看出，在斯塔弗尔比姆那里，总结性评价和形成性评价并不是截然对立的，而是评价全过程的两个阶段或两种类型。在有的西方学者看来，一个表明评价判断性的定义，如泰勒的"确定行为发生实际变化的程度的过程"，因为总是和对教育结果的判断联系在一起，也许会引起潜在评价者的许多忧虑和评价对手们的抵制，而诸如斯塔弗尔比姆的观点"评价为决策提供信息"则是一种非判断性的评价定义，也许会更顺利地被评价者和使用者采用。[5]

1　[以色列]内伏. 教育评价概念的形成：对文献的分析评论[M]. 赵永年，李培青，译，石伟评，校. //瞿葆奎. 教育学文集·教育评价. 北京：人民教育出版社，1989：346.

2　[美] 克龙巴赫. 通过评价改进教程[M]. 陈玉琨，赵中建，译. //瞿葆奎. 教育学文集·教育评价. 北京：人民教育出版社，1989：165.

3　[美]斯塔弗尔比姆. 方案评价的CIPP模式[M]. 陈玉琨，译，施良方，校. //瞿葆奎. 教育学文集·教育评价. 北京：人民教育出版社，1989：301.

4　[美]斯塔弗尔比姆. 方案评价的CIPP模式[M]. 陈玉琨，译，施良方，校. //瞿葆奎. 教育学文集·教育评价. 北京：人民教育出版社，1989：317-321.

5　[以色列]内伏. 教育评价概念的形成：对文献的分析评论[M]. 赵永年，李培青，译，石伟评，校. //瞿葆奎. 教育学文集·教育评价. 北京：人民教育出版社，1989：346.

　　针对当时片面强调形成性评价重要性的观点，1967年，斯克里文在《评价方法论》一文中提出了"形成性评价"和"总结性评价"的概念，着重澄清了总结性评价的重要作用和价值，明确了其不可替代的功能地位，并系统阐明了总结性评价和形成性评价相辅相成的关系。其代表性观点如下。[1]

　　第一，形成性评价的作用并不排除对最后结果的评价。斯克里文指出，评价能够而且一般也应该发挥多种功能。从众多理论研究和实践工作中，可以清楚地看到存在这样一种假设，即人们确定评价意向的职责，完全是通过使它出现在计划的某个地方而得到体现，如在课程编制过程中，评价起到的某种作用常常通过提出某些问题来实现一定的目的：课程是否在这一方面真正使人理解成见与信奉之间的区别、是否需要花费太多的时间才能做到这一点等；同时，评价的另一个作用，即评价过程有助于管理人员根据学校系统采用这种课程花费的代价来确定，已经全部完成的课程（通过发挥评价过程的第一个作用已经得到了提炼）是否比现存的各种备选方案具有非常明显的优点。

　　第二，总结性评价有着重要的价值和贡献。斯克里文明确指出，人们往往一味强调在没有威胁的活动中评价所包含的建设性因素所起的作用，但却忽略这一事实，即评价的目的本来就包括对长处、优点和价值等方面的估计，所有这些对评价的另一作用——决定人员数或学程的增减——有十分明显的贡献，像克龙巴赫那样，把这称为"奴仆作用"似乎有点太极端了。在斯克里文看来，在许多情境下，总结性评价有着不可替代的价值和贡献，正如企业知道自己在干亏本买卖的时候，就会辞退经理或关闭工厂，同样，如果这种期末的、全面的、结果的评价能够证实，一种十分昂贵的教科书（或其他）并非明显地优于，或者相反，确是大大地优于它的竞争对手，那么这种评价无疑是大有裨益的。再如，如果能够通过总结性评价揭示某些方法（如数学教学方法）并没有有效地提高学生在某些方面的成绩，而恰恰是这些方面，数学家或行业认为很重要，这样做势必会节省大量的时间和金钱，从而可以为教育的发展做出很有价值的贡献，反过来，又可以为教育结果做出很有价值的贡献。为此，斯克里文强调，"进行总结性评价，是方案指导者不可推脱的责任，是赞助机构的明确的要求，也是学校本身所需考虑的事情"，人们在接受"与总结性评价相比，形成性评价更重要"这一观点之前，需要加上若干限制条件才更合理。

　　第三，应发挥形成性和总结性两种评价的作用。斯克里文指出，教育计划，特别是课程计划，显然必须尽量充分发挥评价的这两种作用。在形成性评价中，评价用于改进和发展一个进行着的活动（或方案、人、产品等）；在总结性评价中，评价用于教学核定、鉴定或选拔。"形成性与总结性评价之间没有基本逻辑和方法论上的差别。两者都是为了检验某个实

1　[美] 斯克里文. 评价方法论[M]. 陈玉琨，刘力，张立红，译，施良方，校. //瞿葆奎. 教育学文集·教育评价. 北京：人民教育出版社，1989：183-185.

体的价值。只有按不同时机，评价的听取人以及使用评价结果的方法，才能区分在什么情况下的评价是形成性的，或是总结性的。而且对同一评价来讲，在一个需求者看来可以是形成性的，而另一个看来却是总结性的。"[1]

可以看出，斯克里文的上述观点在为总结性评价"昭雪平反"的同时，更加科学、理性地揭示了总结性评价和形成性评价相互依存的关系，也为当时有关教育评价目的与功能的争论做出了一个相对圆满的回答。

二、形成性目的与总结性目的

教育评价的目的主要包括两个方面：形成性目的与总结性目的。如前所述，最早把评价目的分为形成性目的和总结性目的是美国教育评价专家斯克里文，他在1967年所写的《评价方法论》一文中首先提出了形成性评价与总结性评价的概念。其中，形成性评价是指通过诊断教育活动与过程中存在的问题，为正在进行的教育活动提供信息，以提高活动质量的评价。形成性评价一般不以区分评价对象的优劣为目的，不重视对评价对象进行分等和鉴定，而强调对评价对象工作的改进。总结性评价则是在教育活动发生后对教育活动效果的判断，它常常与分等鉴定和考核有关。在区分了两类不同性质的评价之后，人们在确定教育评价目的时，就依据对这两类评价特点的认识，区分两种不同的评价目的，即形成性目的和总结性目的。

在明确提出形成性目的与总结性目的之后，一些教育评价学者对它们做了进一步的区分，具体表现在以下几个方面。

（一）指向不同

具有形成性目的的评价主要通过发现教育活动过程中存在的问题，指向改进教育活动本身的质量；而具有总结性目的的评价指向更一般的等级评定，它的直接目的是做出教育效果的判断，从而区别优劣、区分等级或鉴定是否合格，为一定的教育决策服务。

（二）服务对象不同

具有形成性目的的评价是为系统内部服务的，其评价结果主要供那些正在进行教育活动的教育工作者参考。具有总结性评价目的的评价则是为系统外部服务的，其评价结果更多地交给各级管理人员和决策者，为下一步进行管理和决策提供必要的信息。形成性评价与总结性评价的这一区别，决定了这两类评价活动的外部特征：形成性评价者与教育活动的实施者

1　许建钺，等编译. 简明国际教育百科全书：教育测量与评价[M]. 北京：教育科学出版社，1992：50.

相互依赖。教育活动的实际参与者与实施者需要形成性评价提供各种帮助，这两类人员关系密切。总结性评价者则在一定程度上保持着独立的关系，使得他们能够以客观的态度开展评价活动。

（三）覆盖教育过程的时间不同

形成性评价直接指向正在进行的教育活动，以改进这一活动为目的，因此，它是在过程中进行的评价，一般不涉及教育活动全部过程。总结性评价考察最终效果，因此，它是对教育活动全过程的检验，一般在教育过程结束后进行。

（四）对评价结果概括化程度的要求不同

具有形成性目的的评价其评价结果常常是分析性的，它侧重提供更充分、全面和丰富的信息；而具有总结性目的的评价结果则常常是综合性的，它希望最后获得的资料有更高的概括程度。[1]

为了更好地说明两种评价目的的特点，在此列表做一对比，详见表3-1。

表3-1 形成性目的与总结性目的的比较

维度	形成性目的	总结性目的
功能	发现问题，改进工作	判定优劣，区分等级
服务对象	系统内部人员	系统外部人员
覆盖时间	活动开始和过程中	活动结束
概括程度	分析性；概括程度低	综合性；概括程度高

三、形成性评价和总结性评价在教育中的地位

应该说，形成性评价的提出是教育评价历史发展中的一大进步，也是现代教育评价区别于早期测量运动的一大特点，对当代教育评价的理论研究和实践探索产生了深远影响；而总结性评价在教育、教学过程和教育管理过程中也发挥着特殊的、不可替代的作用，迄今为止，在教育范围内进行的评价，更多的还是总结性评价，这是它存在的合理性与重要性的有力证明。两类评价在教育中占据着不同的地位，发挥着不同的作用。

（一）形成性评价在教育中的地位

就形成性评价而言，其在教育中的地位主要体现在以下几个方面。

---

1 陈玉琨. 教育评价学[M]. 北京：人民教育出版社，1999：12-14.

1. 形成性评价有利于人们改进教育活动，提高教育内在质量

形成性评价以问题为导向，以改进为目标，直接指向正在进行的教育活动，与实际活动紧密结合，是一个针对教育活动本身发现问题、改进工作的过程。因此，开展形成性评价有利于直接、有效地提高教育教学的内在质量。

2. 形成性评价有利于提高评价对象的积极性

在形成性评价中，评价者需要与评价对象紧密配合，并帮助评价对象发现不足、分析原因、找出对策等，以服务于评价对象实际的教育、教学活动，改进评价对象下一步工作。因此，开展形成性评价有利于人们在教育工作中确立对评价的肯定态度，有利于调动评价对象开展教育评价活动、进行教育改革的积极性。

3. 形成性评价有利于人们更好地接纳评价结果

形成性评价的结果一般不与鉴定、选拔、分等等高利害事件挂钩，多是针对存在问题或不足的分析与判断。形成性评价注重结合评价对象实际情况，以解决问题、改进工作为目的，是一种直接服务于系统内部人员的活动，容易营造和谐而非对立的评价氛围，形成轻松而非紧张的评价双方关系，有利于人们更好地接纳评价结果。

4. 形成性评价是教育系统自我发展与完善的内在动力

形成性评价是在教育教学活动中对活动过程和效果进行的评价，主要通过诊断问题获取反馈信息，以便调控、改进教育教学工作，而且这一过程不是单向的、一次性的，而是周而复始、不断循环的，因而可以持续改进、完善教育教学活动，成为教育系统不断自我发展与完善的内在动力。例如，在教学过程中，当讲完一个课题或某一个单元之后，为了了解学生对该课题或单元知识的掌握程度，以及教师教学中存在的问题，通过及时评价，反馈信息，可以更有效地辅导学生学习，弥补教学中的不足，提高教育教学质量。

（二）总结性评价在教育中的地位

就总结性评价而言，其在教育中的地位主要体现在以下几个方面。

1. 总结性评价是保证教育公平的重要措施

在实践领域，每学年、每学期都有数以亿计的学生参加各种考试，如毕业考试、入学考试等。为了管理上的需要，每年也有数以万计的人参加教师资格考试、公务员考试等各种类型的评价活动，这些评价都是总结性评价的典型做法，有效地保证了人们的升学、就业、晋升、薪资等高利害评价活动的公平与公正。

2. 总结性评价是对社会负责的表现

通过总结性评价，可以有效地鉴定或区分出教育活动中某些低效或错误的行为，进而采取一定的改正措施。例如，让一个不合格的毕业生进入社会，无疑是教师的失职；让一个不合格的教师站在讲台上，无疑是教育管理者的失职；让一所不合格的学校开门办学，无疑是

教育主管部门的失职。因此，斯克里文强调："进行总结性评价，是方案指导者不可推脱的责任，是赞助机构的明确的要求，也是学校本身所需考虑的事情。"[1]

3. 总结性评价是开展教育管理的有效手段

总结性评价的结果多用于选拔、鉴定、分等，在教育教学活动的规范、监督、调控等各类教育管理工作中发挥着重要作用。开展总结性评价是社会和行政管理机构对学校进行监督和控制的有效手段，是提高教育投资效益与效能的重要途径。

4. 总结性评价是教育系统自我调节的措施之一

与形成性评价的系统内部调节不同，总结性评价更多的是依靠系统外部来实现自我调节的，总结性评价在对评价对象进行鉴定、筛选的同时，就是不断区别教育活动优劣、好坏，提高教育活动质量的过程。因此，进行总结性评价也是教育系统自我调节、自我完善的重要举措。

虽然现实中大量存在的评价活动是总结性评价，但形成性评价日益受到人们的重视，这是总结性评价固有的不足造成的。

第一，总结性评价重视目标达成，但忽视如何达到目标，特别是如何促进隐性目标的实现。总结性评价可以有效地了解教师的教学水平和学生的学习水平与预设水平的差距，从而判断预设的教育目标达成的效益，但教育活动中究竟发生了些什么？这些目标是如何达成的？是什么原因导致一些目标没有达成？此外，教育活动除了达到预期目标之外，还会产生各种非预期的效应、效果，这些是不是应该作为教育的目标？总结性评价中的预期目标多是外显的、可观察的显性目标，但如何看待类似情感、态度、价值观等隐性目标，如何促进这些隐性目标的实现？这些都是总结性评价没有回答也无法回答的问题。如前所述，过程性评价直接指向教育活动过程本身，除了关注人们应该做什么，更关注人们实际是怎么做的，在突破总结性评价"目标—结果"导向的不足方面有着得天独厚的优势。

第二，总结性评价过分强调甄别和选拔功能，不利于学生发展与提高。甄别和选拔是总结性评价独有的也是天然的评价功能，在需要评判事物优劣、好坏、合格与否等情境下，总结性评价发挥着不可替代的作用。但总结性评价天然地具有重结果、轻过程的缺陷，也多选择以定量化为代表的实证性评价方法，这一方法也基本适用于对结果的评价，通过对评价对象输入、输出两极进行分析处理，很难对评价对象内部发展变化的情况及其原因进行分析，在评价中只能把教育过程当作黑箱来处理。同时，过分依靠定量化手段时，在复杂的分数转换和统计处理过程中，或者造成某些信息的丢失，或者掺入一些"噪声"，建立在这些信息资料基础上的评价结论就难以反映评价对象的真实情况。在教育诸要素中，学生是最积极的

---

1 [美] 斯克里文. 评价方法论[M]. 陈玉琨，刘力，张立红，译，施良方，校. //瞿葆奎. 教育学文集·教育评价. 北京：人民教育出版社，1989：187.

人的要素，也是具有无限发展可能性的生命个体，在很多情况下，通过评价，甄别、选拔学生是教育活动的应有之义，但更多的时候，促进学生发展与提高才是评价的最终要义，学生一定是在教育活动过程中才获得了发展与提高的，在这一意义上，甄别和选拔仅仅是学生成长发展过程的结果性表现，并不能代表学生发展的全过程。因此，过于注重总结性评价尤其不利于学生发展与提高。正如布鲁纳所说，评价常常被看作对事物——比如教学材料、教学方法或书架等——效用的检验，然而这是评价最不重要的方面。形成性评价最重要的作用，恰恰是提供如何改进这些事物的信息，这一评价思想同样适用于学生评价领域。

（三）辩证地看待形成性评价和总结性评价的关系

1. 形成性评价和总结性评价共同构成完整的教育评价活动

一项完整的教育评价活动不仅要关注事情发生的结果，也要考虑到事情发生的过程，一般而言，结果往往是过程的最终体现，过程开展得如何常常决定了结果的好坏，但在复杂情形下，过程和结果又不简单地遵循单一的线性因果关系，而是呈现复杂、多样、变化的关系状态，因此，需要从过程和结果两个方面综合考量事情发生发展的全过程。教育本身正是一项深具复杂性的事件，充满了变动性和不确定性，教育教学活动的结果与过程同样不是简单的线性关系，如果只看到事情的结果，忽视事情的过程，势必会丢失很多更有价值的评价信息，从而可能得到一个不合时宜的评价结论。例如，面对两个在考试中同时取得90分的学生，如果我们只看考试结果，可能会得出两人学习成绩都很优秀的评价结论，但如果我们深入考察两人的学习过程，可能发现：一个学生因为有良好的学习习惯和适合的学习方法，能在劳逸结合中保持优秀的学习效果；另一个学生主要靠延长学习时间等方式，才取得了这样的考试成绩。依据这样的过程信息，人们大致可以判断，随着课业任务加多加重，第二个学生因为学无章法，可能在以后的学习中很难再保持好的学习效果。由此可见，一次科学有效的教育评价必须既包括形成性评价，又包括总结性评价，两种评价方式发生于教育评价活动的不同阶段，为评价对象和评价主体提供不同的评价信息，满足评价对象和评价主体的不同需要，服务于不同的评价目的。前者发生在教育教学活动中，重在过程性信息，主要用于评价对象的改进和提高；后者发生在教育教学活动后，重在结果性信息，主要用于评价主体的甄别和选拔。两者共同构成一项完整的教育评价活动。

2. 形成性评价和总结性评价之间需要相互依存、有机结合

形成性评价和总结性评价既有联系也有区别，总体而言，两者的区别只是相对的，两者天然的内在紧密联系才是主要关系。首先，总结性评价是形成性评价形成和发展的基础。纵观教育评价发展史，可以看出尽管"总结性评价"一词出现较晚，但总结性评价的基本理念几乎是与泰勒提出的"教育评价"这一概念同时出现的，美国学者斯克里文正是在反思、批判泰勒目标评价模式的基础上，提出了"形成性评价"这一说法，并将泰勒的

目标评价称为"总结性评价"，与"形成性评价"相提并论。总结性评价形成在先，是形成性评价的基础；形成性评价提出在后，是总结性评价的延伸。其次，形成性评价是对总结性评价的补充和完善。总结性评价天生具有一些自身无法克服的局限和不足，如预设性较强、过于看重目标、评价标准的统一化和固定化、忽视非预期效果等，这些被泰勒以后的教育评价学者集中批判为目标结果导向的缺陷，并力证评价不仅要关注结果，还要注重过程，不仅要强调甄别，还要着眼于改进。正是斯克里文试图通过构建形成性评价，对总结性评价做了进一步补充和完善，在一定程度上有效地弥补了总结性评价的不足和缺陷。最后，形成性评价和总结性评价相互依存。如果只强调总结性评价，容易导致人们受目标导向的影响，只看做事的结果，不看做事的过程，在某些评价情境下，难免会出现应付、流于形式等不良倾向；如果只强调形成性评价，也会使人们容易无所适从，失去工作目标和方向，对学校而言，还会增加管理难度，降低管理效率。因此，在实际评价工作中，需要将形成性评价和总结性评价有机结合。

四、不同类型的评价目的

基于不同的评价目的，教育评价大体上可以分为总结性评价和形成性评价，在学生评价、教师评价、学校评价、课程评价领域具体表现为：学生毕业考试、教师考核、学校鉴定是总结性评价的例子，学生多元化评价、教师过程性评价、学校发展性评价是形成性评价的例子。

（一）学生评价：考试鉴定与多元化评价

纵观西方教育评价发展历史，最早可以追溯到前评价时期，人们先是采用口试方式检查学生学习情况，后来以笔试代替口试，这为用学生考试分数作为评价学校教育质量的依据打下了基础。教育测验时期，受统计测量技术和心理实验等的直接推动，人们试图将考试客观化，编制了大量测验量表，把不同学生的学习能力和学习效果量化，并加以客观比较。在泰勒看来，教育测验以教科书为中心，仅考查学生对课本规定内容的机械记忆，不能考查学生运用课本知识解决实际问题的复杂行为和技巧，不能检查学生的实际动手能力，这样的测验是很片面的，应该以一定的教育目标为中心，对学生的高级智慧技能直接加以测量，进而大力推进标准化测验的迅速发展。可以看出，在学生评价领域，人们历来有对学生学习状况进行考试鉴定的传统，这一传统对此后的学生评价活动有着深远的影响。直到今天，考试鉴定仍然主要是针对学生学习结果的评价，重点考查学生在知识技能方面的掌握和获得情况，忽视了学生在学习过程中及其他方面的实际表现。尤其在泰勒那里，目标导向的评价模式直接指向结果，将教育或教学目标的达成度作为衡量学生学业状况的标准，并在此基础上对学生进行比较、鉴定、甄别与选拔，直接服务于总结性评价的目的，这样的学生评价不论在评价目的与功能上，还是在评价内容和方法上，都显得比较单薄，其获得评价的信息容量和质量及促进学生发展的作用也极其有限。

经过100多年的发展，现代学生评价已经发生了很大变化，呈现出多元化的显著特征：第一，强调评价的形成性目的，现代学生评价主要用来诊断问题，改进教育，目的是创造适合儿童的教育；第二，重视评价内容的全面性，反对把评价仅仅当作检验学生知识掌握程度的工具，提倡对学生认知、情感以及动作技能的发展做出全面评价，促进学生全面发展；第三，重视评价类型的多样化，在早期单纯的总结性评价的基础上，根据学生发展的需求，逐步发展了包括形成性评价和总结性评价在内的评价全过程。与此相适应，测验不再是评价学生的唯一工具，各种与学生评价相关的新的评价工具的开发也受到了高度重视，如档案袋评价、行为观察、情境测验等。我国教育部在2001年颁布了《基础教育课程改革纲要（试行）》，对学生评价提出了新的要求，明确指出要建立促进学生全面发展的评价体系。评价不仅要关注学生的学业成绩，而且要发现和发展学生多方面的潜能，了解学生发展中的需求，帮助学生认识自我，建立自信。2014年12月，教育部又发布了《教育部关于加强和改进普通高中学生综合素质评价的意见》，提出要转变以考试成绩为唯一标准评价学生的做法，对学生思想品德、学业水平、身心健康、艺术素养和社会实践等全面发展情况进行评价，通过对评价主体的互动化、评价内容的多元化和评价过程的动态化的体现，建立起促进学生全面发展的评价体系。总之，多元化学生评价不仅关注学生学业成就，更关注学生各方面发展状况；不仅关注学生发展的结果，更关注学生成长的过程；不仅关注评价的甄别、选拔等总结性功能，更关注评价的诊断、促进、发展等形成性功能。

（二）教师评价：业绩评价与过程性评价

在西方，早期的教师评价普遍采用的是教师督导制度，其思想根源深受工商企业界"科学管理理论"的影响，提倡效率至上，评价的主要目的是通过督导来剔除教师队伍中的"无能者"或"不良者"，实施督导的管理者为评定教师效力设计出了很多评定标准，这些标准是从那些被认为是最有效教师的教学记录的研究基础上提出来的，并陆续被转化为评定其他教师效力与效率的标准，广泛应用于教师评价，其基本假设是只有当雇主们准确地了解到每个教师的工作业绩时，他们才能有效地对教师进行管理。此后，人们越来越相信学校的质量（效率与效益）高低与教师的业绩好坏直接相关，由代表上级教育主管部门的督导员定期对教师工作业绩进行评价，并根据评价结果，对教师进行奖惩，从而实现管理或控制教师的目的。可以说，奖惩性教师评价主要就是为了满足测量与评定教学效力的组织性要求，其成功与否直接依赖于对教师做优劣判断，强调甄别与选拔，其总结性目的非常明显。

根据教师的工作业绩对教师做出奖惩，虽然加强了教师绩效管理，但也带来了很多弊端和不足，如评价双方关系的恶化、评价工作的低效、教师的抵触情绪、教师发展动力不足等。人们在反思奖惩性教师评价的基础上，提出了建立致力于帮助教师改善工作和促进教师发展的最有效的制度，即发展性教师评价。发展性教师评价更多地面向未来，强调的是评价对教师的促进与发展功能，其成功与否直接依赖于评价所能提供的过程性信息，这里的过程性信息既包括教师在教育教学工作过程中的状态与成效，同时也指教师在评价过程中能够坦白和公开，能够呈现问题和接受批评，从而有助于评价者发现问题，为教师专业发展指明方向。可见，发展性教师评价是一种典型的形成性教师评价，也可以说是一种兼具形成性评价和总结性评价特点的教师评价。我国2002年颁发的《教育部关于积极推进中小学评价与考试制度改革的通知》中明确指出，对教师的评价"不仅要注重结果，更要注重发展和变化过程。要把形成性评价与终结性评价结合起来，使发展变化的过程成为评价的组成部分"。总之，不论是从历史的实践检验来看，还是从理论的逻辑分析来看，对教师工作业绩的评价和对教师工作过程的评价从来就不是二元对立的关系，它们究竟属于哪一种教师评价模式，最终取决于教师评价的目的是侧重总结性目的还是形成性目的，而不是具体的评价方式方法。

（三）学校评价：督导评价与发展性评价

我国现代学校评价是随着我国教育督导工作的开展而发展起来的，经过20世纪80年代至90年代末的发展，教育督导逐渐成为我国学校评价的主体。督导评价常常由教育行政管理部门或第三方评估机构根据统一的评价标准，对学校某一阶段的教育教学工作进行检查、监督，做出终结性、水平性、静态的价值评判，从而做出优劣评定，评价结果多以名次、档次、星级等方式来呈现。虽然督导评价也包括了一些对学校工作过程和问题改进的关注与反馈，但督导评价主要用于对学校发展的结果（如办学条件的好坏、升学率的高低等）做出考评和监测，其主要目的在于对学校进行甄别鉴定，是一种典型的总结性评价。以政府督导评估为主体的单一的督导性学校评价在促进学校软硬件达标方面发挥了积极的作用，在相当长一段时间内对我国各级各类学校的发展发挥了很大的监督、管理作用。

20世纪90年代末以来，随着我国学校教育教学设施设备的日益完善和教育管理体制改革的深化，我国学校发展开始面临由数量型发展向质量型发展、由外延型发展向内涵型发展的转型。在此背景下，如何促进学校的特色发展和可持续发展，逐渐成为我国教育管理和学校发展关注的重点。传统的督导评价在引导学校多元发展、特色发展、内涵发展方面能够发挥的作用越来越有限，需要在以往评价工作的基础上进一步丰富和完善，逐步建立适应新时期社会经济和学校发展需要的发展性学校评价制度。发展性学校评价是以帮助、指导、促进学校自主发展为根本目的的评价活动，它以学校自身发展水平及发展目标为依据，对学校发展现状、问题和未来发展前景做出评判。发展性学校评价虽然也承认学校之间存在发展差异，但根本目的不是为了检查或鉴定，而是在过程中去甄别、判断学校发展存在的问题与不足，为学校更好地发展提供指导性建议，是一种典型的形成性评价。发展性学校评价有别于传统的督导评价，具有发展性、主体性、个性化、过程性、反馈性、理解性等典型特点。进入21世纪，为切实扭转单纯以学生学业考试成绩和学校升学率评价中小学教育质量的倾向，贯彻落实素质教育精神，我国教育部明确提出要对中小学教育质量进行综合评价，并积极推进教育管评办分离，建立健全政府、学校、专业机构和社会组织等多元参与的教育评价机制，这些都将对我国学校评价的制度化、规范化和科学化，有效推动学校自主发展、持续发展产生深远影响。

第二节
教育评价的功能

🎯 **学习目标**

理解并掌握教育评价的功能。

教育评价的功能（Function of Educational Evaluation）指的是教育评价本身所具有的、可以对教育对象产生影响的功效与能力。教育评价功能问题涉及教育评价的指导思想、人们的教育观念与教育思想等，并随着教育评价自身的发展而不断变化，如教育评价是为了鉴定、考核，还是为了激励、改进；是为了选拔、淘汰，还是为了教育、发展，这是两种截然不同的教育评价功能观。早期的教育评价采用常模参照评价，后来采用标准参照评价，是为了"选拔适合教育的儿童"，因此，教育评价偏重鉴定、选拔功能，更多地服务于总结性评价的目的。现代教育评价是为了"创造适合儿童的教育"，因此，教育评价强调导向、改进、激励等功能，更多地服务于形成性评价的目的。随着教育评价思想的不断发展，教育评价的功能由单一的教育目标测定，发展到教育信息资料搜集和为教育决策服务，进而发展到满足各类评价相关利益者需求，教育评价的功能不断扩展。根据总结性评价和形成性评价的目的不同，教育评价具有导向、诊断、鉴定、调控、改进等多种功能。

一、导向功能

导向功能（Navigation Function）指的是教育评价所具有的引导评价对象朝着理想目标努力的功效和能力。导向功能本身具有前瞻性，是指向未来的，并且具有一定的弹性和可塑性，直接关系到学校发展的前景和方向。在教育评价活动中，一般要根据评价目标设计评价指标和标准，然后依据评价标准进行评价。因此，有什么样的评价内容，评价对象就会注重哪个方面的工作；有什么样的评价标准，评价对象就会向哪个方向努力。也就是说，评什么、怎么评，将直接引导评价对象在教育教学工作中做什么、怎么做。例如，在评价教师课堂教学时，如果学生的课堂参与方式、参与程度是评价标准之一的话，这一标准将引导教师在教学中注重调动学生动脑、动口、动笔、动手积极参与教学活动，以充分体现学生是教学活动的主体。同时，人们在实现目标的过程中，又会根据目标与人或社会的需求的符合程度来决定努力的程度，如果目标与人或社会的需求符合程度高，评价的积极性就高；如果目标与人或社会的需求符合程度低，评价的积极性也低，可见评价对象的积极性也受到目标本身的影响。

发挥教育评价的导向功能，要求教育评价方案的制订者从实际出发，既要考虑社会的价值需求，也要注意评价对象本身的需求，把人们正确引导到既符合社会发展规律，又能满足个体需要的目标上去。同时，发挥评价的导向功能，要求必须依据教育目标制定恰当的评价内容和评价标准，对教育过程与效果进行全面评价。此外，教育评价要顺应时代的发展，了解教育改革的新动向，及时调整评价内容和重点，使之既符合教育教学实际，又体现评价的发展性和先进性。例如，针对长期以来以学生学业考试成绩和学校升学率评价中小学教育质量的做法，2013年颁布的《教育部关于推进中小学教育质量综合评价改革的意见》（以下简称《意见》）中提出，要适应经济社会和教育事业发展的新形势、新要求，从学生全面发展、健康成长的需求出发，把学生的品德发展水平、学业发展水平、身心发展水平、兴趣特长养成、学业负担状况等作为评价学校教育质量的主要内容，并系统构建了中小学教育质量综合评价的20项关键性指标。依据《意见》，各地市教育行政部门结合实际情况，积极探索，纷纷制定了本地区的教育质量评价方案，拟定了新的学校评价指标体系，更加注重发挥评价的引导、诊断、改进、激励等功能，改变了过于强调甄别和简单分等定级的做法，改变了单纯强调结果和忽视进步程度的倾向，积极推动中小学提高教育教学质量、办出特色，基本建立了体现素质教育要求、以学生发展为核心、科学多样的中小学教育质量评价制度。

二、诊断功能

诊断功能（Diagnosis Function）指的是教育评价对评价对象的实际状态、各类影响因素等信息进行诊断或评判的功效和能力。一般说来，诊断多发生在教师在学年或学期、课程研制或课堂教学开始之前，它是为查明学生的学习准备状况及影响学习的因素而实施的测定，主要帮助教师根据测定的结果，确定教学的起点，安排、调整教学计划，对学生进行恰当的安置，为因材施教做好准备，即诊断功能的发挥多在教育教学活动开始之前。此外，也有学者认为："在教学过程中所做的诊断评价，其主要作用是确定学生对教学目标所掌握的程度，找出造成学习困难的原因……针对具体情况加以指导，使教学得以顺利进行。"[1]诊断评价可以在"教学进程中需要时"实施，目的在于"查明学习准备和不利因素"，"考虑区别对待，采取补救措施"。[2]因此，教育评价诊断功能的发挥既可以发生在教育教学开始之前，也可以发生在教育教学过程中，都服务于教育工作的改进和教育质量的提高。

发挥教育评价的诊断功能，评价者既要熟悉了解教育教学活动，又要摆脱旧有经验的束缚，还要具备一定的专业评价素养与技能。首先，通过各种方法获取诊断性信息。教育是一种有目的的活动，为了达到预定的教育目标，需要对教育者和受教育者进行科学有效的指导，而科学有效的指导来自准确的诊断性信息。其次，评价相关信息。评价者在获取教育活动的实际状态、影响教育活动过程的各种因素等方面的信息后，需要对各类信息进行归类整理，并做出价值评估，辨别信息所反映的正常与异常、优与劣、好与坏等。最后，做出诊断。在评价相关信息的基础上，评价者能够认真分析、推理，对某一具体的、特定的教育教学活动做出全面、准确的诊断，进而肯定成绩、指出问题及其成因，并设计出有针对性的"疗法"或"处方"，这是诊断的基本含义。诊断已经成为现代教育评价特别强调的功能之一。

三、鉴定功能

鉴定功能（Assessing Function）指的是教育评价评定、判断评价对象优劣程度、水平高低、合格与否等实际价值的功效与能力。我国教育评价主要由行政部门实施，其鉴定功能尤其明显，特别是把评价活动纳入管理工作之中，作为教育管理的一种常用手段，常与总结性评价密切相连，用于各种督查、考核、评估等。在教育评价中，鉴定一般分为三种类型。一是水平鉴定，即根据一定的标准，鉴定评价对象达到标准的程度。例如，学业水平考试就是一种典型的水平性考试，为的就是鉴定已完成某一学段学习任务的学生是否达到了该学段的毕业水平。二是评优鉴定，即通过对评价对象相互之间的比较，评定、筛选优者。例如，早期的教育评价目的基本上是把学生分等与分类，"考核或其他评价程序是用来对每个学生在教育系统中的价值和前途作出决定……这些决定与等级划分常常影响一个学生的全部生涯"[3]。三是资格鉴定，即对评价对象是否具有从事某种活动的资格进行鉴定。例如，教师资格考试、管理人员资格考试等。早期的教育评价偏重鉴定或筛选功能，现代教育评价尽管强调反馈、矫正功能，希望"创造适合儿童的教育"，但评价的鉴定功能仍然是不可或缺的。

发挥教育评价的鉴定功能，有赖于教育评价内容和标准的科学性以及评价结果的可靠性和

1　郭友，等. 教师教学技能[M]. 北京：首都师范大学出版社，1993：241.
2　施良方，崔允漷. 教学理论：课堂教学的原理、策略与研究[M]. 上海：华东师范大学出版社，1999：337-338.
3　[美]布卢姆，等. 教育评价[M]. 邱渊，等译. 上海：华东师范大学出版社，1987：3-4.

有效性程度，只有在深入考查评价对象、真正了解实情的基础上，才能做出科学的鉴定。如在新建普通高校的合格性评价中，根据学校办学条件、师资队伍建设、科研成果、人才培养、社会服务等各项评价内容和指标，对学校进行逐项评估，并公布评价结果，合格者颁发鉴定合格证书，不合格者责令限期整顿、停止招生或停办，就是运用了教育评价的鉴定功能。

四、调控功能

调控功能（Regulating Function）指的是教育评价对评价对象的教育教学或学习等活动进行调节和控制的功效和能力。教育是一个系统，处在不断发展变化的状态，为了使教育能达到预定目标，需要对教育系统的各个环节、组成部分等进行有效监控，并做出适当调整。布卢姆曾经提出："评价作为一种反馈—矫正系统，用于在教学过程中的每一步骤上判断该过程是否有效；如果无效，必须及时采取什么变革，以确保过程的有效性。"[1]在管理过程中，教育评价担负着监控和调整的重要作用，可以通过依据预期的目标制定一定的评价系统和评价标准，监控评价对象的变化情况，对于偏离目标的行为及时进行调整。可以说，每一次具体的评价活动，都是对教育活动和评价对象行为的一次调控，从而有效促进教育目标的实现。例如，我国第八次新课改的指导性文件《基础教育课程改革纲要（试行）》中明确提出："建立促进课程不断发展的评价体系。周期性地对学校课程执行的情况、课程实施中的问题进行分析评估，调整课程内容、改进教学管理，形成课程不断革新的机制。"例如，义务教育和普通高中课程方案及各学科课程标准在需求评价、事前评价基础上，经过实验推进和理论研究的不断深化，几乎每十年就会迎来一次大的修订评价，义务教育阶段从2001年课程方案和各学科课程标准（实验稿）算起，已经先后经历了2011年版和2022年版两次修订，普通高中从2003年课程方案和各学科课程标准（实验稿）算起，也先后经历了2017年版和2020年修订版。再如，英国教育和科学部于1975年、1978年、1980年发布通知或法令，强调对学生学习成绩、教学中的课程安排及学校办学水平进行严格检查与评价，以加强对教育教学的宏观调控。可以说，教育评价已逐渐成为教育管理的一项常规性活动。

发挥教育评价的调控功能，需要建立一系列严密操作程序，要求评价者必须有组织、有计划、连续地、系统地收集信息，分析信息，利用信息。

五、改进功能

改进功能（Improvement Function）指的是教育评价促进评价对象为实现理想目标不断改

1　[美]布卢姆等. 教育评价[M]. 邱渊，等译. 上海：华东师范大学出版社，1987：5.

进和完善自我或行为的功效和能力。教育评价的改进功能与形成性评价紧密相连。通过合理的、适时的评价，可以明辨是非、区分优劣，还可以为评价对象提供反馈信息，使评价对象看到自己的进步和成绩，明确自己的缺点与不足，激发其争先欲望和动力，从而不断实现自我修正与完善。与"诊断"相比，"改进"着重于提供关于"进步"的描述和对教育的促进作用；与"鉴定"相比，"改进"要求对目标本身的合理性进行判断并改善。泰勒曾指出："教育目标的分析、教育评价和教育计划，不断地循环着，当你在吟味教育评价的效果时，便会屡次对那些建立在教育前提的'目标'发生改良修正的联想，同时也会提出教授法或指导计划的修正方向。目标和指导计划修正以后，又要求指导法的修正，也要求评价计划的修正，它们是互为循环的。因此，教育评价正可促进教育的正常化。"[1]正如斯塔弗尔比姆所言，"评价的目的不是为了证明，而是为了改进"，教育评价不仅在于明辨是非、区分优劣，更重要的是分析问题、找出原因、提出改进建议，以全面提高教育教学质量。

发挥评价的改进功能，要求评价者必须严肃、认真、负责地组织评价活动，使评价科学、公平、公正、合理，信息反馈要及时、灵活、有效。同时，要求评价者能深入教育教学活动实际，与评价对象相互沟通，针对评价中出现的问题，不断协商讨论，共同研究改进提高的途径和办法。要重视评价对象的心理反应，调动其内部积极性，鼓励评价对象积极参与评价过程，充分利用自我评价，重视自我激励的作用。

总之，科学合理的教育评价可以有效地提高教育教学质量，更好地贯彻国家教育方针政策，不断提升学校人员的专业素养。发挥评价的导向作用，可以更新学校办学理念，转变人才培养模式；发挥评价的诊断作用，可以加强工作的计划性和合理性，提高教育教学实效性；发挥评价的鉴定作用，可以更好地服务于教育管理，提高学校办学科学性和规范性；发挥评价的调控功能，可以加强教育工作的调节与控制，实现教育宏观调控和微观活化；发挥评价的改进功能，可以发现问题、解决问题，不断完善优化教育工作。值得注意的是，教育评价各种功能的发挥，虽然是通过评价的实践活动体现出来的，但与评价活动并不是一一对应的关系，而是在评价活动过程中综合发挥作用的过程，在大多数情况下，由于评价目的的不同，某一特定的评价更侧重于某种评价功能而已。

本章小结

从教育评价的发展历史来看，教育评价在产生之初，并未区分评价目的。20世纪60年代以前，教育评价主要受泰勒的目标导向评价模式的影响，评价目的主要围绕教育

---

1 李聪明. 教育评价的理论与方法[M]. 台北：台湾幼狮书店，1961：34.

活动的最终结果，所进行的评价活动大都以总结性评价为主。直到20世纪60年代，人们才逐渐认识到这一问题，并不断试图摆脱原有评价目的的束缚，重新对评价目的进行定位。

　　基于不同的评价目的，教育评价大体上可以分为总结性评价和形成性评价，在学生评价、教师评价、学校评价、课程评价领域具体表现为：学生毕业考试、教师考核、学校鉴定是总结性评价的例子；学生多元化评价、教师过程性评价、学校发展性评价是形成性评价的例子。形成性评价和总结性评价共同构成完整的教育评价活动，它们之间需要相互依存、有机结合。教育评价的功能指的是教育评价本身所具有的、可以对教育对象产生影响的功效与能力。根据总结性评价和形成性评价的目的不同，教育评价具有导向、诊断、鉴定、调控、改进等多种功能。随着教育评价思想的不断发展，教育评价的功能由单一的教育目标测定，发展到教育信息资料搜集和为教育决策服务，进而发展到满足各类评价相关利益者需求，教育评价的功能不断扩展。现代教育评价是为了"创造适合儿童的教育"，因此，教育评价强调导向、改进、激励等功能，更多地服务于形成性评价的目的。

总结 >

Aa 关键术语

形成性评价 Formative Evaluation	总结性评价 Summative Evaluation	导向功能 Navigation Function	诊断功能 Diagnosis Function
鉴定功能 Assessing Function	调控功能 Regulating Function	改进功能 Improvement Function	

章节链接

　　本章内容旨在帮助学习者对教育评价形成整体的认知和理解，第四章至第七章与本章内容都有密切联系，尤其是第四章第一节第二部分"按照评价功能划分的类型"与本章内容更密切相关。

拓展 >

☕ 补充读物 ┊┊

1   陈玉琨．教育评价学[M]．北京：人民教育出版社，1999．

　　　　该书从教育评价的价值标准来谈教育评价的目的与功能。作者认为教育的价值是由社会各方面的对教育的需要所产生的，因此，教育的价值集中反映了社会统治阶级的利益和需要。在社会主义国家，教育的价值也必然要符合人民群众的利益和需要。既然教育价值标准已得出，那么教育评价就是在现实教育活动中——无论是已发生的还是潜在的——对社会与个体的需要做出判断的活动。

2   王景英．教育评价[M]．北京：中央广播电视大学出版社，2004．

　　　　该书第1章"教育评价的一般理论"对教育评价的基本概念、目的、功能与特点进行了重点论述，内容丰富、翔实，对于系统研究和掌握教育评价的理论、方法和技术，并用于指导实践具有十分重要的意义与作用。

3   胡中锋．教育评价学[M]．北京：中国人民大学出版社，2008．

　　　　该书理论与实践相结合，层次清晰，语言简洁，主要关注了教育评价的基本原理、教育评价方法、各类基础教育评价等内容；集中介绍了教育评价的历史与发展、教育评价方案的编制与实施、教育评价的心理调节，教育评价的基本方法；重点讨论了量化评价法和质性评价法，以及教学工作评价、课程评价、教师评价、学生评价、学生品德评价、学校体育评价和中小学学校评价等方面的内容。

第四章

教育评价的
类型与内容

本章概述

　　教育评价是内容丰富且十分复杂的活动。站在不同的视角，根据不同的标准，就会划分出不同类型的教育评价。本章的目的在于帮助学习者：准确理解各类教育评价的概念；比较分析在同一标准下划分出的各类教育评价之间的区别，如相对评价、绝对评价和个体内差异评价的区别；在教育教学实践中能够正确选择和运用各类评价。本章主要介绍和讨论的评价类型有：相对评价、绝对评价、个体内差异评价；诊断性评价、形成性评价、总结性评价；自我评价、他人评价；正式评价、非正式评价。

结构图

ⓐ	ⓑ	ⓒ	ⓓ
按照评价标准划分的类型	按照评价功能划分的类型	按照评价主体划分的类型	按评价实施正式程度划分的类型

教育评价的类型

1

教育评价的类型与内容

2

教育评价的内容

ⓐ	ⓑ
教育评价的对象	教育评价的类别

学习目标

学完本章，你应该能够做到：

1. 准确理解各类教育评价的概念。

2. 比较分析在同一标准下划分出的各类教育评价之间的区别，如相对评价、绝对评价和个体内差异评价。

3. 在教育教学实践中能够正确选择和运用各类评价。

读前反思

1. 举例说明什么是相对评价、绝对评价、个体内差异评价、诊断性评价、形成性评价、总结性评价、自我评价、他人评价、正式评价、非正式评价。

2. 走访一两位中小学教师，了解形成性评价在评价实践中的运用情况。

教育评价是内容丰富且十分复杂的活动。站在不同的视角，根据不同的标准，划分出的教育评价类型就会不同。根据评价的标准不同，教育评价可以分为相对评价、绝对评价和个体内差异评价；根据作用和功能的不同，教育评价可以分为诊断性评价、形成性评价和总结性评价；根据评价主体的不同，教育评价可以分为自我评价与他人评价；按照评价实施正式程度的不同，教育评价可分为正式评价与非正式评价。

第一节
教育评价的类型

🎯 学习目标

了解依据不同维度划分的教育评价的类型。

一、按照评价标准划分的类型

根据评价标准的不同，教育评价可以分为相对评价、绝对评价和个体内差异评价。

（一）相对评价

相对评价也称为常模参照评价，即以被评价群体的常模为参照，用以说明一个个体在群体中所处的位置，并用其在群体中所处的位置说明其优劣。相对评价不是以教育目标或课程标准对个体进行评定，而是把个体和被评定的群体进行比较，用以说明其优劣。比如，一个学生的数学考试成绩是80分，如果全班的平均成绩是75分，那么这个学生的数学成绩是比较优秀的；如果全班的平均分是80分，那么这个学生的数学成绩是一般中等水平；如果全班的平均分是90分，则这个学生的数学成绩比较差。

相对评价是将评价对象与其同类事物作对比，并不需要特定的标准，因此这种评价易开展，应用面广。此外，让被评价群体内部相互比较，可以引起被评价者之间的相互激励，使其在学习或工作上发挥更大的积极性。但是，相对评价的缺点也十分明显。相对评价实质上就是用作比较的方式进行评价，容易降低评价标准。此外，相对评价也容易给评价对象造成较大的心理压力，经常使用相对评价会使一些被评价者产生评价焦虑。

相对评价的具体方法主要有排名次、等级分、百分等级和标准分。

1. 排名次

给学生的考试成绩排名次，是一种最为简单的相对评价。例如，在一次全校的英语考试中，张三同学的成绩是86分。如果全年级有500人，张三同学排名第5，自然其英语成绩是很优秀的，如果其排名是第430名，其成绩可以说是相当不理想的了。给学生成绩排名次，一般被看作应试教育的产物，在实施素质教育的背景下不宜多用。

2. 等级分

等级分是《浙江高考改革新方案2017》和《上海市深化高等学校考试招生综合改革实施方案》在把学业会考中的选考科目成绩计入考生高考总分时所采用的一种计分方法。上海的做法是：普通高中学业水平等级性考试成绩在计入高考总分时，由五等细化为A+、A、B+、B、B−、C+、C、C−、D+、D、E共11级，分别占5%、10%、10%、10%、10%、10%、10%、10%、10%、10%、5%。其中，A+为满分70分，E计40分。相邻两级之间的分差均为3分。浙江的高考改革方案则规定："选考科目按等级赋分，每门满分100分，以高中学考成绩合格为赋分前提，根据事先公布的比例确定等级，每个等级分差为3分，起点赋分40分。"这种等级分已经不是卷面的原始得分了，已经成为一种相对分数。

3. 百分等级

被试在接受测验后，根据测验计分标准，对照被试的反应所给出的分数就称作原始分数，也就是人们常说的卷面分数。原始分数一般不能很好地反映被试间的差异状况。在原始分数的基础上，按照一定的规则，经过统计转换所获得的分数称之为导出分数。导出分数能比较好地反映被试间的差异。百分等级就是一种比较常用的导出分数。

一个原始分数的百分等级，是指在一个群体测验中，低于该分数的人数，占被试总人数的百分比。一个被试的原始分数是86分，其百分等级是80，表明分数低于该被试的人数有80%。百分等级分数的计算方法如下所示。

$$P_R = 100 - \frac{100R}{N}$$

式中：P_R为百分等级；R为排名顺序号；N为被试总人数。

4. 标准分

标准分是一种以平均分为参照点，以标准差为度量单位的分数。

最初的标准分称之为标准Z分数，其计算转换公式如下所示。

$$Z = \frac{X - \overline{X}}{S}$$

式中：X为原始分，S为标准差，$\overline{X}$为平均分。

在标准Z分数的基础上，标准分还有以下变式。

教育测量中较常用的标准T分数（麦柯尔提出）：$T = 10Z + 50$。

美国大学入学考试委员会使用的标准分：CEEB分数=100Z+500。

韦氏智力量表：IQ=15Z+100。

（二）绝对评价

绝对评价也称为标准参照评价。它是以教育目标或课程标准为参照而对被评者的表现或成就进行评定的。绝对评价的实质是确定评价对象在实现教育目的或课程目标方面的程度。绝对评价之所以称为绝对评价，就在于其评价的标准是教育目标，是把教育目标或课程标准作为绝对统一的评价准则的，是把所有评价对象的表现或成就和确定的目标进行比较，看其达到目标或实现目标的程度。而不是像相对评价那样，在评价对象内部进行相互比较，评价标准是随着被评价群体常模的变化而变化的。比如，一个学生在单元测验中得了75分，在日常的百分制条件下，我们可以说，该生在实现单元教学目标方面其实现程度是75%。绝对评价有科学客观的评价标准，能明确判断出评价对象是否达到目标要求，被评价者可依据评价结果明确自己与客观标准的差距，从而做出改进。但是，绝对评价高度依赖评价标准，而如何制定科学客观的评价标准是开展绝对评价的一大难题，也是影响绝对评价结果可信度的重要因素。绝对评价常常运用于课程学习成就评价和资格考试中。

课程学习成绩评价一般包括单元测验、中期考试、期末考试和学业水平考试。课程学习成绩评价一般可以分为及格与不及格，通过与不通过。常常也可用原始分数表示，但一般会约定一个合格与否的标准线。如在校内的课程成就评价中使用百分制，60分就是及格的标准。校内的单元测验、中期考试和期末考试一般属于绝对评价。高中学业水平测试本质上也是绝对评价，是主要衡量学生达到国家规定学习要求的程度，是保障教育教学质量的一项重要制度。但由于要把学生自选的3科计入高考总成绩，教育部规定："计入高校招生录取总成绩的学业水平考试3个科目成绩以等级呈现，其他科目一般以'合格、不合格'呈现。"这样，以等级呈现的3个科目的成绩，在一定程度上已经转化为相对评价了。这也说明，绝对评价是可以转化为相对评价的。

课程学习成就评价是以课程标准为参照的评价。因此，进行课程学习成就评价时，必须认真研读教育方案或课程标准。基于教育目标或课程标准制定评价指标或编制测验。

资格考试也是一种绝对评价。如教师资格证考试和社会上的驾照考试等，各门考试科目都评定为及格、不及格，或通过、不通过。这类考试的评价标准是按行业经验和要求制定的，而不是按考试群体的常模水平制定的。

（三）个体内差异评价

个体内差异评价是一种以个体过去的表现为参照的一种评价。相对评价是以被评群体的常模为参照进行的评价，是在被评价群体中寻找评价标准。绝对评价是在被评对象之外确立评价标准。而个体内差异评价是从个体自身的表现中寻找评价标准。一般是把被评者的当前表现和过去的某个或某些表现进行比较，用以判定被评者是进步还是退步。比如，一个学生在英语考试中，过去的成绩常常是60分上下，这次考了75分。那么，老师应当表扬该同学，肯定其进步。而另一个同学，过去成绩常常在90分上下，这次考了82分，老师就可以提出批评，让其进行反思，找出成绩下降的原因。这种评价方法尊重了个体之间的差异性，让被评价者与自身作对比，有利于增强个体自信心，促进个体成长发展，但是也存在弊端。由于个体内差异评价既不与客观标准作比较，也不与他人作对比，容易导致被评价者坐井观天，自我满足；此外，评价是按一定价值原则进行的判定，没有标准又没有比较，个体评价结果常常很难令他人信服。所以，一般来说，个体内差异评价常常与相对评价结合起来使用。[1]

与个体内差异评价相似的一种评价是潜力参照评价。潜力参照评价是将被试的实际表现水平和其自身潜在水平（潜力）相比较，以评价被试是否充分发挥了自身的潜力。例如，在同一班级里，学生甲考了70分，学生乙考了80分，而教师却表扬了甲同学，批评了乙同学。之所以如此，就是因为教师对学生的评价是参照学生的潜力而言的。学生乙本来可以考得更好，而学生甲已经很努力了，其当前水平已经达到或接近其"最近发展区"了。[2]

新课程倡导发展性学生评价理念。个体内差异评价是最有效的发展性评价类型之一。教师应当积极运用个体内差异评价，促进学生不断发展。教师应当在以下三个方面加强个体内差异评价的运用。

1. 在课堂理答中运用个体内差异评价

在课堂理答中，教师要善于发现那些平常不大爱发言的学生，如果其偶尔举手发言，一经发现，教师应当给予适当表扬鼓励。一方面，要鼓励他们积极发言；另一方面，如果其回答正确，应当给予充分肯定。在课堂中，运用个体内差异评价对学生进行鼓励，会对学生的发展起到水滴石穿的作用。

2. 在作业评价中运用个体内差异评价

教师要有意识地注意观察学生作业的变化，无论是态度的变化，还是正确度的变化。当平常作业不认真、出错较多的学生的作业有了明显进步时，教师要写出针对性、肯定的、鼓励的评语；而当平时作业完成很好的学生出现退步情况时，教师也要写出批评或警示的评语。

3. 在单元测验中运用个体内差异评价

单元测验是教师常用的学生评价。教师要善于根据学生单元测验成绩的前后变化，发现学生的进步或退步，与学生进行交流，分析原因，总结经验，促进学生发展。

1　张玉田，等. 学校教育评价[M]. 北京：中央民族学院出版社，1987：56.

2　黄光扬. 教育测量与评价[M]. 上海：华东师范大学出版社，2012：35.

对于相对评价、绝对评价和个体内差异评价可以做如下对比，详见表4-1。

表4-1　相对评价、绝对评价和个体内差异评价的比较

比较维度	相对评价	绝对评价	个体内差异评价
评价对象	群体	群体	个体
评价的功能	甄别、区分	确定成就	激励发展
评价标准来源	被评对象常模	教育目标	个体过去表现
计分方式	标准分、等级分	原始分	一般不计分
使用频度	较少使用	使用较多	经常使用

二、按照评价功能划分的类型

教育评价是一种有目的、有意识、有计划的活动。人们每次进行评价活动，所追求的目的是不同的。人们为了追求不同的目的，会选择不同的评价方式，不同的评价方式会有不同的评价作用和功能。因此，我们可以根据评价功能的不同对教育评价活动进行分类。根据评价作用和功能，教育评价可以分为诊断性评价、形成性评价和总结性评价。

（一）诊断性评价

诊断性评价的主要目的是了解评价对象的已有条件和基础，以便根据学生实际和特点组织教育教学活动。也就是说，诊断性评价的目的是更好地因材施教。诊断性评价常常在一个教学周期或一个新的教学单元开始之时进行。教师为了有的放矢，使自己提出的教学要求、选择的教学方式、组织的教学活动与学生原有的知识、能力基础和学习特点相适应，取得理想的教学效果，就必须进行有效的诊断性评价（参见案例1）。否则，教学效果将大打折扣或无法保证。

🔍 **案例1**

张老师是新来的教师，这学期学校安排他教八年级的数学课。在简单了解了班里情况之后，张老师很快投入了备课、上课的紧张工作中。然而，不久他就发现，他的课出了问题，上课提问无人回答，学生作业错误百出。张老师陷入了深深的烦恼中，该讲的自己都讲了，重点、难点也反复强调过了，教学方法也没什么不得当，可就是教学效果不好。

一番思索之后，张老师突然意识到，问题就出在自己并不了解学生上，自己既不了解整个班级的数学学习情况，也不了解每个学生的学习情况，只是想当然地备课、上课，犯了无的放矢的错误。接下来，张老师马上组织了一次教学测验，不测不知道，一测吓一跳，自己讲过的知识，学生掌握得很少。再仔细分析，发现不少学生对七年级学的知识就没有完全理解和掌握，所以影响了现在的学习。这个情况让张老师是既惊又喜。惊的是原来班里学生的情况和自

己想象的完全不一样，上八年级了，七年级的知识还没掌握；喜的是幸亏发现得早。

针对班里学生学习的实际情况，张老师及时调整了教学计划，改变了教学策略，扩充了教学内容，通过查漏补缺，适时补充了七年级应该掌握的知识。一段时间之后，张老师发现，课上自愿回答问题的人多了，学生作业中的错误也减少了很多，数学课的整体效果有了很大改观。

[资料来源] 李玉芳. 多彩的学生评价[M]. 北京：教育科学出版社，2009：25.

诊断性评价属于教育性评价。诊断性评价包括两层含义：一是了解问题的真实现状；二是分析问题产生的原因，并据此做出教育或教学的改进决策。如果不能根据诊断的结果调整教学方案或方法，就起不到教育的效果。

诊断性评价的方法主要有文献法、调查法和测验法。对于班级管理和品德教育工作，诊断性评价应当通过查阅学生档案、问卷调查或访谈调查收集评价资料。如查阅学生的入学档案，上学期的学生综合素质评价记录，和前任班主任交谈，向学生调查等，目的是了解班级和个别学生的情况，并据此制订班级管理计划，安排班级教育活动等。

对于学科教学而言，诊断性评价主要运用测验的方法进行。测验的编制主要针对过往学过的知识，且和即将要学习的新知识关联密切的知识内容编制试题。重点放在作为新知识学习的比较直接的基础知识方面。这样，才便于后续教学有针对性地进行，做到因材施教，充分发挥诊断性评价的教育功能。

（二）形成性评价

形成性评价是在教育教学活动过程中进行的评价，其主要功能在于及时了解教育教学活动的情况和效果，以教学目标为依据，对教学过程进行适时的调节和改进。运用形成性评价的主要目的不是给学生评定分数或成绩，而是发现学生学习中存在的问题和不足，以及教师教学方面存在的问题，分析问题成因，并及时采取适当的改进措施，以保证教学任务的完成和教学目标的实现。

形成性评价具有即时性、过程性和长期性的特点。

形成性评价的即时性是指，当教学行为或教学活动发生时，或发生后不久即要进行评价，以便及时发现问题，针对存在的问题和不足及时采取补救措施以保证教学目标的实现。例如，课堂教学中的评价、课后作业评价、单元测验等，都具有即时性。

形成性评价的过程性是指，评价是在教育教学活动过程中进行的，是一种动态性评价。也就是说，只要教学活动还在持续进行，没有结束，评价活动原则上也不会结束。比如，在一学期的教学活动中，形成性评价会经常性地、重复地进行。

形成性评价的长期性是指，要在一个较长的教学周期，长期坚持运用，才能起到促进学生学习发展和教师教学发展的作用，教师不能试图通过一两次的形成性评价取得一劳永逸的效果。所以，形成性评价可以说是一种经常性评价。

形成性评价的实践形态主要有三种：课堂教学中的即时评价、课后作业评价和单元测验。仅把单元测验看作形成性评价的观点是不全面的。

（1）课堂教学中的即时评价。教学是师生对话交往的过程，学生也是教学的主体，在教学活动过程中，学生会有多种多样的表现，教师应当注意对学生的表现进行评价。通过即时而短暂的课堂学习表现评价，学生可以巩固积极的学习成果，纠正错误的学习认识。

（2）课后作业评价。作业是学生课后的自学活动，是运用课堂所学知识分析和解决问题的过程。学生做作业，既是对所学知识的练习巩固，也是课堂学习效果的集中体现。因此，认真评价学生作业，发现学生学习中存在的问题，给出具有针对性的意见或建议，或采取必要的补救措施，弥补先前之不足，是教师经常使用的形成性评价。

（3）单元测验。单元测验是人们经常提到的形成性评价。它是教师在一个学习单元或一个章节的学习活动完成之后，为了检测学习目标的实现程度而组织的测验。其目的是了解学生掌握了哪些单元内容，还没有掌握哪些，产生未能掌握的知识的可能原因是什么，然后根据存在的问题和原因，做出补救的教学决策。为了准确检测单元学习效果，教师应当以课程标准为基础，根据内容标准和目标标准两个维度，首先制定命题双向细目表，并据此命题组卷，以保证测验有足够的效度和信度。更重要的是，作为形成性评价，单元测验之后，应当认真分析测验结果在教学目标上的达成度，找出问题和原因，及时反馈评价信息，并采取必要的补救措施，适当调节教学计划，以保证教学目标的真正实现。

（三）总结性评价

总结性评价是指在一定的学习周期或教学活动周期结束时，对学习效果或活动效果的价值判断，主要是对活动主体取得的成绩或绩效进行评定。如学期末各科进行的期末考试，期末班主任组织对学生的综合素质评价，高中学业水平测试，以及学校对教师的年度考核等，都属于总结性评价。由于总结性评价的结果是对学生学习成绩和素质发展的确认，是对教师劳动业绩的鉴定，常常和学生升学、评优，教师津贴、升职等相联系。因此，在我国中小学里，总结性评价已经成为学校管理活动的主要内容。

（1）学生学科成绩的确定。在每个学期结束时，学校和教师要为学生所学的每门学科确定一个成绩，以反映学生的学习成就，即学生完成学习任务或实现教学目标的程度。总结性评价也属于绝对性评价。评价者在为学生的学科学习进行评价时，也应当以课程标准为评价标准；在进行测验编制时，测验的内容维度和目标层次维度都应以课程标准为准绳，不能随意超出课程标准，编制偏题、怪题。同时，要保证测验有足够的效度和信度。

（2）高中学业水平测试。它本质上也是总结性评价，是学生在完成了高中学段的学习后所进行的评价，是更为重要的终结性评价。《教育部关于普通高中学业水平考试的实施意见》指出："学业水平考试是根据国家普通高中课程标准和教育考试规定，由省级教育行政部门组织实施的考试，主要衡量学生达到国家规定学习要求的程度，是保障教育教学质量的一项重要制度。考试成绩是学生毕业和升学的重要依据。实施学业水平考试，有利于促进学生认真学习每门课程，避免严重偏科；有利于学校准确把握学生的学习状况，改进教学管理；有利于高校科学选拔适合学校特色和专业要求的学生，促进高中、高校人才培养的有效衔接。"高中学业水平考试已经成为一种高利害的终结性评价。因为它不但要为学生是否达到了国家规定的学习要求、是否可以毕业做出判断，而且也会成为学生升入高一级学校深造的依据。所以，高中学生的学业水平考试的效度和信度，以及公平、公正就显得更为重要。

（3）教师年度考核。教师年度考核是学校对教师工作的总结性评价，主要是对教师一年的工作的全面考核，其主要内容包括德、能、勤、绩。年度考核是对教师进行评价的主要形式，它常常同教师的晋级、津贴和奖金相联系。因此，教师年度考核也是一种高利害评价。学校对教师的年度考核，应当以"教师标准"为依据，科学、全面、客观、公正地进行评价。通过评价调动教师工作积极性，促进教师专业发展。

由于总结性评价是一种事后评价，是在一个较长的教育教学活动周期结束后进行的评价，且评价结论常常比较概括、模糊，不能给出评价对象具体的、即时的改进信息，因而其发展功能十分有限。

由于总结性评价是一种高利害评价，因此，在进行总结性评价时，评价者要力求评价客观、公正、公平，要保证评价具有较高的效度和信度。

诊断性评价、形成性评价和总结性评价的比较详见表4-2。

表4-2　诊断性评价、形成性评价和总结性评价的比较

比较维度	诊断性评价	形成性评价	总结性评价
目的功能	了解现状和基础	调节改进教学过程	学业成绩和教师工作成就评定
时间特征	新的教学任务之前	教学活动过程中	阶段性教学活动结束时
运用频度	较少	经常	较少
利害度	低利害	低利害	高利害

三、按照评价主体划分的类型

按照评价主体划分，可将评价分为自我评价和他人评价。

（一）自我评价

自我评价是指被评价者（个人或集体）根据教育评价标准，对自己的工作、学习、品德等方面的表现进行的评价。自我评价是对自我行为过程和结果的反思，可以形成自我反馈，其信息具有直接性、丰富性和生动性。

1. 个人自评

个人自评一般指教师、学生、行政人员对自己的教学、学习、工作所做的自我检查，也称内部评价。评价对象对自己的情况最了解，如果态度端正、方法得当，会有较高的准确性。同时，也可为外部评价提供丰富的自我评价信息和资料，与他评资料互相印证，为做出科学的评价结论提供参考。

随着教育评价的发展，人们越来越注重通过自我评价、自我分析和自我认识达到自我提高的目的。如2002年颁发的《教育部关于积极推进中小学评价与考试制度改革的通知》中针对教师评价，明确提出要"建立以教师自评为主，学校领导、同事、家长、学生共同参与的教师评价制度"，尤其在课堂教学这样具有高度专业性的领域，教师本人常常比他人更清楚自身和学生的教学需要，鼓励教师开展自我评价和自我反思，是不断提升教师专业发展和提高教育教学成绩的内在要求之一。2014年发布的《教育部关于加强和改进普通高中学生综合素质评价的意见》中，也十分强调自我评价在提升学生综合素质评价中的作用，让学生学会自我评价，有助于学生形成积极进取的心态，增强自尊心和自信心，从他律走向自律，实现自我发展与自我完善（参见案例2）。

🔍 案例2

我始终对学习保持浓厚的兴趣，学习态度认真，成绩优异稳定。我于2013年和2014年分别获得西安市"三好学生"及陕西省"三好学生"荣誉称号。在学习上我始终保持乐观积极的心态，在学习中我学会了如何面对挫折和困难，如何调整心态，从而体会到学习的乐趣，让学习变成一件有趣的事情。我在熟练掌握已有知识的同时，还在其他领域有所涉猎。我经常通过网络、报纸、广播等各种媒介来了解和关注外界发展，尤其关心时事。

我认为一个有社会责任感的学生不能局限于拥有优异的学习成绩，还要为同学、老师、社会服务，贡献自己的一份力量。我将助人为乐作为待人接物的首要原则。作为本班的学习委员，我能和同学们共同探讨，共同进步。我积极参与班级、学校工作，锻炼培养工作能力，同时也尽力为同学、老师服务，不断塑造和完善自我。在保证学习和工作的同时，我积极参加各种活动来丰富自己的课外生活，提高能力，开阔视野。在高一时我参加了陕西省第三届青年学生领袖峰会，经过近一个月的悉心准备，最终获得了二等奖。我还在暑假期间参加了"百健艾迪——西北大学中国社区实验室"，并完成所有计划实验，获得结业证书。

我爱好广泛，从小练习电子琴、钢琴并坚持至今，音乐不仅能陶冶情操，长期的练琴过程也锻炼了我坚韧不拔、持之以恒的性格品质。高一时在学校组织的合唱比赛中，我担任本班的指挥，最终在班里同学的一致配合下，为班级取得一等奖的好成绩。除此之外，我热爱运动，在学校春季运动会中，我积极报名，踊跃参赛，最终在100米跑步、女子立定跳远、4×100米接力中获得较好成绩，为班级增光添彩。

在高中三年时间里，我抓住机会，努力学习，全面发展，在德智体美劳各方面都踊跃争先。我不断充实自己，为以后走入社会打下坚实的基础。最重要的是我始终保持一颗真诚的心，做事先做人。

——选自西北大学附属中学某学生成长档案

[资料来源] 柳夕浪. 学生综合素质评价：怎么看？怎么办？[M]. 上海：华东师范大学出版社，2016：85-86.

2. 集体自评

集体自评可在本系统内对自身做纵向比较，也可在各系统间做横向比较，既可进行综合评价，也可进行单项评价。当评价对象是学校、班级或单位时，自评可作为评价过程的预评阶段，通过自评，收集资料，做出初步判断，积累经验，为他评做准备，有利于减轻评价组织者的负担，提高评价工作效率。

在开展集体自评时，要正确认识教育评价的目的和意义，设计科学评价标准，规范评价程序；成立自评小组，制订自评计划，开展宣传工作，指定专人收集资料，组织自评会议；自评结束后，及时写出自评报告。

自我评价之所以受到普遍欢迎、得到广泛应用是由于其具备以下特征：不受时间和场合的限制，简便易行；省时、省力，耗资较少；可在较长时间内连续操作，机动灵活。不论是个人自评，还是集体自评，都是通过自我诊断问题，找出差距，有利于自我教育，促进各方面工作的提高；也有利于发挥自我作为评价客体的自主性、积极性，激发被评价者的自尊心、自信心，增强被评价者自我评价意识和评价能力，克服他人评价可能带来的逆反心理和紧张氛围，是个体或集体自我教育、自我完善、自我发展的有效途径之一。但是，自我评价普遍缺乏外界参照体系，不便于进行横向比较；客观性不足，主观性较强，容易出现评价结论偏高或偏低的现象。因此，自我评价极少独立使用，一般在他人评价之前，或者和他人评价相结合进行，用以证实或完善他人评价的结果。

（二）他人评价

他人评价是指被评价者以外的组织或个人依据评价标准对被评者进行的评价，也称外部评价。他人评价包括领导评价、同行评价、社会评价等。[1]

领导评价即由上级对下级的评价，是指导与被指导的关系，权威性高。因此，必须精心组织，确保评价公正、合理、科学。

---

1 肖远军. 教育评价原理及应用[M]. 杭州：浙江大学出版社，2004：11.

同行评价是同事与同事之间、同行与同行之间的评价。同事与同事之间通过相互评议、相互学习，有助于了解他人优点，借鉴他人经验，从而改进自己的工作。

社会评价是社会组织和个人对学校人员的评价，有助于了解社会对教育的反映，检验教育的社会效益，为政府的教育决策提供信息。

他人评价是中小学比较常用的评价方式。对教师来说，学生对其教学情况的评价是他人评价；对学生来说，教师对其成长发展的评价也是他人评价。他人评价可以为活动实施者了解自己的状况提供更宽广的视角，为改进活动或工作提供更多有用的信息，他人评价的实际效果取决于评价对象的参与程度以及评价本身的科学性、公正性等。

相比自我评价，他人评价是站在他人角度审视做出判断，有效避免了自我评价过高或过低，增强评价结果的客观性和真实性，且评价者一般是专家、同行等，评价素养高，专业能力强，可信度和权威性较高，评价结果更易为大家接受。

做好他评的关键环节是被评者的合作，要求被评者能够实事求是、全面准确地提供各种资料和信息，评价者一方面要杜绝各种弄虚作假行为的出现，另一方面还要做好被评者的心理调控工作，防止拒绝心理、畏惧心理、被审心理、迎合心理、敏感心理等心理偏差的发生，以及对评判结果的干扰。同时，评价者自身也要积极调控可能出现的心理偏差，防止角色心理、心理定式、晕轮效应、首因效应、期望效应、顺序效应、成见效应、"趋中"心理等心理现象，保证教育评价活动顺利实施，更好地完成各环节的评价任务。

在他评过程中可以有机结合自评，要做好如下工作。

（1）把自评情况作为评价依据。

（2）提供资料作为评价依据。

（3）提供证据、实物或现场参观。

（4）组织座谈会和访谈活动。

（5）做好他评工作总结和评价结论，写出他评报告。

他人评价具有以下特点。

（1）客观性强，用他人的新角度审视同一事物可以避免主观片面性。

（2）真实性强，可避免对自己评价过低或者评价过高。

（3）要求严格，参与评价和组织评价的人员都十分清楚自己的身份与职责，因而能够比较认真负责地完成评价工作。

（4）权威性高，由于评价者一般是专家、同行等，他人评价一般较为严格、慎重和客观，可信度、权威性较高。

（5）易于比较，他人评价结论较客观、可靠、有权威性，易为大家所接受，有利于在各单位之间进行横向比较，易于发现被评者自身所忽视的经验和问题。

四、按照评价实施正式程度划分的类型

按照评价实施的正式程度划分，可将评价分为正式评价和非正式评价。

（一）正式评价

正式评价是指教师通过相对规范的评价程序和测验工具（通常是纸笔测验）或通过一些正式举行的活动（例如知识竞赛、演讲比赛等），有针对性地了解学生情况的评价方式。如地区教育行政部门对当地学校的评价、学校学期末组织的期末考试、中考、高考等都属于正式评价。由于正式评价的结果比较客观严密，可以直接作为学校办学质量、教师绩效、学生升学的依据。此种评价方式一直受到教育工作者的青睐，是我国最常用的一种评价方式。在采用正式评价的手段评价学生时，因为有明确的评价标准和规范的程序作为参照，在开展评价过程中更为省时省力，对于结果的分析判断也有据可依，可避免盲目主观判断。然而，正式评价更关注评价的结果，而忽视了学生发展的过程性，评价结果侧重说明学生外显的智力因素的发展状况，而学生的某些内隐的非智力因素，如学习兴趣、学习动机、情感态度等，是很难通过正式评价测得的，这就需要通过非正式评价弥补这一不足。

正式评价作为规范程度高的评价方式，具有评价主体专业化、评价过程标准化、评价方法科学化的特点。这种正式评价有效避免了评价过程的随意性和主观性，客观全面地反映出评价对象的情况。其缺点在于评价的条件比较苛刻，要求事先做好充足完备的准备，对评价者自身的素质也有相应的要求。

（二）非正式评价

非正式评价是指教师在与学生的日常教育教学的接触、互动过程中，通过言语评价和非言语评价的方式对学生进行即时、即兴的评价行为。[1]非正式评价是一种基于过程、在过程中开展的评价。教师在教学活动中观察学生，及时与学生交流，用言语、眼神对学生做出的即时评判就是最常见的非正式评价。早在春秋战国时期，孔子提出的对于学生要"听其言，观其行"就是一种典型的非正式评价的运用。可以说，非正式评价一直都渗透在教学过程之中，与正式评价在教育教学中具有同等重要的作用。

非正式评价具有即时性、过程性、多元性、不确定性的特点。

非正式评价的即时性是指：评价依托于真实的情境，是在教师与学生的双向交流互动中自然而然进行的，教师通过对学生的观察和交流，实时了解学生的情况，以此作为依据，有针对性地调整自己的教学策略，并把自己观察评价的结果反馈给学生，让学生既能及时知道

1　高凌飚，黄韶斌. 教学中的非正式评价[J]. 学科教育，2004（2）：1-6.

自己的进步，增强学习的信心和动力，也能及时发现问题并开展补救措施。

非正式评价的过程性是指：评价是在教育教学过程中展开的，没有固定的时间地点，随时随地都可以进行。不同于正式评价只关注评价的最终结果，非正式评价更重视学生的动态性发展变化。与正式评价相比，非正式评价所提供的是关于学生全面的、活生生的信息，而不是死板静止的分数。[1]

非正式评价的多元性是指：在自然情境下产生的评价不受统一标准的约束，而是用多把尺子衡量学生，以满足学生不同的发展需要，促进学生全面而有个性的发展。因为没有既定的统一的标准，所以教师需要发挥主观能动性，在充分了解学生的基础上做出价值判断。

非正式评价的不确定性是指：教师采用多样、随意的方式，如口头点评等对学生进行评价，且评价一般是依据教师个人的看法，由于方法、程序、标准的随意化，评价结果往往不能作为评价学生有关高利害事情的依据。

非正式评价没有明确的评价目的和评价标准，没有固定的评价程序和方法，教师也不需要提前准备标准的评价工具，而是依靠观察以及和学生的交流，及时了解学生的情况，不仅包括外显层面内容，更能及时关注到学生的学习兴趣、动机、情感和价值观等隐性层面，弥补了正式评价的不足。然而，非正式评价主要依靠教师对学生的主观看法做出判断，易受先入为主印象的影响，若教师对学生存在主观偏见，会严重影响评价结果的可信度。

除了以上几种划分方式外，还可以按照评价对象范围将教育评价划分为个体评价与群体评价；按照评价发挥作用的不同，可划分为内部评价与外部评价。内部评价主要用于评价者内部发展，外部评价主要用于评价者外部考察。

第二节
教育评价的内容

🎯 **学习目标**

理解教育评价的内容。

一、教育评价的对象

如前所述，教育评价是通过对教育现象和活动价值的调查、分析、协商、判断，逐步达成共识，促进教育现象与活动不断调适、改进和发展的过程，在这一过程中，各类教育活动和现象都是教育评价的对象。日本学者梶田叡一将这些对象中最重

---

1 高凌飚，黄韶斌. 教学中的非正式评价[J]. 学科教育，2004（2）：1-6.

要的、按照从核心到边缘的顺序，整理划分为六种水平的评价对象。

第一种水平的评价对象是教育活动中的核心对象，也是教育评价最重要的对象，即每个学生。教育活动的前提条件、发展过程、成果等首先都必须依据学生的能力、行动、状态来进行评价。

第二种水平的评价对象是教育活动。根据为促使学生沿着一定方向成长发展而规划的各种教育活动的有效性和成功度来评价教育目的是否实现，包括教学的评价、学校例行活动的评价、班会以及学生会活动的评价等。

第三种水平的评价对象是直接规定教育活动内容、方式的教学计划和教师。教育活动的状况直接受这两者的制约。

第四种水平的评价对象是潜在地影响着每个学生成长发展的学校的社会文化背景，即那些隐蔽的课堂，包括学生集体，包括教师在内的班级、教师集体和学校的整体状况。它们都是和制约教育活动的集体条件有关的，同时又是和作为集体成长发展意义的成果有关的因素。

第五种水平的评价对象是学校物质的、社会的环境条件，主要有基本设施、校址及校舍、周围社会的环境。这些都是和教育环境有关的对象。

第六种水平的最重要的评价对象是以学校为构成要素的包罗范围更广的教育体制，即教育行政体制、学校教育在整个社会中的地位和职能等。这些都是从根本上规范每所学校整个教育活动得到指导性的各种条件。

另有学者沃森（B. R. Worthen）和桑德斯（J. R. Sanders）从教育评价的应用层面提出了教育评价的主要研究领域：①学生发展与学业成就；②教育者的素质和成就；③课程设计和过程；④学校组织的结构；⑤教科书和其他教学资料；⑥资金和非资金项目；⑦学校运作的任何方面（如学校交通、食品、健康服务等）；⑧学校预算、后勤和财务；⑨教学工具、媒体、图书、设备；⑩教育政策；⑪学校与社区的关系；⑫学生家长参与学校事务；⑬校园文化；⑭教育思想、计划和目标。[1]

美国学者盖伊（L. R. Gay）总结了各种类型的评价所涉及的主要变量与主要的决策问题，并重点分析了教育活动中最常见的几种评价，详见表4-3。

---

1 B. R. Worthen, J. R. Sanders. Educational Evaluation: Alternative Approaches and Practical Guidelines[M]. New York: Longman, 1987: p. 8.

表4-3　教育评价类型与涉及的主要变量及决策问题[1]

评价类型	被评主要变量	主要的决策问题
学生评价	学业成就 能力倾向 个性	分级与升学 选择与安置 后续教学安排
课程评价	学业成就 态度 成本	教学方法、策略或教材相对目标的有效性 相对效益 成本效益
学校评价	学业成就 能力倾向 个性	后续教学与非教学活动的安排 资源分配
大群体评价	学业成就	教学系统相对于目标的有效性 各子系统的相对有效性
特定方案与项目评价	具体的项目与方案	相对目标的有效性 相对效益
人事评价	如教师与学生的课堂行为这类的活动 被评人（如教师）的态度与观点 有关人员（如学生）的态度与观点	聘用 提升 薪水

上述研究结论几乎涵盖了教育中的各类现象和活动，都是教育评价的内容之一，早在20世纪80年代，以色列教育评价学家内伏就曾说过，"评价的对象不应只限于学生或学校成员，几乎任何东西都能成为评价的对象"，由此可见，教育评价的内容十分广泛。一般说来，教育评价的内容主要包括以下几个方面。

（一）以人员为对象的评价

教育教学活动的开展需要许多人员参与，有校长、职工、教师、学生、行政领导和管理人员等，对这些人员的素质、工作态度和成绩的评价，就属于这一类评价。如学生评价、教师评价、校长评价、行政管理人员评价、后勤服务人员评价等。

（二）以活动为对象的评价

教育是一种复杂的活动，涉及学校工作的方方面面，包括教学活动、德育活动、管理活动、体育活动、课外活动等。教学活动又包括学科教学、教学过程、课程开发、课程实施、课外辅导、作业批改等；德育活动又包括德育教学、课外活动、社会服务、共青团和少先队及学生会的活动等；管理活动又包括教学管理、班级管理、财务管理、人事管理、行政系统管理等。对这些活动的状态和成效进行评价，就是这类评价的内容。

1　陈玉琨. 教育评价学[M]. 北京：人民教育出版社，1999：22.

（三）以区域为对象的评价

简单地说，区域教育评价是对某区域的教育状况或功效给予价值判断，包括对教育结构、师资力量、教育经费、发展速度、与当地经济社会发展适应情况等的评价。狭义的区域教育评价是对某特定行政区域［乡、县（区）、市、省（直辖市）］整个教育状况的评价，这类评价可以是对某一地区教育现状的调查，如县域义务教育均衡达标评估、某市某年度教育督导与评估、全省基础教育质量监测与评估等。广义的区域教育评价是对某非行政区域的教育状况和功效给予价值判断，如发达地区教育评价、欠发达地区教育评价、苏南地区教育评价、城市地区教育评价、农村地区教育评价等，常用于不同地区甚至不同国家教育现状的比较研究，如国际教育成就评价协会（IEA）组织的国际数学和科学趋势研究（The Trends in International Mathematics and Science Study，TIMSS）、国际阅读素养研究（Progress in International Reading Literacy Study，PIRLS）等跨国比较研究，经济合作与发展组织（OECD）组织的国际学生评估项目（Programme for International Student Assessment，PISA）等。

（四）以自身为对象的元评价

元评价是指按照一定的理论和价值标准，采用一定的方法和手段，以教育评价学科为对象的价值判断，又称"评价的评价"。教育评价元评价是评价的重要组成部分，元评价的内容包括：对教育评价理论基础、理论体系、方法体系和监控的评价；对教育评价活动自身的评价，如对教育评价方案、教育评价组织实施、教育评价过程、教育评价结果等的评价。通过科学有效的元评价，可以使评价者发现评价过程中的问题，及时监控评价活动，调整评价策略；能够促使评价者调节自身的活动，使评价得以正常地进行。同时，教育评价的深入研究和发展，又反作用于元评价，促使其自身更趋完善。

二、教育评价的类别

纵观教育评价发展史，师生总是教育评价的一般对象，直到20世纪60年代中期，几乎所有教育测量和评价的文献都涉及学生学习的评价问题，人们很难在教育文献里找到任何对有关其他对象的评价的实质性指导，如教育方案或大纲、教材和教育机构等问题。美国教育制度的各种发展结果（如1965年初等和中等教育法令）导致教育评价对象发生了从学生转向教育大纲和教材的重大转变，从那时起，这些教育评价对象就成为教育评价文献中大多数作者极为平常的论题了，也即内伏所说的，任何实体都可以作为评价的对象。其中，最典型的评价对象是学生、教育人员和行政管理人员、课程、教材、教学大纲、规划和教学设置。[1]综上所述，以评价的对象为依据，我们可以将教育评价分为四大类，即学生评价、教师评价、学校评价和课程评价。这几类评价是教育评价发展史上最基本的实践形态，也是当前教育评价实践中最常见的评价内容。以这几类评价为主体展开对教育评价内容的论述，大体上能够概括迄今为止教育评价领域积累的最基本的评价知识，较好地满足教育实践工作者的理论知识需要。

（一）学生评价

学生评价是指对学生个体或群体成长发展状况的评价，既包括对学生学习情况的评价，也包括对学生思想品德、身心素质、情感态度等的评价，其根本目的是促进学生更好地成长发展。学生评价是教育评价活动中最基本的内容，在教育评价工作中处于核心地位。科学的学生评价既是教育评价的基本要求，也是做好其他评价工作的基础，具体包括学生评价的基本含义、主要内容、主要方法，以及我国学生评价改革的重要任务和国际学生评价的新动态与趋势等。本书第八章将做专门研究。

（二）教师评价

教师评价是指对作为教学专业人员的教师的素质、工作过程以及工作绩效进行全面、客观、公正的价值判断的过程，属于学校人事评价的范畴，其根本目的是增强教师教学效能，促进教师专业发展。教师评价作为学校人事评价的重要组成部分，对于学校教育教学质量的提高具有十分重要的作用，直接影响着学生成长发展和学校办学质量，具体包括教师评价的基本含义、发展历史和主要内容。实践中教师评价的内容十分广泛，涉及的层次也比较多样，一般说来，人们多倾向于从教师的素质、教师的工作过程、教师的工作绩效三个方面来评价教师。此外，教师评价的主要方法也是教师评价研究的主要内容之一。本书第九章将做专门研究。

（三）学校评价

学校评价是指以学校为对象，对作为教育机构的学校整体工作或单项工作的价值判断，包括办学方向、办学条件、管理工作、办学效益等多个方面，其主要功能是鉴定学校办学优劣，促进学校自主发展。由于学校评价对象涉及的因素较多，复杂程度也较高，需要结合时代发展要求和新的评价发展趋势，不断在理论层面和实践领域深入研究和大胆探索，具体包

1　[以色列]内伏. 教育评价概念的形成：对文献的分析评论[M]. 赵永年，李培青，译. //瞿葆奎. 教育学文集·教育评价. 北京：人民教育出版社，1989：347-348.

括学校评价的内涵与功能，我国学校评价的发展历史，学校评价工作的主要内容，以及学校评价的主要方法与运行机制等。本书第十章将做专门研究。

（四）课程评价

课程评价是指评价者根据教育基本理论、课程理论和评价理论对学校课程在满足社会与学生需求上的程度做出的判断活动，完整的课程评价包括课程设计、课程实施、课程效果等课程开发全过程的评价，其主要目的在于为改进课程设计提供依据，促使教师更好地开展教学活动。在我国，有关课程评价的理论研究和实践探索是随着第八次课程改革的开始而逐渐清晰化、规范化的，课改前后已经或正式实施了多种形式的课程评价，但总体上，课程评价的理论研究、标准制定、专业评价机构以及评价机制等方面仍存在一系列问题，有待深入研究。本书中的课程评价研究具体包括课程评价的概念、类型与意义，课程评价的主要内容，即课程方案评价、课程标准评价、教材评价，以及三级课程评价，即国家课程评价、地方课程评价和校本课程评价。本书第十一章将做专门研究。

本章小结

教育评价是内容丰富且十分复杂的活动。不同的视角，不同的标准，会划分出不同类型的教育评价。本章主要介绍和讨论的评价类型有：相对评价、绝对评价、个体内差异评价；诊断性评价、形成性评价、总结性评价；自我评价、他人评价；正式评价、非正式评价。

以评价的对象为依据，我们可以将教育评价分为四大类，即学生评价、教师评价、学校评价和课程评价。这几类评价是教育评价发展史上最基本的实践形态，也是当前教育评价实践中最常见的评价内容。

学生评价是指对学生个体或群体成长发展状况的评价，它是教育评价活动中最基本的内容，在教育评价工作中处于核心地位。

教师评价是指对作为教学专业人员的教师的素质、工作过程以及工作绩效进行全面、客观、公正的价值判断的过程，根本目的是增强教师教学效能，促进教师专业发展。

学校评价是指以学校为对象，对作为教育机构的学校整体工作或单项工作的价值判断，旨在鉴定学校办学优劣，促进学校自主发展。

课程评价是指评价者根据教育基本理论、课程理论和评价理论对学校课程在满足社会与学生需求上的程度做出的判断活动，目的在于为改进课程设计提供依据，促使教师更好地开展教学活动。

总结 >

Aa 关键术语

相对评价 Relative Evaluation	绝对评价 Absolute Evaluation	个体内差异评价 Individual Differences in Evaluation	诊断性评价 Diagnostic Evaluation
形成性评价 Formative Evaluation	总结性评价 Summative Evaluation	自我评价 Self-Evaluation	他人评价 Others' Evaluation
正式评价 Formal Evaluation	非正式评价 Informal Evaluation		

章节链接

本章旨在帮助学习者厘清教育评价的分类与内涵，对如何实施教育评价有一个更为清晰的理解，第八章至第十一章与本章内容有密切联系。

应用 >

体验练习

1. 举例说明什么是相对评价、绝对评价、个体内差异评价、诊断性评价、形成性评价、总结性评价、自我评价、他人评价、正式评价、非正式评价。

2. 试比较相对评价、绝对评价、个体内差异评价的不同。

3. 查阅有关资料，试分析形成性评价和总结性评价的联系与区别。

拓展 >

补充阅读

1 涂艳国. 教育评价[M]. 北京：高等教育出版社，2007.

　　该书第1章第2节"教育评价的类型"主要讨论了三个维度的评价类型，首先是量化评价与质性评价，其次是诊断性评价、形成性评价与总结性评价，最后谈到了绝对评价、相对评价和个体内差异评价，分别从理论与实践方面对教育评价的相关类型进行了论述与比较。

2 黄光扬. 教育测量与评价[M]. 上海：华东师范大学出版社，2012.

　　该书第2章第1节"教育测量与评价的主要类型"按照五个维度对评价类型进行了论述，一是按测量与评价在教学中运用的时机分类，二是按解释测量结果或评价结果时的参照点分类，三是按测量与评价被试行为表现的性质分类，四是按测量与评价的内容分类，五是按教育测量与评价的其他分类。

3 胡中锋. 教育测量与评价[M]. 广州：广东高等教育出版社，2006.

　　该书第2篇"各类基础教育测评"对语文成绩测验、数学成绩测验、标准化考试、智力测验、学生评价、学生品德测评、教师评价、教学工作评价、课程评价、学校体育评价、中小学学校评价等教育评价类型进行了论述。

4 徐勇，龚孝华. 新课程的评价改革[M]. 北京：首都师范大学出版社，2001.

　　该书为"基础教育改革教师培训教程"丛书之三，由基础教育课程改革教师培训教学研究组编。遵照国务院《关于基础教育改革和发展的决定》和教育部《基础教育课程改革纲要（试行）》精神，从广大中小学教师的视角，对新课程的教学评价改革进行了阐述。

第五章

教育评价的模式

本章概述

　　教育评价模式研究是教育评价研究的重要组成部分，相较于教育评价理论而言，教育评价模式对教育实践更具有指导价值。理解教育评价模式的内涵，把握几种主要的教育评价模式及其特点，对教育教学实践意义重大。因此，本章主要讨论什么是教育评价模式、教育评价模式的主要类型、教育评价模式演变发展的内在逻辑，从教育评价模式的概述、几种主要的教育评价模式、对教育评价模式的评析三方面分别进行阐述。

结构图

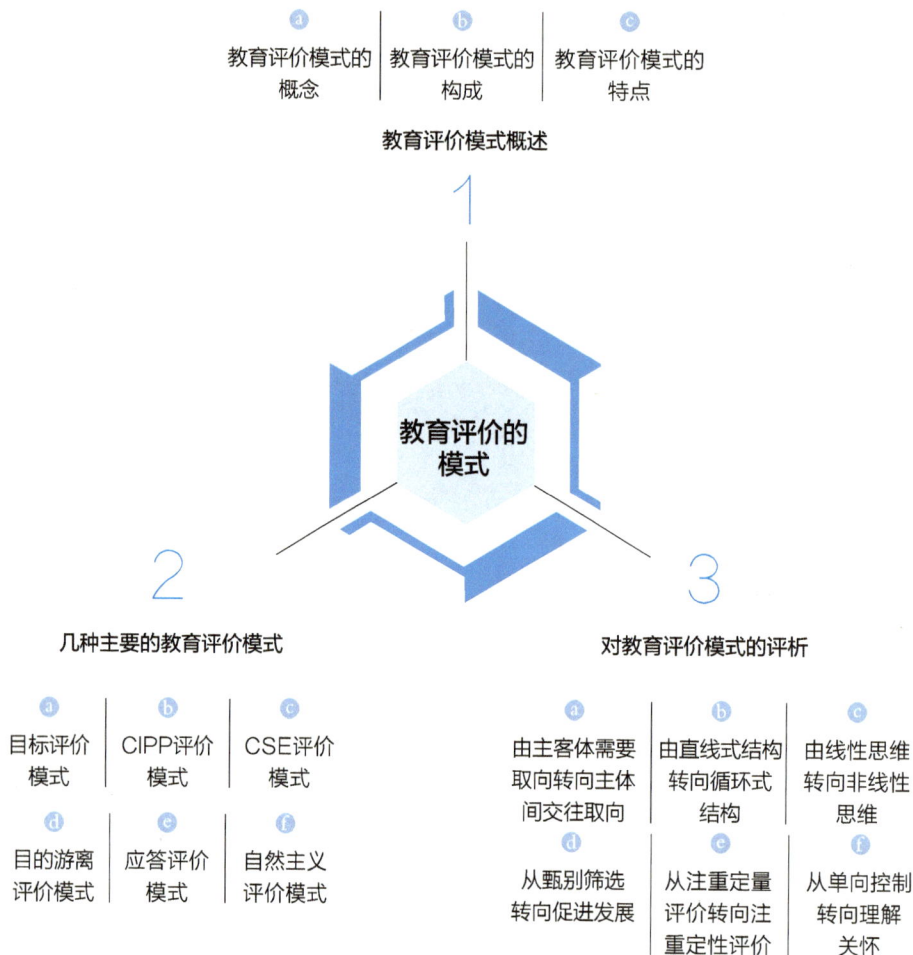

ⓐ 教育评价模式的概念　ⓑ 教育评价模式的构成　ⓒ 教育评价模式的特点

教育评价模式概述

1

教育评价的模式

2

3

几种主要的教育评价模式

ⓐ 目标评价模式　ⓑ CIPP评价模式　ⓒ CSE评价模式
ⓓ 目的游离评价模式　ⓔ 应答评价模式　ⓕ 自然主义评价模式

对教育评价模式的评析

ⓐ 由主客体需要取向转向主体间交往取向　ⓑ 由直线式结构转向循环式结构　ⓒ 由线性思维转向非线性思维
ⓓ 从甄别筛选转向促进发展　ⓔ 从注重定量评价转向注重定性评价　ⓕ 从单向控制转向理解关怀

学习目标

学完本章，你应该能够做到：

1. 准确理解教育评价模式的概念及其构成要素，把握其演变过程。

2. 理解几种主要的教育评价模式的实施步骤。

3. 在比较分析中把握各种评价模式的本质，并对之做出客观公允的评价。

4. 整体把握教育评价模式的发展概况，准确把握教育评价模式演变发展的内在逻辑。

读前反思

1. 你是如何理解教育评价模式的？

2. 教育评价模式都有哪些？其各自主要的观点是什么？

3. 教育评价模式演变发展的内在逻辑是什么？

第一节
教育评价模式概述

学习目标

理解教育评价模式的概念及其构成要素；把握教育评价模式的特点。

　　重视对教育评价模式的研究和介绍，是自20世纪80年代以来世界各国教育评价研究的一个共同特征。教育评价模式不仅以其评价理论具体化和评价活动方式概括化的特点受到教育评价理论研究工作者的重视，而且也以其具体明确、易于操作的特点受到广大教育实际工作者的喜爱。

一、教育评价模式的概念

　　教育评价模式是在一定教育评价理论或教育评价思想指导下建立起来的相对稳定的教育评价活动的范型，是对某种教育评价活动的总体构思。当人们把某种评价理论作为解释教育评价本质、制订教育评价方案、实施教育评价活动的基础，用以解释教育评价的目的、功能、方法等本质问题，指导处理教育评价方案中各种成分之间的关系，进而形成教育评价活动从开始到结束全程性的实施步骤或操作程序时，这种理论就转化为了一种教育评价模式。

二、教育评价模式的构成

　　一般来说，一个教育评价模式通常包括以下两个重要构成要素。

（一）评价理论或评价思想

　　教育评价模式有着多种类型，不同的教育评价模式体现着不同的教育评价思想。它一般包括关于教育评价的概念、评价的目的与功能、评价的基本范围和主要内容、评价的过程与方法等核心问题的基本观点，集中体现着评价者对评价本质的理解，从而支配或决定着教育评价的具体程序和操作策略，是特定教育评价模式的指导思想或理论基础。

（二）评价的实施步骤或操作程序

　　教育评价模式是居于评价理论与评价实践之间的中介或桥梁。区别于抽象性和概括性较强的、相对远离评价实践的评价理论，评价模式更强调对实践的直接指导意义。评价模式最大的功用就在于，它可以清晰地说明某种评价理念如何通过特定的评价程序转化为教育评价实践。因此，一般来说，每种评价模式都会包括具体的实施步骤或操作程序，规定评价活动中先干什么、后干什么以及各步骤应完成的任务和具体要求，包括对评价过程中评价者与被评价者之间的关系、评价目标的确定及其具体化、评价资料的内容及其收集方法、评价结果的反馈时机与运用方式等方面的具体要求。

以上两个要素相互联系、相互影响，共同构成一定的教育评价模式。

三、教育评价模式的特点

一般地说，教育评价模式具有以下三个特点。

第一，整体性。任何教育评价模式都是在一定评价理论的指导下对一个完整的教育评价活动的构想，包括对评价理念、本质、目的、内容、步骤、方法、结果等全方位内容的规定。

第二，框架性。教育评价模式是对某种教育评价类型的基本理论与程序方法的框架性描述，而不是具体的评价方案。在实际评价活动中，还需要针对评价的实际目的和情境，选择特定的评价模式，并做具体化处理。

第三，操作性。教育评价模式是教育评价理论与实践的桥梁或中间环节，是某种教育评价理论的具体化，对教育评价实践活动具有导向和控制功能。这就决定了每一种教育评价模式都必须有对评价活动的步骤或程序或流程的建构，有对评价活动策略的具体设计，以使评价实践有所参照。

第二节
几种主要的教育评价模式

学习目标

了解几种主要的教育评价模式并把握其特点。

近几十年来，许多教育研究人员致力于教育评价研究，在教育评价理论研究和实践探索中开发出了多种多样的教育评价模式。据统计，仅在20世纪60年代的美国，不同类型的教育评价模式就有40多种。[1]在这些模式中，有些只是为了适应特定历史条件下的特定需要而提出来的，完成任务以后没有进一步发展，对以后的课程评价并没有太大的影响。但有些模式在产生以后，几经修改完善，形成了较为完整

1 袁韶莹. 战后美国教育评价的发展[J]. 外国教育，1988（3）：19-24.

的理论基础和实践程序，代表了特定时代教育评价的现实需求与发展水平，并对后来的教育评价产生了很大的影响。

一、目标评价模式

目标评价模式是历史上第一个较完整并产生巨大影响的教育评价模式，它在教育评价的研究和实际工作中占据统治地位达30年之久，至今在教育评价理论中仍然不可或缺，具有很高的参考价值，在许多国家或地区的教育评价实践中依然得到普遍重视和应用。

（一）目标评价模式的产生背景

目标评价模式也称泰勒模式，是美国教育家R．W．泰勒为适应20世纪40年代美国政治、经济发展的需要，以心理学为基础，通过多年的研究和实践逐步形成的。而这一模式提出的直接背景则是美国在20世纪30年代开展的关于课程改革的"八年研究"。

"八年研究"是由美国进步教育协会发起的课程改革实验研究，其目的在于使中学通过课程和管理改革，应对1929—1933年世界性经济危机对学校造成的冲击。在"八年研究"中，为了了解课程改革的效果，促进课程改革的深入展开，"八年研究评价委员会"成立，泰勒为评价委员会主任。评价所采用的方法是挑选1475组大学生，每一组两个学生，一个是实验学校的毕业生，另一个是其他学校的毕业生。在挑选时尽可能地考虑到这两个学生在性格、年龄、学习能力、家庭状况及社会背景等方面情况的相似性。经过对照研究，泰勒及其评价委员会于1942年提交了"八年研究报告"，即《史密斯—泰勒报告》。在报告中，泰勒和他的同事正式提出了"教育评价"的概念，并确立了对后世影响深远的课程评价的基本原理，提出了课程评价的目标模式。

（二）目标评价模式的主要观点

1. 教育评价是考量教育目标是否达到以及达到程度的过程

泰勒认为，教育是改变人类行为的过程，教育计划就是研究者设计的能够改变学生行为的方法，所改变的行为就是教育目标，而教育评价就是考量教育目标是否达到以及达到程度的过程，是将教育结果与预定教育目标相对照的过程。泰勒说："评价过程实质上是一个确定课程与教学计划实际达到教育目标的程度的过程。"[1]因此，教育评价中首要的工作便是建立教育目标，然后以目标为出发点收集资料，测查被评价者学习和发展的结果，再采用目标参照评价的方法来判断实际教育活动达到目标的程度，以确定教育之成效。

1　[美]拉尔夫·泰勒. 课程与教学的基本原理[M]. 施良方, 译. 北京：人民教育出版社，1994：85.

在泰勒看来，这样的教育评价，其目的包括五个方面，分别是：①对教育效果做定期检查，以便根据检查结果改善课程计划；②对课程计划所依据的理论基础的妥当性进行检查；③获得各个学生的评价资料，以便对各个学生进行有效的指导；④评价结果应增进教育机关、学校当局、学生本人以及家长对课程计划和结果的更多了解和信任；⑤使学校能以公正客观的评价资料与外界进行交流。[1]

2. 教育目标是教育评价的出发点和依据

透过泰勒对课程评价目的和课程评价设计原理的阐述，我们可以看到目标评价模式的一个突出特点，那就是强调预定目标在评价中的突出作用。在目标评价模式中，教育目标是教育评价的出发点和依据，贯穿评价过程始终，是进行教育评价的决定因素。评价的唯一参照标准是预定目标，评价的对象是与预定目标密切相关的教育结果，评价的过程是将评价对象的行为表现与目标不断比对的过程，评价的直接目的则是获得被评价的教育活动的结果是否"达标"的数据，进而描述教育结果与教育目标之间的一致性。

3. 教育目标应该以具体的行为目标来加以界定

目标评价模式的另一个突出特点是强调教育目标行为化。泰勒认为："评价是一个确定实际发生的行为变化的程度的过程。"[2]教育目标实质上是指教育要在学生身上引起的种种行为变化，需要以具体的行为目标来加以界定。"因为除非对目标所指的那种行为有比较清晰的看法，否则便无法知道期待学生产生哪种行为，因而也无法了解这些目标实现的程度。"[3]因此，预定教育目标必须以可以观察和测量的行为目标的方式来加以陈述。后来，泰勒的学生布卢姆的教学目标分类学即是这种观点的具体化、精细化和完善化。

4. 评价方法应以标准化测验为主

关于评价方法和手段，泰勒主张评价方法多样化，但更突出标准化测验在评价中的重要作用。泰勒认为，评价的方法和手段应服从和服务于明了教育目标的达成情况。为此，泰勒明确反对把评价等同于"纸笔测验"（Paper-and-Pencil Tests），认为纸笔测验只是评价的重要手段之一，除此之外，任何一种关于学生行为改变的方法都可算作评价方法，如观察、交谈、问卷调查、作品分析等。但是，在评价的操作过程中，泰勒却明显地更加强调测验的价值。他曾提出实验的前后测原则，他说："评价在任何时候都必须包括一种以上的评价，因为要了解变化是否已经发生，必须先在早期作出一次评估，再在后期作出几次评估，从而才有可能确定所发生的变化。"[4]他还把统计测量中的基本要求引入评价中作为课程评价的三种基本准则，即客观性、信度和效度。这些都说明，追求数量化、客观性、准确性是泰勒模式

---

1 参见李聪明. 教育评价的理论与方法[M]. 台北：台北幼狮文化事业公司，1985：28-31.

2 [美]拉尔夫·泰勒. 课程与教学的基本原理[M]. 施良方，译. 北京：人民教育出版社，1994：85.

3 [美]拉尔夫·泰勒. 课程与教学的基本原理[M]. 施良方，译. 北京：人民教育出版社，1994：90.

4 [美]拉尔夫·泰勒. 课程与教学的基本原理[M]. 施良方，译. 北京：人民教育出版社，1994：86.

的又一突出特点。

课程评价的设计原理有八条：（1）完整的课程评价体系必须以教育原理和教育哲学为基础；（2）教育目标必须以行为的形式体现；（3）评价必须依据教育目标来观察和测定，学生的学习效果才能正确地评价；（4）许多教育目标必须持续地进行观察、测验、评定、记录，考验获得适当的评价；（5）评价要有效地进行，必须依据教育目标逐步进行；（6）重要的评价应体现相对的价值构成；（7）应给学生自我评价的机会；（8）评价应注意综合性，要注重人类学习的各个领域。

[资料来源] [美]拉尔夫·泰勒. 课程与教学的基本原理[M]. 施良方，译. 北京：人民教育出版社，1994：85.

（三）目标评价模式的实施步骤

泰勒在《课程与教学的基本原理》一书中对目标评价模式的实施步骤做了明确的说明。他认为，课程设计要解决四个问题，即教育要达到什么目标？组织什么内容来达到目标？如何达到目标？评价是否达到目标？而评价过程实质上就是将教育结果与预定教育目标相对照，以"确定课程与教学计划实际达到教育目标的程度的过程"[1]，具体的评价程序应包括以下四个步骤，其中每一个步骤都是紧紧围绕着教育目标进行的。

1. 步骤一，清晰界说行为目标

在目标评价模式中，教育目标是评价的出发点和归宿，确定教育目标是实施评价的首要步骤。为了保证评价的具体可操作性，教育目标的确定必须以心理学为基础，用行为术语加以表述。

关于如何清晰表述行为目标，泰勒强调用教育目标的二维分析（Two-Dimensional Analysis）方法。他认为，一个阐述清晰的目标具有两个维度——行为方面和内容方面，其中，"所分析的每一个'行为标题'，都表明了应该得到评估的那种行为，以便了解这种行为掌握得如何；所分析的每一个'内容标题'，都指出了与这种行为评估相关的、需要抽样的内容。因此，就社会问题方面的知识目标来说，二维分析指出必须根据行为来评价知识，而内容标题表明了应该对哪些知识方面进行抽样，才能对学生在这个领域里已习得的知识作出令人满意的评估"[2]。后来，布卢姆等人编制的教育目标分类学使行为目标的清晰界定变得更加具有可操作性，成为评价的可靠依据。

2. 步骤二，确定评价情境

评价情境是指评价进行时评价对象所处的行为情境。为了保证观察到预期的目标行为，

---

1 [美]拉尔夫·泰勒. 课程与教学的基本原理[M]. 施良方，译. 北京：人民教育出版社，1994：85.
2 [美]拉尔夫·泰勒. 课程与教学的基本原理[M]. 施良方，译. 北京：人民教育出版社，1994：89.

评价情境必须"使学生有机会表现教育目标所隐含的那种行为"[1]，能为被评价者提供表现教育目标所期望行为的条件，也就是说这个行为情境不仅允许表现这种行为，而且实际上能鼓励或唤起这种行为。例如，"如果我们要了解儿童在个人—社会适应方面发展得怎样，就必须利用能使儿童有机会对其他儿童作出反应的那些情境，这可能意味着：要到托儿所去，在儿童们一直游戏和作业时，寻找有关他们个人—社会适应的证据。……如果需要有关学生口头表达能力的证据，我们必须在那些能唤起口头表达的各种情境里寻找证据"[2]。

3. 步骤三，确定评价手段

评价手段是指获取学生是否达到教育目标的证据的方法，具体包括：①选择或编制评价手段，如某种测验，而选择的依据不是这一评价手段是否广泛使用，或者普遍推荐，或者由专家权威编制，而是看它是否适用于有可能唤起教育目标所期望的那种行为的情境；②设计在特定情境下获得学生行为记录的手段，如学生的书面测验试卷、观察者对儿童反应所做的详细描述、影片或录音、观察核对表记录等；③确定将要用来概括或评估所得到的行为记录的名称或单位；确定这些分等是否客观、可靠（信度）和有效（效度）。泰勒主张评价手段多样化，反对把单一的纸笔测验分数作为评价结果，认为在许多情况下，评价结果都不是一个单一的分数或一个单一的描述性术语，而是表明学生目前成绩的一个"剖析图"，或者是一组综合的描述性术语。他说，评价"结果可以采用分数或描述的形式，或者是两者结合的形式；至于采用哪种形式，这取决于哪种形式能适合于预期目标的名称，对行为作出最令人满意的结论"[3]。

4. 步骤四，使用评价结果

在目标评价中，得出评价结果并不是评价的目的。评价的最终目的是通过前后比较判断学生已经发生或正在发生的变化，从而了解学生的长处与短处，修改和完善课程与教学计划。因此，从评价手段得出评价结果后，需要将这些分数或描述性术语与教育目标进行比较，分析评价结果的意义，了解各种长处和短处及其缘由，提出可能的解释或假设，设计可能的教育改进方案，并在实践中进行检验。

1983年，泰勒在《方案评价原理》一文中，对上述目标评价的实施程序做了进一步的扩展，把编制评价的步骤概括为七个方面：（1）确定教育方案的目标；（2）根据行为和内容对每个目标加以定义；（3）确定应用目标的情境；（4）设计给出应用目标情境的途径；（5）设计取得记录的途径；（6）决定评定方式；（7）决定获取代表性样本的方法。

[资料来源] [美]斯塔克. 方案评价的特殊方法：应答评价[M]. 龚伟民，译//瞿葆奎. 教育学文集·教育评价. 北京：人民教育出版社，1989：253-254.

1　[美]拉尔夫·泰勒. 课程与教学的基本原理[M]. 施良方，译. 北京：人民教育出版社，1994：90.

2　[美]拉尔夫·泰勒. 课程与教学的基本原理[M]. 施良方，译. 北京：人民教育出版社，1994：90.

3　[美]拉尔夫·泰勒. 课程与教学的基本原理[M]. 施良方，译. 北京：人民教育出版社，1994：96.

（四）对目标评价模式的基本评价

作为当代课程评价的最初形态，目标评价模式在教育评价科学化进程中曾起到了积极的推动作用。

首先，目标评价模式最大的贡献在于它首次明确地把评价引入课程编制过程，将评价与课程开发紧密结合起来，阐明了目标制定、课程内容安排、教学组织方式与结果评价之间不可分割的联系。在此以前，测验只是关注学生本身的发展，在此以后，评价者首先关注的是课程目标，然后以目标为中心开展评价，最后把评价结果反馈给课程计划的编订者，促成课程计划的改进。在这里，评价不再是孤立于教育教学活动之外的单独活动，而成了课程开发和课程实施的有机组成部分。

其次，目标评价模式是典型的目标取向评价，针对性强，实效性好，既有利于预定目标的达成，也有利于在教学的实际结果与预期目标的比对中找出差距，为修订课程目标和课程计划提供依据。

最后，目标评价模式操作性强，简便易行。它强调对评价目标进行具体明确的行为表述，有利于教育目标的明确化，避免模糊化、抽象化。而且它有一套逻辑严密的评价程序，结构紧凑，为评价工作者提供了一整套可遵循的操作路线，简单明了，因而在评价实践中受到人们的普遍欢迎。

正是因为目标评价模式的上述优点，它在美国一产生，便在美国教育界迅速推广，后从美国传播到欧洲、亚洲、大洋洲等的许多国家和地区，在各国的教育评价实践中一直处于支配地位，成为迄今为止影响最为深远的评价模式。

当然，目标评价模式也有很大的局限性。第一，它忽略了人的行为的主体性、复杂性和不可预测性，把教育评价简单化、机械化了。目标评价模式只关注预期目标的实现，而忽略了非预期目标的价值；只注重对教学结果的评价，而忽略了产生这一结果的活动过程本身的价值；只强调以目标为中心开展评价，却忽视了对目标本身合理性的评判；只关注一些易于测量的行为目标的评价，而较少涉及诸如创造性等相对复杂、不易测量的内容。如果说这种取向的评价对于人的一些较低层次的行为活动来说还比较有效的话，那么，对于人的高级心理过程而言它的作用就非常有限了。第二，目标评价模式最大的缺陷是把人客体化、物性化。这种评价在本质上是受"科技理性"和"工具理性"所支配的，其核心追求是对被评价对象的有效控制和改进。在这里，评价者是主体，被评价者是客体，两者截然分开，相互对立。人被当作没有感情需求、没有情绪反馈的冷冰冰的物，评价者与被评价者之间缺乏最起码的交流和理解，很容易产生对立情绪，于是对抗、弄虚作假频频发生，评价变成了"贴标签"，失去了它应有的促进发展的功能。因此，有人说这种"目标取向的评价把方方面面都考虑周全了，唯独忽略了'人'本身"。上述局限性，成为第二次世界大战以后人们批判目标评价模式的主要焦点，后来的绝大多数评价模式都是在批判这一评价模式的基础上发展起来的。

二、CIPP评价模式

（一）CIPP评价模式的产生背景

CIPP评价模式产生于20世纪60年代。1957年，苏联发射了人类历史上第一颗人造卫星，这个消息使美国朝野上下震惊，随即开展了全国范围内的教育改革运动。1958年，联邦政府颁布《国防教育法》，投入巨额资金，用于发展新教育计划，特别加强数学、自然科学（生物、化学和物理）和外语的教学。在这场改革中，美国政府为各学区提供了数十亿美元的改革资助，希望通过教育改革来推动人才培养和科技发展，同时也要求所有获得资助的项目都要接受评价。CIPP评价模式的创始人斯塔弗尔比姆及其领导的俄亥俄州立大学评价中心承担了这些项目的评价工作。刚开始时，斯塔弗尔比姆试图用泰勒的目标评价模式来开展工作，但很快便遇到诸多困难和问题，在不断的反思中，他认识到原来的目标评价模式存在不足和缺陷，提出应对原有评价模式进行改造和重建。在此背景下，1966年，CIPP评价模式应运而生。

（二）CIPP评价模式的主要观点

斯塔弗尔比姆在批评泰勒评价模式的种种不足的基础上，认为应该赋予评价以新的含义。他强调："评价最重要的意图不是为了证明（prove），而是为了改进（improve）。""评价不该局限于确定目标的达成程度，而应成为为决策提供有用信息的过程。"斯塔弗尔比姆强调，CIPP模式的独特性就在于"为不同努力方向的决策服务"。1985年，他进一步提出："评价是一种划定、获取和提供叙述性和判断性信息的过程。这些信息涉及研究对象的目标、设计、实施和影响的价值及优缺点，以便指导如何决策，满足教学效能核定的需要，并增加对研究对象的了解。"[1]区别于泰勒的以目标为中心的评价模式，这种评价模式是一种以决策为中心的评价模式，也被称为"决策类型的评价模式"。此模式关于教育评价的基本主张有四点。

一是教育评价应从以目标为中心转向以决策为中心，为教育改革服务。

二是教育评价不仅应该关心目标，还应关心目标的合理性，关心目标是怎样筛选出来的。

三是教育评价不仅应该关心目标达成度（行为结果），还应该关心目标是怎样达成的，即评价不仅是对结果的评价，还应该包括对过程的评价，包括对某一教育方案从开始启动直到完成全过程及其结果的完整、全面的评价。

1　黄光雄. 教育评鉴的模式[M]. 台北：师大书苑有限公司，1989：192.

四是对于教育决策来说，有用信息有两种，既有叙述性信息，也有判断性信息；既有优缺点的描述，又有是否满足需要的价值判定。评价者应针对不同类型的决策情境，提供相应的、必需的、充分的信息资料。

（三）CIPP评价模式的构成或步骤

根据上述基本观点，斯塔弗尔比姆构建了CIPP评价模式。他首先分析了人们在计划和执行过程中一般会碰到的教育决策类型，把所有决策概括为计划决策、组织决策、实施决策和再循环决策四类；而教育评价主要是为决策提供信息，因此也就相应地有背景（Context）评价、输入（Input）评价、过程（Process）评价和成果（Product）评价四种评价。CIPP分别是这四种评价的首字母。这四种评价，既是评价的构成部分，也是评价的四个步骤。

1. 背景评价（Context Evaluation）

背景评价是对课程目标进行的评价，其基本取向是在了解研究对象整体情况的基础上，判断课程目标的优点与不足，为确定和改进课程目标提供依据，为"计划决策"服务。它需要在特定的环境下，对课程目标的"需要""问题""资源"和"机会"等进行评定。这里，"需要"主要包括那些为实现课程目标所必需的、有用的事物；"问题"是指在满足需要时必须克服的障碍；"资源"是指在本地可以得到的专家和提供的服务；"机会"主要指满足需要和解决相关问题的时机。[1]具体来说，背景评价涉及的内容主要包括现在教育环境中已具备的条件、尚需改进的条件、尚未满足的需要、未经利用的资源和机会以及其中有关的难题等。[2]其实质在于确认课程目标与使用者的需要之间的差距，从而调节现有课程目标。因此，它本质上属于诊断性评价。

2. 输入评价（Input Evaluation）

输入评价是对教育方案可行性进行的评价，其基本取向是评价者从理论上或逻辑上对各种教育方案进行推测，预先显示各方案的效率及成败的可能，为"组织决策"服务。它是在背景评价的基础上，对达到目标所需的课程资源、方法程序、设备人员以及各备选方案的相对优缺点等加以分析，以便选择最适宜于课程目标实现的教育方案。它涉及的问题通常包括：各种教育方案的合法性与道德性如何？其理论假定是什么？其逻辑效用与实际效用如何？其潜在成本是多少？它们各自的优势和劣势分别是什么？教师是否具备实施方案所需的素质？需要多长时间的训练？人员配备、时间安排、执行情况的管理与监督问题能否妥善解决？这些方案公平吗？有无负向作用或消极作用？如何对之做出评价？等等。

1　Stufflebeam, D. L. & Madaus, G. F. & Kellaghan, T. Evaluation Models: Viewpoints on Educational and Human Services Evaluation（2nd ed.）[M]. Springer: Kluwer Academic Publishers, 2000: p. 280, 287, 313.

2　王坚红. 学前教育评价：理论·方法·实践[M]. 北京：人民教育出版社，1994：30.

3. 过程评价（Process Evaluation）

过程评价是在教育方案实施过程中进行的评价，它是在计划或方案设计完毕并付诸实施时便开始进行的，旨在向教育方案制订者和执行者提供定期的反馈信息，实现教育方案的不间断调整，为"实施决策"服务。过程评价中涉及的内容通常包括：教育方案的进展情况如何？是否按预定计划进行？方案执行人员是否有效利用了现有的资源？最初的方案设计是否周全？是否有值得进一步改进的地方？等等。这就要求评价者要对教育过程进行全程跟踪和记录，以便通过分析找出问题与不足，获取反馈信息以作为修改教育方案的依据。这种评价本质上是方案实施过程中的形成性评价。

4. 成果评价（Product Evaluation）

成果评价是对教育方案实施结果的评价，目的是通过收集与结果有关的各种数据资料，确定教育方案满足人们需要的程度，为进一步的"再循环决策"服务。在成果评价中，收集的资料除了对被评价者的各种测量数据外，还包括参与课程方案设计与实施的人们对方案成功与否做出的种种判断。与目标评价相似，成果评价注重考察教育活动的"目标达成度"，但成果评价较少强调评价者的判断，而着重于向决策者提供信息，让决策者在评价提供的信息的基础上，自己去形成重要的判断，并用于决策。

（四）对CIPP评价模式的基本评价

CIPP评价模式是针对目标评价模式的缺陷设计而成的，因此，目标评价模式的局限性在某种程度上说就是CIPP评价模式的优点。首先，CIPP评价模式将教育目标纳入评价活动中来，注重对教育目标本身合理性的评价。目标评价模式以目标为中心，目标一旦确立就不容怀疑，反映了泰勒价值观上的收敛性。CIPP评价模式则认为目标本身的合理性是需要受到评价的，必要时可以根据对象的需要对目标进行修正和改进。这一观点突破了泰勒的框架，把评价从范围与内容上给予了拓宽，深化了对评价的认识。其次，该模式是以决策为导向的评价模式，注重评价的改进功能，强调为决策过程提供全面的信息，对教育行政决策具有广泛的服务性功能，这就使评价活动更具有方向性和实用价值。这是CIPP评价模式不同于其他评价模式的突出特点。最后，与目标评价模式只重视事后评价或总结性评价不同，CIPP评价模式重视过程评价和形成性评价，评价范围涵盖了活动的整个过程，并强调把诊断性评价、形成性评价和总结性评价整合在一起，为决策提供持续往复的反馈信息，这就可以更好地保证决策的科学性和合理性。

CIPP评价模式同样也存在一些缺陷。第一，决策者控制评价的实施，带有一定的政治色彩。在CIPP评价模式中，以决策为导向既是它的优点也是它的缺点。以决策为导向在一定程度上扩大了决策者的权力，使决策者掌握了评价的最终决定权。决策者有权决定评价的内容，选择评价方法，甚至判定评价者所收集的资料哪些是有用的、哪些是无用的。这就降低了在教育评价活动中专家的权力，削弱了评价的学术品质，极有可能减损评价的科学性。第二，适用范围受到限制。[1]CIPP评价模式需要各类信息源的配合、充裕的经费以及可靠的分析技术的支持，因此一般主要用于大规模的方案评价，重点集中在为机构的决策者提供服务，而不用来引导个别研究的进行。持续性评价如果缺乏制度化，由于时间太长，耗力较多，往往就容易半途而废。第三，科学理性突出。CIPP评价模式效能的发挥必须建立在决策的合理性、决策过程的民主性和公开性的基础之上，因而只适用于讲究推理和习惯于条理性方法的教育环境之中，这对于广泛存在着决策的随意性和决策过程的不可预测性的实际教育活动而言，决策导向模式的使用就受到了很大的限制。

　　CIPP评价模式的核心思想是评价为决策服务，这使它成为20世纪60年代很有影响的决策导向评价的典型代表。虽然这一模式内在的理论依据与泰勒的目标模式相比没有深刻的变化，但它使泰勒的目标评价模式向着更完善、更实用的方向迈进了一大步。

三、CSE评价模式

（一）CSE评价模式简介

　　CSE评价模式是由美国加利福尼亚大学洛杉矶分校评价研究中心（Center for Study of Evaluation）开发的一种教育评价模式，此模式是由该中心的阿尔金（Alkin）教授等提出的，该中心自20世纪60年代后期以来一直在研究和推广这一评价模式。CSE即是这一研究中心的缩写。

（二）CSE评价模式的实施步骤

　　CSE评价模式是一种与CIPP评价模式最为接近的评价模式。与CIPP评价模式相似，它也包括四个步骤，即需要评定、方案计划、形成性评价、总结性评价（见图5-1）。

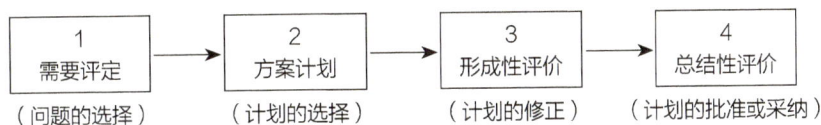

1 需要评定	→	2 方案计划	→	3 形成性评价	→	4 总结性评价
（问题的选择）		（计划的选择）		（计划的修正）		（计划的批准或采纳）

图5-1　CSE评价模式活动阶段图

1. 需要评定

　　所谓需要评定，就是调查人们有何种需要。其核心问题就是要确定教育的目标。它通常考虑的问题是，当前的教育系统是否符合儿童的特点、社会的需要等？如果不能，当前的教育系统缺乏了什么？应增加、调整或修改哪些教育目标？等等。这一阶段又称为"问题的选择"阶段。

1　肖远军. CIPP教育评价模式探析[J]. 教育科学，2003（3）：42-46.

2. 方案计划

这一阶段的主要工作是对各种备择教育方案在达到目标方面的成功可能性做出评价，并在这些教育方案中选择一个切实可行的方案。这种评价包括对教学内外与教育目标一致性方面的分析，以及设备、资金和人员配置方面情况的研究。在此阶段，可采取两种形式的评价，即内部评价和外部评价。内部评价是采用各种内部标准来判断各方案的优劣；外部评价则是通过搜集有关方案在类似情境中实施的资料来判断各方案的优劣。这一阶段又称为"计划的选择"阶段。

3. 形成性评价

这一阶段的评价主要是确定所实施的方案是否与原定教育方案相一致，方案的实施者是否真正体现了方案本身的思想。其目的是发现教育过程的成功和不足之处，修正教学活动中某些偏离预期目标的地方，从而保证教育目标的实现。这一阶段的评价可分为提供计划实施情况的信息和根据反馈信息修正计划两个步骤。这一阶段又称为"计划的修正"阶段。

4. 总结性评价

总结性评价阶段的目标是对教育质量做出全面的调查和相应的判断，判断之后往往会对所评教育计划是推广、保留、修正还是放弃做出最终选择。这一阶段又称为"计划的批准或采纳"阶段。

（三）对CSE评价模式的基本评价

CSE评价模式是一种综合性的评价模式，与其他评价模式相比，它的优势主要体现为全程性、整合性与实用性。首先，CSE评价模式是一种动态的评价模式，评价活动贯穿于教育方案的全部过程。从教育目标的确立开始，到教育质量的全面检查为止，在教育方案的各个阶段，它都可以根据教育改革的需要为教育活动提供评价服务。其次，在该评价模式中，形成性评价和总结性评价是两个重要的评价阶段，都得到了充分的重视，评价的形成性功能与总结性功能得到了有机统一和整合。最后，CSE评价模式还是一种在教育领域比较实用的评价模式。与CIPP评价模式相比，它的阶段划分更切合教育实际，能更好地为教育改革提供服务；而且它将评价活动分为相互联系的四个阶段，分别完成各自的评价任务，这就为人们提供了一个可供遵循的评价流程，便于操作实施。因此，在课程评价中，CSE模式运用得尤为广泛。

四、目的游离评价模式

（一）目的游离评价模式的产生背景

目的游离评价模式是由美国的斯克里文提出来的。早在20世纪60年代，针对泰勒在课程评价中过分强调预定目标的作用，斯克里文认为在评价中应强调消费者的需要。这里的消费者可以是教师，也可以是学生，还可以是其他课程相关人员。评价者在评价中不是单纯地考虑课程编制者的要求，更重要的是看课程是否真正满足了课程消费者的需要。区别于目标导向评价，这种评价被称为"消费者导向评价"。到20世纪70年代，斯克里文又对消费者导向评价做了合理的自然延伸，提出了"目的游离评价模式"。

（二）目的游离评价模式的主要观点

1. 评价应以顾客为基础，以消费者需要为导向

斯克里文认为，评价的目的应是满足课程计划所影响的人的需要。他指出："评价中最重要的准则，不是方案实现预定目的的程度，而是方案实际效应满足方案所影响的人的需要的程度。""评价者的主要任务就是调查了解评价所影响的人的需要，并把这些需要作为判断主效应优劣好坏的基础。"[1]他还进一步指出："目的游离评价与顾客对产品的要求有共同点。一种产品（汽车成复印机），应按照顾客或社会的愿望，而不是按生产者的愿望而受到评价。""评价者所要确定的是顾客的各种需求，并以此作为评估产品优劣的准则。"正是基于此，斯克里文把目的游离评价看作以顾客为基础的评价。[2]

2. 评价目标游离，关注非预期目标

在全面考察教育活动的实际效果之后，针对目标评价模式只关注预定目标的弊端，斯克里文认为，依据事先确定的目标进行评价往往会大大限制评价的范围及其深远意义。因为实际进行的教育活动除了会产生预期效果外，还会产生许多"非预期效果"，或称"副效应"或"相反效应"，这种"非预期效果"的影响有时是至关重要的。根据教育目标进行评价，只关注目标规定的预期效果，很难反映非预期效果。泰勒将评价仅限于衡量达到预定目标的程度是不全面的。评价应把教师与学生在课程开发、实施以及教学运行过程中的全部情况都纳入评价的范围，凡是具有教育价值的活动，不论是否与预定目标相符合，都应当受到评价的支持与肯定。因此，评价者考虑的重点应由"方案想干什么"转向"方案实际干了什么"，即目的游离。评价应检查课程方案的全部效果，而不是单纯考虑与预期目标相关的效果，应对预期效果和意外结果一视同仁地进行考察和分析。

3. 评价者应保持价值中立，避免先入为主

为了获得包括可能产生的相反效果在内的全面的、真实的效果，减少方案制订者主观意图对评价的影响，斯克里文主张不把方案制订者的预定活动目的告诉评价者，以保证评价者价值中立，更有利于评价者收集关于课程效果的全部信息，包括期望之中的和预料之外的效果信息。他认为，评价者越是较少地听取方案制订者的阐述，便越能避免先入为主的印象偏见，越

---

1 刘志军. 走向理解的课程评价：发展性课程评价理论探索[M]. 北京：中国社会科学出版社，2004：49.
2 许建钺，等编译. 简明国际教育百科全书：教育测量与评价[M]. 北京：教育科学出版社，1992：52-53.

能够专注地寻查课程的真正效果。这样的评价就"好似独自出猎的猎人，仔细搜索地面，寻找任何有关的蛛丝马迹，在发现任何疑点时仔细地考察之。如果评价完全基于目标，则好像是事先提供了一张标明主要线索的地图，若要在图外的密林里找到任何东西，便会显得极为艰巨"[1]。

目的游离评价模式的提出曾引起很大的反响。为了澄清一些对目的游离评价的误解，斯克里文明确指出，目的游离评价并不是目标评价模式的替代品，而是一种有用的附加程序。在实际评价活动中，往往需要将这两种评价结合使用。

（三）对目的游离评价模式的基本评价

目的游离评价模式在引导人们认识和克服目标评价模式的缺点与弊端方面起到了非常重要的作用。但斯克里文只是提出了这样一种评价的思想，对于如何开展目的游离评价却没有提出一个详细的程序，也没有提出操作性的规则。因此，有人说，目的游离评价并不能称为严格意义上的评价模式。但从目的游离评价的产生与发展的历程来看，目的游离评价模式又确实有着许多值得我们反思和借鉴的地方。其一，斯克里文始终追求的是消费者需要的满足，而以被评价者的需要为本应该是每个评价者应有的基本态度，因为只有以被评价者的需要为本，评价结果才更能够为被评价者所接受和认同，也才更能够发挥评价的作用。其二，目的游离评价模式与其他评价最显著的不同之处在于该模式注重评价的非预期效果。目标评价模式强调目标的重要性，尽管CIPP评价模式是针对目标评价模式的缺点而提出来的，但也没有否定预定目标的重要性。而目的游离评价模式直接否定了预定目标的重要性，把非预期效果作为评价的重点，所有收集的信息都是在评价者不知道教育目标的情况下收集的，这就保证了收集信息的真实性和全面性。其三，在目的游离评价模式中，对收集到的信息做出评价的依据不是方案制订者预定的目标，而是教育活动参与者的意图或需要，具有更大的"民主性"。

但是，它因把教育目标模糊化也受到了教育界的抨击。正如许多学者所指出的那样，教育活动本身就是一种有目的的活动，完全游离于既定目标之外的教育评价是不可想象的，其价值也难以保障。而且，在实际评价活动中，如果不同评价者拥有不同的价值标准，就会给评价的操作带来很大的困难。因此，更多人认为目的游离评价模式的价值在于它可以作为目标评价模式的补充。

五、应答评价模式

（一）应答评价模式的产生背景和主要观点

应答评价模式是由美国课程评价研究专家斯塔克（R. E. Stake）于1973年提出来的。

1　王坚红. 学前教育评价：理论·方法·实践[M]. 北京：人民教育出版社，1994：45.

由于应答评价从开始到结束都是以与方案的当事人充分交流和磋商为基础的，因此，又称为"当事人中心评价模式"。该评价模式的主要观点如下。

1. 评价的目的不是辩明或表述目标的完成情况，而是对评价当事人的需求做出应答

斯塔克认为，目标导向的评价作为连续的、系统的研究目标达成情况的评价方式，在把了解目标是否达到、承诺是否履行、假设是否被证实等作为主要任务时，是有用的也是适宜的。然而，当评价的主要目的是为实践者提供改革依据，诊断当前教育活动中的问题，或为评价听取人提供有关方案活动的信息以便做出某些决策时，目标评价模式便往往缺乏有用性或被评价听取人认为缺乏合理性。如果评价报告不适宜，还有可能造成误解或忽略。[1]他把过去的以目标为导向的评价统称为"预定式评价"，并提出了"应答式评价"与之相对应。他认为预定式评价多带有预定性质，强调目的的行为表述和客观的测验，关注预定目标的达成度，以及研究性报告的应用。而在应答式评价中，评价的目的不是辩明或表述目标的完成情况，而是对教育活动中存在的问题做出有效的反应，以有助于改进工作。因此，真正有效的评价不应是关心反映方案制订者意愿的预定目标的达成度，而应从多元价值观念入手，关心和满足与方案有关的人即评价听取人的需求和兴趣。斯塔克提出："如果教育评价更直接地指向方案的活动而非方案的内容，如果它能满足评价听取人对信息的需求，或者在反映方案得失长短的评价报告中更能反映人们不同的价值观念，那么，这种评价即可称为'应答评价'。"

2. 评价的过程是一个"对话"的过程

应答评价模式认为，评价应以问题作为评价的先导，而有价值的问题本身就应源自直接从事教育活动的决策者和实施者。斯塔克指出："经过与学生家长、纳税人、方案发起人、方案执行人员的交谈，评价者注意到了某些现实的或潜在的问题，这些问题组成了继续与方案委托人、执行人、听取人讨论和制订资料收集计划的结构。"[2]在收集资料过程中，应答评价模式主张的主要手段是"应答"，即通过评价者与有关的各方面人员之间持续不断的"对话"（交流、磋商和讨论），了解他们的愿望，并根据他们的意见及时地调整教育方案，对大多数人的愿望做出应答，以满足各种课程当事人的需要。

3. 评价信息的收集方法应主要依靠自然观察和交往访谈等定性的方法

自然观察是指评价者深入教育活动中去，对教育活动进行细致的考察，详细记录活动中出现的问题，但这种观察要在自然形式下进行，评价者不能介入其中，要以旁观者的身份关注活动的发展。应答评价模式把大量的评价努力付诸对方案实施情况的观察，旨在从大量独立的、可信的信息源中收集足够量的、可有效说明方案现状的信息。这种观察不应是单个人以单一方式进行，而应是多种人员相互配合，以多种形式展开，以提高所获得信息的可靠性

1　王坚红. 学前教育评价：理论·方法·实践[M]. 北京：人民教育出版社，1994：49.
2　瞿葆奎. 教育学文集·教育评价[M]. 北京：人民教育出版社，1989：329.

和全面性。同时，斯塔克还认为，解决教育问题只有依靠那些直接接触问题的人，他们是评价赖以形成和发展的动力和信息源泉，离开了这些人，评价活动将无以为继。因此，评价者与这些课程方案和评价活动当事人之间的交流磋商就变得格外重要。评价者要利用各种方式，收集持有不同观点的人对评价对象的意见，收集被评价者的看法，请权威专家对问题的重要性发表意见，对评价的初步结果发表见解等。关于评价信息的记录方式，应答评价模式虽然也采用测验等定量分析的方法，为评价者提供相关的数据，但更主张采用描述性的定性分析的方法，以弥补传统的实验和标准化测验的不足，使评价能够更好地做出价值判断。

4. 评价报告的形成应体现"多元现实性"

斯塔克认为，以前的预定式评价对正在进行的方案缺乏敏感，难以察觉学生在与教师和其他同学接触中获得的不同收益，或反映对方案抱有的不同观点，因而其评价报告难以满足不同的评价当事人的需要。而应答式评价强调对所有关心评价的人负责，在评价报告中要向所有关心评价的人提供有用的信息，努力使评价报告体现出多元现实性。

（二）应答评价模式的工作程序

应答评价模式的工作程序一般如下。[1]

首先，评价者制订一个观察与商谈计划，安排各类人员对课程的实施情况进行观察，在此基础上综合各类人员的观察结果，写出简明扼要的评价报告。

然后，从中提取对评价听取人可能有价值的信息，广泛收集持不同观点的人对之的看法。在此过程中，注意核实记录质量，考察资料的准确性。

继而，通过交流磋商，听取有关权威人士对各种结果的意见，以及评价听取人对这些结果之间的关系的见解。

最后，根据评价者与评价委托人达成的协议，整理供不同评价当事人使用的材料，形成多元的书面评价报告。

在以上工作程序中，前三个程序均以非正规方式进行，并不断重复，以保证评价者与评价听取人保持经常的、密切的、真实的信息交流。

斯塔克曾经提出了在应答评价模式中，评价者和评价听取人之间相互作用的12个步骤（或者说是评价工作的12个方面），并把它们结合构成一个时钟状的结构图（见图5-2），更为清晰、具体地描述了应答评价模式的运作结构。这些步骤如下。

（1）与方案评价的委托人、评价听取人和方案执行人员交谈。通过交谈、沟通，了解和激发各类人员的兴趣和利益，为评价做好准备。

（2）识别方案范围。由评价人员和当事人确定课程方案的范围。

1　王坚红. 学前教育评价：理论·方法·实践[M]. 北京：人民教育出版社，1994：49.

（3）了解方案活动。评价人员要了解整个教育活动及其主要特点。

（4）确定评价目的和人们的兴趣所在。评价人员要确定评价的目的，并广泛了解不同层面的参与者所关心的问题。

（5）形成议题和问题的概念。评价人员要分析种种观点，分析种种疑虑和要求，综合并列表说明所要研究的问题，并确定研究的重点问题。

（6）识别所需要的资料。根据需要研究的问题确定需要收集的资料类型。

（7）选择观察者、判断者和评价工具。根据研究问题的性质和收集资料的需要选择观察研究人员、材料判断分析人员，并为他们准备好评价所需的各种工具。

（8）观察指定的前提条件、相互作用和结果。在课程方案设计和实施过程中进行观察，同时随时注意收集事先选定的各种资料，从事判断分析活动。

（9）理论总结、描述性材料的准备、个案研究。对收集的各种资料进行理论概括总结，以形成一定的结论，并用相关的描述性材料加以支持。同时选择某些有代表性的个案进行进一步的研究。

（10）确认或否定某些证据，提高评价的可靠性。运用多种方法检查各方面证据材料的有效性。

（11）整理供评价听取人使用的材料。对各种资料进行整理，根据评价听取人的不同需要，筛选组合，形成供不同评价听取人使用的材料，以照顾不同团体的不同需要。

（12）收集正式报告。根据当事人的需要收集信息，准备评价报告。

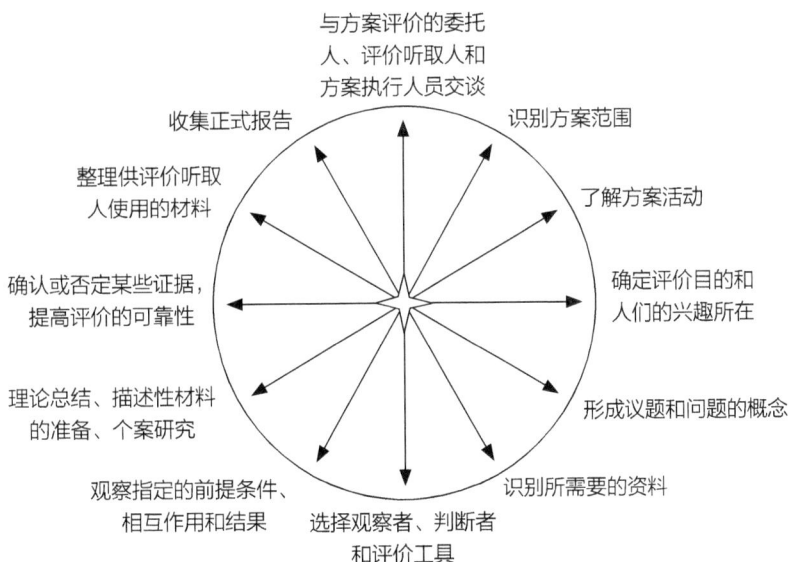

图5-2　应答评价运作结构图（评价时钟图）[1]

1　[美]斯塔克. 方案评价的特殊方法：应答评价[M]. 龚伟民，译//瞿葆奎. 教育学文集·教育评价. 北京：人民教育出版社，1989：332.

根据斯塔克的想法，图5-2所示的结构图并不是一个严格的程序，它可以按顺时针方向运行，也可以按逆时针方向运行，甚至可以跳跃式运行。上述任何事件都能够发生在其他任何事件之后，而且，许多事件也可同时发生。

（三）对应答评价模式的基本评价

应答评价模式是相对于预定式评价模式而提出来的，因此，我们可以从这两种评价模式的比较中看到应答评价模式的突出优点。第一，坚持价值取向的多元化。在评价标准上，预定式评价坚持目标求同观点，以评价者自己的价值观来进行价值评判，实际否认价值取向的多元化，其价值观是单一的，在思维上是收敛而非发散的。应答式评价坚持价值存异观点，充分尊重所有人的需要，承认价值取向的多元化，其价值观是多元的，在思维上是发散而非收敛的。第二，坚持方法上的自然主义立场。这突出表现在评价方法上。预定式评价采用的是科学主义的方法，如测验、测量和建立指标体系等，操作性强，在判断结论上运用的是定量分析，要求准确、精练。而应答式评价主要采用的是自然主义的方法，如观察、交谈、采访等，较少依赖正规的信息交流方式，在判断分析结论时运用的也是定性分析的方法，不要求准确但力求有效。正如斯塔克所认为的，传统的正式的评价往往过于"严肃"，而应答评价模式中使用的非正式的评价方法则"以牺牲某些测量上的准确性换取评价结果对方案有关人员说来更多的有用性"。第三，强调评价过程中对被评价者的尊重。预定式评价在本质上是受"工具理性"所支配的，在评价过程中，评价者把自己理解为一种刺激物，而非反应物。他只需要产生标准化的刺激，如考题、测验等，以引起一系列反应，即他所收集的作为评价报告材料的信息。在此种评价中，被评价者总是有被动感、挫折感，很难有成就感。评价就好像是一把当空的悬剑随时会落到自己头上。而应答评价在本质上是受"实践理性"所支配的，它已经认识到人的情感、需求、价值观等方面在评价中的重要作用，因而强调评价者对被评价者的尊重和理解，强调评价者与被评价者之间的充分交流。反映到评价过程上，评价者把方案中自然发生的东西，如学生的反应和以后彼此间的对话视为主要刺激物，他既要了解事实，又要了解价值倾向，既是共鸣者，又是反应者，在与被评价者的相互作用中，将所得到的信息融合进评价报告之中。在此种评价中，人们感受到的是充分的信任和尊重，容易与评价者产生心理相融与共建。

应答评价模式的局限性在于：第一，在实施上有一定的困难。它主要通过评价者与被评价者之间的沟通来进行，而且要对不同的个人或团体准备不同的报告，这必然要耗费大量的人力、物力和时间。而且作为评价活动，总是要做出优点和缺点的判断或描述性的结论，但由于不同个人或团体往往秉持着不同甚至是矛盾的评价标准，因而常使评价产生模棱两可甚至是相互矛盾的研究结果，给评价实施带来相当的困难。第二，评价结果的客观性和可靠性常常受到怀疑。观察、交谈等描述性评价方法本身便带有很大的灵活性，很难排除评价者的主观影响，因而可能会影响到评价结果的客观性和可靠性。第三，对人的主体性的肯定不够彻底。从本质上看，应答评价模式并没有完全走出目标取向评价的樊篱，对人的主体性的认识不够充分。在这里，评价目标依然是预定的，评价者与评价对象之间依然是一种不平等的关系，评价对象依然只是被评价、被理解的对象，处于被动的地位，其主体性还是没有得到真正的体现和发挥。

总体来看，与目标评价模式或预定式评价模式相比，应答评价模式强调价值观念的多元性，思维形式的发散性，以及方法上的自然主义，具有更加广泛的民主意识，所以一经提出就受到了重视和欢迎。

六、自然主义评价模式

（一）自然主义评价模式的产生背景和主要观点

自然主义评价模式是指采用自然主义的思想和方法进行教育评价的一类模式。它产生于20世纪80年代，是在广泛审视和深刻反思已有评价模式优劣的基础上，以诸如现象学、解释学、日常语言分析以及符号相互作用理论等当代哲学为理论基础建构而成的。其代表人物是美国学者古巴和林肯，他们在1981—1989年一起出版的三本书，成为自然主义评价模式的代表之作，它们是《有效的评价》（1981）、《自然主义的探究》（1985）和《第四代评价》（1989）。概括来看，自然主义评价模式的主要观点体现在以下几个方面。

1. 对过往教育评价模式的批判

古巴和林肯认为，自然主义评价模式与过去存在的评价模式都不同。区别于过去评价中的"测量""描述""判断"等特点，自然主义评价模式的突出特点是"共同建构"。他们把这种全新的评价思想或评价模式自称为"第四代评价"，以区别于过去的评价。他们认为，尽管每一代评价理论都力图克服前一代的缺陷，并使之更符合时代对评价的新要求，但是前三代评价理论却存在着某些共同的弊端[1]：①"背景脱离"。传统评价模式假定在课程评价实施过程中，被评价者只能存在于一个被严格控制的环境之中，而不是一个自然的环境。这样得出的评价结论反而无法解决真实情境下的问题。②"过分依赖科学范式"。评价者往往忘记了"科学方法""实证技术"只是人类认识、评价事物的一类方法技术，而不是全部，因而评价过于依赖"数的测量"，热衷于"（量）"数据资料的收集，而忽视"质"的探究，使得评价活动缺乏必要的灵活性和弹性。③"忽视价值的多元性"。由于科学方法在传统评价中的绝对权威地位，不仅其他任何方法都被科学原则排除在外，而且评价者和评价的其他人员只能相信测量和统计得出的结果，无法对这一结果质疑和改造，也没有任何协商的余地。

1　刘志军. 走向理解的课程评价：发展性课程评价理论探索[M]. 北京：中国社会科学出版社，2004：179-180.

如此一来，所谓"客观"的评价结果便难以被具有不同价值观念的人接受，当被评价者受到伤害时，往往会采取不合作态度。④"管理主义倾向"。评价的权力常常握在少数的管理者手中，其他人甚至包括评价者也会受管理者控制，评价中所体现的价值也常常是管理者的一元价值标准，数量化的评价资料也常常是按照管理者的规定和意愿用初评方法提取的，常常会扭曲评价的真实内涵。因此，需要重建一种新型的更能顺应人类本性的评价理念和模式。

2. 自然主义评价观

在上述哲学世界观指导下，古巴与林肯在承继了斯塔克应答评价模式重视过程评价、开始关注评价过程中人的主体性、评价者与被评价者的关系、开始提倡质的方法等带有自然主义倾向的发展方向的基础上，以解释学的方法，对这些问题进行重新诠释，提出了自然主义的评价观：①评价的最终目的不是做出评价，而是要让被评价者认同评价，并根据评价结果做出改进，获得发展。"让被评价者最大限度地接受评价结果，就是评价的最大效益"。②评价过程是评价者与被评价者共同建构意义的过程，是不断协调各种价值标准间的分歧、缩短不同意见间的距离、最终形成各方都能接受的意见的过程。在这个过程中，评价者应秉持"价值多元性"的立场，用自然探究的方法，尽可能和与评价有利害关系的人建立一种平等的关系，形成稳定交流和沟通的渠道；评价各方应尽可能吸收各方对评价活动的意见和见解，根据自己的观点对其他人的观点进行分析和评论，在相互充分交流沟通的基础上，形成共识，完成所谓"共同建构"。③评价方法并不是一种独立的方法，而是一系列方法的组合。自然主义评价模式是在自然教育情境中进行的，主要采用质性方法，以人的感官为工具收集资料，如对活动的观察、与人谈话、阅读文献、关注人的非言语行为等。它通过各方人员的对话和协商，对各类与评价有利害关系的人的需求、关注点和问题做出应答，使各方逐步达成共识，最后完成共同建构。[1]值得注意的是，这里所谓"共同建构"并不一定要使各方统一认识，即各方在某些问题上可能还会有分歧，甚至相互之间有冲突，关键在于使对话各方通过相互作用对已有的建构产生影响，而且这些分歧和冲突也可以成为进一步磋商和收集资料的基础。

古巴和林肯曾提出了关于世界本质及意义的五点假设，以作为自然主义评价思想的哲学世界观基础：（1）社会实体是多元的，因此只有站在不同的角度，采用不同的方法，才能真实地把握实体的性质；实体间也是相互关联的，因此，只有运用"扩散的""开放的"方法，才能整体地把握它们的联系。（2）研究的主体与客观是交互影响的，两者的关系随时间与空间的变化而变化，因此，人们对它的解释也不能是固定的或稳定的。（3）知识是个案化的结果。研究的目的不是探讨普遍化的规律，不是去判定哪种假设为真，哪种假设为假，研究只关心这些假设是否适合解决特定的问题。这就是说，研究并不试图去证明事物间普遍

1 刘志军. 走向理解的课程评价：发展性课程评价理论探索[M]. 北京：中国社会科学出版社，2004：183.

的因果关系是否存在，而只是关注一个因素是否有助于解决当前的问题。（4）同时性的构建。在日常生活中很多事情是由多种因素共同促成的，因此，在很多情况下，试图找出何者为因、何者为果是十分困难的。在自然主义的视野里，在很多情况下，事物是互为因果的。（5）价值牵连。任何研究都是与价值选择有关的，即使在实证研究中也在所难免。

[资料来源] 陈玉琨，等. 课程改革与课程评价[M]. 北京：教育科学出版社，2001：152.

（二）自然主义评价模式的操作流程

自然主义评价模式的核心是"解释性辩证环"（Hermeneutic Dialectic Circle），借助于这一"解释性辩证环"，古巴等人阐明了自然主义评价模式的运作原理或操作流程（见图5-3）。

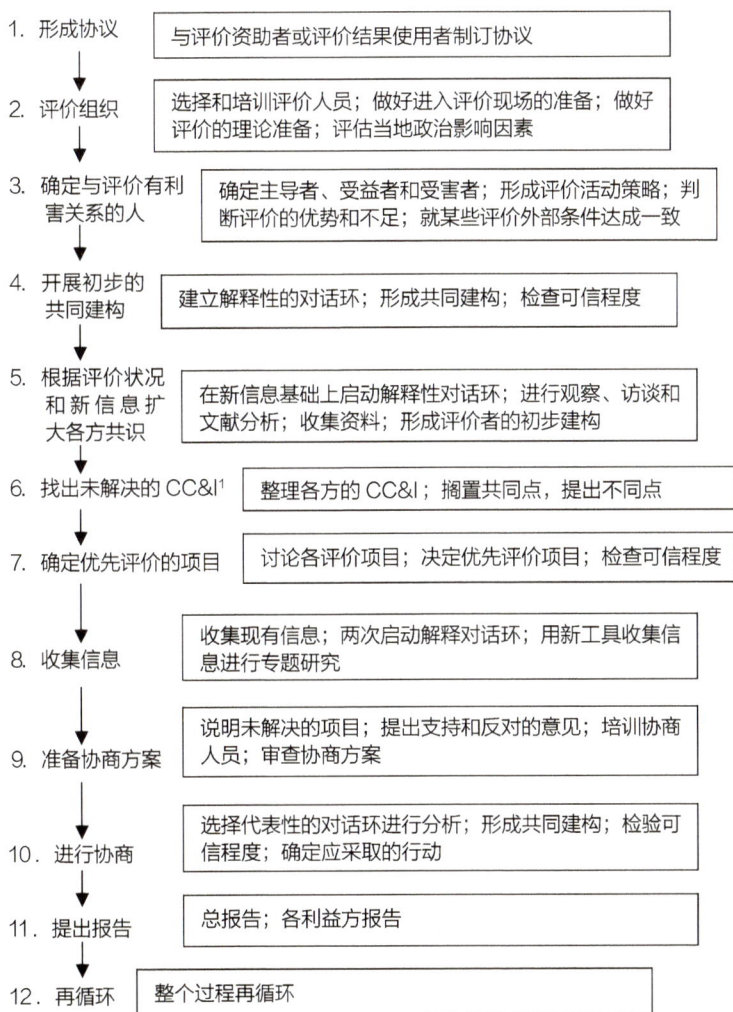

图5-3 自然主义评价流程图

---

1 CC&I，即Claims Concerns and Issue，指要求、关注点和问题。

在《第四代评价》一书中，古巴和林肯对上述"解释性辩证环"的操作做了如下描述：评价者任意选择一位或一组评价利害关系人进行访谈，在充分交换意见的基础上形成初步的评价结构；以所形成的这一结构为基础，选择下一位或下一组评价利害关系人，评价者在与这一位（组）评价利害关系人交换意见的同时，对前面所形成的结构进行共同分析和评论，形成新的结构；依此类推，下一位（组）利害关系人对前面所形成的问题与结构进行批评、讨论和协商，直到评价者认为不会再增加更多的信息为止。在讨论中，如果有大的分歧，则保留这种分歧，让这些问题进入下一轮访谈。一次循环结束后，如果评价利害关系人还有需要进一步探讨的内容，可以再次循环。这样经过多次螺旋式上升的循环，选择幅度由宽到窄，结构由少到多，逐步达成共同建构。[1]

（三）对自然主义评价模式的评价

总体来说，自然主义评价模式是斯塔克应答评价模式的继承和发展。它对评价过程中人的主体性、评价者和被评价者的关系等核心问题做出了与以前的评价模式不一样的重新诠释。与其他评价模式相比，这种评价模式有两个突出的特征：①尊重差异，价值多元。自然主义的评价在本质上是受"解放理性"所支配的，它以被评价者对评价结果的认同作为评价的根本目的，倡导对评价情境的理解而不是控制。它主张在评价过程中，不论评价者还是被评价者，不论教师还是学生，都是平等的主体，都是意义建构过程中不可或缺的组成部分。在这里，评价者与被评价者是一种"交互主体"的关系，评价过程是一种民主参与、共同协商、平等交往、相互理解、相互让步的过程。②反对量的评价方法，主张质的评价方法。在自然主义评价模式看来，量的评价与评价的自然主义追求是根本悖逆的。

作为"第四代评价"的代表，自然主义评价模式提出了许多不同于以前评价模式的、体现了教育评价未来的发展方向的评价理念和评价方法，确实使课程评价体系的发展向前迈进了一大步。然而，它提倡的平等交往、相互让步、质性方法等理念，在实施中有着比较大的弹性和灵活性，如果处理不好或控制不好，很容易导致混乱、无序和无效。因此，在评价实践中如何遵循自然主义的评价理念，开发有效的策略，从而避免混乱、提高实效，是未来教育评价模式发展的重要方向。

1　刘志军. 走向理解的课程评价：发展性课程评价理论探索[M]. 北京：中国社会科学出版社，2004：151.

第三节
对教育评价模式的评析

学习目标

理解教育评价模式演
变发展的内在逻辑，
整体把握教育评价的
发展方向。

从20世纪80年代起，随着评价模式的增加，人们开始以教育评价模式为对象开展研究，试图在介绍、比较、评析中把握各种教育评价模式的本质，使之在实践中更加有效地得到运用。1983年，马道斯、斯克里文和斯塔弗尔比姆合编了一本《评价模式》，全面介绍了20世纪80年代以前产生的教育评价模式。[1]此后，许多关于教育评价的著作和文章中都增加了介绍和分析教育评价模式的内容。下面，我们对上一节介绍的诸种教育评价模式做一比较评析，阐明教育评价模式演变发展的内在逻辑，以便于更加全面、深刻地把握各种评价模式的本质。

从教育评价模式发展的历史来看，从无到有，从单一到多样，其发展轨迹是十分明显的，集中体现为以下几条演变发展的内在逻辑。

一、由主客体需要取向转向主体间交往取向

教育评价的发展与评价价值取向的变化密切相关。教育评价的价值取向是指教育评价活动中所体现的特定的价值观。它集中体现着评价者对评价本质的理解，从而支配或决定着教育评价的具体程序和操作方法。只要评价存在，价值取向问题便不可回避。从价值取向的维度来看，我们可以把迄今为止纷繁复杂的教育评价模式归纳为以下三种。[2]

第一种是社会需要取向的教育评价模式。这一价值取向主要表现在目标评价模式和CIPP评价模式之中。它把社会需要置于主客体价值关系中价值主体的首位，在教育评价中主要把社会需要和社会效用作为基本的评价标准，或作为评价的最终归宿。无论是目标评价模式的强调从社会需要角度对教育评价进行控制、以体现社会需要的课程目标为中心，还是CIPP评价模式的强调从管理角度看待评价问题、以为决策服务和教育效能核定作为评价的核心，都体现了评价模式与满足社会需要之间的关联程度。

第二种是个体需要取向的教育评价模式。这一取向是指在主客体价值中更多地强调人作为主体的需要，在评价中以人的需要的满足为最终的价值追求。它主要表现在目标游离评价模式和应答评价模式中。斯克里文在提出目标游离评价模式时就明确提出了消费者需要至上的原则，认为评价应满足课程计划所影响的人的需要。这种观点在斯塔克提出的应答评价模

1　刘志军. 走向理解的课程评价：发展性课程评价理论探索[M]. 北京：中国社会科学出版社，2004：143.

2　刘志军. 走向理解的课程评价：发展性课程评价理论探索[M]. 北京：中国社会科学出版社，2004：145-151.

式中得到进一步发展。有所不同的是，斯克里文强调在评价结果中满足人的需要，而斯塔克则强调从评价问题的提出到评价资料的收集再到评价报告的形成全过程中对不同类型人的需要的关注，开始强调多元价值取向。

第三种是个体间交往取向的教育评价模式。这一价值取向是指在认识到评价多元主体的基础上，强调多元主体的交流在评价中的作用。它主要表现在自然主义评价模式之中。自然主义评价模式在继承应答评价模式关注多元主体的多元价值需要的基础上，进一步提出了"共同建构"的思想，强调各评价主体之间的平等交流和协商。

二、由直线式结构转向循环式结构[1]

泰勒的目标评价模式的结构是比较明确的直线式结构，它把课程评价过程设定为从"确定目标"开始，经"确定评价情境"和"选择评价方法和工具"，最后以"判定评价结果"为落脚点的一种顺序结构，在这个结构中，各环节环环相扣，不可逆转。CIPP评价模式对目标评价模式的直线式结构做了改进，形成了分支式结构，这种结构兼有直线结构和循环结构的特征，是直线结构向循环结构的一种过渡形式。这种分支结构可以从斯塔弗尔比姆精心绘制的评价流程图中清楚地看到。在这一流程图中，斯塔弗尔比姆设置了七个分支，每一个分支都形成了一个循环。从这个角度看，CIPP评价模式是一种循环结构，但这种循环内在地是受直线式结构支配的。从总体上看，它仍是一种从目标到过程再到结果的线性结构。到应答评价模式那里，这种直线式结构开始发生根本改变，变为真正意义上的循环式结构。这种循环结构突出体现在斯塔克提出的应答评价运作结构图（评价时钟图）中。在这一结构图中，斯塔克把评价的流程比作一个时钟的钟面，把评价的各项工作比作各个钟点。在评价过程中，各项评价工作并不是按事先预定的一步步走下去，而是可以跳跃式前进，可以有多个起点，可以重点地专注于某一项工作，甚至在评价的发展方向上既可以是顺时针的，也可以是逆时针的。自然主义评价模式对应答评价模式的这一评价结构做了进一步的发展，提出了"解释性辩证环"的主张，强调通过评价者与评价利害关系人之间多轮的信息交流，逐步达成共识，完成共同建构，从而形成了螺旋式的循环结构。

三、由线性思维转向非线性思维[2]

线性思维与非线性思维是人类认识自然和社会的两种思维方式。线性思维方式描绘了

---

1 刘志军. 走向理解的课程评价：发展性课程评价理论探索[M]. 北京：中国社会科学出版社，2004：152-154.
2 刘志军. 走向理解的课程评价：发展性课程评价理论探索[M]. 北京：中国社会科学出版社，2004：154-156.

一个有序的确定性世界，在这一世界中，任何事物都处在特定的因果关系之中，这种因果关系常常是可预计的、可控制的，带有某种必然性。统一性和封闭性是线性思维方式的突出特征。而非线性思维方式则把世界描绘为无序的、不稳定的、不确定的，这一世界充斥着偶然性、非对待性和非均衡性，从而导致因果关系的不确定性。用非线性眼光来看，一个微小的元素常常可能导致无法预计的戏剧性效果。多元性与开放性是非线性思维的突出特点。

　　纵观教育评价模式的发展轨迹，各种评价模式在内在思维方式上表现出明显的内在逻辑。目标评价模式和CIPP评价模式都强调评价的统一性、客观性和确定性，明显体现了线性思维的特点。在目的游离评价模式中，斯克里文已经认识到预定式评价的问题，提出了以需要为基础的评价，并把非预期效应作为评价的重要内容，这说明非线性思维方式在这一评价模式中已经出现。由线性思维方式向非线性思维方式的变化在应答评价模式中有较明显的体现。与目的游离评价模式相同，应答评价模式也关注评价当事人的需要，但在评价内容上，应答评价模式更加关注课程方案的实际活动，而不是方案活动的意图，这就完全走出了预定式评价的框架。应答评价模式还要求根据被评价人的不同需要做出不同的应答，体现了多元开放的价值观念。斯塔克有一段话，充分说明了以非线性思维方式为基础的评价的特点，他说："方案按其独特的、难以预料的方式发展，评价也应随之适应，不墨守成规，以求解决新的问题，接受新的挑战。"[1]自然主义评价模式在应答评价的基础上沿着非线性思维方式的发展方向又向前走了一步。该模式的核心"解释性辩证环"就是一个面向多元的开放式循环圈，其评价过程就是各评价主体在不断信息交换过程中达成共识的过程。这种共识不是预成的，而是在评价过程中生成的，带有不确定性，在不同时间和条件下，可能会产生不同的共识。而正是这种不确定性和多元开放性，使评价真正适应了教育问题的复杂性特点，发挥了最大化的作用。

四、从甄别筛选转向促进发展

　　从评价的功能角度来看，早期的目标评价模式单纯注重对结果的鉴别、确证和检查功能，主要强调通过终结性的测验来确定教育方案执行后的结果与预设的教育目标的一致性程度，即教育活动的目标达成度，对教育活动过程完全忽视；从CIPP评价模式开始，关注教育活动过程、加强过程评价成为后来各种评价模式的共同特点，而且呈逐渐强化、系统化的发展趋势。从CIPP的过程评价到斯克里文形成性评价和终结性评价分类思想的形成，再到

1　[美]斯塔克. 方案评价的特殊方法：应答评价[M]. 龚伟民，译//瞿葆奎. 教育学文集·教育评价. 北京：人民教育出版社，1989：340.

布卢姆将其完善为诊断性评价、形成性评价和终结性评价的三大分类，这一过程表明教育评价模式已经不再将评价功能定位在鉴别和选拔上，而是越来越重视教育过程中的形成性评价，强调在教育过程中及时发现问题并进行改进。这一评价功能上的发展走向和评价内容上从单一的结果评价转到过程评价与结果评价相结合的全程评价的发展走向是一致的。

五、从注重定量评价转向注重定性评价

在教育评价模式产生初期，深受桑代克提出的"凡是存在的东西都有数量；凡是有数量的东西都可以测量"这一著名的观点的影响，目标评价模式非常强调测验方法的使用，这在很多方面都有体现，如要求用可观测的行为术语来陈述课程目标，强调实验的前后测原则，重视测验的客观性、信度和效度考查等，评价的整体思路是沿着数量化和科学化的道路在前进。这种发展思路在后来教育评价模式的发展中还曾进一步加强（如布卢姆的教育目标分类学），甚至走向极端化（如系统分析评价模式）。但是从20世纪60年代开始，随着教育评价理论和实践的不断发展，人们逐渐发现这种单纯的量化分析的功能是有限的，它忽视了教育活动的复杂性和模糊性特点，放弃了教育活动中很多无法量化的有用信息，无助于对教育活动做出真正科学、客观、有效的评价。于是在后来产生的众多教育评价模式中，基本上都强调评价方法多样化，在重视量化分析的同时，发展和运用自然观察、交流访谈等评价方法，将定性分析与定量分析相结合。到了自然主义评价模式那里，对更加人本化的定性评价方法的重视更是发展到极端，强调对话和协商在评价中的重要作用，忽视甚至排斥定量分析。

六、从单向控制转向理解关怀

在评价活动中，评价者与被评价者之间的关系是与评价的价值取向密切相关的。在教育评价模式发展初期，目标评价模式、CIPP评价模式和CSE评价模式在本质上都是受"科技理性"和"工具理性"所支配的，其核心追求是对被评价对象的有效控制和改进。在这里，评价者是主体，被评价者是客体，处于消极的被动地位，而评价者凭借主观的判断，完全不顾及被评价者的需要和要求，两者截然分开，相互对立，评价的氛围紧张而专制。后来目的游离评价模式和应答评价模式认识到人的情感、需求、价值观等方面在评价中的重要作用，开始承认评价是一种价值判断的过程，开始强调评价者与被评价者的交流，以及评价者对评价情境的理解，对人的主体性、创造性给予了一定的尊重。但是这两种评价模式并没有完全走出工具理性的樊篱，对人的主体性的肯定不够彻底。在它们那里，评价者与评价对象之间依然是一种不平等的关系，评价对象依然只是被评价、被理解的对象，处于被动的地位，其主

体性还是没有得到真正的体现和发挥。直到自然主义评价模式那里，由于强调评价结果认同的重要价值，评价者与被评价者才变成了真正平等的主体，成为意义建构过程中不可或缺的组成部分。在这里，评价者与被评价者之间由专制对立走向平等和谐，评价氛围也由紧张对峙走向充满人性关怀。

本章小结

　　教育评价模式是在一定教育评价理论或教育评价思想指导下建立起来的相对稳定的教育评价活动的范型，是对某种教育评价活动的总体构思。

　　教育评价模式通常包括两个重要构成要素：即评价理论或评价思想、评价的实施步骤或操作程序。整体而言，教育评价模式具有整体性、框架性和操作性的特点。从教育评价模式的种类上来讲，较有代表性的有以下几种：目标评价模式、CIPP评价模式、CSE评价模式、目的游离评价模式、应答评价模式和自然主义评价模式。每一种评价模式都是特定历史环境下的产物，不可能脱离当时的社会背景。每一种评价模式均有其优点和不足之处，应辩证地看待其历史局限性。

　　纵观教育评价模式从无到有、从单一到多样的发展历程和演变轨迹，其演变发展的内在逻辑呈现出以下几种特点：由主客体需要取向转向主体间交往取向；由直线式结构转向循环式结构；由线性思维转向非线性思维；从甄别筛选转向促进发展；从注重定量评价转向注重定性评价；从单向控制转向理解关怀。在教育评价实践中，应综合考虑各种情况，选择最为合适的教育评价模式。

总结 >

Aa 关键术语

教育评价模式 Educational Evaluation Models	目标评价模式 Objective Evaluation Model	CIPP评价模式 CIPP Evaluation Model	CSE评价模式 CSE Evaluation Model
目的游离评价模式 Goal-Free Evaluation model	应答评价模式 Response Evaluation Model	自然主义评价模式 Naturalism Evaluation Model	

🔗 章节链接

　　本章教育评价模式与第六章"教育评价的程序"之间联系紧密。一般来讲，教育评价模式内涵更为丰富，教育评价程序属于教育评价模式的研究范畴。在第六章，主要讲述教育评价程序的相关内容。

应用 >

✏️ 体验练习

1. 分析教育评价的概念及其构成要素。

2. 对目标评价模式和CIPP评价模式进行阐述，并分析二者的异同。

3. 简述教育评价模式演变发展的内在逻辑，整体把握教育评价的发展方向。

4. 与小组同学合作，谈一谈你比较喜欢的教育评价模式并说明理由。

拓展 >

☕ 补充读物

1　陈玉琨. 教育评价学[M]. 北京：人民教育出版社，1999.

　　该书第3章着重介绍了现代学生评价的基本模式与特点，主要包括泰勒模式、CIPP评价模式、目的游离评价模式等内容；第5章系统介绍了教师评价的模式，主要包括教师职责评价模式、教师认知发展评价模式、教师活动评价模式等相关知识。这些内容对我们学习和掌握教育评价模式具有一定的借鉴意义和指导价值。

2　[美]Daniel L. Stufflebeam, George F. Madaus and Thomas Kellaghan. 评估模型[M]. 苏锦丽，等译. 北京：北京大学出版社，2007.

　　该书从第2篇到第4篇共计19章，系统、详细地介绍了问题/方法取向、改进/绩效问责取向、社会议题导向等不同类型的评估模式。此外，作者还推荐了21世纪最适用的几种评估模型，包括问责性评估模型、以实用为导向的评估模型等，对我们学习教育评价模式有一定的启发和帮助。

3　刘志军. 走向理解的课程评价：发展性课程评价理论探索[M]. 北京：中国社会科学出版社，2004.

　　该书第3章主要探讨了几种典型的课程评价模式以及对课程评价模式的比较分析，提出以理解、多元和现实为基本原则，以网状结构模型为内在机制，以行动研究为基本策略的发展性课程评价的方法体系。该章节的相关内容对我们了解和掌握教育评价模式的理论知识和操作方法有着重要的指导作用。

第六章
教育评价的程序

本章概述

　　教育评价的开展有着一定的次序或步骤，主要包括评价准备、评价实施和评价结果分析处理三个阶段，每个阶段对应一定的工作或任务。在评价准备阶段，设计教育评价方案时，确定评价准则或标准是非常重要的一个环节。一般认为，评价准则是在教育评价活动之前对被评属性或方面质的规定，评价标准是对被评属性或方面量的要求。同时，设计制定教育评价指标体系时，需要遵循一系列原则，采用适当的方法技术，并正确处理好若干主要关系。

结构图

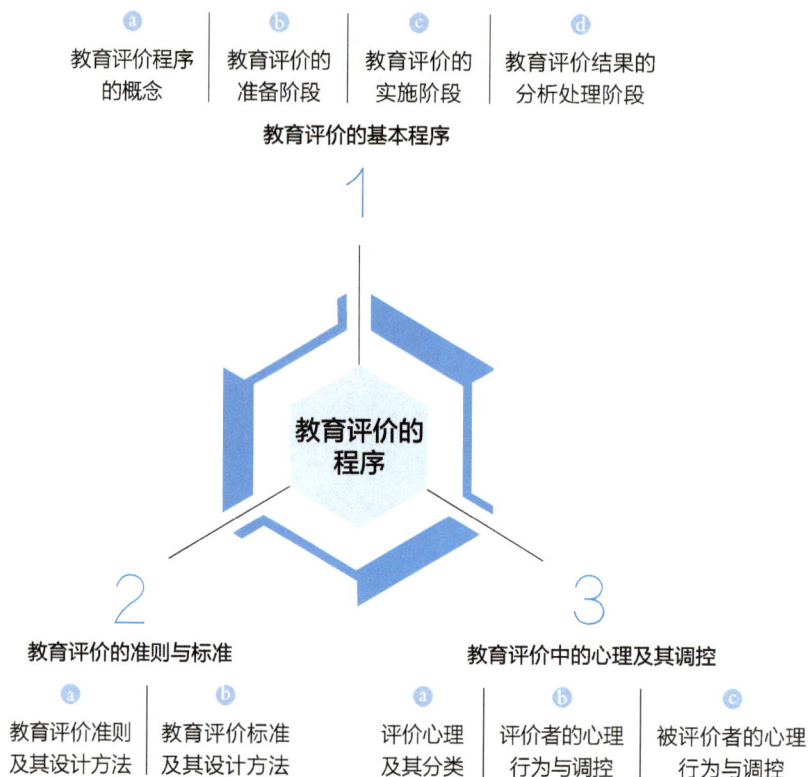

ⓐ 教育评价程序的概念 　ⓑ 教育评价的准备阶段 　ⓒ 教育评价的实施阶段 　ⓓ 教育评价结果的分析处理阶段

教育评价的基本程序

1

教育评价的程序

2 教育评价的准则与标准

ⓐ 教育评价准则及其设计方法 　ⓑ 教育评价标准及其设计方法

3 教育评价中的心理及其调控

ⓐ 评价心理及其分类 　ⓑ 评价者的心理行为与调控 　ⓒ 被评价者的心理行为与调控

学习目标

学完本章，你应该能够做到：

1. 熟悉教育评价的基本程序及其主要任务。

2. 理解教育评价准则和教育评价标准的本质内涵。

3. 掌握教育评价指标体系、权重等相关理论与构造技术。

4. 了解教育评价过程中的心理行为及其调控措施。

读前反思

1. 教育评价的基本程序包括哪些方面？

2. 你是如何理解教育评价标准的？

3. 制定教育评价指标体系应该注意哪些问题？

　　教育评价是一项专业性、技术性很强的复杂系统工程，只有科学严格地按照一定的程序组织实施评价，才能保证教育评价质量的可靠性、有效性，更好地实现评价的预期目的。实践证明，科学可行的教育评价程序，有助于具体落实教育评价方案的内容，有助于有效管理和调控教育评价的全过程，对提高教育评价的效率和效果都具有十分重要的意义。

第一节
教育评价的基本程序

一、教育评价程序的概念

🎯 **学习目标**

熟悉教育评价程序的三个主要阶段，以及每个阶段的主要工作与任务。

　　教育评价程序指的是教育评价活动的各项要素与内容，按其相关联系、活动顺序，组织实施的次序或步骤。从教育评价活动过程的纵向顺序来看，教育评价的程序由评价准备、评价实施和评价结果处理三大阶段构成，每一阶段又有若干主要工作，包含了目的、任务、内容、要求、方法、手段和时限等基本要素。为了更清楚地了解教育评价程序的结构，可以评价流程图的形式呈现（见图6-1）。

　　由图6-1可见，评价是从评价准备开始的，评价准备主要包括分析评价背景、建立组织机构和设计评价方案。

　　评价实施是评价过程中的重要阶段，一般包括试评价和正式评价两个大的环节，其中，正式评价主要有收集信息、整理信息、评议评分、综合判断等工作。

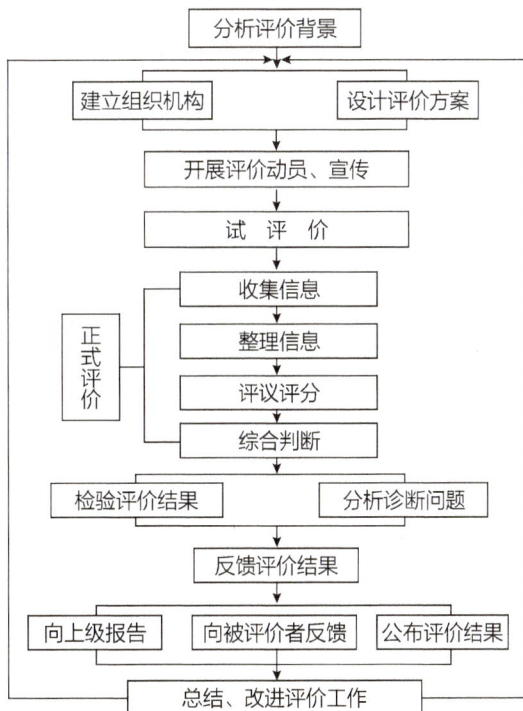

图6-1　教育评价流程图

评价结果分析处理阶段是评价实施阶段的延续，主要工作有检验评价结果、分析诊断问题、反馈评价结果，最后，总结评价过程，用于进一步改进工作。这一阶段既包括对评价对象存在问题的分析诊断，也包括对教育评价活动本身质量的分析，同时还要向不同方面的人员进行评价结果的反馈，并通过对评价工作的总结，为接下来的评价工作提供必要的改进信息。

教育评价的三个阶段紧密相连，适用于大多数教育评价活动，下面就将三个阶段的主要工作及其相应的技术方面做详细介绍。

二、教育评价的准备阶段

"凡事预则立，不预则废"，评价的准备阶段对于科学地进行教育评价活动是必不可少的。在很大程度上，评价准备的质量直接决定了评价开展的质量。评价准备阶段的工作主要包括分析评价背景、建立组织机构和设计评价方案等方面。

（一）分析评价背景

背景分析是评价准备阶段的一项重要工作，它的主要任务是确定评价活动要解决的主要问题。基于不同的评价目的，评价要解决的问题也是不同的，明确这些问题的由来、适切性以及相关利益者的需求等，可以加强评价活动的针对性，使评价能取得更好的实效。

第一，社会背景分析。社会背景分析是教育评价发挥联系学校与社会桥梁作用的重要体现，社会背景分析的重点是明确在特定的发展阶段，政治、经济、文化、科学等的发展对学校教育有哪些重要影响，又提出了哪些重大要求。从教育与社会发展的关系来看，教育作为社会大系统的子系统，总是受到一定社会的政治、经济、文化、科学的发展影响，离开了教育发展的历史背景和时代要求，教育评价就会迷失方向。从历史上来看，教育评价的几次重大发展和思想推进，都是在社会发生重大变革过程中产生和发展起来的。这充分说明，如果教育评价不能适应并满足社会的需要，任何评价活动都会被时代淘汰。

第二，教育发展阶段重要问题分析。在一定历史情境下，教育发展有其阶段性特征，可能是某一类学校带有倾向性的共性问题，也可能是某一所学校在特定时期产生的特有问题，调查研究并把握住这些问题，正是教育评价的价值和意义的体现。例如，在新课改的深化阶段，如何更好地贯彻落实"选课走班"的要求，优秀学校和薄弱学校面临的问题显然是不同的，前者可能重在提升教学管理质量，后者则可能主要在于解决校舍、师资等条件性障碍。因此，非常有必要在评价活动开展前进行教育发展阶段重要问题的分析。

第三，评价相关利益者需求分析。评价相关利益者的需求分析主要包括两个方面：一是评价委托人的需求分析。从实践来看，委托人往往是出于对现状不满意而提出开展评价的要求的，有时候评价委托人对评价要解决什么问题、达到什么目的有着清楚的认识，有时候评价委托人并不是很清楚评价要解决什么问题，在这种情况下，一开始就要明确评价委托人的需要究竟是什么。二是被评价者的需求分析。一次评价活动常常会涉及多个利益相关者，他们是否认可这次评价工作、对评价有何心理预期、各种需求如何协商等都需要考虑，了解和把握不同利益者的上述需求对评价活动开展的时机与方法的选择具有重要影响。

背景分析常用的方法有调查、文献评论、会谈、诊断性测验等。

（二）建立组织机构

评价的组织准备，包括成立有关的评价组织，如建立教育评价委员会或教育评价领导小组。其主要任务是：设立一定的评价办事机构；聘请有关专家成立专家组；确定评价方案；解决评价过程中遇到的各种问题；公布评价结论等。

在国外，对学校及系所的评价通常由社会上具有一定权威性的第三方评估机构来组织进行，例如，美国有很多鉴定机构专门从事对学校和专业的评价活动。在我国，大多是教育行政部门委托专家组进行评价，专家组成员是评价活动的实际实施者，其主要任务是实地开展问卷调查或访谈调查，审阅有关材料，然后对被评价者做出评价结论，并最终向有关部门进行结果反馈。这些评价机构或评价人员是否掌握教育评价的理论与技术，是否熟悉教育评价的内容、方法和基本要求，以及办事是否客观公正、是否具有很好的人格品质等在很大程度上决定了评价工作的质量高低，因此，需要慎重选择评价机构与专家组成员。[1]

（三）设计评价方案

准备阶段的实质性和关键性工作就是设计评价方案，这是教育评价的前提。评价方案是评价活动的先行组织者，是依据一定的评价目的，根据教育活动和评价活动的一般规律，对评价的内容、范围、方法、手段、程度等加以规范的基本文件，其内容包括：评价的对象和目的要求、评价指标体系、评价方法和程序、评价的时间安排、评价的注意事项等。

一个好的评价方案需要具备以下几个特性。

1. 目的明确

评价是一种有目的的教育活动，评价要解决什么问题、实现什么结果就是评价活动的目的。评价方案必须基于并体现评价目的，并从各个方面保证评价目的能够实现，否则容易使评价工作失去方向。

2. 完整规范

评价方案内容要细致周详，评价活动要有完整的具体程式，能够指导评价人员按照规定的程序、准则、标准开展评价工作。否则，评价工作就会乱无章法。

1　陈玉琨. 教育评价学[M]. 北京：人民教育出版社，1999：46.

3. 切实可行

评价方案是针对评价活动的具体的指导性文件，不能只是抽象的、原则性的意见，要能够从实际出发，评价目的明确，指标体系合理，方法措施得当，具有切实可操作性。

评价方案的设计一般包括以下几个步骤。

1. 明确评价目的

明确评价目的是设计评价方案时需首要考虑的问题。一般而言，教育评价的目的主要有两大类：一类是用于甄别、鉴定、区分的评价；另一类是用于诊断、发展、改进的评价，不同的评价目的会对评价过程及结果产生不同的影响，所以在开展评价活动前，明确评价目的至关重要。

2. 明确评价人员

评价主体是评价过程的主要参与者，为确保评价信息的客观、全面、丰富，一般常见评价活动中提倡评价主体多元化，需要注意的是，根据不同的评价目的需要，各类评价主体的地位和作用也是不同的，因此，他们在评价活动中所承担的评价职责和任务也是不同的。

3. 确定评价内容

评价内容服务于评价目的，设计评价方案时应考虑对评价对象的哪些内容评价能实现评价目的，评价内容是否科学、合理直接影响着评价方向和评价结果的有效性。[1]

4. 确定评价准则和标准

根据特定的评价目的科学设计评价准则，这是评价方案的核心部分，也是一项技术性很强的工作，按照各准则之间的内在逻辑形成分级系统，确定各自的评价标准，并依据它们的重要性程度，对各指标赋予相应的权重，这部分内容将在本章第二节中专门论述。

5. 选择评价使用方法或工具

根据评价工作的需要，选择适当的量化或定性评价方法，并设计合理的评价工具，如各类信息表格，力求精练、简明、统一等。

6. 评价时间安排和操作规程

明确评价开展的时间和评价活动从始至终的流程或步骤，告知评价人员各部分工作的注意事项，确保评价工作的协调一致。

7. 进行方案论证

进行评价方案论证是判断设计出的评价方案是否科学合理、切实可行。该环节是对制订出来的方案进行最后把关，一旦论证可行，则可投入使用，若不可行或有不合理之处，则需修改设计。

1　王景英. 教育评价[M]. 北京：中央广播电视大学出版社，2004：44.

（四）开展评价动员、宣传

开展评价动员、宣传是评价准备阶段的最后环节，也是评价正式实施前的必经阶段。在评价方案开始试评价前，方案研究者、制订者需要向评价组织者、评价主体、评价对象等相关利益者解释说明评价目的、内容、方式、流程等，以便使人们了解并认同评价方案，获得最大支持和配合，从而保证评价工作的顺利实施，提高评价工作效率。

三、教育评价的实施阶段

教育评价的实施阶段，指的是实际进行评价活动的阶段。它是整个评价程序的中心环节，也是评价组织管理工作的重点。教育评价实施阶段的工作主要包括以下几个方面。

（一）试评价

为了使教育评价更科学合理，在正式评价之前，一般都要进行试评价，以便总结经验，改进工作，提高教育评价的质量。试评价可以由评价组织者进行评价，也可以把被评价者的自我评价作为试评价。后者可以为后续的正式评价提供充分的、必要的信息，而且有利于调动被评价者的积极性，促使被评价者自我诊断，寻找问题，解决问题，起到促进工作的作用。

（二）正式评价

正式评价是评价实施阶段的一个重要步骤。一般由专家组进行评价，其主要作用体现在：第一，提高评价的可靠性。对试评价进行再检查，加强监督、检查，防止和杜绝各种弄虚作假和不良行为的发生，有助于提高评价活动的可靠性，从而提高评价活动的科学性。第二，提高评价结论的客观性和权威性。专家组的成员大多来自不同领域，具有丰富的教育工作经验，且要求作风民主，为人正派，公正廉明，对工作认真负责，处理问题实事求是，由他们开展评价工作，有助于提高评价的客观性，使评价结论易于为大家所接受。

（三）收集信息

收集评价信息是教育评价的基础性工作。评价信息是进行评价的客观依据，也是做出科学结论的必要条件，在很大程度上，所收集信息的质量，决定了教育评价活动的质量。因此，要尽可能地全面收集信息，同时还要注意有重点地收集信息。一般而言，收集评价信息应注意以下几点要求。

1. 评价信息的全面性

即评价信息要全面反映被评价者的全貌和全过程，不能有某一方面或某一环节的疏漏。否则，容易以偏概全，无法科学准确地对被评价者做出全面的综合评价，必然造成教育决策的失误。

2. 评价信息的准确性

教育活动内容复杂多变，可收集的评价有很多，信息收集不准确，将会带来较大评价误差，导致纠正措施的失准。因此，在收集教育评价信息时，应根据教育评价的目的及指标要求，收集那些最准确、最能反映教育活动实际的信息。

3. 评价信息的有效性

信息的有效性是判断信息价值的一个重要指标，指一个测量反映被测事物的程度。例如，通过某一题型的数学测验来判断学生的数学应用能力时，不能简单地根据学生的成绩较低来做出学生数学应用能力较差的判断，也可能是学生未能掌握题目中涉及的某一艰深概念，从而影响了答题。可见，根据这张试卷获得的信息对学生数学应用能力进行判断，其有效性是有限的。

4. 评价信息的丰富性

全面性、准确性、有效性反映的都是对信息的质的要求，丰富性则是对信息的量的要求。从质和量的关系看，质是以一定量为必要条件的，没有一定的量也就没有一定的质。因此，反映被评价者的信息，必须有足够的量。当然，信息的丰富性并非越多越好，而是应足以保证对被评价者的质量做出准确客观的价值判断。

（四）整理信息

整理信息，是将收集到的全部评价信息反复加以核实，对评价信息的全面性、准确性、适切性及收集方法的可靠性认真进行检查、分析和整理，以便服务评价目的。信息的整理方法如下。

1. 归类

即组织评价人员，将通过各种方式取得的全部评价信息资料，在一定时间内进行汇集归拢，初步整理出类别。

2. 审核

即对归类的评价信息进行审核。依据评价目的及要求，对全部评价信息逐一核实，去伪存真，去粗存精。缺失的信息要及时进行补充，次要的、代表性差的信息要舍弃，需要运用统计手段加工的信息，要及时进行数学处理，使评价信息具有完整性、真实性、准确性。

3. 建档

即将审核后的评价信息，根据评价指标体系，分门别类地进行编号建档，为接下来的评价工作做好准备。

（五）评议评分

评议评分是评价实施阶段的一项关键性工作，也是教育评价活动的核心工作。评价者要根据评价指标和标准，根据整理后的评价信息，判定被评价者达到规定标准的程度，并进行量化处理。因此，分项评判的科学性至关重要，关于分项评判的问题与测量有十分紧密的联系，本书不再赘述。

（六）综合判断

综合判断是评价实施阶段的最后一项工作，也是一项具有全局性的工作。综合判断是指将分项评定的结果，运用教育学、统计学、模糊数学的相关理论和方法，对被评价者做出定量或定性的整体综合判断。必要时，可对被评价者做出优良程度的区分，或做出是否达到应用标准的结论。常见的方法有评分法、评等法和评语法等，第七章相关内容将对这几种方法做详细介绍。

四、教育评价结果的分析处理阶段

教育评价程序的最后一个阶段，就是对评价结果进行分析与处理。这一阶段的工作质量，关系到教育评价作用的发挥，关系到评价目的的实现，也关系到整个教育评价工作的深入发展和提高。这个阶段的工作主要包括以下几个方面。

（一）检验评价结果

教育评价结果的检验主要应从两个方面进行：一方面，检查评价程序每个步骤的正确性与适切性，看其是否贯彻了教育评价的基本原则，是否真正理解和把握了教育评价指标和评价标准，从而确认教育评价结果的正确与否；另一方面，运用教育统计学等检验方法，对评价结果的统计量进行检验，确认教育评价结果是否科学。检验时，两个方面应结合起来进行。

（二）分析诊断问题

根据评价目的，对评价的结果和评价的信息资料进行分析诊断，系统评价被评价者工作的优缺点和长短得失，帮助被评价者找出存在的问题，以及问题的原因所在，便于为被评价者提供有针对性的改进建议等。分析诊断的方法通常有以下几种。

1. 趋势直推法

这种方法是从纵向的角度，以被评价者的过去和现在的情况为依据，对其未来发展情况进行推测。如对被评价者中的先进者，应强调运用趋势直推法进行分析诊断，为的是鼓励其在原有基础上继续前进。

2. 趋势横推法

这种方法是从横向的角度，将被评价者与同类者相比较进行分析推断，进而确定被评价者在同类中的相对位置。如被评价者中表现一般者，应强调运用趋势横推法进行分析诊断，使其知道自己和别人的对比差距，从而激励其不断前进。

3. 因果分析法

这种方法是在影响达标要素的诸因素中，分析出促进或干扰因素及其带来的后果。因果分析时需要注意原因要指向明确，如对教师教学质量评价结果进行因果分析时，属于教师自身教学能力的问题，应由教师本人主要承担；属于学校教学管理方面的问题，应由学校相关部门负责人承担等。

4. 效果与过程统一分析法

这种方法指的是在分析教育评价结果时，既要看到被评价者的工作成绩，也要看到这些成绩取得的过程。如对学生学业水平评价结果的分析，不但要看学生的学习成绩如何，还要看这些成绩取得的方法和过程，如学习时间投入的多少，是否有适合的学习方法，是正常行为还是不轨行为等。

（三）反馈评价结果

为了充分发挥教育评价的作用，评价活动的结果需要向有关方面进行反馈。第一，向有关领导部门汇报，为上级决策提供依据；第二，向被评价者或被评价单位反馈，必要时要对有关结论做出合理解释，并向被评价者提出今后改进工作的有效建议；第三，在一定范围内公布评价结果，使同行之间能相互借鉴、相互监督、相互鞭策。

（四）总结评价工作

评价工作的总结一般包括：①总结评价工作经验教训，探寻评价活动规律，提高教育评价工作效率；②召开评价工作总结会，表彰、奖励先进单位和个人，推广优秀经验，改进教育评价工作，提高教育质量；③建立教育评价资料档案，将教育评价过程中的各项资料信息立卷建档，由专人妥善保管，以备查阅和研究之用。

综上所述，教育评价程序中的三个阶段及各个阶段的主要工作是环环相扣的，前阶段影响和决定后阶段的质量，后阶段又为前阶段的改进提供信息和依据，任何一项工作出现问题，都会直接影响整个评价活动的开展。因此，评价组织者应将评价活动看作一个统一的整体活动过程，统筹兼顾，全盘规划，切实保证教育评价工作的质量。

第二节
教育评价的准则与标准

🎯 **学习目标**

理解教育评价的准则和标准的内涵；掌握教育评价指标体系的相关理论及技术。

教育评价的准则是在教育评价活动之前对被评属性或方面质的规定，教育评价的标准是对被评属性或方面量的要求。[1]教育评价的准则和标准是评价方案的核心部分，规定了评价活动评什么、不评什么，对实际的教育活动有很大的引导作用。深入研究教育评价准则与标准的理论，对提高教育评价准则与标准的科学性有着重要意义。

一、教育评价准则及其设计方法

评价准则是一定时期人们价值观念的反映，也是人们对教育活动客观规律认识的产物。科学的评价准则有助于规范评价内容、统一评价者的价值认识，有助于引导教育评价实践重视什么、忽视什么，有助于激励教育工作者，调动他们的工作积极性。在教育评价中，评价的准则通常有两种形式：一是指标体系，二是概括性问题。

（一）指标体系及其设计方法

1. 指标体系

从评价学的观点来看，指标是一种具体的、可测量的、行为化的评价准则，是根据可测或具体化的要求而确定的评价内容。在教育评价活动中，有很多被评的属性或内容并不是可以直接测量的，比如，对学生社会责任感、公益意识、奉献精神等思想品德方面的评价，这是学生综合素质评价中的一个重要方面。不管从实践还是从理论角度看，学生的思想都是无法直接观察、直接测量的，这就意味着如果评价者确实无法观察到被评价者的内部的思想活动，而且没有找到科学的测量方法的话，那么，他就不能也不应该对别人的思想做出评价。但是，我们说思想无法直接测量，并不是说它根本无法测量。人的言行受其思想影响和控制，思想层面的活动往往通过人的言行表现出来，因此，我们可通过观察他人的言行来了解其思想，这就为我们判断人的思想及其他内在的、抽象的品质提供了渠道和方法。指标就是用具体的、可观察的东西来表示被评对象内在属性的准则，它是一种行为化的评价准则，因而是一种可测的评价准则。[2]

1　陈玉琨. 中国高等教育评价论[M]. 广州：广东高等教育出版社，1993：89.
2　陈玉琨. 中国高等教育评价论[M]. 广州：广东高等教育出版社，1993：94.

由于评价对象数量和质量要求的复杂程度不同，与之相适应的指标体系结果一般可以分为直线式和树状式两种。[1]直线式指标体系结构可以根据评价目标直接得到，一般用于微观教育评价或单项评价等。如图6-2所示。

树状式指标体系结构一般根据评价对象数量和质量要求分解成若干一级指标，一级指标又可以进一步分解成二级指标，甚至细化为三级指标，在教育评价指标体系中，建议一般不要超过三级。这种方式一般运用于中观或宏观教育评价以及综合评价等。如图6-3所示。

指标作为一种评价准则，主要以外在的、具体的行为表现来反映人的内在的、抽象的思想内容，这为评价测量提供了一条便利途径。一般来说，它既有优势也有不足。

指标的优势主要包括：第一，便于测量；第二，易于定量处理，方便获得综合结论；第三，测量过程误差较小，信度较高。

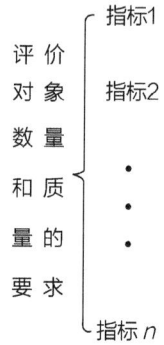

图6-2 直线式指标体系结构

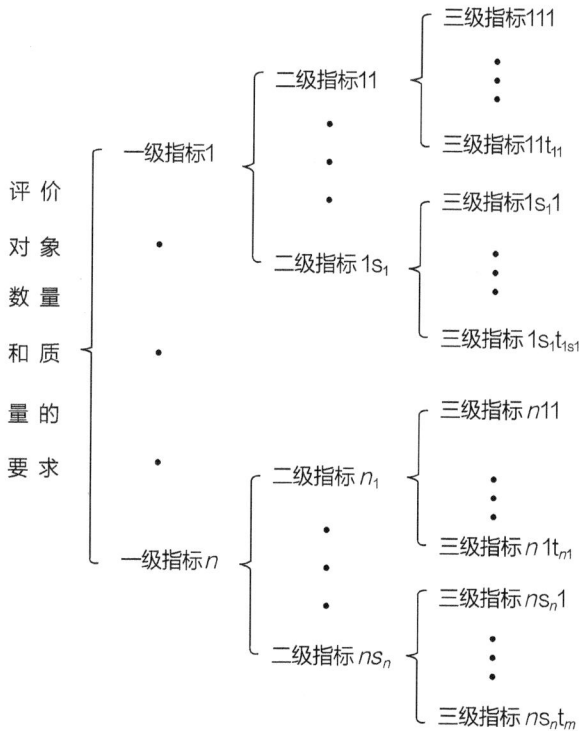

图6-3 树状式指标体系结构

---

1 吴钢. 现代教育评价教程[M]. 北京：北京大学出版社，2008：97-98.

指标的不足主要有：第一，设计难度较大；第二，灵活性较低，很难反映被评价者的个性化特点和社会的多样化需要；第三，效度相对较低。

对于指标的上述优势与不足，评价组织者要有清醒的认识和正确的对待。

2. 指标体系设计的方法

（1）设计教育评价指标体系的原则

第一，目标导向性原则。

教育评价指标是教育目标具体化、操作化的表现形式，直接影响着教育评价的进行和教育目标的实现，在教育评价过程中起着"指挥棒"的作用，具有很强的导向性。要把那些反映教育目标和评价目的要求的内容列入评价指标体系中，使抽象的目标变为功能性指标，以引导评价对象朝着正确的方向前进，如我们的教育是社会主义性质的教育，教育目标是培养社会主义建设者和接班人，因此，教育评价指标体系的制定必须坚持社会主义方向，才能有利于引导学校全面贯彻党的教育方针政策，有利于切实推动教育改革与发展。

第二，全面性原则。

制定评价指标体系，应满足指标的全面、完备性要求，即教育评价指标体系不能遗漏任何重要方面的情况，应全面、系统地反映、再现和涵盖评价对象的各方面情况。如果指标体系不具有完备性，就有可能遗漏某些重要信息，评价者就无法从多角度、多侧面观察、分析评价对象，评价结果就会失之偏颇，最终造成评价工作的失误。

第三，可接受性原则。

评价指标体系应该能够为被评价者所接受，要做到这一点，应该满足几点要求：一是制定指标体系时要广泛吸收被评价者的合理意见，使指标体系更切合实际；二是各个指标要难易适度，使被评价者在实现指标的过程中既有一定的难度，但通过主观努力，又有可能达到，太难或太易都不恰当；三是指标要能使所有被评价者都能在同一基础上公平地进行评价与比较。

第四，可操作性原则。

指标体系既要能对所评价的现象或事物进行度量，又要便于评价过程中实施操作。要满足这一要求，需要做到以下几点：一是指标体系必须尽量条目简明，指标条目越多，也就意味着评价工作量越大，评价过程越复杂，因此，要对评价对象进行认真分析研究，找出评价的主要因素，并给予清楚、准确的表达；二是指标尤其是最后一级指标应可以测量，末级指标的内容应该用操作化的语言概括表达，使其可以通过一定的观察、测量手段获得有效信息，能够得出评价结论；三是各项指标要有科学合理的权重比例，便于进行分项评价和综合评价。

（2）设计教育评价指标体系的方法

指标是一种具体化、现象化的准则，设计制定教育评价指标的过程就是将评价对象加以现象化的过程。具体来说，教育评价指标的设计方法主要有以下三种。

第一种，从内涵分析入手，抓住事物的本质属性，然后把这属性的现象性外观表现确定为指标。我们所要评价的事物常常具有多种属性和特点，为了对评价对象做出科学的评价，必须对其做深入的研究分析，准确把握它的本质属性，把反映本质属性的可观察的外显表现确定为指标，这是最简捷、最有效的方法。如在评价学校教育质量之前，我们必须要明确学校教育本质上是一种育人活动，而不是一种市场行为，衡量教育质量的标准不是经济收益的多少，而是培养人才的数量和质量。

第二种，从分析事物间的相互联系开始，抓住事物变化后产生的效应，把事物变化所产生的效应确定为指标。这种方法认为，事物与事物之间是有一定联系的，某一事物的变化可以引起另一事物的变化，我们可以通过观察、测量这一事物变化后引起的效果，即另一事物的变化情况，进而对该事物的变化做出判断。在实践工作中，由事物变化的效应来测量或评价事物的方法被广泛运用于教育评价活动，如人们通常根据学生某一学科的考试成绩来评价任课教师的教学质量，严格说来，学生考试成绩的高低并不等于教师教学质量，而是教学质量高低引起的众多效应之一，根据学生的考试成绩来评判教师的教学质量就是根据事物引发的效应来对事物做出判断与评价。

第三种，从事物的全部属性或相关属性入手，把因素群作为相关指标。在上述两种方法均无法采用的情况下，人们大多采用这种方法设计指标体系，即把和评价对象有关的因素都确定为指标。如在评价学生综合素质时，我们无法确定关于综合素质的某一（些）本质内容，也不能简单地仅仅根据成绩来评判学生的综合发展情况，因此，通过评价学生的思想品德、学业水平、身心健康、艺术素养、社会实践等因素，将这些方面综合起来评判学生的综合素质发展状况，就是运用了这一方法。无论是思想品德、学业水平，还是身心健康、艺术素养、社会实践等，每一个方面都不能代表学生的综合素质，但学生综合素质发展受到上述各个方面的影响，离不开它们相互之间的作用。因此，我们可以用这些因素的全体或集合来对评价对象做出评判。

除此之外，也有研究从更直观的角度，提出设计制定评价指标体系的方法还有理论推演法、经验法、头脑风暴法等。[1]

第一，理论推演法。它是指根据教育学、心理学有关理论推导出一套或几个评价指标。例如，我们可以依据建构主义学习理论而推演出几个教学评价指标：教师在教学前了解学生的知识起点、设计情境化的教学环境、适合学生知识起点的讲授或活动、学生对新知识做不同的理解或解读、有学生的反思与交流、有基本知识的变式运用、有学生整理的知识框架图和小结。

1　肖远军. 教育评价原理及应用[M]. 杭州：浙江大学出版社，2004：67-69.

第二，经验法。它是指来自中小学的设计者根据自己丰富的教育经验从而提出评价标准。如对教学的评价，他们提出这样几个评价指标：信息技术的使用水平、信息技术与教学的有关融合、教学情怀（教学兴趣）等。这种指标有现实针对性，受到中小学评价对象的肯定。

第三，头脑风暴法。它是指设计者在没有质疑批评的背景下打破设计评价指标的习惯定式，完全根据头脑里的自由想象提出一些评价指标。设计者围绕评价标准设计的主题，在不受任何限制的情况下，热情和想象力被激发起来，相互影响，相互感染，可突破固有观念的束缚，自由发表见解独特的观点，最大限度地发挥设计者的创造性。设计者提出一些评价标准之后，再来进行讨论、选择和加工。

3. 指标体系设计中应注意的几个问题

指标体系在评价中处于"先行组织者"的地位，指标体系的科学性对教育评价工作有着重要影响，为了提高它的科学性，制定指标体系必须遵循科学的教育理论和统计学的资料分类要求，需要注意以下几个问题。

（1）抽象与具体的关系

如前所述，指标是一种具体化的评价准则，为了减少评价者在评价中可能产生的误差，减少主观臆断的成分，提高评价的信度，人们一般希望评价的指标越具体越好。如对学生社会责任感、奉献精神的评价，因为被评属性很抽象，评价者无法直接观察、测量，评价过程不可避免地带有主观性，因而不同的评价者可能得出不同的评价结果；但是，学生参加公益劳动、志愿者服务等活动的次数、时间等信息可以进行测量，这样的被评属性具体，容易观察、记录，因而客观性较强。一般说来，不同评价者的评价结果之间不会有太大差异。因此，就评价的客观性和可靠性而言，越是具体的指标越是有利的。

但是，我们也要清楚地认识到，具体的评价指标往往并不是我们要评价的事物本身，而大多是与被评事物有关的某种效应和某种关联的因素，在这种情况下，我们真正想要评价的事物与我们实际评价的事物之间并非完全一致，即评价的效度问题。因此，抽象和具体应该是相对的。从抽象转化为具体要经过多个层次的转化，指标越具体，它经过的具体化环节越多，受到的干扰影响越大，效度就可能越低。因此，人们在对评价对象进行具体化处理的过程中，绝不能迷失了评价的本意。总之，当具体的指标与被评对象相一致，干扰因素能得到有效控制，效度能够得到保证时，指标的具体化是可取的，否则，则不应过分强调评价指标的具体化。例如，我们可以从学生参加公益劳动、志愿者服务等活动的次数、时间的多少等，来评判学生的社会责任感、奉献精神等道德品质的好坏，但在实践中，就某一个具体学生而言，可能他的社会责任感和奉献精神并不强，但由于很多活动符合了他个人的兴趣爱好，他参加这类活动的次数比较多、时间也比较长，这种因素就干扰了从参加活动的次数和时间来判断学生社会责任感和奉献精神的做法，这在一定程度上，会导致具体化指标的失效。

（2）独立与相关的关系

评价指标体系是一组相互间有着紧密关系的指标集合体，是一个有机整体。一般情况下，指标体系内的各项指标应该是相互独立的，即在同一层次的各项指标可以存在包容关系，但不能相互重叠，既不应用两条指标反映同一被评因素，也不能存在因果关系，即不能从一项指标导出另一项指标。

评价指标之间应该尽量保持相对独立，这是因为：一是指标不独立，说明其中有冗余指标，会加大评价工作量，影响到评价的可行性；二是指标不独立，重复的指标将被重复评分，会加大相关被评因素的权重，出现评价结果的偏差，在一定程度上会影响整个评价工作的科学性。

需要说明的是，指标的独立性要求也不是绝对的，在某些特殊情况下，为了尽可能地提高评价的可靠性，人们也会用两条或更多条相关的指标去测评被评对象的同一属性，显然，用多条指标测评同一属性比只用一条指标去测评的可靠性要更高。但要注意两点：一是有足够的信息资源和人力、物力做保障；二是能够正确地分配权重。

（3）定量与定性的关系

由于定量的方法便于数学处理，其结果也易于比较，人们在设计制定指标体系时，更倾向于用一些可定量处理的指标，这是因为定量指标有着不可替代的优越性：定量指标有助于提高评价的精确性；定量指标多是客观性指标，有助于提高评价的客观性；定量指标有助于做出明确的等级区分。但是，众所周知，教育活动是一项面对鲜活生命个体的极端复杂的交互作用过程，其中存在大量难以量化的方面，如在学生的学业水平方面，除了成绩这样的量化指标，学生的过程性学习表现，诸如过程与方法，情感、态度与价值观等这些内容也是学生学业水平的重要体现，而且长远来看，这些评价内容更具有根本意义，对学生未来的成长发展具有更为重要的影响，忽视或无视这些方面的评价，教育评价必然是不全面、不客观的。因此，在评价指标中片面强调定量也是不适当的。

此外，就评价用于改进而言，定性结果的作用往往比定量结论更大，也更具有意义。例如，专家组在对一所学校的教育质量进行评价后，最后会给出一个分数，通过这个分数，评价专家和被评学校可以比较清楚地比较出该校在此次评价学校整体中的相对位置或绝对水平，但因为分数提供的信息是极其有限的，学校并不能从所得分数中获取更多用于改进的信息，所以，评价专家在给出分数后，一般都会被要求根据评价结果，针对该学校的实际情况，分析诊断学校存在问题，并给出更多有建设性意义的定性意见，以进一步帮助学校改进教育教学工作，提高学校办学质量。

（二）概括性问题及其设计方法

概括性问题是针对指标体系的缺点而提出的另一种类型的评价准则。指标作为评价准则的可靠性虽然很高，但也是相对的，对于同一个具体的评价指标，不同评价者的评价结论也可能会产生很大差异，因为人们在认识、评价事物的过程中总是带有一定主观性、整体性特征，很难将某一个具体的行为表现从评价对象身上完整地剥离下来。因此，非常有必要把用于整体判断的概括性问题作为评价准则之一。

1. 概括性问题

概括性问题是针对教育评价者所关心的方面，用一系列较为抽象的问题作为评价准则。类似于日常调查提纲。概括性问题不是针对具体的行为，而是强调人的整体感知，具有抽象性、概括性等特点。作为评价准则，概括性问题同样起着规范评价内容的作用，告诉评价者应该去关注哪些评价信息。概括性问题与指标是两种类型的评价准则，但两者并不是对立的，而是有着一定的内在联系，在一定程度上，指标体系是概括性问题的进一步分解和具体化、行为化的结果，概括性问题则是指标体系的概括化、抽象化的结果。这就决定了概括性问题和指标体系的设计有共同之处。在指标体系运用受到限制的情况下，可以采用将其概括化处理的方式，以概括性问题的方式开展评价，而在概括性问题运用受到限制的评价场合，可以把概括性问题做行为化处理，以形成评价指标体系。同指标体系一样，概括性问题同样也有自己的优势与不足。

概括性问题的优势：第一，概括性问题效度高；第二，概括性问题在形成性评价中实用性较强，由于问题针对性强，用于改进的作用更大；第三，易于制定。

概括性问题的不足：第一，评价过程中一般误差较大，信度较低；第二，不易于作量化处理，也不易于获得综合性的定量结论。

2. 概括性问题的设计

概括性问题有其自身的特点，与具体化的指标不同，它更强调问题的针对性、概括性，也同样重视科学性的要求，概括性问题的设计需要遵循以下几点要求。

（1）要针对实际

即概括性问题应该是教育工作者所关心的、急于解决的问题。概括性问题的最大特点是不需要将被评因素做行为化或具体化处理，由于少了转化过程中诸多因素的干扰，因而具有较高的效度。我们应该充分利用这一优点，使概括性问题密切联系实际，获得更多、更有效地用于改进教育教学工作的信息。

（2）要明确简练

即概括性问题的表述应明确简洁，不要使人产生模棱两可的模糊或歧义理解。概括性问题对问题的语言表述有较高的要求，需要评价方案设计者认真对待，细心琢磨，否则由于表述不明确容易使人产生歧义理解，就有可能导致评价工作的失误。

（3）要突出重点

即概括性问题要抓主要因素，不要抓次要因素；要抓重要问题，不要抓具体细节问题。指标的特点是要求具体，可以通过若干小问题反映大问题，用次级指标说明上级指标。概括性问题不同于指标，它强调对问题的总体把握和综合判断。因此，概括性问题的数量有限，更应该突出评价的重点，避免主次颠倒、因小失大。

（三）权重的确定方法

教育评价的指标体系和概括性问题构成了评价因素集，各因素的权重既表示了它们在因素集中的地位，也表示了某一因素与其他因素的关系。只有确定了各因素的权重（数）后，才能合理地进行分析和判断，因此，需要对评价准则的权重问题进行一定的研究。

1. 权重

权重（数）是指某一被评因素在因素集中的重要性程度，表示在其他因素不变的条件下，这一因素的变化对总变化的影响程度。权集则是反映各因素的相对重要性程度集合。以指标体系为例，不同的评价指标在完成、实现整体目标的过程中，所起的作用是不相同的，为了使每项指标发挥其应有的作用，就需要赋予不同评价指标以不同的权重，并赋予相应的值，这个数值就叫对应指标的权重或权系数，确定权数的过程称作加权。指标体系表明在所有因素中哪些因素有价值，权集则表明这些因素的价值大小。

权重的表示形式一般有以下几种。

第一种是小数（0~1.0），每项指标的权重都应当大于0且小于或等于1（$0 < W_i \leq 1$；当一个层次上只有一项指标时$W_i=1$）；同一层次上各项指标权重之和必须等于1（$\sum W_i = 1$，$i=1, 2, \cdots, n$）。

第二种是整数，一般规定同一层次上各项指标的满分值为100分，然后再根据不同指标的相对重要程度分配以适当的分数，也即把小数表示扩大100倍。

第三种是百分数。

2. 确定权重的具体方法[1]

（1）专家意见平均法

在确定指标权重时，专家意见平均法是一种最简便的方法。即让专家先分别给出评价指标体系中各个指标分配权数，然后求出每个指标所得权数的算术平均数，以这一平均数作为该指标的真正权数。

这种方法的特点是简便易行，能够充分交流意见，评价效果也比较满意。其不足之处在

1 王汉澜. 教育评价学[M]. 开封：河南大学出版社，1995：93-102.

于主观随意性较大，容易受到专家本身的素质、能力、水平等因素的影响。因此，要保证权重确定的合理性和科学性，使权重具有一定的信度和效度，关键在于专家的选择，要选择那些长期从事教育工作、懂得教育科学、掌握教育规律、具有丰富的实践经验，又很好地掌握了评价指标体系设计原则的专家。

（2）德尔菲法（Delphi Technique）

德尔菲法是一种通过有控制的收集专家意见的手段和程序，专家在研究问题时不进行面对面的交往，不直接交换意见，在互不影响的条件下，逐渐达到意见一致的过程。

其基本步骤是：首先，以分发问题表的形式向有关专家咨询，专家以"背靠背"的方式接受咨询，以尽可能减少权威、资历、口才、人数优势等对专家回答问题的影响。其次，第一批咨询表收回后经统计处理，将总体应答情况反馈给每个专家，包括所有专家回答意见的平均估计值和专家本人估计值的离差等，再让每个专家根据这一反馈情况，自由地决定是否修改或坚持自己的观点。再次，将第二批咨询表收回后进行整理统计后，再次重复前面的过程。最后，经过多轮咨询，直到专家的意见趋于一致，评价者再进行适当的数学处理，就可以得出每个指标的权重。如果几次咨询后，仍有偏离多数意见太远的意见，则应作为偏憎或偏爱值，做出舍弃处理。

这种方法可以防止权威人物对群体决策产生的特殊作用，有助于克服在群体压力下个人意见产生歪曲和固执先前见解的倾向，既能保证逐渐形成深思熟虑的观点，又能保证匿名发表意见，提出独立的见解和评定。[1]

（3）秩和运算法

秩和运算的具体做法是，设由n个评委对指标体系中m个指标的重要程度进行评定。每一个评委对m个指标按他所认为的重要程度进行排序；每一个指标排在第几位的序号叫作该指标的秩。把n个评委所给的秩加起来得到的结果叫作该指标的秩和，用R表示。则有下面的计算各指标权数的公式：

$$W_i = \frac{2[(m+1)n-R_i]}{mn(m+1)}$$

其中，W_i为第i个指标的权数；R_i为第i个指标的秩和；m为指标的个数；n为评委的人数；i=1，2，…，m。

应用上述公式有一个前提，即要求评委们的看法大体一致，否则进行权数的计算就没有实际意义。因此，在计算各指标的权数之前，需要对评委们的评定结果进行一致性显著检验。

1　陶西平. 教育评价辞典[M]. 北京：北京师范大学出版社，1998：156.

$$\chi^2(\text{卡方}) = \frac{\sum R_i^2 - (\sum R_i)^2/m}{\frac{1}{12}mn(m+1)}$$

经计算，若$\chi^2 \geqslant \chi p^2(m-1)$，则认为$n$个评委的看法显著一致，可以运用上述的公式来计算$W_i$；若$\chi^2 < \chi p^2(m-1)$，则认为$n$个评委的看法还没有达到显著一致的程度，应当建议评委们对m个指标的重要程度再次进行讨论，尽量统一意见。

（4）层次分析法

层次分析法是20世纪70年代美国运筹学家萨蒂（T. L. Saaty）提出来的，并将层次分析法引入了教育评价领域，用于解决权数的确定问题。它是一种多目标、多标准的系统分析方法，主要采用定性分析与定量分析相结合的方法，依次将每一个层次上的因素的相对重要程度逐一进行比较判断，并将两两比较判断的结果，按给定的比例标度定量化，构成判断矩阵，通过计算判断矩阵的最大特征值所对应的特征向量，从而决定各指标的权重系数。

层次分析法是对人们主观判断做客观描述的一种有效方法，它把专家的经验认识和理性分析结合起来，提高了权数分配的科学性。其主要表现有三点：一是从评价系统整体的最佳效益入手，对指标间的相对重要程度进行比较，提高了权集的有效性。二是通过对指标进行两两对偶比较，降低了人们在各个指标重要程度比较排序中的思维承受能力，提高了判断赋值的准确性。三是将指标分成若干层次，由最低层开始，在同一层次上对指标进行重要性比较，提高了判断赋值的可比性。

需要指出的是，确定权重的各种技术都是建立在专家咨询基础上的，我们一般把专家对权重看法的一致性当作权重客观性的指标。这是因为，价值本质上就是主体需要的客观反映，主体性特点非常明显，此外，完全主观臆断的东西很难达到一致，人们常常把一致性的程度当作客观性程度的反映。应当看到，专家间的一致性并不等于客观性，两者之间仍然有着一定的差距。专家本人是否对社会需求有明确而深刻的认识、是否能够洞察社会发展的未来趋势、是否深入了解教育的客观规律以及是否真正熟悉被评事物状况等，都会直接影响着权重的确定，评价组织者应该对这些问题有清醒的认识。

二、教育评价标准及其设计方法

标准是教育评价学中的一个重要概念，通常有两种认识：一种认为标准就是测量的量表、尺度；另一种认为标准是事物质变的临界点，是事物质变过程中量的规定性，如人们通常所说"优、良、中、差"的程度或水平。下文中的评价量表指的就是第一种意义上的标准，评价标准指的是作为临界点意义上的标准。

（一）评价量表

量表是测量活动的尺度，是进行测量活动的标准物，离开了量表或尺度，测量活动也无法进行。史蒂文斯根据量表本身的属性，将量表分为名义量表（Nominal Scale）、位次量表（Ordinal Scale）、间距量表（Interval Scale）、比例量表（Ratio Scale）四种类型，对实际的测量活动具有重要意义。也有研究提出，除了这四类量表外，还应该有一种模糊量表（Fuzzy Scale），以便用于测量人的行为与心理品质中那些亦此亦彼的中间过渡状态，从而确定变量属于某一状态的程度。

一般而言，教育评价量表作为评价标准的一种形式，主要由三部分内容组成。

1. 强度和频率

强度和频率是评定标准的具体内容和主要组成部分。强度是指达到指标体系项目要求的程度或各种规范化行为的优劣程度。例如，在等级评定中，达到优、良、中、差的程度分别是什么。频率是指达到指标体系项目要求的数量或各种规范化行为的相对次数。例如，学生各科成绩及格有多少人次、及格率多少，班集体是否达标，学生操行成绩优秀有多少人次、优秀率多少，班集体是否优秀等。

2. 标号

标号是指不同强度和频率的标记符号，通常用字母（如A、B、C、D等）或汉字（如甲、乙、丙、丁等）或数字（如1、2、3、4等）来表示，这些标号本身并没有意义，只是表示一种分类，是评价标准的辅助部分。

3. 标度

标度是指评定的档次，表示达到标准的程度，说明什么样的程度属于哪个等级。表示标度的方式一般有三种：一是用分数来表示，如根据学生的考试成绩来衡量学生知识技能的掌握情况，90分及以上为优秀，75～89分为良好，60～74分为及格，60分以下为不及格。二是用等级来表示，如A、B、C、D或一等、二等、三等、四等。评价标准设计多少等级比较合适，没有统一的规定，可根据需要而定，一般来说，等级数量越多，分等精确度越高，但如果等级数量超过五元划分，一般人就很难做到，因此，建议评价等级以2～4个为宜。三是用描述性语言来表示，如学生学习效果指标的评价标准可以表示为是否实现了预定学习目标，基础知识的学习是否扎实，是否具有良好的学习习惯与方法，课堂测验成绩如何等。

在教育评价中常用的量表有以下几种。

1. 形容词量表

这是一种用形容词描述评价标准的方法，如"优、良、中、差""很好、较好、一般、较差""完全达到、基本达到、大部分达到、没有达到"等。用形容词作评价标准的优点是直观、简明；缺点是比较模糊，不够具体，难以进行定量处理。形容词量表的一般形式如表6-1所示。

表6-1　形容词量表的一般形式

评价结果	很认真	认真	不认真	很不认真
学习态度				

2. 数字式量表

这是一种用数字量描述评价标准的方法，如学生学习效果可以用1、2、3、4来表示，其中，1表示最低等级，2表示高于1低于3的等级，3表示高于2低于4的等级，4表示最高等级。这些数字不能进行加减乘除四则运算，原因在于等级1和等级2之间的差距并不一定等于等级3和等级2之间的差距，即等级之间的级差并不一定相等。这种方法的优点是易于进行量化处理，缺点是每一等级的定义不明确，评价者有时很难把握，容易出现理解上的差异，宽严不一，导致较大的评价误差。数字式量表的一般形式如表6-2所示。

表6-2　数字式量表的一般形式

评价结果	1	2	3	4
学习态度				

3. 形容词—数字式量表

为避免上述两种方法的缺陷，人们把形容词和数字式两种方法结合起来作为评价标准，用数字来确定等级，用形容词来描述等级。这种方法既保留了形容词式标准容易掌握且直观的优点，也充分利用了数字式标准易于定量处理的长处。形容词—数字式量表的一般形式如表6-3所示。

表6-3　形容词—数字式量表的一般形式

评价结果	很认真（4）	认真（3）	不认真（2）	很不认真（1）
学习态度				

4. 内涵定义式量表

这种量表用形容词确定等级，用定性语言来描述等级，其优点是等级间的区别明显，在评价实际工作中运用较广；缺点是设计难度大，比较麻烦。内涵定义式量表的一般形式如表6-4所示。

表6-4　内涵定义式量表的一般形式

评价结果	很认真	认真	不认真	很不认真
学习态度	上课精神状态好，专心听讲，能积极回答教师提出的问题，没有交头接耳现象	上课精神状态好，听课比较专心，能回答教师提出的问题，基本没有交头接耳现象	上课精神状态一般，听课不太专心，基本回答不出教师提出的问题，有一定数量的交头接耳现象	上课精神状态差，听课不专心，回答不出教师提出的问题，交头接耳现象严重

5. 外延定义式量表

这是一种选择能够体现抽象指标内涵的具体行为要素作为评价标准的方法。多用于对比较抽象的、无法直接测量的指标确定评价标准，可以有效提高指标要素的"可测性"，但在形式上需要用可操作化的语言来表述。如"减轻学生课业负担"指标的标准，可以选择下面三个行为要素来代替：①不利用课余时间、节假日等进行全班性补课或上新课；②不擅自为学生征订复习资料、练习册等；③学校有针对减轻学生课业负担的检查或奖励办法。[1]

总之，评价量表中标准表述语言要清晰、准确，尽量避免使用"加强、认真、积极、坚决、坚持"等表示程度的弹性语言，最好使用"有与没有""是或否""对或错""达到与否"等判断性语言，避免由于评价者对标准尺度理解不一，掌握不准，过多地受个人主观因素影响，降低评价结果的准确性。

（二）教育评价量表的特点

与物理、几何性质的测量相比，教育评价测量有其特殊性，了解并把握这些特点对我们科学运用上述教育评价量表具有重要意义。

1. 测量尺度具有较大的不确定性

测量是与选定的标准物相比较，以对被评对象赋值的过程，因此，测量所依据的标准物对测量的质量有较大影响。在教育评价活动中，标准物一般都是无形的、抽象的，具有很强的不确定性。第一，尺度不统一。在教育评价中，对同一对象的评价，不同的评价者使用的尺度往往不一致，甚至同一评价者对同一对象在不同时间、不同场合的评价，使用的尺度也可能不完全一致，结果也可能有较大差异。第二，测量活动不可复验。在教育评价活动中，评价者使用的尺度存在于他的整体认知中，对教育评价质量的重复检验要比物理测验困难得多，也复杂得多，这些都应该引起我们的重视。

2. 测量标准具有很强的社会性

教育是一种复杂的社会活动，教育评价的对象具有特殊的社会性，因此，教育评价的标

1　肖远军. 教育评价原理及应用[M]. 杭州：浙江大学出版社，2004：77.

准并不是自然物，而是社会形成物，它们产生于社会，存在于社会，并随着社会的变化而变化。这归根结底是由教育评价对象的基本属性决定的，在物理测量中，人们测量的是事物的自然属性，而在教育评价活动中，人们所测量的则是某种纯粹社会的东西。理解这一区别对于把握教育评价活动中的许多问题是很有必要的。

3. 测量单位具有很大的近似性

决定测量尺度或测量单位的主要因素是被测对象的现象与内容，同理，教育评价中的测量单位也是由教育活动的内容所决定的，教育测量单位的近似性反映了教育活动内容同质性较弱的事实。例如，为了评价两个学生的知识学习掌握情况，我们以考试"分"数为单位来对两人进行考察，这样可以很好地满足测量单位同一性的要求，但是，即使两个学生考试分数一样，也不等于说两个人的知识学习掌握情况就是一模一样的，因为同一个分数背后可能反映了学生不同的知识掌握情况，一个可能基础知识扎实，但知识应用能力较差；另一个可能基本概念掌握不到位，但知识活用能力较强。因此，用这种测量尺度进行评价时，近似性是很难避免的。[1]

（三）评价标准

教育评价属于社会现象评价之一，与作为尺度的标准一样，作为质的临界点的标准，最显著的特点就是它的社会性。从表面上来看，教育评价中的各种标准都带有人的主观判断的色彩。但进一步深入分析，可以发现，各类教育评价标准也具有客观性的一面，并不纯粹是人们约定的结果。例如，学校通常把60分定为及格线，这是因为在同一年级的学生群体中，在社会平均智力水平、平均学习条件下，大部分学生都能达到或者超过这一分数线，人们一般都比较认可这一规定，于是60分就成为及格的标准。因此，教育评价标准的制定，必须以对学校教育工作的总体认识结果为基础。具体来说，可以分为两种评价标准。

1. 相对评价标准

相对评价标准是在同类水平的参考组数据资料基础上建立起来的，"这类标准'主要以数据资料为基础，即标准的制定与参照组的成绩有关'"。[2]其评价目的在于区分评价对象的相对优良程度，以便进行甄别或选拔。相对而言，这类评价标准比较容易确定。比如，从10个考生中录取5个优秀学生，经过评价得出一组共十个综合评定值，从高分到低分进行排序，其中第五名就是这次的录取分数线。可见，相对评价标准的确定是把全体评价对象的成绩看作参考组的实际成绩，评价的标准正是从这一组数据的概括和比较中产生的。

1 陈玉琨. 中国高等教育评价论[M]. 广州：广东高等教育出版社，1993：110-114.
2 瞿葆奎主编. 教育学文集·教育评价[M]. 北京：人民教育出版社，1989：762.

2. 绝对评价标准

绝对评价标准不以某一特定的评价为转移，而是与教育目的直接相关，它表明在什么程度上才算是达到了目标。如前所述，将60分作为及格分数线就是一个绝对评价的例子。再如，鉴定学位授予单位是否达到了应有的水平，能否培养出合格的人才，以此来决定该单位是否具有继续授予学位的资格，这都属于绝对评价的范畴。这样的质量标准就是评判学生及格与不及格或授予单位合格与不合格的临界点。当然，绝对评价标准的制定不是一蹴而就的，这个标准既是我们评价被评对象的依据和基础，同时又是我们在认识评价对象基础上概括和提炼的结果。

相对评价标准和绝对评价标准有着重要的联系。任何相对评价标准一经制定也就具有了绝对的成分，它是制定绝对标准的基础，而绝对标准则是一种规定了的规范化的相对标准，两者之间存在辩证的转化关系。

第三节
教育评价中的心理及其调控

学习目标

熟悉评价者和被评价者的常见评价心理；了解评价者和被评价者的心理调控措施与办法。

在教育评价活动过程中，各种因素都会影响到评价结果的信度和效度，其中，最活跃的因素就是评价者和被评价者的心理状态。从心理学的角度来看，教育评价过程就是评价者与被评价者的心理交融过程，既有两者的互动心理活动，也有各自内部的个性心理活动，这些心理状态直接影响着指标体系的制定、信息的收集与整理、测量与评定，以及对评价结果的解释和应用等，诸多心理因素的和谐融洽是保证教育评价可行、可靠、可信的必要条件。为了提高教育评价结论的真实性，需要科学分析评价者和被评价者在各项程序中的心理状态和行为表现，并对其做出合理的调控。

一、评价心理及其分类

评价心理指的是评价者和被评价者的大脑对评价过程的反映。它包括评价者与被评价者反映评价现实的心理现象，也包括两者对评价现实反映的行为方式。从心理学和教育评价的角度可以将评价心理分为以下几种。

（一）按照心理学范畴的分类

从心理学角度来看，评价心理可以分为评价的心理过程、心理状态、心理特征。

1. 评价的心理过程

评价的心理过程指在评价过程中评价者与被评价者产生的各种心理活动，如观察、记忆、比较、分析、综合、判断、想象等心理活动。

2. 评价的心理状态

评价的心理状态指在评价过程中表现出来的较为复杂的心理现象，如被评价者在评价中是充满信心还是信心不足，是积极亢奋还是情绪低沉，是自由放松还是紧张不安等。

3. 评价的心理特征

评价的心理特征指在评价过程中评价者和被评价者出现的本质的和比较稳定的心理品质，体现为参评者个性的不同气质类型及性格、情绪和意志等的特征。

（二）按照教育评价范畴的分类

从教育评价的角度来看，评价心理可以分为评价者心理和被评价者心理。

1. 评价者心理

评价者心理指评价人员（专家、研究人员、教师等）在教育评价过程中表现出来的心理过程、心理状态和心理特征。评价者心理一般包括评价者与被评价者关系的心理行为、评价者自我心理行为和评价者群体内部关系的心理行为。

2. 被评价者心理

被评价者心理指被评价者在教育评价过程中产生的心理过程、心理状态和心理特征。被评价者的心理行为对评价过程的各个方面都有不同程度的影响，主要包括被评价者自我评价心理、被评过程心理和结果反馈心理。

评价心理对教育评价工作有着诸多影响，这些影响可能是积极的，也可能是消极的。需要在评价实践活动中根据心理规律和教育评价要求，分析、判断各种心理现象，适当调控评价心理，以确保教育评价的客观性和公正性。[1]

二、评价者的心理行为与调控

在教育评价活动中，评价者的心理状态兼有评价者心理过程和个性心理特征的特点，既

1 霍力岩. 学前教育评价[M]. 北京：北京师范大学出版社，2000：262-263.

有暂时性，也有稳定性。同时，因为评价者在评价活动中一般都处于支配和主导地位，常常对评价的公正性和合理性有着明显的影响，因此，评价者的心理状态对于促进或阻碍教育评价正常进行具有举足轻重的作用。评价者的心理调控就是通过各种措施使影响评价人员正常进行评价的不良心态得以改变。[1]

（一）评价者常见的心理行为

1. 评价者与被评价者关系的心理

评价者与被评价者关系的心理，是指评价人员在认知和反映被评价者时，由被评价者引起的心理现象与倾向，包括次序效应、晕轮效应、期望心理、成见心理、同行心理等。

（1）次序效应

次序效应是指由于被评价者进入评价者知觉领域的先后顺序不同，从而影响评价的一种心理现象，又被称作时间差效应。其主要有两种表现：一种是"优先效应"，如"第一印象"或"先入为主"；另一种是"近因效应"，即评价者对被评价者的近期情况了解较多，印象较深，仅凭对其近期表现的印象做出总体评价。

次序效应的结果是评价者根据自己以前对被评价者的影响做出评价，无视其近期表现；或者根据自己现在对被评价者的认识做出评价，忽视其全面情况，最终影响到评价的客观性、全面性和准确性。

（2）晕轮效应

晕轮效应是指评价者对被评价者的整体印象或某一突出特点印象较深，从而影响了对被评价者其他特征的评价的心理现象。这种心理反映在教育评价中，通常会出现两种偏差：一是以好盖差，所谓"一好百好"等，评价者对被评价者的某一方面产生好感后，把这种好感弥散到其他方面去，忽略其缺点，产生"爱屋及乌"的心理现象；二是以差盖好，评价者对被评价者的某一方面得出较差印象后，把这种印象泛化到其他方面，无视其优点，或做出不信任的解释或不合理的归因分析。

晕轮效应的结果是评价者过分注重被评价者的某些突出特点，如某项优点或缺点，忽视其身上的其他特点，同样不利于评价结论的客观性和准确性。

（3）期望心理

期望心理是指评价者以预先的希望或期待来评价被评价者。这种心理行为在教育评价中一般表现为两种形式：一是当被评价者的实际表现达到或高于预先的期望值时，评价者会产生"如愿以偿"之感，就会不自觉地对被评价者做出偏高评价；二是当被评价者的实际表现低于预先的期望值时，造成评价者产生"大失所望"的感觉，常常会对被评价者做出较低评价。

1　霍力岩. 学前教育评价[M]. 北京：北京师范大学出版社，2000：264-281.

期望心理的结果是评价者因被评价者实际情况与自己的理想预设有差距，从而提高或降低对被评价者的评价，无法客观准确地反映被评价者的真实状态。

（4）成见心理

成见心理是指评价者根据固有印象或看法对被评价者进行评价。其主要有好感成见和恶感成见两种表现形式，例如，某教师认为"老实听话的孩子是好学生"，并以此成见去评价不同的学生，如果某学生老实听话，另一学生活跃好动，在评价两个学生的学习态度时，教师受自己已有成见的影响，有可能对第一个学生做出较高的评价，而对第二个学生做出较低的评价。

不论是对被评价者的好感成见，还是对被评价者的恶感成见，都是主观主义的做法，有碍教育评价的公正性和客观性。

（5）同行心理

同行心理是指评价者和被评价者由于同类、同专业等群属关系而影响到评价的客观性。这种心理行为在教育评价中主要有两种倾向：一是当评价者认为被评价者属于"自己人"时，会有一种同病相怜的心理，一般会对被评价者做出较高的评价；二是当评价者认为被评价者不是"自己人"时，会认为同行是冤家，心理相容性较差，一般会对被评价者做出较低的评价。

同行心理会由于类群关系的远近、亲疏、利害等影响，要么放松标准，要么"严格"要求，都会使评价失去客观性。

2. 评价者自我心理

评价者自我心理，是指在评价过程中，评价者自身因其所处的位置、承担的角色不同而产生的一种心理现象，包括心理定式、角色心理、疲劳效应等。

（1）心理定式

心理定式是指由一定心理活动所形成的准备状态影响或决定后继感知、思维、情感等心理活动的一种心理现象。定式是由于多种情境反复出现而逐渐形成的一系列固有倾向，其积极方面反映了心理活动的稳定性和一致性，其消极方面在于妨碍思维的灵活性，容易使心理活动表现出呆板或惰性。因此，心理定式有时可以起到正向推动作用，有时也起到反向阻碍作用。例如，长期以来，人们习惯于将考试成绩作为衡量学生的主要甚至唯一标准，在评价学生时，很容易形成"成绩好=好学生"的定式，认为一个好学生必定是学习成绩好，从而忽略了学生其他方面的发展。

如果评价者受心理定式的影响，通常会使教育评价的过程或结果简单化、模式化，缺少灵活性。

（2）角色心理

角色心理是指评价者由于担负着一定的角色或身份而形成的带有某种评价倾向的心理状态。每个人在从事一定的社会活动时，都担任一定的社会角色，其特定的职业责任、道德规范、行为习惯、职业利益等，都会对人的认知结构、思维方式、情感意志、需要动机等产生影响。在教育评价中，评价者具有不同的角色身份，对评价工作也有不同的影响，例如，教育理论工作者习惯于关注评价指标体系的逻辑性、严密性、合理性等，而教师由于平时多从事实践教育教学工作，在进行评价时往往比较重视评价的实践性环节，这就是由于两类评价者的不同角色身份带来的不同心理表现。

角色心理往往使评价者以显示自己的身份和专门知识技能、个人爱好和倾向等去要求被评价者。如果评价者的要求与评价指标或标准相一致，就能对评价起到积极的作用，如果超过或低于评价指标与标准的要求，就会影响到评价的客观性。

（3）疲劳效应

疲劳效应是指评价者在自身生理和心理疲乏的状态下进行评价，从而影响评价结果的一种现象。如果评价者工作时间过长、负担过重，容易引起身心疲劳，出现注意力分散、反应迟钝、烦躁不安等情况，可能会导致计算数据不精确，核查材料不细致，评分评语马虎，评价标准偏严或偏宽等，直接降低评价活动效率；而如果评价者身心状态较好时，掌握标准会比较准确，评分也会比较客观。

疲劳效应对评价的实际效果有着重要影响，评价者要注意劳逸结合，避免过度疲劳。

3. 评价者群体内部关系的心理

评价者群体内部关系的心理是指在评价过程中评价人员内部发生的影响评价客观性的心理现象，包括从众心理、逆反心理和本位心理等。

（1）从众心理

从众心理是指评价者受其他评价人员的意见或态度的影响而引起的一种心理现象。其主要表现为：评价者因受到社会规范压力的影响，不愿"出风头"或"不合群"，容易"人云亦云""随大流"，否定自己的评价结论，服从多数人的意见；或者是盲目相信他人的判断，尤其是在自己对所评价的问题没有把握时，更容易遵从他人的意见。例如，当评价者自己的结论与其他评价者不一致时，受从众心理的作用，即使自己的评价是正确的，也可能会放弃自己的观点。

在教育评价活动中，从众心理的积极作用是容易形成一致意见，减少评价争端；消极作用是易受到权威人士或小集体利益的影响，不利于充分发挥评价的民主性，从而降低评价结论的客观性。

（2）逆反心理

逆反心理是指评价者与某一（些）评价人员的言行观点产生相反意见，从而引起负向要求或行动的心理现象。这种逆反心理与从众心理恰恰相反，无论别人意见正确与否，评价者都会采取反对的态度。例如，某学校解决学生减负问题的措施受到怀疑或批评后，反而使该学校在评价者群体内部的代表进行"据理力争"，认为学校的减负措施严格执行了上级文件要求，无可指责。在评价者群体内部，由于某权威人士的专断，或者对某评价者的不公正待遇，或者某评价者的意见多次被否定等原因，都可能会引起评价者的逆反心理。

逆反心理的积极意义在于有利于形成评价的民主氛围，使每一位评价者都能充分发表各自的意见和建议；其消极方面是过分的逆反，会导致评价意见和评价结论难以统一，不利于形成团结合作的评价关系。

（3）本位心理

本位心理是指评价者在评价过程中以自我为中心进行评价的一种心理现象。其表现为评价者在评价过程中坚持反映自身所代表的小集团或局部领域的利益、需求等。例如，中小学校在用人评价时比较注重动手实践、技能方法等方面的实际能力，而教育研究机构在用人评价时则比较强调理论研究、逻辑分析等能力，这是由两类评价者所代表的不同领域要求所决定的。

在综合评价活动中，评价人员组成一般来自各个方面，评价者容易表现出本位心理，由于评价者所处的各自领域不同，可能会引发某些意见或观点上的冲突，因此，评价者要注意克服本位心理。

（二）对评价者的心理调控

在评价过程中，评价者的心理行为与其思想觉悟、道德品质、教育理念、人才观、评价理论和技术的水平等都有着紧密联系，从评价活动组织者角度来看，对评价者的心理调控需要做好以下几方面的工作。

1. 科学选拔评价人员

把好评价人员的选拔考核关，使评价者在思想品德、工作能力、知识技能、实践经验等方面符合作为评价者的要求，同时，评价人员要有一定的数量及代表性，既要有各领域的专家成员，也要有各种能胜任评价工作的专业工作人员。

2. 重视评价人员培训

评价人员培训主要包括两个方面：一方面是评价技能训练与培训，包括对评价人员进行评价原理、指标体系设计、评价标准编制、测量程序、数据处理、结果分析以及评价心理等培训，还应对领导组织人员从评价决策、组织协调、控制反馈、评价心理调控等方面进行教育；另一方面是思想品德教育，包括有关评价指导思想、指标体系、评价标准以及教育科学理论和各种教育决策、评价经验总结方面的学习与培训，还有思想觉悟、道德品质、法制纪律教育等的教育，使评价者树立正确的教育评价观念，纠正其不正确的教育评价认识。

3. 加强评价过程管理

在评价过程中，可以采用有针对性的措施预防、监督、检查、调控评价者心理，同时，加强评价工作的科学管理，合理规划评价活动的进度，观察并把握评价者的心理动态，适时调整。在某些情况下，进行必要的纪律约束和采用必要的惩罚手段，可以实现对其心理行为的震慑或调控。

三、被评价者的心理行为与调控

在教育评价活动中，被评价者的心理状态会受评价者心理活动特征的表现，如分心、镇定、疲劳、紧张、激情、克制等的影响，这种心理状态具有完整性、暂时性和稳定性，同样也会对教育评价的正常进行起到促进或阻碍的作用。对被评价者的心理调控，就是通过各种措施使被评价者因各种原因对评价效果的不良影响的心理状态得到改变和有效控制。

（一）被评价者常见的心理行为

1. 自我评价心理

自我评价是他人评价的基础，可以使被评价者更加充分地认识自我，同时为他人评价奠定基础。由于评价者和被评价者之间的评价结果总会存在差异，容易使被评价者在准备接受评价阶段产生不同的心理反应，主要包括疑惧心理、被审心理等。

（1）疑惧心理

疑惧心理是指被评价者对评价活动及其结论产生怀疑或惧怕的心理。被评价者对评价活动的意义与目的未能真正理解时，因担心自己声誉、利益或前途等受损，这种心理状态尤为明显。其主要表现有以下几种方式。

第一，过低自我评价。担心自我评价高于他人评价，为避免自吹自擂之嫌，刻意低水平评价自己，容易使信息缺失，总结不全面。

第二，过高自我评价。出于某种动机或利益需求，通过自评来抬高、展示自己。

第三，模糊自我评价。用模糊、不确定的话语来评价自己，以避免与他人评价相冲突。

以上三种表现都会对评价结果产生消极影响，既不利于自我认识，也不利于他人评价。

（2）被审心理

被审心理是指被评价者在评价过程中产生的一种被动接受审查的心理现象。常常表现为：自我评价简单草率，等待评价者做出最终结论；评价过程中谨小慎微，唯恐自己的表现会带来他人不良评价；对评价持不欢迎的态度，多抱怨、被动行为。

被评价者产生被审心理后，就很难积极主动地配合被评价者开展评价工作，也势必会影响评价工作效果。

2. 被评过程心理

被评过程心理是指在评价过程中被评价者所产生的心理现象，主要包括应付心理、逢迎心理、期待心理、防卫心理、对抗心理等。

（1）应付心理

应付心理是指被评价者接受他人评价时，因认为自己是被评价的对象，又无法回避评价，而产生的一种消极被动、马虎敷衍的心理。这种心理状态常常出现在工作成效较差、对自己缺乏足够信心的被评价者身上，其消极作用是十分明显的，如在评价活动中，不主动、不积极、不认真、不负责任、推诿拖拉等。

（2）逢迎心理

逢迎心理是指被评价者为了使自己的行为符合评价者的意图而过分"积极"表现的一种心理现象。逢迎心理与应付心理相反，被评价者的行为、言辞和态度在表面上看起来都是积极主动的，但实际上对评价工作有很大的副作用，容易使评价者受到一定的情绪影响，从而放松标准或放弃原则，产生偏向性评价，降低教育评价的真实性和客观性。

（3）期待心理

期待心理是指被评价者期待评价活动的到来。持有这种心理状态的被评价者往往在工作中取得了一定成效，他希望预先知道评价的组织领导、基本要求、具体内容、评价结果等。其积极作用体现在评价者双方能够积极配合，为评价活动提供便利；其消极作用主要是被评价者为了获得较高评价，容易投其所好，弄虚作假。

（4）防卫心理

防卫心理是指当被评价者对评价结果感到不满意时，会产生挫折感等消极情绪，并尝试通过一系列的心理调节活动达到自我解脱。防卫心理从其效果来看，可以分为积极的和消极的两种：前者是面对不理想的评价结果，把原因归为自身努力不够，能够寻找问题，重新调整措施，通过进一步努力，争取达到更高水平，或者寻找合理的理由来解释评价结果不理想的原因，以减轻思想负担、消除不安情绪等做法；后者是面对不理想的评价结果表现为一种满不在乎的态度，或者把不安情绪转嫁到他人他物身上，不思进取，表现出退缩等行为。

在积极防卫心理影响下，评价会取得积极效果；在消极防卫心理影响下，评价则会产生某些消极效果，妨碍教育评价工作的有效开展和教育评价目的的真正实现。

（5）对抗心理

对抗心理是指被评价者不乐意、不愿意接受评价的一种心理，通常表现为拒绝、反抗、逃避、掩盖等行为，一般跟被评价者对教育评价意义不理解、自身工作无成效或成效低有一定的关系。

（二）对被评价者的心理调控

被评价者是教育评价过程中重要的参与者，他们的心理行为直接影响着评价活动的进展和效果。我们应该加强对被评价者心理的研究，适当调控被评价者的心理，使评价工作取得被评价者的心理认同和行动支持，调动被评价者的积极性和主动性，确保评价工作能够顺利开展。具体可以从以下几个方面着手。

1. 做好宣传动员

对被评价者的心理调控，主要是要解决思想认识层面的问题，通过有效的宣传动员，明确宣讲评价的目的和意义，提高被评价者对评价的认识，解除他们的疑虑。同时，广泛征求被评价者的意见，采纳合理建议，并公布评价工作的有关事项，使被评价者了解评价的各项要求与安排，动员被评价者端正思想，以身作则。这样可以使被评价者心中有数，认识到评价工作是一个有益于被评价者自身改进与发展的过程，从而能够积极主动地配合评价工作。

2. 选择适当的工作方式

在教育评价过程中，要根据被评价者的实际情况选择适当的工作方式，激发被评价者的积极心理效应，消除其消极心理效应。如评价标准是肯定的正向评价，还是否定的负向评价，是期望评价、激励评价，还是偏向评价、惩罚评价等，由于各种评价方式有利有弊，应该合理安排，运用多种方式进行评价，发挥其不同优势，避免其不良效应。

此外，评价者要灵活多样地反馈评价结果，注意反馈时的方式、方法，尽可能避免被评价者的心理冲突，尤其对于评价不高的评价结论，要做全面、客观的分析与解释，引导被评价者客观地认识自我，并针对不同对象的特征和需要，在适当的范围内进行反馈，避免扩散，引起被评价者的不满情绪和极端行为等。

3. 加强规范与管理

对于干扰或有意破坏工作的被评价者也要采用一定的纪律约束和惩罚措施，如给予警告或禁止其参加评价活动等。

本章小结

本章围绕教育评价的程序着重阐述了三个方面的内容。

1. 教育评价的基本程序及每个阶段的主要任务。教育评价的程序大致可以分为三个阶段：评价准备阶段，主要工作任务包括分析评价背景、建立组织机构、设计评价方案；评价实施阶段，主要工作任务包括试评价和正式评价，正式评价具体包括收集信息、整理信息、评议评分、综合评价；评价结果分析处理阶段，主要工作任务包括分析诊断问题、检验评价结果、反馈评价信息、总结改进评价工作等。

2. 教育评价的准则与标准及其设计方法。教育评价的准则是在教育评价活动之前对被评属性或方面质的规定，教育评价的标准是对被评属性或方面量的要求。

教育评价准则包括指标体系和概括性问题两种形式。其中，指标体系及其权重的设计是重点。指标体系的设计需要遵循一定的原则，重点处理好具体和抽象的关系、独立和相关的关系、定量与定性的关系等，其设计方法主要有因素分解法、理论推演法、经验法、头脑风暴法等，设计权重的方法主要有专家意见平均法、德尔菲法、秩和运算法、层次分析法等。

教育评价的标准包括评价量表和评价标准两种形式。常见的评价量表有形容词量表、数字式量表、形容词—数字式量表、内涵定义式量表、外延定义式量表等；评价标准一般包括相对评价标准和绝对评价标准两种。

3. 教育评价中的心理及其调控。教育评价中的心理主要分为评价者心理和被评价者心理，其中评价者心理主要表现为次序效应、晕轮效应、期望心理、成见心理、同行心理等，被评价者心理主要表现为疑惧心理、被审心理、应付心理、逢迎心理、期待心理、防卫心理、对抗心理等，针对两者不同的心理状态，需要进行不同的心理调控。

总结 >

Aa 关键术语

教育评价程序 The Procedure of Evaluation	评价准则 Evaluational Criterion	评价标准 Evaluational Standard	评价指标体系 Evaluational Index System
权重 Weight	德尔菲法 Delphi Technique	评价者心理调控 Psychological Adjustment and Control of Evaluator	被评价者心理调控 Psychological Adjustment and Control of Being Evaluated

章节链接

本章中所论述的教育评价程序与第五章"教育评价的模式"相关内容有紧密联系，是已有典型教育评价模式中程序性内容的沉淀与凝练。另外，关于教育评价程序中涉及的具体方法，将在第七章"教育评价的方法"中做进一步说明。

应用 >

体验练习

1. 一次完整的教育评价活动都包括哪些主要阶段？每个阶段的主要工作是什么？

2. 设计制定教育评价指标体系的主要有哪些？需要注意哪些问题？

3. 常用的权重确定方法有哪几种？它们的特点是什么？

4. 在教育评价过程中，评价者和被评价者一般会产生什么样的心理行为？怎样进行调控？

拓展 >

补充读物

1　陈玉琨. 教育评价学[M]. 北京：人民教育出版社，1999.

　　该书第2章系统介绍了教育评价的步骤及其技术和方法，认为教育评价的基本步骤包括评价准备、评价实施、评价结果的分析处理三个阶段，每个阶段分别要完成一定的评价任务，每项任务又与特定的技术或方法相对应。该章对于我们了解和把握教育评价程序的理论知识和技术方法有着重要的指导性作用。

2　陈玉琨. 中国高等教育评价论[M]. 广州：广东高等教育出版社，1993.

　　该书第6章深入、系统地讲解了教育评价准则和教育评价标准的主要理论问题和方法技术，对评价准则和评价标准的概念、内涵及其特征的分析十分深入、清晰，对于我们深刻理解评价标准和评价准则问题有着重要意义。

3　王汉澜. 教育评价学[M]. 开封：河南大学出版社，1995.

　　该书第3章和第4章专门论述了教育评价指标体系的制定以及确定评价指标权数的方法，明确给出了制定教育评价指标体系的原则、步骤、任务以及应该注意的问题等，还详细讲解了确定评价指标权数和构造评价指标权集的主要方法，是学习者了解、学习教育评价指标体系问题必不可少的专业资料。

第七章
教育评价的方法

本章概述

　　教育评价的方法在教育评价中具有重要的地位和作用，是各种教育评价活动得以有效开展的基础和前提。本章主要介绍和讨论教育评价方法的概念，量化评价与质性评价，几种主要收集评价信息的方法的概念、类型、步骤和优缺点，以及得出评价结论的方法等内容。

结构图

ⓐ 教育评价方法的概念 ｜ ⓑ 量化评价与质性评价

教育评价方法概述

1

教育评价的方法

2

教育评价的主要方法

ⓐ 收集评价信息的方法 ｜ ⓑ 得出评价结论的方法

学习目标

学完本章，你应该能够做到：

1. 理解教育评价方法的概念。
2. 明确量化评价与质性评价的概念、优缺点以及两者之间的关系。
3. 掌握几种主要收集评价信息的方法的概念、类型和步骤，并明确其优缺点。
4. 掌握几种得出评价结论的方法。

读前反思

1. 你是如何理解教育评价方法的？
2. 你是如何理解量化评价与质性评价的概念、优缺点以及两者之间的关系的？
3. 你知道哪些收集评价信息的方法？其类型、步骤和优缺点是什么？
4. 得出评价结论的方法都有哪些？

选择教育评价方法是开展教育评价工作的前提和基础，选用恰当、合适的教育评价方法可以收到事半功倍的效果，而运用低效、错误的教育评价方法就会导致不科学的评价结果，甚至对评价对象产生误导。因此，为了保证教育评价的顺利进行和取得良好的评价效果，必须重视运用科学、适当的教育评价方法。

第一节
教育评价方法概述

学习目标

理解教育评价方法的概念；掌握量化评价与质性评价的方法。

一、教育评价方法的概念

教育评价方法是评价者根据教育评价目标和理论，在收集评价对象的各种质量表现，做出评价结论时所运用的操作方式和工具。教育评价的目标是多种多样的：有的目标在于促进对象达到教育目标的要求，有的目标在于激励对象之间相互竞争，有的目标在于引导对象自我反省和自我教育。教育评价理论是我们在进行方法的设计和运用过程中必须遵循的规律。教育现象纷繁复杂，而教育评价只选择其中的各种质量表现作为评价内容，如学生的发展质量，教师的教学质量，学校的办学质量。质量包括教育结果的质量和教育工作的质量两种。对于中小学而言，主要的教育结果质量是指学生的发展质量。

为了更进一步明晰教育评价方法的概念，下面对教育评价方法与教育评价方法论，教育评价方法与教育研究方法两组概念的区别与联系分别进行澄清。

认识教育评价方法，首先应把教育评价方法与教育评价方法论区别开来。方法是指关于解决思想、行动等问题的门路、程序等。方法论指在某一门科学中所采用的研究方式、方法的综合。教育评价方法是在具体评价中可操作的手段和程序，带有很大的应用性质；教育评价方法论解决的是教育评价这门科学研究与发展的原则、途径与方式问题，属理论研究范畴。教育评价方法与教育评价方法论又有密切的联系，教育评价方法论是教育评价方法的上位概念，对教育评价方法具有指导意义；教育评价方法则是对教育评价方法论的具体实施。

教育评价方法与教育研究方法也存在着区别与联系。第一，从评价使用目的来看，前者使用的目的是给评价对象做出评价结论；后者使用的目的是揭示教育规律，寻求教育问题的解决方法。第二，从作用的对象来看，前者的对象是评价对象的质量表现；后者的对象是各种教育现象和问题。当然，除了区别外，它们在形式上、过程上有相似的操作步骤。以研究为基础的评价，科学性和权威性更高，建立在对评价对象进行深入研究、对教育进行深入研究的基础上的评价更具专业性。

　　教育评价方法是教育评价理论和实践相联系的纽带。教育评价方法作为一种中介，把教育评价理论和实践联系起来，它同时包含理论和实践两种成分。例如，访谈法强调评价者与评价对象之间的相互作用，反映了现代教育理论中重视评价对象主体地位的思想。在实践中，根据这种评价方法对评价对象所做的结论是评价者与评价对象共同建构的，因而是民主的、科学的。运用教育评价方法能够使我们有效认识评价对象的各种质量表现，区分优劣，为改进教育工作提供重要依据。评价对象的各种质量表现有时明显，有时隐蔽；有时单一，有时复杂。认识这些质量表现以及背后的实质是教育工作者的一项基本任务，应严格按照教育评价方法收集材料，进行科学的评价，从而全面、深刻、准确地认识评价对象。例如，通过测验法认识学生的学业表现，通过对学校的长期观察、广泛调查和典型案例的分析能够加深对学校的认识。

二、量化评价与质性评价

　　科学真理与道德价值之间的矛盾与对立自古延续至今，从最初的分野、对峙发展到如今的交融、渗透。随之而来的，在教育评价方法论层面上形成了理性科学精神主导的实证化评价方式和非理性人文精神主导的人文化评价方式。[1]教育评价方法论以其对理论研究独特的作用影响着教育评价理论体系的构成，同时它又与评价实践存在着天然的联系，从而对教育评价实践有着更直接的指导作用。因此，在教育评价方法论的指导下，在实践中形成了问卷法、访谈法、观察法、测验法等诸多具体的研究方法，而为了便于学习与使用，我们普遍将教育评价方法以能否数量化分为量化评价和质性评价两种类型。

（一）量化评价

1. 量化评价的含义

　　量化评价是指对评价对象可以量化的部分进行测量，获取数量化的信息资料，并运用统计分析方法进行分析，以得出评价结果的一类评价。量化评价有三个关键要素。[2]

　　第一，全面性统计。评价所得到的结果具有普遍性，不因时间、地点等背景性因素的变化而变化。

　　第二，抽样研究。评价要从总体中抽取有代表性的样本，通过样本推断总体，从而节省

1　侯光文. 教育评价概论[M]. 石家庄：河北教育出版社，1996：98-99.
2　肖远军. 教育评价原理及应用[M]. 杭州：浙江大学出版社，2004：14.

研究资源和时间。

第三，确定事物之间的关系。认识评价对象的全貌，达到预测和控制评价现象的目的。

在实际操作过程中，量化评价以数学方法作为实现目的的工具和手段，要求在对事物进行全面深入的定量分析后，在量化的基础上制定出量化指标，并按一定的量化指标对事物进行描述、分析和评价。目前教育评价中使用的数学方法主要有两类，即教育统计学方法和模糊数学方法，常见的量化评价方法有教育测量（考试）、问卷调查、结构性观察、实验法等。

2. 量化评价的优势和局限

（1）量化评价的优势

第一，简单明了。量化评价方法能够直接反映评价对象的特质，适用于某些简单、单纯的教育现象或活动。

第二，精确客观。量化评价充分发挥了数量化方法客观、准确的优势，有助于降低评价的主观性和模糊性，增强评价的客观性和精确性。

第三，易于比较。量化评价将评价对象进行数量化的分析和计算，有助于加强评价的区分度，方便人们对评价结果进行纵向或横向比较。

第四，便于操作。实践操作性是教育评价活动的基本要求之一，一般来说，只要量化工具的开发设计较好，量化评价就会十分便于人们开展教育评价实践工作。

（2）量化评价的局限

量化评价在教育评价历史上曾经起过非常重要的作用，但该评价方法也存在一定的局限性。

第一，量化评价容易忽视教育中那些不可测量的重要方面，对于人的行为的主动性、创造性和不可预测性等高级心理过程而言，量化评价作用非常有限，正如伯曼（Louise Benman）所言："若只关注可测量的课程，则极易排除对那些不可测量的人类经验的教学。"

第二，量化评价常常以预定目标为评价标准，支持的是有意识、有组织的结果，容易忽略对预定目标之外的非预期事件或非计划性结果的关注，直接影响着给定教育计划的持续性再开发。

第三，量化评价更多地服务于教育管理工作，重视行政管理人员和研究者的需要，容易忽视教师在工作中的实际问题与需要。

第四，量化评价遵从一元化价值评价标准，容易忽视评价相关利益者的价值多元性。

（二）质性评价

1. 质性评价的含义

质性评价是指通过收集非数量化资料信息并运用描述分析方法得出评价结论的一类评价。关于质性评价的含义主要可归纳为三种观点。

第一种观点认为质性评价方法是与量化评价方法相对应的一种评价方法。

第二种观点强调质性评价方法主要是对学生学习过程中的情感、态度、价值观做出评价。

第三种观点认为质性评价方法是在教育、教学活动中，为了解学生的动态学习效果，及时反馈、及时调节，使计划、方案不断完善，以便顺利达到学生预期的发展目的而进行的相关（不是所有）评价。

质性评价方法意味着评价者通过特定方法收集反映评价对象发展状况的丰富资料，对资料进行整理分析，并用描述性、情感性的语言对评价对象的能力发展和人文素养等方面的进步做出评定。其主要特征有以下几点。

第一，强调评价的目的在于促进主体人的整体性发展。

第二，强调评价方式的情境性，认为评价方式存在着许多可能性，具体的操作方法常常因具体情境不同而不同，难以预设确定不变的具体程序。

第三，强调教育教学是需要不断反复检查、反省、修正的、持续的、动态的、变化的过程。

常见的质性评价方法有行为观察和行为记录、成长记录袋、情境测验等。

2. 质性评价方法的优势和局限[1]

（1）质性评价方法的优势

笼统而言，质性评价方法的优势在于可以在微观层面对教育现象进行比较深入细致的描述和分析。

具体而言，质性评价方法的优势有以下几个方面。

第一，全面。质性评价方法既注重教学目标又关注教学过程，不用过于刻板的标准来衡量所有的学生，而是通过学生在学习过程中的表现去判断每位学生的学习质量和水平，是对学生的全面评价。

第二，及时。质性评价方法讲究与教学同步进行，能及时反映学生学习中的情况、发现教学中存在的问题及不足，有利于引导学生的发展方向并对教学做出有针对性的调整。

第三，灵活。质性评价多在自然情境下进行，可以对个体生活世界进行较为灵活的研究，使个体在丰富、复杂、流动的自然情境中接受评价。

第四，深入。质性评价方法采用多种评价方式，可从学生本身、同辈伙伴、教师家长等不同角度获取信息，进而从不同视角对学生进行描述和评价，对学习的评价层次更高、更深入。

第五，持久。质性评价方法不像传统评价方法那样间歇式进行，而是贯穿学习活动始终。

---

1 涂艳国. 教育评价[M]. 北京：高等教育出版社，2007：200-202.

（2）质性评价方法的局限

第一，由于质性评价方法更多地采用了开放的、即时的评价方式，特别是对学习过程的评价，所收集的资料和判断的标准可能都会因时而变、因人而异。

第二，质性评价方法常常要求评价者对被评价者的个人经验建构出解释性理解或体会。评价者凭借自己的经验和理解，对被评价者的生活经历进行评判，难免会留下自我的思想痕迹。

第三，质性评价方法贯穿于学习和教学过程的始终，评价的强度应该多大才恰当，比较难以把握。

第四，伴随质性评价方法产生的还有许多新颖的评价工具，这些评价工具同样有明显的局限。如消耗时间过多、评价标准不稳定等。

（三）量化评价和质性评价的比较

量化评价和质性评价方法在方法论基础、价值取向、实践功能、评价标准与侧重点，以及评价主体、评价结果等方面具有较大的区别，但各自都有一定的合理性。对量化评价和质性评价在上述诸方面进行比较分析，能加深我们对量化评价和质性评价的认识和理解，从而提高选择评价方法的自觉性和合理性。

1. 方法论基础不同

量化评价方法的方法论基础是科学实证主义。科学实证主义认为，只有客观的、实证的和定量的研究才符合科学的要求，才具有价值。量化评价方法本质上是自然科学量化研究范式在教育评价中的反映和应用。在科学实证主义者看来，只有客观、量化的评价才是科学、有效、合理的评价。因而，量化评价特别强调评价的信度和效度。

质性评价的方法论基础是人文主义、自然主义。人文主义认为，人的行为、社会现象要比自然界复杂得多，自然科学量化研究范式并不适用于对人类社会现象的研究。研究社会现象、社会问题应采用"解释范式"。这种范式在认识论上即为"建构主义"，它强调知识的形成和发展并非只受知识内在理性原则的限制或是纯粹由理性推论而来，而是由主体的意识作用在日常生活世界不断与其他的人和事物的接触中建立的。即知识的形成是经由"协商"的过程而来的。因此，人们应从相互主体的立场出发，交换彼此的观点，以此来诠释行为的意义，进而建立日常生活中共识的规则或知识。[1]质性评价正是这种"解释范式"和建构主义在教育评价中的反映。质性评价的主要特征是强调过程、对话、协商和理解。

2. 价值取向不同

量化评价的价值取向是"工具理性"，它是"科学管理理论"在教育评价方面的产物，

1　陈伯璋. 教育研究方法的新趋向[M]. 台北：南宏图书有限公司，1990：4-6.

其核心是追求对评价对象的有效控制和改进。量化评价主要是一种满足管理者需要的评价，它追求评价结果的客观性，追求评价方法的操作性。在量化评价中，评价成为管理者控制、管理客体的主要手段。量化评价的结果常常用于区分、选拔、奖惩和晋级等。公平地说，量化评价的"工具理性"取向在一定程度上推进了教育评价的科学化进程，它在新课程的评价中仍将是一种主要的评价类型。

质性评价的价值取向是"实践理性"和"解放理性"。它倡导对情境的理解而不是控制，它以人的自由与解放为评价的根本鹄的。这种取向的评价认为，教育评价是评价者与被评价者、教师与学生共同建构意义的过程。评价是一种价值判断的过程，这种价值是多元的。在评价情境中，评价者与被评价者、教师与学生在评价过程中是一种"交互主体"的关系，评价过程是一种民主参与、协商和交往的过程。尽管这种取向被认为体现了教育评价的时代精神，[1]但它并不能完全否定"工具理性"的价值取向，它只能是对"工具理性"的重要补充。二者之间应当保持适当的张力。

3. 评价的功能不同

量化评价的主要功能是甄别、区分与鉴定。量化评价的具体方法有测验、考试和结构性观察等，这些方法的心理学基础是行为主义理论，是"刺激—反应"原理在教育测量中的应用。测验或考试题目是按照"目标—行为—题目"的程序设计的，这样设计出来的测量工具使得量化评价方法具有较强的甄别、区分和鉴定功能。客观性提高了评价的信度，统一的标准提供了比较的基础，大分布区间提供了区分的可能性。因此，量化评价主要为选拔学生，学生评优，教师奖惩、晋级、评职称等提供"客观"依据。量化评价也能为教学改进提供一定的信息，并提供改进的外部动力，但其改进功能要小得多。

质性评价的功能主要是沟通、反思、改进，是一种过程评价，是对过程的描述与反思。质性评价内在地包含了评价双方的对话、交流、沟通与理解，最终促进学生与教师的发展。质性评价由于采用"多元价值"的评价标准，评价主观性比较强，因此，评价结果的甄别、区分功能较弱。

4. 评价标准与侧重点不同

量化评价的标准是一元的，在量化评价时，评价者运用一套标准评价所有的被评对象。评价只关注被评价者的共性，而忽视被评对象的个性和个体间的差异。由于量化评价追求客观性和操作性，因而量化评价主要测量的是学生对基本知识和基本技能的记忆、掌握水平，以及语言逻辑思维能力。它忽略了对学生的经验、情感、态度、兴趣等高级心理品质的评价。人的智力是多元的，量化评价是重要的，但对评价对象的评价却是不全面、不完整的。

1　张华. 课程与教学论[M]. 上海：上海教育出版社，2000：386.

　　质性评价的标准是多元的，它包含两个方面的含义：一是不同的评价者具有不同的评价标准；二是对不同的评价对象采用不同的评价标准。质性评价实质上是一种个体内差异评价。质性评价强调以欣赏的态度对待评价对象，要善于发现评价对象的一切"闪光点"。质性评价在评价内容上更侧重于对非智力因素的评价。它强调通过系统描述、评价者与评价对象的对话交流，来评价人的需要、人与人之间的相互作用、个体的经验、个体的态度和情感等。质性评价对学生掌握基本知识和基本技能等方面的评价的信度和效度都比较低。

5. 评价主体、操作、判断不同

　　量化评价的评价主体是一元的，由于量化评价的价值取向是"工具理性"的，评价就是评价者运用评价工具对评价对象的测量，评价者是评价的主体，评价对象是评价的客体。在评价操作方面，量化评价由于有"标准评价工具"，操作性强，因而简便易行。在评价判断方面，由于量化评价有固定统一的标准，对所有的评价者是"一视同仁"的，因而评价判断是客观的。

　　质性评价的主体是多元的，质性评价注重评价者与评价对象的相互交流，既注重评价者的"他评"，更强调评价对象的自评。评价者与评价对象之间的关系，是一种"主体间关系"，评价者与评价对象都是评价活动的主体。质性评价的操作特征是描述分析，质性评价是在不同主体间的互动中、教育过程中进行的，因而质性评价比较复杂，需要评价主体花费较多的时间和精力。由于质性评价是"无工具评价"，既无统一的评价项目，也无统一的评价标准，是多元价值标准的评价，因此，质性评价判断主观性较强。

6. 评价结果与信息反馈不同

　　量化评价是一种运用测验或量表进行的简单的判断，评价结果常常表现为抽象的分数。评价者只需要统计出总分，得出评价结论，不需要陈述理由。量化评价为教师和学生提供的是"好"与"不好"的简约化信息——抽象分数，并没有关于为什么好、为什么不好以及如何改进的信息。在新课程实施中，需要通过教育评价促进学生学习方式的转变，促进教师的教学行为做出较大的改变，而量化评价在这方面提供的有效反馈信息却是少量的。

　　质性评价结果以系统描述和分析取代了简单、抽象的分数，它不但表明评价对象是好还是不好，而且还指出了好与不好在什么地方，以及为什么好或者不好。它既摆事实，又讲道理，是在评价者与评价对象的交流、沟通的过程中达成理解与共识的。质性评价的信息反馈是双向的、动态的。在双向、动态的信息反馈中，信息会产生新的增量。因此，可以说质性评价为教师教学行为的转变，为学生学习方式的转变提供的反馈信息是有效的、大量的。

　　量化评价与质性评价的比较如表7-1所示。

教育评价

表7-1　量化评价与质性评价对照表

比较维度	量化评价	质性评价
方法论基础	科学实证主义	人文主义、自然主义
价值取向	工具理性	实践理性、解放理性
评价功能	甄别、区分、鉴定	沟通、反思、改进
评价标准	一元标准	多元标准
评价内容	认知因素	非认知因素
评价主体	一元主体	多元主体
操作特征	简便易行	操作复杂
评价判断	客观	主观
评价结果	抽象分数	系统描述
信息反馈	小信息量	大信息量

（四）量化评价和质性评价的结合

从上述量化评价与质性评价在诸多方面的比较可以看出，两者之间表面上存在着尖锐对立的倾向，但从辩证的角度看，二者实际上是一种优势互补的关系。恰当地处理好二者的关系，可以充分发挥二者的长处，弥补二者的缺陷，使之结合成为一种实用、高效的教育评价方法论体系。我们认为，寻找两者之间的结合点应是促使二者相结合的首要条件，其结合点应包含以下三个方面。[1]

1. 指导思想上的结合

首先应从对教育现象的正确认识出发，在指导思想上树立两种教育评价方法并重的观点。作为评价对象的教育活动有客观性、可测性的一面，在评价中就可以利用量化评价方式进行客观、准确的评价，以提高工作效率。同时，教育科学作为一门社会科学，在教育活动中存在着大量的人文因素，充满了人的主观性特点，单靠实证化、数量化方法无法认清评价对象的本质特征，需要质性评价方式对评价对象做深层次的理解和解释，以便有针对性地解决问题。

2. 评价主体素质的结合

无论是量化评价方式还是质性评价方式，在评价过程中都必须由评价人员具体操作，评价人员具备什么样的素质常常影响着评价人员选择评价方法的倾向性。因此，两种评价方法论在主体素质中的结合情况，会影响两种评价方法论能否结合及结合的程度。

评价主体素质的结合，一是要求实证精神与人文精神的结合。实证精神是对客观性、准确性的不懈追求；人文精神则是坚持整体性、综合性，追求理性分析和主体意义的把握。这

1　刘志军. 关于教育评价方法论的思考[J]. 教育研究，1997（11）：44-47.

两种精神结合在评价主体素质中，就可以在评价中有效地避免两种方法论之间无谓的争论，也不至于出现两种方法论结合过程中的"两张皮"现象。

二是要求评价主体应同时具备数学和教育理论两方面的知识修养。量化评价方式的主体是数量化评价，如果没有扎实的数学知识修养，就难以建立正确的数量化评价指标，也可能会出现评价方法的误操作。同样，如果没有丰厚的教育理论知识修养，就难以根据评价对象的不同情况，做出不同的分析结果，也无法利用量化的结果做出进一步的理解和解释。

3. 具体评价方法与技术的结合

两种评价方法论的结合最终应落实在评价方法和技术的结合上。要实现评价方法论在具体的层次上的结合，第一，应立足于现有的评价方法与技术的结合，使两类评价方法和技术在具体评价中扬长避短、互相促进。如在评价中，先利用质性评价方法找出应解决的问题，在这些问题的基础上进行量化的分析与处理，然后对量化分析的结果进行理解解释，从而达到有针对性地提出问题、解决问题的目的。第二，在使用两类方式的过程中应尽可能地吸收对方的长处，使每一类方法都逐步完善起来。质性评价方式可以吸收量化评价方式强调客观性的优点，在收集和处理资料，以及得出结论过程中，尽可能少地融入个人偏见，使结果尽量向"客观"的方向靠拢。量化评价方式则可吸收质性评价方式重视多种因素的交互作用的特点，在分析处理资料时，充分考虑评价对象内外部因素的相互影响，从而有效地消除误差，做出切合实际的结论。

第二节
教育评价的主要方法

🎯 **学习目标**

掌握几种主要的收集评价信息的方法，并明确其优缺点；理解并恰当运用得出评价结论的方法。

一、 收集评价信息的方法

教育评价是要获得对教育评价对象客观、公正的价值判断。而要做到这一点，除需要有科学实用的教育评价方案外，最主要的是获得及时、可靠、全面、清晰的评价资料，评价资料的搜集是教育评价赖以开展的前提和基础。[1]一般来讲，教育评价过程中收集信息的方法有以下几种。

1　王汉澜. 教育评价学[M]. 开封：河南大学出版社，1995：102.

（一）观察法

1. 观察法的概念

观察法是指评价者对评价对象在自然状态下或者有控制状态下的有关行为表现做出描述性如实记录的方法。评价目标和标准是观察的依据，它能够保证观察的目的性。评价者借助自己的感官，如眼、耳等直接收集材料；也可以借助一些器具和仪器，如单向镜、望远镜、放大镜、录音机、照相机、录像机等收集材料。评价者用文字、图表记录观察的结果，也可以用录音机、录像机全部录制保存。

观察法的适用范围如下。

第一，适合于收集各种外显行为材料，包括语言、动作、表情等表现。有的学者把观察法称为行动观察法，这有一定道理。这种方法强调运用各种感官收集材料，而感官只能够收集到那些看得见、听得到的信息。通过观察法获得的行为信息通常具有一定的真实性。

第二，适合于定性评价。在观察中，收集材料一般采取非数量化的形式，强调对行动的真实描述和记录。即使有一些数量表示，那也是简单的、辅助性的。例如，某教师上课提了几个问题、有几个学生发言、男女学生的比例等。重点是描述教师所提问题的内容，学生发言的具体内容、质量和创造性。

第三，适合于数量较少的评价对象。评价者在观察时，常常要认真、仔细地注意对象的行为表现和细节，并且做详细的记录；同时不能干扰评价对象的活动，故需要较长的时间才能收集到所需要的材料。这样，评价对象就不能过多，否则就会影响观察的全面性、客观性，降低评价的科学性。

第四，适合于辅助其他评价方法。评价对象的各种行为表现都可以用观察法加以评价。在运用其他方法时，或多或少都涉及评价对象的实际行为，这时都可以辅助性地运用观察法。例如，运用访谈法时，一方面我们有目的地问一些问题，对访谈对象的语言信息加以整理和分析；另一方面可以观察对象的动作、表情、语气，这些信息能帮助评价者有效地解释访谈所获得的语言信息。

2. 观察法的类型

根据评价者与观察对象接触方式的差异可以将其分为两种。

（1）直接观察法

它是指评价者亲身经历和目睹对象行为发展过程的一种方法。例如，评价者到课堂里听课，观察教师的讲授和学生的学习。按照评价者深入程度和对观察对象影响大小的不同，可以把直接观察法分为参与性观察法、部分参与性观察法和非参与性观察法三种。

第一，参与性观察法是指评价者参与到这项活动中，充当活动中的一个角色的一种方法。在运用这种方法时，评价者与观察对象之间的关系密切、感情融洽，观察对象没有意识到评价者正在收集评价材料；或者感觉到评价者的意图，但并没有介意，没有影响对象原有的行为表现。如在辩论赛活动中，教师以普通一员的身份参与讨论但并未影响到学生的观点和看法，在此过程中观察学生的语言表达能力、发散思维能力和知识广度。

第二，部分参与性观察法是指评价者部分地观察对象的活动，即有时参与到对象的活动中，有时独立于活动之外的一种方法。例如，听课的评价者在学生开展实验时参与其中，而实验结束后，教师开始集体讲授，评价者回到座位上继续观察。

第三，非参与性观察法是指评价者不干预对象的活动，不影响对象的行为表现，而在一旁独立地观察的一种方法。评价者不能与对象一起活动，不能提出问题，不能表现出满意或者不满意的态度，评价者最好不在现场，而是通过特殊方法观察对象的活动过程。例如，通过单向镜观察学生在教室里的表现，从直播视频中去观察现场的情况。

（2）间接观察法

它是指评价者通过仪器等中间手段间接地收集观察材料的一种方法。在这种观察中，评价者没有目睹评价对象的活动，当然也没有干预对象活动。需要指出的是，通过架设摄像机或单向镜进行观察对评价对象有影响，不属于间接观察。间接观察法有间接经历观察法和残迹观察法两种形式。间接经历观察法是指评价者不直接经历对象的活动，而是借助仪器悄悄地记录下活动的经过，并且事后加以整理和分析的方法。例如，可以通过一架自动的隐蔽摄像机记录学生在自习课中的表现，用录音机悄悄地录下教师整堂课的教学。残迹观察法是指评价者在完全不能参加活动的情况下，通过观察对象活动留下的痕迹、线索，推断对象活动情形的一种方法。间接经历观察法与直接观察法中的非参与性观察都强调不影响对象的行为，让他们自然地、真实地表现自己，但是前者强调评价者没有亲身经历，而后者强调评价者的亲眼所见。

根据对观察情境的控制程度不同可以将其分为三种。

（1）自然观察法

它是指在对观察对象的行为不加控制和影响的状态下，对其活动过程和结果进行观察的方法。这是一种最典型、最常用的观察法。这种观察最好是隐蔽的，对象没有感觉。评价者不在场时可以达到这一要求。当然，在场的条件是评价者的存在及其观察不能对被评价者造成影响。例如，美国心理学和法学专家罗森汉（D. L. Rosenhan）假冒精神病人住进精神病院，真实地观察了医护人员与病人的交往过程。用这种方法能获得真实的材料。这些材料是定性的，不容易统计，而且只有被动地等待对象的有关行为出现时才能收集到材料，一般很费时间。

我们到中小学听课的时候要做观察。为了使观察自然，我们要做一些暗示、解释工作，如"我是大学的老师（暗示我们是局外人），我和我的学生是来接触教学实践、了解情况、向你们学习的，你平常怎么上课现在就怎么上课。我们会通过多种途径来了解贵校的教学情况（解释我们还会听其他老师的课），请你不要紧张。我们的观察和研究不会影响你和贵校的利益和荣誉"。如果我们表现出足够的善意和诚信，我们的在场不会影响教师教学的真实性，这样我们的观察就是自然观察。

（2）情境观察法

它是指在对环境做部分控制的情况下对观察对象进行观察的方法。部分受控的环境会影响对象的行为表现。例如，教师课后坐在教室里观察学生的交往特点。教师在场，课间休息只有短暂的十分钟，这些是受控的环境条件，它们会抑制学生的交往。这时，有的学生大方地与他人交谈，甚至积极地与教师交谈，这说明该学生交往动机比较强。这种观察方法能够克服上述自然观察法颇费精力的弊端，较为有效地获得典型的材料。但是，运用这种方法时难以巧妙地设计情境，难以明确地界定情境中行为的含义，所收集到的材料大多是定性的，难以进行统计处理。

（3）实验观察法

它是指在严密控制无关变量的条件下，让自变量发生改变，观察因变量的变化，揭示自变量和因变量之间的因果关系或相关关系的方法。这种方法有利于揭示观察因素之间的逻辑关系。然而影响评价对象的无关变量数不胜数，变化莫测，很难做到"严密控制"。

3. 观察法的步骤

第一步：确定观察目的。

观察目的是指观察活动所要完成的任务和要求。评价目标同时也可以成为观察目标。它是整个观察活动的依据。目的明确，观察才能细致、深入和有效。

第二步：设计观察提纲和记录方式。

观察提纲是观察目的的具体化，是观察活动的指导纲要，它明确地指出观察的重点、范围、时间和次数。记录方式有很多，如详细记录、简略记录、录音、录像等。每种方法各有特点，应该根据具体情况选择一种或几种方式。

第三步：确定观察对象和方法。

观察对象是指观察活动所指向的某一群体或者个人。根据观察目的、对象的特点选择上述观察方法，如是直接观察还是间接观察，是自然观察、情境观察还是实验观察。

第四步：进行试探性观察。

以上准备工作都是理论上的设计，它们是否符合实际，尚需验证。在正式观察之前，可以选择个别对象进行观察，以验证目的是否明确，提纲是否具体，记录方式是否有效，对象和方法是否适合。最后，根据试探性观察的情况调整和修订各项准备工作。

第五步：实施观察。这是进行观察法的关键阶段，主要做好以下工作。

一是提前进入观察领域。观察者进入观察地点，熟悉对象和活动特点，主动与评价对象交谈以消除陌生感。观察者位置的选择包括两个方面：方位和距离。方位是指观察者如何面对被观察者；距离是指观察者和被观察者之间的远近。距离的标准是：保证被观察的现象能够清晰地处在观察者的视野内；保证被观察者保持常态，不受干扰。使用照相机时尽量不开闪光灯，尽量利用变焦，不要频繁地在观察地点来回走动。征得评价对象同意后才能架设摄像机。如果观察对象敏感、胆怯，我们可以把录音机或录像机放在比较隐蔽或边缘的地方，这样有利于观察对象发挥自己的正常水平。摄像机不要逆光放置，也不要背对师生，注意声音效果，注意推进镜头，拍一些细节和表情动作。使用摄像机前要备好电池，完成倒带，找好备用电源插座等。

二是要有目的、有计划地观察。这里讲的观察不同于日常生活中的自发零碎的观察，要反对在教育评价实践中存在的那种漫无目的，走到哪里看到哪里，带到哪里查到哪里的官僚主义式的观察或者检查。应根据观察提纲如实、仔细地记录活动的过程和结果，不要超出提纲的范围，不要被无关因素影响。观察既要总揽全局，又要突出重点。例如，观察学生的品德发展水平，就要重点观察学生在关键时刻、在教师不在场时的行为表现，诸如考试前是否还坚持做好事，在家里行为习惯如何等。

三是观察要认真、客观。观察者要协调五个方面的活动（观看、倾听、询问、查看、思考）。这就需要观察者既要有敏锐的观察力，又要有精湛的专业知识。例如，对心理学中注意规律的透彻理解有助于我们观察学生在课堂上的注意力是否集中；对教学的教育性特点的深入领会有助于我们观察教师的教学是否具有思想性。同时，观察一定要客观，尽量排除主观干扰，如实记录，不挑选，不要带着预先设定好的结论去观察；也不要先入为主，使先前的观察形成的思维定式影响随后的观察。为了增强观察的客观性，我们提倡利用仪器，如录音机、摄像机来记录，或者采用笔录，观察者要相互核对交流观察记录。

四是要进一步证实含义模糊的材料。观察所获得的材料常具有表面性，而材料的确切含义是什么，需要做深入的了解，这样才能确保材料的真实性。例如，上课时，有两个学生打瞌睡，不能武断地认为教师的教学单调导致学生疲劳，可能是这两个学生前一天熬了夜或者身体不适导致的。行为本身具有多层含义，行为背后的动机也异常复杂。我们可以使用其他的方法，如调查法、测验法来证实通过观察法所收集的评价材料。验证的过程，一方面明确了评价材料的含义，另一方面也丰富了评价材料的内容。

第六步：处理材料。

观察结束后，需要及时地对材料进行分类整理。要根据观察目的对材料加以初步的取舍，并且按某一标准加以分类。对已经分门别类的材料加以初步的数据统计，如观察某个教师的课堂教学，可以做如下分析：教师讲述的时间有多少分钟，学生活动的时间有多少分钟，教师提了几个问题，有多少学生举手，有多少学生发言，发言两次以上的学生有几个，学生回答的正确率是多少，等等。

4. 对观察法的评论

观察法有如下三个优势。

第一，观察法简便易行。在许多情况下，它不需要什么设备和条件，只是凭眼睛和耳朵就能进行观察。观察对象的行为表现是普遍存在的，观察者只要随时随地留意，就能捕捉到丰富、翔实的材料。

第二，观察所获得的材料具有真实性。"耳听为虚，眼见为实"。观察法强调对行为的客观记录，行为本身是最有力的材料。大部分材料是观察者亲自获得的第一手材料，这在一定程度上可以排除观察者和观察对象主观意志的影响，保证材料的真实性。

第三，观察所获得的材料以定性材料为主，这有利于根据这种材料做出评语，做出符合个体差异的评价。

观察法有如下三个不足。

第一，运用观察法所获得的材料具有表面性。观察法根据对象的行为表现来收集材料，而行为表现背后的动机、情感纷繁复杂，有时个体还表现出虚假行为。所以，难以通过观察法深入评价对象内部的心理活动，难以把握事物的本质。

第二，观察效率不高。观察时需要观察者认真仔细、长时间地投入精力。因此，一个观察者只能关注有限的对象。观察对象数量的局限会影响收集材料的范围，从而限制评价结论的普遍适用性。在观察中，只能等到所关注的行为出现时才能加以观察，为了提高观察的准确性，需要长时间的等待。

第三，所获得的材料难以做量化统计。观察所获得的材料大部分是一些定性材料，对这些材料可以进行分类整理，但是不易进行数据统计处理。因此，得出的评价结论一般是定性的表述，缺乏精确性。

（二）访谈法

1. 访谈法的概念

访谈法是评价者通过与访谈对象（可能是评价对象，也可能不是评价对象）面对面的交谈而收集评价信息的一种方法。面对面的交谈可以是评价者与一个访谈对象之间的交谈，也可以是评价者与众多访谈对象之间的交谈。这种交谈是评价者亲自参加的，所获得的材料是评价者从与访谈对象的谈话中听到的，没有经过中间环节。

访谈法的适用范围是：第一，适合于文化水平较低的访谈对象。这种方法需要访谈对象口头表述一些事实，自己的认识、情感、态度和对他人的意见等，对访谈对象的文化水平尤其是语言表达能力要求不高。第二，适合于了解访谈对象的心理特征和思想状况。这些内在的心理品质难以通过外在的行为表现出来，通过访谈了解其心理活动和思想状况，从而有利于对这些内在的心理品质和思想状况的评价。

2. 访谈法的类型

根据访谈时是否有访谈的计划和大纲可以将其分为以下两种。

（1）结构型访谈法

它是指由访谈者按照事先设计的访谈计划和提纲依次提问、访谈对象依次回答的一种访谈方法。由于有预先设计好的规范问题，严格的答题要求，所以能够保证材料的条理性，有利于对材料的分类整理和利用。但是，这种方法缺乏灵活性，限制了评价者的机动应变，妨碍访谈对象充分地反映情况，可能使访谈变成一种刻板的例行公事。

（2）无结构型访谈法

它是指不设计访谈计划和提纲，由访谈双方围绕评价目标自由交谈的一种访谈法。评价者可以根据评价目标和对象的具体情况灵活地问一些问题，甚至可以谈主题外的内容，这样可以缩短双方的心理距离，消除访谈对象的陌生感和顾虑，收集到一些真实的材料。但是，这种方法的随意性大，收集的材料比较杂乱，这些都会影响评价的科学性。这种方法适合于访谈者对访谈对象缺乏了解的情况，也适合于那种投石问路式的试探性"侦察"。

根据访谈对象人数的多少可以将其分为以下两种。

（1）集体访谈法

它是指由一名或几名访谈者（评价者）与众多访谈对象交谈，以收集材料的一种访谈法。访谈对象一般有5～15名。这种方法可以节省访谈者的时间和精力，促进访谈对象相互启发，提高访谈的效率。但是，也可能浪费其他访谈对象的时间，有时还会出现访谈对象相互戒备、消极应付的局面。访谈者在开始前要明确访谈要求，主要包括：鼓励大胆发言，不要有顾虑；适当控制发言时间；尽量谈自己的看法，一般不批评和驳斥别人的观点；围绕所提出的问题和中心发言，不要跑题。同时，要提示鼓励那些没有发言的人积极提供评价信息。访谈者应尽可能了解各种不同的意见和看法，以便对问题有多角度的认识。

（2）个别访谈法

它是指由一名访谈者（评价者）单独与一名访谈对象交谈而收集材料的一种方法。这种方法可以消除对象的一些戒备心理，使其比较自由充分地发表意见，交谈也会较为深入、全面。但是，这种方法耗时费力，调查的对象数量很少。有时由于没有他人在场，对象谈话的主观性可能很强，情绪色彩浓，影响评价的客观性。

3. 访谈法的步骤

第一步：明确评价目标，制定访谈提纲。

明确访谈的目的是运用访谈法的前提条件，制定访谈提纲是运用访谈法的重要内容。访谈提纲是访谈的框架和主要问题，应该精心设计：简单的事实性问题放在前面，比较复杂的问题放在后面；在用词上要简洁明了，避免用专业术语和晦涩的字词；问题的含义要明确，不能问一些访谈对象不熟悉的问题；对于敏感问题，或者不问或者间接委婉地提问；要防止提问可能产生的暗示作用，防止在问题中流露评价者的态度和观点。为了使访谈对象有所准备，便于安排，应该预先把访谈提纲发给访谈对象，让他们做好准备，提高访谈的效率。以下是一份访谈提纲。

"学生评教"活动访谈提纲（用于学生）

此次访谈主要是为了弥补问卷的不足，从而进一步了解学生对"教师教学质量学生评估"活动的意见和建议，以便修订和完善"教师教学质量学生评估指标体系"。访谈的主要内容包括：①学生对评教活动的总体看法。②学生对评教过程以及如何处理评教结果的意见。③学生对评教指标体系的建议。④学生对调查问卷的意见和建议。

指导语：各位同学，大家好！我们这次访谈是为了征求大家对"教师教学质量学生评估指标体系"进一步的修订意见。"教师教学质量学生评估活动"不仅影响到教师的利益，与教师的职称、工资挂钩，而且还影响到教学安排、师资配备等整个教学工作，进而对同学们的学习产生重要的影响。所以，请各位同学能够认真对待这次活动，做评教真正的主人！

访谈的具体问题包括：

1. 介绍学生评教流程，并听取建议。

2. 你认为学生评教对于改进教师教学是否有促进作用？

3. 你认为有哪些因素会影响学生评教的客观性？

4. 你认为多长时间评教一次比较合理？为什么？

5. 你认为评教结果有无必要向学生公布？如果需要公布，你认为采取什么方式比较合适？

6. 你认为"教学质量学生评估表"中一级指标、二级指标的拟订还存在哪些问题？有没有补充？

7. 以前我们让学生直接在A、B、C、D四个等级中做出选择，现在让学生选择的同时，我们还明确了每一等级的分值范围，并让学生在范围内打分，你觉得这种做法如何？

8. 你认为我们的问卷从这几个层面来设计是否合理？有没有要补充的？

9. 你对问卷中问题的陈述及选项的设置方面有没有什么意见？

10. 你认为通过网络发放问卷这种方法好不好？为什么？

第二步：选择访谈对象、访谈类型、访谈地点和时间。

评价者要根据实际情况提出选择访谈对象的条件（如有代表性的、典型性的、优秀的或普通的访谈对象，规定他们身份，或随机抽样）。例如，对某所中学进行办学质量评价，可以请学校找10个在校学生，找8个不同年龄段、不同学科的教师，找3个中层干部，找5个毕业生和3个用人单位代表来开座谈会。学校选出10个最好的学生来开座谈会，评价者就按照最好学生的标准来定位这10个学生，比较每所学校最好的10个学生的水平。根据访谈对象的多少和访谈者的人数，以及访谈的目的，选择访谈类型。可以选择访谈对象熟悉的地方作为访谈地点。时间的长短以方便访谈对象为准，要留有余地，让大家充分发言。

第三步：预备性访谈。

它不是正式谈话前的实验性谈话，而是正式谈话的一个前奏，具体包括介绍访谈的目标、意义，做出承诺以消除访谈对象的顾虑，有时甚至可以做点闲谈，以消除紧张氛围，融洽与访谈对象的关系，争取对象配合与合作。访谈者要有礼貌，态度要真诚，要平等待人，采取讨论式的商量态度，不可当"钦差大臣"，不可摆架子，不可先入为主、自以为是，用事先定好的"调子"或"框框"去"找材料"。如果访谈对象同意，可以使用摄像机、录音机等记录访谈过程。

第四步：有计划地按照访谈提纲引导对象发表意见。

访谈者的态度始终要亲切，不可有批评的态度或者异常惊讶的神态，不可催促对象回答或者暗示其回答问题。要及时做好记录，记录时不能依据个人好恶任意地取舍，要做全面客观的记录。一般采取当场记录的方式，如果这种方式严重地影响对象的表现，就采取事后追记的方式。要把握住访谈的方向和主题，尽量避免题外话。访谈者使用的言语要尽量简短。访谈者有不清楚的地方，可以深入追问。有时我们可以直接要求访谈者说明信息的特性，如"这个话是事实。""这个话是我个人的感受。"这样会减少评价者的工作难度。

访谈者要回应访谈对象的谈话。回应的方式包括：语言上的呼应和点头，适合表情的呼应，重复、重组和总结。重复是让访谈对象再次确认其提供的重要信息。重组是把访谈对象的话按照自己的理解重新组织一下，以便检查自己的理解是否正确。总结是把访谈对象的话进行归纳概括，确认自己的理解是否正确。可以鼓励、表扬访谈对象的谈话态度，但是对于具体的内容，访谈者要谨慎表态，最好不表态，以免影响访谈对象的回答。

第五步：处理材料。

对于访谈对象提供的信息要能够正确辨别，分清真假，把录像机、录音机中有价值的信息尽快整理出来。根据访谈目标及时对材料进行筛选，并把筛选的材料做分门别类地整理，能够运用数学计算的材料要做简单的统计处理。

4. 对访谈法的评论

访谈法有如下三个优势。

第一，有利于深入地了解访谈对象。这种方法通常是在评价者利用其他方法获得了一些局部材料和初步的感性认识之后，需要加深认识访谈对象时所采用的一种方法。这种方法能详细地了解对象的思想观念、态度和认识过程，避免有的评价方法的表面性。这种方法要求评价者表现出友好、亲切、真诚的态度，以争取访谈对象的信任和合作。评价者与访谈对象之间保持紧密的关系，也有利于访谈深入、细致地展开。

第二，灵活机动。访谈法强调评价者与访谈对象的和谐关系，评价者可以根据对象的特点和回答问题的具体情况有针对性地提出一些问题，而访谈对象也能够充分地、自由地发表意见。在交谈过程中，也可以针对具体情况提出新问题。

第三，具有广泛的普适性。访谈是通过口头语言的形式来实现的，对于那些不适合用书面语言、文化水平较低的对象来说，访谈法更为恰当。对于访谈对象来说，与观察自己的实际行为、要自己填写问卷相比较，交谈是比较轻松的一件事。

访谈法有如下四个不足。

第一，耗费人力、财力和时间。进行访谈调查时，不仅需要花费时间和精力对访谈人员进行培训，而且访谈人员还要花较多的时间让访谈对象依次地发表意见，耗时费力。

第二，访谈所获得的材料是一种间接的定性材料。访谈对象陈述的事实和发表的意见并不是事实本身，而是第二手的材料，其真实性有待验证。它们是一些描述性的材料，难以对其进行数据统计分析，这在一定程度上会影响评价的客观性和精确性。

第三，对访谈者素质要求高。访谈材料的收集在很大程度上依赖于访谈者的语言表达能力、访谈经验和组织能力。如果访谈者具有较高的素质，就能够引导、启发访谈对象充分地发表意见。但是在实际运用中，许多访谈者的语言表达能力不强，组织能力一般，常常造成访谈的质量不高。

第四，访谈的对象有限。由于访谈法要求评价者与访谈对象相互交流，不管是一个对象还是几个对象，都需要让其充分地发表意见，评价者都要认真启发、及时记录，因此，颇费时间和精力，这样就不可能选择更多的访谈对象，在一定程度上会影响评价信息的代表性。

（三）问卷法

1. 问卷法的概念

问卷法是指评价者根据评价目标编制一组书面问题，要求调查对象书面回答，从而获得评价信息的一种评价方法。近几十年来，由于网络的广泛运用和计算机的引入，问卷法日益受到人们的重视。通过问卷法我们可以了解调查对象的一些基本信息和行为方式，他们对某些问题的态度、意见，对于我们做出价值判断有重要意义。

问卷法适合于了解调查对象的行为特征、认识、个人意见、态度、兴趣、差异性表现等。这种方法适合于收集广泛的意见，以评价一个群体、事物或教育机构的发展状况。例如，要评价新课程的效果，除了从理论上进行分析、从实践中进行观察外，可以选择众多的教师、学生、家长进行问卷调查。

2. 问卷法的类型

根据问卷中问题的性质可以将问卷法分为以下两种。

（1）无结构型问卷法

这种问卷的结构松散，比较灵活。一般调查对象的人数较少，不必将材料量化，也不必向他们问完全相同的问题。无结构型问卷法是开放式的，没有固定的回答要求，多用在评价者不熟悉的调查对象中。

（2）结构型问卷法

结构型问卷又称封闭式问卷，是常用的一种问卷。评价者要组织专业人员按照问卷设计的要求严格地编制规范的问卷。所有调查对象回答统一的问卷，对回答有严格的限制。

根据问卷填写方式的不同，可以将其分为以下三种。

（1）分散问卷法

这种方法是调查人员将问卷直接送到被调查对象的手中，待其填写完毕后再及时收回。这种方法比较灵活，不会耽搁对象很多时间，但是问卷的回收率得不到保证。

（2）集中问卷法

这种方法是将调查对象聚集在一起，调查人员直接发放问卷，调查对象当场作答，然后统一回收问卷。这种方法使用最普遍，问卷的回收率高，对象集中精力认真回答，调查效率较高。但是，把许多人集中在一起常常妨碍其学习和工作，有些人因为各种原因不能到场，势必影响评价的有效性。

（3）网络问卷法

这种方法是将问卷制作成网络版，放到互联网上，请有关的调查对象填写。这种方法比较灵活，调查对象的范围广，开支小，比较经济，节省资源。但是这种方法的问卷回收率无法得到保证。调查对象必须有电脑，能够上网，否则无法填写网络问卷，调查对象在填写网络问卷时遇到不清楚或无法解决的问题时常常难以得到及时的答复。

3. 问卷的编制

问卷是评价者和调查对象交流评价信息的中介。运用问卷法的关键是预先设计科学规范的问卷，设计问卷有许多方法、技巧和注意事项。问卷编制的质量影响到调查材料的回收率和调查结果的真实性。编制问卷的要求包括以下几点。

（1）要明确问卷调查的目标

问卷调查的目标要简洁明确，让调查者一目了然。要将问卷调查的目标转化为问卷的内容框架，然后根据框架编制问题与选项。

（2）要把问卷的内容编全

一份规范的问卷一般有六个部分：题目、前言、指导语、问题、被选项、结束语。前言要说明问卷调查者的身份和单位，调查的目的、意义，以引起对象的重视，阐明对象回答问题的重要性，给对象保密的承诺。前言要写得真诚、谦虚，主动感谢调查对象。以下是一份问卷的前言：

亲爱的先生（女士）：

　　您好！我来自洛杉矶加利福尼亚大学调查研究中心。在这次研究中，我们请求洛杉矶市的人民告诉我们，你们如何看待影响你们生计的各种问题。这种信息对于制订计划和科学研究都有价值。您的家庭对于这次调查非常重要，因为它代表了成百没有在我们样本中的其他家庭。您告诉我们的一切都严格地予以保密，您的姓名绝不会与研究结果连在一起。[1]

　　指导语要向调查对象详细说明填写问卷的方法和注意事项，匿名与否，必要时可做示范；可预先解答对象可能提出的问题，防止不规范的回答，减少废卷。调查问题是问卷的主要部分，是一套按规定设计的问题。结束语既可以简短地对调查对象的合作表示感谢，也可以向调查对象征询对调查的意见和感受等。

　　（3）选择问卷中问题的类型要合适

　　根据问题性质的不同，可以把问卷中的问题分为封闭式问题、开放式问题和半封闭式问题。问卷一般以封闭式问题为主，有少量的开放式问题和半封闭式问题。

　　封闭式问题。它是指在问卷中把供对象选择的答案列出来，由对象从中选择一项（少数情况下可以是几项）答案。这种问题适用于了解对象对指定问题的意见。封闭问题的回答单一，方便做数据统计处理。封闭式问题的类型有以下几种。

　　选择式：把问题的几种可能答案都列出，让答卷者选择一个或几个符合自己情况的答案。这是主要的类型。

　　是非式：从相反的两种答案中选择一项。

　　顺位式：列出多种答案，由调查对象按照某一规定重新排列顺序。

　　等级式：列出相互对立的两个极端，中间分几个等级，让调查对象根据要求选择一个等级。等级用1～3，或1～5，或1～7等的数字表示，填答者将反应显示在一个评价量尺上，让答卷人选择一个或几个能表述自己实际情况的数字。答卷人在选择答案时，可选一个数字，整理时用概率统计方法处理；也可以是两个数字，并标出哪个数字更侧重些，用模糊统计方法处理结果。

　　开放式问题。它是指不列出答案，由调查对象自由回答的一种问题。这种问题适用于收集对象的特殊意见和详细的思想过程，也适用于潜在的回答种类太多，以致不能列入封闭式问题的答案中的情况。例如："您对2001年教育部颁布的《基础教育课程改革纲要（试行）》有何评论？""你最喜欢读哪一本书？为什么喜欢这本书？"

1　余炳辉，等编译. 社会研究的方法[M]. 杭州：浙江人民出版社，1986：82.

半封闭式问题。它是指提供几种备选答案，允许对象超越这个范围自由回答的一种问题。这个问题适合于多数对象有明确的回答，而少数对象可能有意外的回答的情况，也适用于评价者对封闭式问题的答案的完整性没有把握的情况。

（4）按照由易到难的顺序来排列问题

首先，请调查对象填写一些基本信息。如住所、性别、年龄、教育程度、民族、职业、经历、宗教信仰、婚姻状况、父母亲职业与教育程度、家庭人数、家庭条件等。至于匿名与否，要具体情况具体分析，大部分情况下最好是匿名的，如果实名填写没有任何负面影响，而且有助于获得全面的评价信息，不妨要求调查对象如实填写名字。其次，安排事实性信息，包括调查对象过去或现在的实际行为和状态以及他了解的其他人的实际行为和状况。以事实性问题开始会使调查对象感到填写问卷轻松方便。再次，安排稍复杂的态度问题和敏感问题。最后，设计几个开放式问题。要把同类问题放在一起，以便于对象回答和评价者分类统计。

（5）问题的表述要通俗、准确和简明

问卷中的问题要清晰明确，让人一看就懂。尽量使用肯定句，避免使用双重否定的句子。有的问卷中的题目含混不清，易引起歧义，如问学生"你经常帮父母做家务吗？""经常"的含义不确切，是每周一次，还是每天一次，"家务"的概念也没有限定。设计问卷时要尊重对象，考虑他们的能力和习惯。凡是调查对象不能理解或者不了解的内容都不应该作为问题设计出来，尤其是陌生的专业术语使人费解，如问学生"你对教师的教学组织形式满意吗？""你的家庭结构是怎样的？""教学组织形式""家庭结构"是教育学、社会学中的专有词汇，有特定的含义，大部分学生不懂。问题的含义要具体单一，不能把两个或两个以上的问题合并成一个问题来表述，如问学生"你父母支持你报考师范学校吗？"备选答案有：A．是；B．否。这是一个复合问题。可能父亲支持孩子报考师范学校而母亲反对，调查对象难以回答。

（6）问题不宜太多

问题太多，会占用调查对象许多时间，导致随意应付现象。例如，某针对家长的幼儿健康问卷调查中有133个问题，供选择的答案有3000多个，其中填空有690个。这样的问卷常常引起调查对象的反感。设计问题要考虑周全，要有一定的概括性，不能事无巨细，面面俱到。问卷的填写时间可以控制到30分钟以内，题量适当，30～60题为宜，开放式问题要少，1～3题为宜。对于某些复杂的问题，要想方设法地简化提问，或者分解成几个容易回答的小问题，编制试题阶段容量应该多一些，在试验后可以比较效果，淘汰不好的题目。问题也不是越少越好，若问题太少，则无法达到收集评价信息的目的。

（7）要避免用暗示性的词语来表述问题

题目设计者在设计敏感问题时要保持态度中立。如"你喜欢教师这类受人尊敬的职业吗？"这个问题包含明显的诱导性，会暗示对象做出肯定的回答。应该用中性的词语来表述这个问题，"你是否喜欢教师这一职业？"同时应注意敏感问题的提问方式，否则会让人觉得问卷设计者不专业，不通人情。例如"假如你可以自由选择同座，你讨厌与谁坐在一起？""你喜欢自己学校的工作氛围吗？"对于这类问题，人们或说假话，或拒绝回答，怕引起误会和麻烦，设计这类问题要注意技巧。

（8）可以设计几个印证效度的问题

可以设计两个题目问一个内容，如果调查对象回答不统一，则说明他回答不认真，其问卷回答的可信度值得怀疑。可以故意设计与事实明显不符合的问题或者选项，如果调查对象填写"对"的选项，就说明他填写问卷时不认真，问卷的效度不高。以下是一份大学生调查问卷。

关于"学生评教"活动的调查问卷

亲爱的同学：

你好！耽误您一点时间。"学生评教"是我校教学管理的重要手段。我们迫切希望了解"学生评教"的有关信息，为修改完善此方案提供依据。希望你认真填写此问卷。我们承诺：你的回答会被保密，除做研究外，不做他用，不会影响你及你所在院系的利益。

此问卷无标准答案，请根据真实情况客观地回答下列各题。非常感谢你的合作！另附上"教师课堂教学质量学生评估表"。

"××学校学生评教系统研制"课题组

1．我的性别是（　　）。

　　A．男　　　　　　B．女

2．我所在的院系是（　　）。

　　A．政法学院　　B．教育科学学院　　C．文学院　　　　D．社会学系

　　E．历史文化学院　　F．经济学院　　G．生命科学学院　　H．城市与环境科学学院

　　I．信息技术系　　J．数学与统计学院　K．物理科学与技术学院

　　L．化学学院　　M．计算机科学系　　N．信息管理系　　O．管理学院

　　P．外国语学院　　Q．音乐系　　R．美术系　　S．体育系

3．我所在的年级是（　　）。

　　A．2011级　　　B．2012级　　　C．2013级　　　D．2014级

4．学生评教有必要。（　　）

　　A．是　　　　　　B．否

5．如果我喜欢这门课程，我会给任课教师打偏高的分数。（　　）

　　A．同意　　　B．基本同意　　　C．基本不同意　　　D．不同意

6．我们很难判断教学任务是否完成。（　　）

　　A．是　　　　　　B．否

7. 学生评分是客观真实的。（ ）

　　A. 是　　　　　　B. 否

8. 如果大家都认为该教师优秀，我虽然不很赞成，但还是会给较高的分数。（ ）

　　A. 同意　　　　　B. 基本同意　　　　C. 基本不同意　　　D. 不同意

9. 我认为老师过于严厉，会影响到他在测评中的得分。（ ）

　　A. 同意　　　　　B. 基本同意　　　　C. 基本不同意　　　D. 不同意

10. 我会认真填写"教师课堂教学质量学生评估表"。（ ）

　　A. 是　　　　　　B. 否

11. 如果教师的形象、气质好，我会给其较高的分数。（ ）

　　A. 同意　　　　　B. 基本同意　　　　C. 基本不同意　　　D. 不同意

12. 评价时我们担心教师利用考试等手段报复我们。（ ）

　　A. 是　　　　　　B. 否

13. 我会给职务、职称或者社会声誉高的教师较高的分数。（ ）

　　A. 同意　　　　　B. 基本同意　　　　C. 基本不同意　　　D. 不同意

14. 考虑到他（她）毕竟是我老师，我一般不会把他（她）评得太差。（ ）

　　A. 同意　　　　　B. 基本同意　　　　C. 基本不同意　　　D. 不同意

15. 现行的"教师课堂教学质量学生评估表"中的某些项目我们还没有能力做出准确判断。（ ）

　　A. 是　　　　　　B. 否

16. 学生评教对教师的教学质量产生了促进作用。（ ）

　　A. 同意　　　　　B. 基本同意　　　　C. 基本不同意　　　D. 不同意

17. 考虑到评价结果可能关系到老师的发展前途，我一般会从宽评分。（ ）

　　A. 同意　　　　　B. 基本同意　　　　C. 基本不同意　　　D. 不同意

18. 为了能在测评中得到高分，有的老师迎合学生，放松对学生的管理，降低考试标准。（ ）

　　A. 同意　　　　　B. 基本同意　　　　C. 基本不同意　　　D. 不同意

19. 应该公布得高分教师的名单。（ ）

　　A. 是　　　　　　B. 否

20. 如果让我重新评价以前的任课教师，我会改变观点。（ ）

　　A. 是　　　　　　B. 否

21. 现行的学生评教标准应该继续推行。（ ）

　　A. 是　　　　　　B. 否

22. 学生评教对我们的学习是有利的。（ ）

　　A. 同意　　　　　B. 基本同意　　　　C. 基本不同意　　　D. 不同意

23．每学期学生评教的次数。（　　）

    A．1次　　　　　　B．2次　　　　　　　C．3次

24．学生评教标准应该修改。（　　）

    A．是　　　　　　B．否

25．应该公布所有教师的评分结果。（　　）

    A．是　　　　　　B．否

26．学生评教活动最好有组织地在网上开展。（　　）

    A．是　　　　　　B．否

    如果你对"教师课堂教学质量学生评估表"有更多的建议，请你写在下面。你还可以访问学校教务处网站，留下你宝贵的意见！

_____

_____

_____

_____

4. 问卷法的步骤

第一步：明确评价目的，规范设计问卷。

问卷调查的目的是使用问卷法所要达到的要求，要完成的任务。我们可以把问卷调查的目的转化为问卷框架，然后把问卷框架转化为问卷中的一组问题。问卷编制的要求可参见上述有关内容。

第二步：选择问题调查方法、调查对象，培训调查人员。

一般采用集中问卷法。如果条件具备可以采用网络问卷法。使用网络问卷法的条件是：一人只能填一份问卷，不会有人重复填写问卷；大家都会认真填写问卷，不会敷衍了事，弄虚作假；问卷数据可以作为一个参照，按照一定的比例计入总分；有明确的投诉机制和处理办法。调查对象可以是全部对象，也可以是部分对象，如果选择部分对象，所选样本要能代表某群体的意见，最好采用随机抽样的方法，样本数最少是30份，通常越多越好。调查的主持人应该亲力亲为，参加所有的问卷调查活动，如果调查的规模大，调查的主持人不能到场，则要培训调查人员，培训内容包括：充分理解问卷调查的目的、内容、问卷的填写方法和注意事项，对可能遇到的问题的解释，各种意外事件的处理等。

第三步：进行试调查。

问卷调查规模大、影响大、费时耗力。正式调查前，应在小范围内（样本最低是30～50人）试用1～2次，以检验问卷的科学性，根据试用结果修改问卷中存在的问题，如问题的次序、内容、长度、用语等各方面的缺陷，力求实现能够对每个问题进行数据分析，发现其优劣，为筛选问题提供一些有用的材料，并能够检验问卷调查的组织细节，数据统计方法等。

第四步：正式实施问卷调查。

在正式实施问卷调查时，应先明确调查对象的人数，核对他们身份的真实性，并请无关人员离开以保证现场的答题环境。例如，有一次，我们在某小学六年级做语文教材评价的问卷调查，语文老师也在调查现场，当她看到一些学生填写问卷写到不喜欢一些语文课文时，就严厉地质问学生："你们为什么不喜欢？我看你们学得蛮喜欢，重新填问卷，改过来！"学生纷纷修改选项。这种问卷调查一定是不真实的。实际上，我们事先已告知学校和教师，我们的调查不会影响学校、教师的利益。可见，把干扰调查对象的人员请离现场关系到一次调查的成败。

调查者在正式调查时要重复强调问卷中指导语的内容，详细说明填写问卷方法和注意事项。调查人员一定要创设和谐的气氛，让调查对象放下包袱和顾虑。问卷调查对象常常担心自己真实地填写问题会遭人报复。例如，在问卷调查中反映某老师的问题，担心该老师报复；反映学校的问题，担心学校报复。怎么办？调查人员要重申承诺：保守秘密，不会影响调查对象的利益和声誉，并解释具体的约定和采取的措施，如我们发表论文前，要把论文发给学校，征求学校的意见。同时，要把问题设计得巧妙一些，避免调查对象的焦虑和抵触情绪。在时间上巧妙安排，如在"学生评教"活动中，在教师给学生评分之后再公布学生评教的结果。营造正义、公正的教育氛围，建立投诉机制，严惩打击报复调查对象的行为。调查对象在填写问卷时遇到的问题或不清楚的地方，可以询问有关问卷调查的工作人员，工作人员不清楚的要立刻询问问卷调查的组织者或设计者。要鼓励对象独立、真实、认真地填写问卷，为了保证问卷回收率，可以借助教育行政部门的力量，如问卷的回收率没有达到90%，需要重新做问卷调查。

第五步：处理材料。

问卷收回后要及时检查，清除废卷。有下列情况者作为废卷剔除：第一，明显不合要求的问卷，包括事实材料与态度材料填写不全，理解错误。第二，答题有明显的填写规律的问卷（如都是满分100分，或都是不合格，0分或40分；所有的分数相同，如全是80分；有规律地填写问卷，如90、95、90、95，或A、B、A、B、A、B）；问卷有明显的其他应付迹象。第三，有敷衍随意填写的问卷（回答印证性的问题露出破绽）。组织者可以根据调查对象填写问卷的情况，不断完善废卷的鉴别标准。通常组织者并不会把废卷的鉴别要求告诉对象，防止对象钻空子。

按所选统计方法登录分数或次数。对于属于事实性的问题，一般逐个题目登记次数；对于尺度式问题则登记刻度；对于态度问题可登记总分；对问卷中大部分封闭式问题，可以录入计算机，并做相应的统计分析。

对于有效的问卷，还要进行特异分数的处理。通常是删除最高分或最低分的一批问卷。如大学生评教问卷，去掉评分最高或最低的10%学生的分数，如果不足1人，则按1人计算。

例如，有效评分的学生有100名，去掉10名评分最高的分数，去掉10名评分最低的分数，余下的80份问卷才作为我们统计的有效问卷。

5. 对问卷法的评论

问卷法有如下三个优势。

第一，收集材料经济、高效。由于问卷法借助问卷这一中介，就使得评价者从具体的直接收集材料的烦琐工作中解脱出来，选择众多的委托人和调查对象进行问卷调查。问卷调查的样本可以很多，从而能在比较短的时间里收集到丰富的材料。从人力、时间、经费方面来说，问卷法确实经济高效。

第二，结论有较高的精确性。设计科学合理的问卷，便于运用统计技术和计算机技术来处理其数据，这样能保证结论的精确性。

第三，结论有较高的客观性。由于问卷法可以在短时间里收集到众多对象的调查材料，这有利于保证材料的全面性、丰富性和代表性，从而提高评价结论的客观性。

问卷法有如下三个不足。

第一，问卷中的问题常常限制对象的回答。因为问卷法是借助事先设计好的问题来调查，而问题是针对一般的评价实践设计的，难以适应变化的评价实践。问卷中的问题可能会限制对象反映情况的广度和深度，需要通过访谈和观察等方法来弥补。

第二，难以顾及个别对象的特殊性。问卷中的问题是针对一般对象设计的，难以顾及对象的年龄特征和个别差异。如"你的父母关心你的成长吗?"可能他的母亲去世了，或父母在外地打工，无暇顾及孩子的学习。这种问题可能使学生很伤感。

第三，问卷所获得的材料具有间接性。通过问卷所收集的是语言材料，有时还是通过中介人或者委托人而获得的，不是评价者直接与对象交流而获得的，其真实性有待验证。建立在这些材料基础上的结论只是对调查对象各种表现的推测，评价者还要根据其他方法来验证这种结论的真实性。例如，在"学生评教"活动中，除了学生填写网络问卷以外，还要组织部分教师和学生开座谈会，学生和教师可以上网反映情况，在网上提交留言。实践操作中，应把网络问卷与座谈会、网络留言、教师自评、专家评价等信息结合起来进行综合分析。

（四）测验法

1. 测验法的概念

测验法是指评价者通过一系列试题评价对象的质量状况，并以数量形式表现评价结果的一种评价方法。测验法不仅用于知识测查，还被广泛地用于智力、能力、道德认识等许多内容的评价。考试是在中小学中流行的闭卷考试或笔纸测验。考试是测验的一种主要形式，除了考试以外，测验的方式还有很多。

测验法适用于易被量化的评价项目。评价者在运用这种方法时要层层分解评价目标，直至最后的目标十分具体，便于操作。如学生掌握某单元的知识，可将教学目标分为20个知识点，通过测验可以评价学生掌握知识的情况，从而得出比较精确的结论。测验法主要用于评价学生的发展水平，有时也可用于教师评价和管理者评价，如对教师的专业技能的测验、对校长素质的测验等。

2. 测验法的类型

根据测验法中所使用的试题的性质可以将其分以下四种。

（1）客观测验法

它是指用较多的客观型试题，要求被试按规定和范围回答的一种评价方法。客观型试题目的答案是固定的，且没有异议，不受主观因素影响，有时甚至可以使用机器来阅卷。一般地说，在一份试卷中这种试题的分量不宜太多，约占20%的比例。

客观测验法与问卷法容易混淆，它们之间既有联系也有区别。客观测验法和问卷法的联系在于都是通过书面形式收集评价对象的有关信息且试题的表述形式有相似之处。它们的区别在于测验法侧重于评价对象的各种成就表现，而问卷法侧重于收集过去和现在的事实、态度及意见。

（2）主观测验法

它是指评价者以主观型试题要求被试运用自己的知识、能力和经验灵活回答的一种测验。主观型试题指被试回答问题比较自由，带有自己的个性和能力，教师评语也带有一定的个人兴趣和态度的影响。这种主观型试题包括：名词解释、说明题、简答题、问答题、论述题、案例或资料分析题、作文等。主观型试题适用于测查被试的比较、理解、概括、创造和综合分析的能力。例如，测查被试的比较能力的试题有：中美教育管理体制有何不同？测查被试理解能力的试题有：冬季北方多雪、夏季南方多雨是什么原因？测查被试概括能力的试题有：巴金的文章《繁星》反映了作者不同时期怎样的思想？测查被试评价能力和创造能力的试题有：你认为少年闰土是怎样的一个孩子？

主观型试题比较灵活，被试可以充分地展示自己的表达能力、思维能力和创造能力，主试也可以根据教育价值观对被试做出个性化的评价。由于这种设计要求被试综合分析、创造思维、书面作答、整理成文，所以耗时费力，因而试题的数量不宜太多，这样会影响测验的信度和代表性。试题的批阅过程比较复杂，要求批阅者具有较高的专业能力和教育水平。评分标准具有模糊性，主试不容易客观、准确地把握。为了保证试题的科学性，在制作过程中必须注意精心选择试题，要规定试题的确切含义，不使被试发生歧义，适当限制其思路。在制作试题时，尽可能详细列出被试可能做出的各种回答和评分的要领，提供各种回答的处理意见。

（3）情境测验法

它是指评价者给被试提供一个从未遇到过的特定环境和问题，收集评价对象在其中定向表现的一种评价方法。这种情境可以是一种特殊的环境，也可以是自然的问题和设计的书面问题。这种问题情境是被试从未经历过的，所以被试不可能凭借单纯的再认、回忆或者已有的经验来解决问题，必须综合地、创造性地运用知识，进行严密的推理，才能圆满地解决问题。这种方法适用于测试被试综合运用知识、创造性地解决问题的能力。

情境测验法中的情境分为以下两种。

第一，语言情境。评价者使用语言提出问题，让被试综合地运用知识解决这个语言问题。如"强风不折杨柳枝"，说明了什么物理学原理？某教育学考试有这样一道试题："教师上课时发现一个学生神色紧张，走近仔细一看，原来他尿裤子了。你若是教师，会如何处理这件事。"这个问题比较棘手，能启发学生积极思维，创造性地运用所学的知识。

第二，真实情境。评价者设计一个真实的场景，让被试去解决问题。如某教师要求学生利用废旧易拉罐、酒精、棉花和其他材料制作一架小玩具飞机。这种测验要求被试实际操作，不仅能测验对象的思维能力，而且能测验其实践能力。

情境测验法适用于评价被试综合运用知识的能力和实践能力，能够弥补许多评价方法在此方面的不足。许多情境问题能够充分发挥被试的想象力和兴趣特长，因而能够对被试的这些表现做出准确的评价。但是，设计情境的难度比较大，需要评价者具有较高的创造力和实践经验，对学生已经掌握的知识十分熟悉，这样设计的问题才巧妙、有趣。同时，不能重复使用这种方法，因为被试一旦了解这种测验的意图，便可以模仿前人的做法，这样就达不到测验的目的。此外，评判这些材料容易受到评价者主观因素（如价值观、情感好恶、判断水平等）的影响，对材料的判断凭借经验，常常是仁者见仁，智者见智，难以达成共识。

（4）标准测验法

它是指教育测验专家和学科专家合作制定科学的测验标准，编制有较高信度、效度、区分度和适当难度的试卷，确定被试的普遍发展常模，并用这类试题和常模去评价被试发展水平的一种测验法。

这种测验法从标准的制定、试题的命制、被试答题、评分和结果的解释等各个环节都有明确的规定，目的在于减少测验的误差。常模是某种测验的标准化参照分数，就像一把尺子，是确定被试表现的重要依据。由于这种试题的编制要求科学化，常模的确定十分复杂，一般的评价人员没有能力和时间来设计标准测验。我们可以直接运用专家编制好的、成熟的标准测验试卷。目前社会上流行的标准测验有：韦克斯勒智力测验量表、YG人格测验量表、雅思考试、托福考试、GRE考试等。

标准化测试具有较强的客观性。从试题的编制、选择、答题到批阅，都较少受到人的主观因素的影响，甚至有些工作可以由机器来完成，如从题库中选题、阅卷等。为了保证标准测验的客观性，整个测验活动都有一套严密的规范，如评价者在测试中的指导语是事先设计好的，其结果具有可比性，可以横向比较，也可以纵向比较，即既可与参加测试的其他人比较，还可以比较同一个被试的多次测评结果。这是科学主义思想在教育评价领域运用的一个典范。

3. 测验法的步骤

第一步：明确测验目标和命题指导思想。

运用测验法有很多的目标，例如，通过测验确认学生是否达到一个外在的教育目标；通过测验来检验学生掌握基础知识的质量；通过测验来了解学生的创造力和想象力的发展水平；通过测验来检验学生的学习方法和学习动机；通过测验来检验教师的教学过程和效果。测验目标不同，设计试题的要求也不同。作为评价者，要明确测验的目标，要确定测验的目标是否符合教育目标的要求，要经得起理论上的推敲和实践的检验。

命题指导思想是命题者在运用测验法过程当中所坚持的基本认识和观念，它指导我们整个测验各个环节的工作。设计考试试卷的指导思想时可以根据新课程的有关理念，包括新课程评价的有关观点，还要根据学生、教师和学校的实际来设计。命题的基本指导思想如下。

基础导向：重视基本知识和基本技能，即双基的考核。

能力导向：重视发展学生的各种能力，包括推理能力、想象能力、创造能力和解决问题的能力等。

实践导向：重视知识在生活中的运用，重视通过实践来学习各种理论知识，重视理论和实践的结合。

过程与方法导向：强调学生的解题过程和思路，强调学生用不同的方法来学习知识、记忆知识和解决问题，善于在过程中总结和反思，在过程当中积累经验。

情感态度导向：强调学生情感的丰富和发展，追求较高的精神境界，鼓励学生大胆表达自己的意见和态度，形成丰富的情感体验和精神世界。

在运用测验法的过程中，我们要根据测验的目标和具体的情况选择适合的命题指导思想，通常会选择一种或几种指导思想来作为某次考试的指导思想。

第二步：制作试卷细目计划表。

试卷细目计划表是制作测验试题的计划和依据，它表明试题的题型、题量，各类试题的分值，各种试题在各个章节的分布状况，各个考题的能力要求和难度等。制作试卷细目计划表能避免命题者的主观倾向，保证试题的质量。

第三步：编制试卷。

试卷是测验法中常用的一种评价工具，它一般包括指导语、答题要求、试题、分数分布等几个部分。指导语对试卷做说明；答题要求规定每道试题的回答方式；试题是精心设计的问题，它是试卷的核心部分；分数分布要说明分配给各大题、小题的分数。在许多情况下，指导语可以省略，如在学生的一般测验中，试卷就没有指导语。

编制试卷的基本原则包括以下几点。

第一，目的性原则。试卷的内容必须符合教育目的和评价目标的要求，既不能超出目标的范围，也不能缩小目标的范围。为了贯彻目的性原则，必须把评价目标具体化为试题框架，然后根据试题框架编制试题。

第二，针对性原则。要针对内容本身的重要程度和评价对象的质量特征以及年龄特征来编制试题。重要的内容所占的试题分量应该多一些，试题的难易程度应该考虑大多数评价对象的水平。

第三，均衡性原则。按照试题答案精确程度上的差异，可以把试题分为两类：客观试题和主观试题。在一份试卷中，要根据具体的情况进行合理的搭配。还要使知识、能力、情感、实践技能方面的试题配置均衡，课内与课外试题比例适当。

第四，规范性原则。试题的内容应该先易后难，试题用词用字要恰当、简练、明确，不能照搬教材、复习资料上的题目，试题的含义不能模棱两可。例如，"在一个直径为4厘米的圆中，截取一个面积最大的三角形，其面积是多少？"这道试题就是不明确的，因为我们不清楚所求的面积是三角形的面积，还是被截后的圆形的面积。

第五，独立性原则。试题不能雷同或者相似，一个知识点只出一道试题；某一试题的表述不能为另一试题的答案提供暗示。例如，要求学生拼写英文单词"星期二"，而在此张试卷的另一处有"星期二"的英文单词。试题的答案不能有规律，如选择题答案都是"C"选项。

第四步：组织测验。

要指派多位教师监考，有条件的学校可以增加视频监考。监考教师应该懂得相应学科的基本知识，能够简单地回答学生的疑问。监考教师回答问题时不能透露答题信息，如果监考教师回答不了学生的疑问，应该马上联系考试负责人和专业教师。监考教师要清点人数，核对学生身份证件，要严肃考试纪律，不允许学生作弊。手机、笔盒等任何无关的物品都不能放到桌子上或抽屉里。学生就座时要隔开一定的距离。监考教师要在不同的时刻提醒学生考试的时间，考试结束前的提醒要频繁一些。考试完后，立刻收回试卷，算清份数，摆放整齐。

第五步：结果分析与处理。

对于考试试卷，要组织教师认真批阅。如果是统一考试，最好采用流水批阅试卷。如果有条件购买有关设备，可以把试卷自动扫描到电脑里，教师在电脑上批阅试卷，电脑自动记录成绩。学校可以事先编制学生分数处理的软件程序，这样教师和学生就可以了解自己所需要的各种分数。

4. 对测验法的评论

测验法有如下三个优势。

第一，测验的结果比较精确、客观。测验的结果以数字出现，比较精确。测验的试题，尤其是客观题较多，试题范围广，可以评价测试者掌握众多内容的情况。评价者评分比较客观，可以避免由于评价者的主观性、对象的文字表述能力和字迹的因素所造成的随意性。因此，测验的结果可比性较强。

第二，适用于确定调查对象对概念、命题和原理的理解水平，适用于测验学生的书面表达能力、思维方式以及综合运用知识的能力。由于主观测验中的试题比较灵活，对象有比较充裕的时间自由地回答问题，评价者可以了解对象的表达能力、思维方式、创造力和独立的个性特色。

第三，可以鉴别出调查对象的高级素质。调查对象对测验中的主观题可以自由表达见解，从自己所掌握的知识中选择有关内容去阐述。评价者能从中看到调查对象怎样分析问题以及得出什么样的结论。通过主观试题能测查调查对象高度复杂的理解能力、分析能力、判断能力、评价能力。

测验法有如下三个不足。

第一，试题的编制过程费时耗力，对编制人员的专业能力要求较高。通常编写一份质量较高的试卷要消耗几天的时间，费时耗力。

第二，容易使调查对象过于注重细小的知识点，偏重记忆。重视结果评价，忽视对学生的思考过程的评价。有的学生只是关注每道题目的答案，不关心试卷中的其他内容。

第三，重视测验法可能导致应试教育。重视测验，突出测验分数的排名，常常会导致学生的恶性竞争，滋生嫉妒心理，妨碍品德的发展，如自己有好的学习方法不告诉他人等。测验的内容与教育目标的要求有差距，过分看重测验法会妨碍教育目标的实现。

二、得出评价结论的方法

在前期收集教育评价对象信息的基础之上，应随之选择恰当、适合的方法对相关信息做出分析和解释，从而得出科学的评价结论。

（一）评价资料的解释

对评价资料能否做出科学合理的解释，关系到评价结果的判断准确与否。这是评价过程的关键一环。为了做好评价资料的解释工作，必须选择相应的解释方法。对评价资料的解释有以下三种方法。

1. 绝对解释法

绝对解释法是指以既定的外在目标为依据，判断评价对象是否达到目标以及达到的程度的一种方法。这个依据是人们制定的客观标准，与评价对象的具体情况没有关系，如教育目标、特级教师标准等。

运用绝对解释法之前要明确评价对象的发展目标。一般地讲，这种发展目标比较抽象、概括，在评价时首先要将这种抽象的发展目标转化为或分解为具体的可操作的评价标准，然后运用各种评价方法收集材料，做出统计分析，得出结论，并将结论与评价对象的发展目标比较，得出发展目标实现的程度的最终结论。例如，在学生评价中，国家在课程标准中提出了一系列要求，我们可以将学生的质量表现与这些课程标准进行对照，从而判断学生是否达到目标以及达到的程度。

绝对解释法有利于了解评价对象的目标实现程度，能够促使对象向评价目标的方向发展，吸引对象对目标的重视。同时，因为评价标准的统一、客观性，评价的结论可以相互比较。但绝对解释法亦有其不足之处，其重视标准、忽视过程，易导致评价的片面性。例如，有两个学生语文课考试成绩都是90分，甲生每天花3小时在家里补习语文，而乙生在学校里就把所有的作业做完了，显然乙生比甲生优秀。但是绝对评价不考虑过程的因素，忽视对个体特殊性的评价，只强调按照统一的标准来评价学生，这样可能会降低评价的指导作用。

2. 相对解释法

相对解释法是以评价对象的平均发展水平或以评价对象中某个个体的发展水平为依据，将对象的发展与这一依据比较，评价其差异程度的一种方法。评价的依据从评价对象中来，它是根据评价对象的整体状况来确定的，并不适合其他的群体。例如，某个学生数学考70分，但是他所在班级的数学平均成绩是50分，最好的成绩是72分，通过比较说明，该生在班级中处于优秀水平。

相对解释法主要是通过量化的方法来收集材料，将评价的结果数量化、等级化。在评价对象较少的情况下，用排名次的方法就可以得出相对的评价结论；在对象多的时候，需要进行标准分的计算。

相对解释法能比较客观地反映对象之间的差异和对象在群体中的发展地位，能够避免评价对象的主观影响。无论对象的整体状况如何，都可以进行相互比较，相互比较的结论是根据比较所得的差异做出的，这在一定程度上可以避免主观影响，鼓励对象之间相互竞争。但相对解释法强调对象之间的相互比较，这可能导致对象之间的相互防范和封闭，滋生自私心理和个人主义行为，从而妨碍全面发展目标的实现。

3. 内差异解释法

内差异解释法是把个体某一方面的发展作为评价标准，而把其另一方面的发展与其比较，从而得出评价结论的一种方法。该方法的评价准则取自个体内部，把个体的现实表现同个体本身过去的表现相比较，以确定其进步和发展的情况。

内差异评价一般从两方面加以比较：一方面是横向比较，即在同一时间里，以个体某一方面的发展为依据，将其他方面的发展与其进行比较。例如，以某生的智育发展水平为依据，将其他德育、美育、体育等的发展与其比较。另一方面是纵向比较，即以个体过去的发展为依据，将现在的发展与其比较。例如，某学生现在语文考了60分，而过去经常考不及格，通过内差异评价，说明他进步了。当然，在这里要假设两次考试的难度一样。

内差异解释法能够照顾个别差异，反映个体纵向发展和横向发展的状况，有利于进行科学的教育诊断，有利于个体自我认识、自我评价以及自我教育，在评价过程中不会对评价对象造成很大的心理压力。但内差异解释法的结果不具有可比性，其评价标准既不是外在的客观标准，也不是他人的发展状况，评价结果只对个人具有意义，不能够相互比较，故易滋生评价对象的自满心理。

上述三种评价资料的解释方法各有利弊。一般来说，在具体的教育评价中应将绝对解释法、相对解释法和内差异解释法三者结合起来使用。但三者的适用范围是有区别的：对于各科学习效果（基础知识、基本技巧、技能）的评价和道德、行为、性格等方面的评价，应以绝对解释法为主；对于个别学生的学习指导，则以相对解释法和内差异解释法为宜。[1]

（二）评价结论的得出

在前期收集和分析相关资料的基础上，可以得出相应的评价结论，一般而言，依据评价结论的表现形式的不同，可以分为评分法、评等法和评语法。

1. 评分法

评分法是指评价者采用数字的形式表明评价结论的一种方法。这种方法适合于容易量化的评价内容，例如，掌握知识的水平、智力发展的水平。评分法能够比较准确地了解被评价者的发展状况，反映被评价者之间的差异，因而具有可比性，能够为教育者有针对性地改进教育工作，为被评价者进一步的发展提供有针对性的帮助，帮助教育者更好地改进教育工作。但是，评分法反映的信息具有片面性，无法反映那些不易量化、内隐性的评价信息，因此，我们不能把它作为唯一的一种评价方法。

2. 评等法

评等法是指用不同的等级反映被评价者质量状况的一种评价方法。通过这种方法获得的结论比通过评分法所获得的结论详细，但并不精确，适用于不易被量化的评价内容，如学生的品德发展、教师的教学水平等。由于评等法能够比较详细地反映被评价者的质量状况，因而对评价者和被评价者掌握质量信息有积极作用，且操作比较简单，能够避免被评价者之间对细微区别的斤斤计较。但是，运用评等法的过程中常常会不可避免地受到主观因素的干扰，应该引起评价者的注意。

3. 评语法

评语法是指运用评语对被评价者的发展质量做出定性评价的一种方法。评价可以是口头

1　王汉澜. 教育评价学[M]. 开封：河南大学出版社，1995：129.

语言，也可以是书面语言；可以指出对象所属的等级，也可以指出对象发展质量的具体状况和特色。这种方法适用于不易量化的评价内容，如品德、态度、情感、意志和个性等；也适用于评分和评等以后的继续评价，以弥补评分、评等的模糊性。要反对那种认为评语法只是适用于定性评价的观点，这种方法同样适用于容易量化的评价内容。在教学实践中，许多评价者用了评分法以后就不再用这种评语法。而在评分之后，继续进行的评语评价才能真正反映教育评价的宗旨，即评价为改善教育工作服务。

通过评语法所得到的结论明确、直观，可以弥补评分法和评等法的弊端；评价的结论对对象具有指导意义，能够使被评价者扬长避短，形成自己的个性特色。但是，评语法具有主观性和不确定性，容易受评价者的经验、能力和价值观等因素的影响，此外，定性的材料不容易量化，不能进行数学处理，因而结论具有模糊性，不利于被评价者之间相互比较。

评分法、评等法和评语法各具优势和不足，实践操作中，应根据对象的实际情况选择恰当的评价方法，并注意各种评价方法的综合运用。

本章小结

教育评价方法是评价者根据教育评价目标和理论，在收集评价对象的各种质量表现，做出评价结论时所运用的操作方式和工具，是教育理论和实践相联系的纽带。

根据评价中是否采用数量化方法，教育评价可以分为量化评价和质性评价两种类型。量化评价与质性评价在方法论基础、价值取向、实践功能等方面具有较大的区别，但各自都有一定的合理性。实践操作中，应注意量化评价与质性评价两者的结合使用，特别加强两者在指导思想上的结合、评价主体素质的结合、具体评价方法与技术的结合运用。

收集信息的方法主要有：观察法、访谈法、问卷法和测验法等，每种方法都有各自适用的对象，同时也各具优缺点；可以采用绝对解释法、相对解释法和内差异解释法等对收集到的信息资料进行分析和解释；根据表现形式的不同，可以分为评分法、评等法和评语法三种得出评价结论的方法。在学习的过程中应注意掌握每种方法的概念、类型、步骤，并明确其优势和不足。

总结 >

Aa 关键术语

教育评价方法	量化评价	质性评价	观察法
Educational	Quantitive	Qualitative	Observation
Evaluation Methods	Evaluation	Evaluation	Method

访谈法	问卷法	测验法	
Conversation	Questionnaire	Test Method	
Method	Method		

章节链接

教育评价方法对具体的教育评价活动具有较强的指导意义和价值，在教育评价研究领域中具有统领作用。该章节内容与后面第八章"学生评价"、第九章"教师评价"、第十章"学校评价"等章节联系紧密。

应用 >

体验练习

1. 如何通过观察法评价某小学生的学习习惯？试设计评价标准，选择评价方法。

2. 如何通过访谈法评价教师的学生观？试设计评价标准，选择评价方法。

3. 事先设计一份访谈提纲，在班上与一名同学演示访谈过程，并评价该同学的学习态度（或者性格、学习方法、学习动机、学习兴趣等），请大家来评价访谈的质量。

4. 设计一份学生问卷以收集教师教学方法的信息，用其来评价某教师的教学方法。

5. 当前中小学运用测验法时存在哪些问题？

拓展 >

补充读物 //

1 黄光扬. 教育测量与评价[M]. 上海：华东师范大学出版社，2002.

　　该书第4、第5、第6章分别介绍了编制教育测验的一般原理与方法、制定教育评价表的一般方法和步骤，以及教育测验的常模及其建立方法等内容，并阐述了标准分数在我国高考中的试点应用的问题。这三章的内容对我们学习教育评价方法的相关知识有一定的指导作用。

2 程书肖. 教育评价方法技术[M]. 北京：北京师范大学出版社，2004.

　　该书共10章，主要介绍了教育评价的设计和实施。其中第4章"教育评价结果的计算和分析方法"主要包括问卷调查结果的计算和分析方法、加权平均法和综合评判法；第7章"教育评价中的测量方法技术"主要包括测量法的特点和测量量表、对测量结果的加工处理方法，信度、效度、难度、区分度的分析和测定方法技术。对我们学习教育评价方法的相关知识具有较大的借鉴意义。

3 [美]Gary D. Borich, Martin L. Tombari. 中小学教育评价[M]. 国家基础教育课程改革"促进教师发展与学生成长的评价研究"项目组，译. 北京：中国轻工业出版社，2004.

　　该书从评价和学习的关系入手，详细介绍了如何建立评价活动的框架，如何评价基础知识、程序性知识、问题解决和学生的深层理解，以及成长记录袋评价等具体评价方法和技术。特别是第5章"陈述性知识的评价：客观性测验"和第10章"真实成就的评价：成长记录袋"等相关内容，对我们了解和掌握教育评价方法具有一定的启发。

第八章

学生评价

本章概述

　　学生评价在教育评价中占据重要的地位，特别是随着我国新课程改革的逐步推进，学生评价已成为教育理论研究者和教育实践工作者共同关注的热点问题。本章主要讨论了学生评价概述、学生评价的内容和学生评价的主要方法三个问题。

结构图

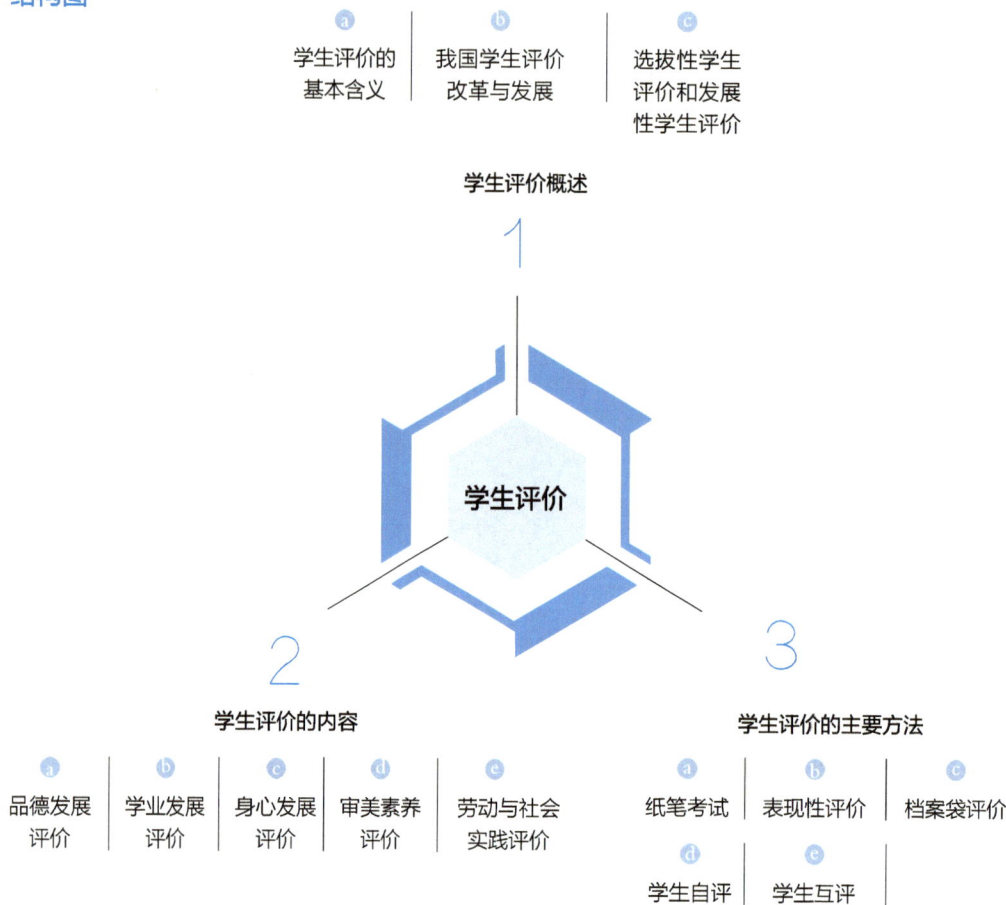

学生评价概述
1

@ 学生评价的基本含义　　ⓑ 我国学生评价改革与发展　　ⓒ 选拔性学生评价和发展性学生评价

学生评价

2
学生评价的内容

@ 品德发展评价　　ⓑ 学业发展评价　　ⓒ 身心发展评价　　ⓓ 审美素养评价　　ⓔ 劳动与社会实践评价

3
学生评价的主要方法

@ 纸笔考试　　ⓑ 表现性评价　　ⓒ 档案袋评价
ⓓ 学生自评　　ⓔ 学生互评

学完本章，你应该能够做到：

1. 深刻理解学生评价的含义，准确把握当代学生评价的重要特征。
2. 了解不同类型的学生评价，理解我国学生评价改革的重点及难点。
3. 系统了解学生评价的方法，理解每种方法的实施程序和步骤。

学习目标

读前反思

1. 你是如何理解学生评价的？学生评价的类型都有哪些？
2. 学生评价的主要内容包括哪些方面？
3. 你认为应如何对学生进行评价？你知道哪些学生评价的方法？
4. 当前学生评价实践中有哪些值得肯定和改进的地方？学生评价的发展趋势是什么？

第一节
学生评价概述

🎯 **学习目标**

理解学生评价的内涵；
把握当代学生评价改
革的特征。

学生评价是教育评价中最基本的一个领域，也是最为重要的组成部分之一。自教育评价产生以来，人们对学生评价进行了大量的研究。特别是进入21世纪以后，随着我国基础教育课程改革如火如荼地实施，学生评价日益成为广大教育工作者关注的热点。

一、学生评价的基本含义

在对学生评价的界定上，可谓众说纷纭，存在着诸多不同的见解。我国学者胡中锋认为，学生评价是以学生为对象的教育评价，它是依据一定的价值标准对学生的学业成就、个性发展、品德状况、体质体能等方面进行价值判断，并把判断结果反馈于教育实践以改进教学，是对学生学习进展与行为变化的评价。[1]金娣和王刚认为，学生评价是在系统地、科学地和全面地收集、整理、处理和分析学生信息的基础上，对学生发展和变化的价值做出判断的过程，目的在于促进教育和教学改革，促进学生全面发展。学生评价包括学业成绩的评定（认知的发展），思想品德和行为规范的评价（品德的发展），体格和体能的评定（动作技能的发展），学习态度、兴趣和个性心理特征的评价（个性的发展）等多方面。[2]柯森和王凯对学生评价也做了全面的界定：学生评价是为了促进学生的发展（认知的、情感的、动作技能的）或将学生分等级以便甄别而对学生的表现（真实情景中的、模拟情景中的表现；已有的、正在呈现的、可能的表现）进行的评价，是一种事实判断与价值判断的综合。他们认为，该界定确立了学生评价的两个核心，即改善学生的学习和甄别不同水平的学生。[3]

综上所述，我们认为，学生评价是在系统和全面地收集、处理和分析学生信息的基础上，依据一定的价值标准，运用多种科学且可行的方法，对学生的品德、学业、身心、审美素养、劳动与社会实践等方面的发展和变化进行评价，目的在于促进学生的全面发展，提高教师的教学质量。

从学生评价的界定中可以看出，当代学生评价的含义较传统定义而言发生了很大的变化，具体表现在以下四个方面。

第一，评价目的明确。传统的学生评价没有明确的目的，只是考核学生的学业成绩，而

1 胡中锋. 教育测量与评价[M]. 广州：广东高等教育出版社，2006：300.
2 金娣，王刚. 教育评价与测量[M]. 北京：教育科学出版社，2002：296.
3 柯森，王凯. 学生评价：一种基于新课程改革的探讨[J]. 当代教育论坛，2004（8）：30-34.

当代的学生评价有着非常明确的目的，即致力于学生的全面发展和教师教学质量的提高。有了明确的评价目的，学生评价便可以发挥出更大的作用。

第二，评价内容全面。传统的学生评价内容单一，往往只关注学生的课业学习水平，即对基础知识和基本技能的掌握情况。学生的学业成绩固然重要，但是还要关注学生的情感、态度、价值观、兴趣和爱好等方面的发展。当代学生评价的内容非常全面，除了课业评价以外，还包括学生的思想品德、公民素养、学习能力、合作技能和身体素质等多方面的评价。

第三，评价方法多样。传统的学生评价所采用的方式多为量化评价，忽视质性评价的运用。评价中普遍采用纸笔考试的方法，对其他方式缺乏重视。新课程改革倡导运用多种方式对学生进行评价，既包括量化评价，又包括质性评价，并将二者很好地结合起来。在具体的评价方法的使用上，除了传统的纸笔考试以外，还要合理地运用其他评价方法，如表现性评价、档案袋评价、自我评价、同伴评价、日常观察和问卷调查等。

第四，评价功能完整。传统的学生评价的功能较为单一，主要是选拔和甄别，关注的是学生已经完成的学业，忽视学生未来的发展。当代学生评价的功能比较多样，主要包括：①了解学生的学习基础；②评价学生的学习结果；③诊断学生的学习困难；④为教师提供相关信息以改进教学；⑤激发学生的学习动机。这些功能充分体现了新课程改革强调的"关注每一位学生的发展"的理念。

二、我国学生评价改革与发展

进入21世纪以来，随着素质教育的全面推进，我国学生评价改革日益受到教育界的广泛重视。21世纪伊始，我国开始了新一轮的基础教育课程改革，学生评价改革作为新课程改革的重要目标之一，备受关注。

2001年，教育部颁布了《基础教育课程改革纲要（试行）》，对学生评价提出了相关的要求。基础教育课程改革的目标明确指出，要改变课程评价过分强调评价的甄别与选拔的功能，发挥评价促进学生发展、教师提高和改进教学实践的功能。新课程改革要求建立促进学生全面发展的评价体系，评价不仅要关注学生的学业成绩，而且要发现和发展学生多方面的潜能，了解学生发展中的需求，帮助学生认识自我、建立自信。学校要发挥评价的教育功能，促进学生在原有水平上的发展。

为进一步贯彻和落实《中共中央　国务院关于深化教育改革全面推进素质教育的决定》《国务院关于基础教育改革与发展的决定》和《基础教育课程改革纲要（试行）》的精神，经国务院同意，教育部于2002年颁布了《教育部关于积极推进中小学评价与考试制度改革的通知》（以下简称《通知》）。《通知》明确指出，要建立以促进学生发展为目标的评价体系，应包括评价的内容、标准、方法和改进计划。评价标准应该用清楚、简明的目标术语来表述，主要包括基础性发展目标和学科学习目标两个方面。其中，基础性发展目标包括道德品质、公民素养、学习能力、交流与合作能力、运动与健康、审美与表现六个方面。

《通知》对学生评价的措施与方法也做出了明确的说明：①教师要在教育教学的全过程中采用多样的、开放式的评价方法（如行为观察、情景测验、学生成长记录等）了解每个学生的优点、潜能、不足以及发展的需要。②建立每个学生的成长记录。成长记录应收集能够反映学生学习过程和结果的资料，包括学生的自我评价、最佳作品（成绩记录及各种作品）、社会实践和社会公益活动记录、体育与文艺活动记录、教师与同学的观察和评价、来自家长的信息以及考试和测验的信息等。③学生是成长记录的主要记录者。成长记录要始终体现诚信的原则，要有教师、同学、家长的开放性参与，使记录的情况典型、客观、真实。④考试是评价的主要方式之一。考试应与其他评价方式相结合，要根据考试的目的、性质、内容和对象，选择相应的考试方法。学校要充分利用考试促进每个学生的进步。此外，每学期、学年结束时，学校要对每个学生进行阶段性的评价，评价内容应包括各学科的学业状况和教师的评语。2004年，教育部印发了《国家基础教育课程改革实验区2004年初中毕业考试与普通高中招生制度改革的指导意见》（以下简称《指导意见》），要求17个国家级实验区认真组织新课程实施一轮后的首次中考与普通高中招生工作，改变以升学考试分数简单相加作为普通高中唯一录取标准的做法，力求在初中毕业生学业考试、综合素质评定、高中招生录取三个方面有所突破。

《指导意见》对初中毕业生综合素质评价做出了明确的规定，评价内容主要依据《通知》中所提出的基础性发展目标和学科学习目标两个方面。学科学习目标以学业考试为主要方式来测定，基础性发展目标包括道德品质、公民素养、学习能力、交流与合作、运动与健康、审美与表现六个方面。各地可结合实际情况将其具体化，使综合素质评价的方法具有可行性，并力求评价结果的科学和公正。按照《指导意见》的要求，综合素质评价应充分尊重学生的自我评价，并在同学互评和学生成长记录的基础上，经集体讨论，给予学生客观、公正的评价。评价时应注重对原始资料的分析与概括，避免以偏概全。评价的结果包括两部分：①综合性评语。对学生的综合素质予以整体描述，尤其应突出学生的特点、特长和潜能。②等级。学校可采用"优""良""合格""不合格"四个等级，对学生某一方面的表现评为"不合格"时应非常慎重。此外，关于初中毕业生综合素质评价的内容、方法和程序等，学校应向学生及其家长做出明确的解释并公示。评价结果应被通知到学生本人及其家长，如有异议，校评定工作委员会应进行调研与处理。《指导意见》还明确指出，普通高中招生要坚持综合评价、择优录取的原则，学业考试成绩和综合素质的评价结果应成为普通高中招生的主要依据。

2014年12月10日，教育部又发布了《关于加强和改进普通高中学生综合素质评价的意见》，明确指出："综合素质评价是对学生全面发展状况的观察、记录、分析，是发现和培育学生良好个性的重要手段，是深入推进素质教育的一项重要制度。全面实施综合素质评价，有利于促进学生认识自我、规划人生，积极主动地发展；有利于促进学校把握学生成长规律，切实转变人才培养模式；有利于促进评价方式改革，转变以考试成绩为唯一标准评价学生的做法，为高校招生录取提供重要参考。"

按照国家提出的要求，在对高中学生综合素质开展评价时，教师应从如下几个方面进行考评，包括思想品德、学业水平、身心健康、艺术素养和社会实践，从而能够全面、系统地检查高中学生综合素质发展的现状以及存在的问题。在实施此项评价时，学校要组织教师和学生采取科学的程序，通过写实记录、整理遴选、公示审核、形成档案和使用评价材料等步骤，使高中生综合素质评价取得可靠的结果，并且能够将其评价信息准确、有效地运用于学校的教育教学改革和高等学校的人才选拔。

高中学生综合素质评价的内容与初中毕业生综合素质评价的内容很相似，通过描述高中毕业生在校期间的学习状况、社会公益活动和日常表现等真实、典型的内容，反映学生素质的发展情况，为高等学校录取学生提供更多的信息，逐步成为高等学校招生择优录取的重要参考之一，同时对基础教育阶段的学校教育产生重要的引导作用。对高中学生进行综合素质评价的出发点是衡量学生全面发展的情况，评价应坚持内容的全面性，体现学生之间的差异，关注学生的特长和潜能，促进学生在打好基础的同时，实现有个性、有特长的发展。通过对评价主体的互动化、评价内容的多元化和评价过程的动态化的体现，建立起促进学生全面发展的评价体系。

2020年，中共中央、国务院印发了《深化新时代教育评价改革总体方案》(以下简称《总体方案》)。《总体方案》明确指出："教育评价事关教育发展方向，有什么样的评价指挥棒，就有什么样的办学导向。""完善立德树人体制机制，扭转不科学的教育评价导向，坚决克服唯分数、唯升学、唯文凭、唯论文、唯帽子的顽瘴痼疾，提高教育治理能力和水平，加快推进教育现代化、建设教育强国、办好人民满意的教育。"《总体方案》对改革学生评价，促进学生德智体美劳全面发展做出了明确的规定，要求树立科学成才观念、完善德育评价、强化体育评价、改进美育评价、加强劳动教育评价、严格学业标准。

《总体方案》体现了对学生成长发展的价值引领，明确了学生评价的具体要求，强调不能将分数作为评价学生的唯一标准，要将德育放在首位。方案中通过单独设置的段落分别对学生的体育、美育、劳动教育的评价要求进行了说明，在评价内容的选择上，不能仅仅关注考试分数，学生的核心素养、学生终身发展的关键因素等方面都要作为评价的重点内容。

2021年3月，教育部等六部门印发了《义务教育质量评价指南》(以下简称《评价指南》)强调要"坚持育人为本。面向全体学生，注重综合素质评价，促进全面培养……完善评价内容，突出评价重点，改进评价方法，统筹整合评价，着力克服'唯分数、唯升学'倾向，促进形成良好教育生态。"《评价指南》围绕学生品德发展、学业发展、身心发展、审美素养、劳动与社会实践五个方面重点评价，旨在促进学生德智体美劳全面发展，培养适应终身发展和社会发展需要的正确价值观、必备品格和关键能力。2021年12月，教育部颁布《普通高中办学质量评价指南》。其根据高中阶段学生发展需求和人才培养目标，围绕学生发展的五个方面重点内容，旨在考查学生德智体美劳全面培养全面发展情况，引导学校注重加强德育、体育、美育和劳动教育，引导学生注重提高自身综合素质，扭转重知识、轻素质的倾向，培养学生适应终身发展和社会发展需要的正确价值观、必备品格和关键能力。从而让学生在尊重个性的评价引导下更加自信，让学校在综合与特色兼容的评价下更有活力，让教师在尊重教育规律的评价下更加乐教，让美好的教育样态在评价的保驾护航中平稳落地。

总之，综合素质评价对学生的全面发展具有很强的导向和推动作用。综合素质评价体现了我国当代教育的理念和精神，为学校的评价工作提供了新的操作平台和管理模式。作为考试和评价制度改革的突破口，学生综合素质评价日益受到社会各界的高度关注。

三、选拔性学生评价和发展性学生评价

根据评价功能可以将学生评价分为选拔性评价、水平性评价和发展性评价。[1]但由于甄别选拔和促进学生发展是学生评价的基本功能，因此本书将学生评价分为选拔性学生评价和发展性学生评价两种。

（一）选拔性学生评价

选拔性学生评价是指依据一定社会认可的评价标准将学生分类划等，其根本目的是选拔适合教育的学生。[2]在目前的教育大背景下，尤其是"唯分数"观念的影响，这种"社会认可的评价标准"往往是学生的学业成绩，学校、教师依据学业成绩来选拔"适合教育的学生"，但这与目前所倡导的"促进学生全面发展"理念背道而驰。随着时代的发展，选拔性学生评价的弊端也日趋明显，主要表现为以下方面。

1. 评价主体单一

选拔性学生评价多是由学校、教师对学生进行评价，忽略了学生、家长在评价中的作用。在此过程中，学生的主体地位不能更好地得到发挥，学生的潜能优势也不能得到很好的激发。长此以往，学生的自尊心和自信心也会受到打击。且单一的评价主体也会导致评价信息来源的单一，难以保证评价结果的客观性和准确性，这对学生的长远发展不利。

2. 评价内容单一

选拔性学生评价的内容主要是学生的智育方面，核心是依据学业成绩对学生的知识掌握

---

1 曾继耘. 由甄别选拔到促进发展：学生评价改革的方向[J]. 教育理论与实践，2003（19）：20-23.
2 李润洲. 学生评价模式探析[J]. 中国教育学刊，2003（5）：53-56.

水平进行评价。在此评价过程中，评价内容单一，学生"德、体、美、劳"方面没有得到重视，学生的创新精神和实践能力也被忽视，也忽略了学生发展的差异性和发展的不同需求。

3. 评价方法单一

选拔性学生评价采用的是一种量化的方式，强调依据考试成绩开展评价，主要测量的是学生知识的掌握情况，并未关注到学生的努力程度、进步状况以及分数背后的原因。"唯分数"的考试评价方法在一定程度上会导致学生评价的僵化和机械化，不利于学生的全面发展，也没有真正发挥评价的"育人功能"。

4. 评价功能单一

选拔性学生评价的主要目的是对学生进行甄别、选拔，以此来选择出"适合教育的学生"。在开展学生评价的过程中，选拔性学生评价主要聚焦于学生发展的结果，并依据学生的知识掌握程度来选择学生，学生的内在发展和学生在学习过程中的进步被忽略，学生的独特个性也未得到重视。

（二）发展性学生评价

发展性学生评价是指依据一定的教育目标和教育价值观，评价者与学生确立相互信任关系、共同制定双方认可的发展目标，并运用适当的评价技术和方法，对学生的发展进行价值判断，促使学生不断认识自我、发展自我、完善自我，不断实现预定发展目标。[1]发展性学生评价的最终指向是促进学生认识自我、发展自我、完善自我，实现预期的发展目标。《基础教育课程改革纲要（试行）》强调"改变课程评价过分强调甄别和选拔的功能，发挥评价促进学生发展"。从选拔性学生评价转向发展性学生评价，这与目前评价的趋势是一致的。

发展性学生评价具有以下特点。

1. 评价主体呈现多元化

在选拔性学生评价中，学生、家长的作用未能充分体现，而发展性学生评价主张评价主体多元化，这就要求学生、教师、家长、社会均参与到学生评价中来，确立信任关系，以此形成教育合力，进而对学生展开评价。在此评价过程中，评价信息来源更加多样化，在此基础上进行的学生评价可以转变传统评价的"一言堂"为发展性学生评价的"众议堂"，从而更全面、更深刻和多层次地衡量学生的发展情况，[2]增强评价结果的可靠性。且包含学生自评在内的发展性学生评价倡导学生的积极主动参与，也更能促进学生自我反思、自我提升，最终指向学生全面发展。

1 李润洲. 学生评价模式探析[J]. 中国教育学刊，2003（5）：53-56.
2 勾小群. 传统学生评价与发展性学生评价[J]. 教学与管理，2008（30）：58-59.

2. 评价内容促进学生全面发展

选拔性学生评价的主要内容是学生的知识掌握情况，忽略了学生的创新精神和实践能力。发展性学生评价强调评价内容的全面性和综合性以及对评价对象各方面活动和发展状况的全面关注。[1]与选拔性学生评价相比，发展性学生评价在关注学生学业成绩的同时，也关注学生的全面发展以及综合素质的提升，强调在对学生进行全面考察的基础上关注学生的差异，因材施教，发现学生的独特个性，促进学生全面而有个性的发展。

3. 评价方法呈现多样化

选拔性学生评价主要以量化的方式来进行，在评价过程中过度关注学生的学业成绩。而发展性学生评价强调质性评价和量化评价相结合，以此对学生展开全面评价。发展性学生评价关注质性评价方法的运用，如：档案袋评价、成长记录等。在此基础上进行的学生评价可以客观记录学生的发展情况，突出学生的个性化经历或行为表现，以充分了解学生的需求，促进学生进步。

4. 强调改进与激励功能

选拔性学生评价主要强调对学生的甄别和选拔，而发展性学生评价要求"评价者要将评价结果以科学的、具有建设性的方式反馈给学生，促使学生最大限度地接受。"[2]评价者将评价结果反馈给学生的过程便是促进学生不断改进提高、发现自身存在不足的过程，进而促使学生积极改进；对于学生的潜能、特长，也要不断激励，帮助学生认识自我，也发挥了评价的改进与激励功能。

第二节
学生评价的内容

🎯 **学习目标**

理解不同类型的学生评价的具体内容，明确其功能和目的。

　　基础教育课程改革对不同阶段的学生在知识与技能、过程与方法、情感态度与价值观方面都提出了基本要求，强调新课程要促进每个学生身心健康地发展，倡导学生主动参与、乐于探究、勤于动手，培养学生搜集和处理信息的能力、获取新知识的能力、分析和解决问题的能力以及交流与合作的能力，关注学生的学习态度、学习过程、学习兴趣和经验，引导学生树立正确的人生观、价值观和世界观。我国课程改革所提出的这些要

1　曾继耘. 由甄别选拔到促进发展：学生评价改革的方向[J]. 教育理论与实践，2003（19）：20-23.
2　陆雪莲. 发展性学生评价的内涵及标准建构[J]. 教学与管理，2013（36）：71-73.

求，对于学生评价的改革提出了很大的挑战。

党的二十大报告指出，培养什么人、怎样培养人、为谁培养人是教育的根本问题。教育应"全面贯彻党的教育方针，落实立德树人根本任务，培养德智体美劳全面发展的社会主义建设者和接班人"。评价是育人的重要手段之一，学生评价也应着眼于对学生德智体美劳的全面评价、整体评价。教育部等六部门颁布的《义务教育质量评价指南》及教育部颁布的《普通高中办学质量评价指南》都对学生评价的主要内容做出了清楚的界定，主要包括"学生品德发展、学业发展、身心发展、审美素养、劳动与社会实践五个方面重点内容，旨在促进学生德智体美劳全面发展，培养适应终身发展和社会发展需要的正确价值观、必备品格和关键能力"。

一、品德发展评价

（一）内涵

品德是人们在一定的思想体系指导下，根据社会规定的道德准则行动时，表现在其身上的某些稳定的特征和倾向。品德是一个完整的概念，但就其内涵而言，包含思想品质、政治品质和道德品质三个方面。

所谓品德发展评价，是指根据一定的品德发展目标，运用科学、可行的方法和技术，对学生的思想品质、政治品质、道德品质做出事实分析和价值判断，以促进学生的道德发展，并为德育决策提供依据。所以，学生品德发展评价对于学生个体的全面发展，对于学校德育实施的科学化，以及对于社会精神文明建设都具有重要的意义。

品德教育对青少年世界观、人生观和价值观的形成有着重要影响，要认真贯彻落实《关于培育和践行社会主义核心价值观的意见》要求，结合地区、学校和学生实际，采取灵活多样的形式开展品德教育，重在引导学生践行社会主义核心价值观，注重培养学生的社会责任感等。

（二）品德发展评价的功能

品德发展评价对学生自身的品德修养具有巨大的促进作用，对学校德育工作的开展也具有很大的推动作用。具体来说，主要有以下几个方面的功能。

第一，导向——指明学生思想和行为发展的正确方向。学生品德发展评价可以指引学生的思想与行为朝着社会所期望的方向发展。运用一定的标准对学生的品德发展进行评价，对于符合社会规范的行为给予肯定，使学生能够形成正确的价值观念和思想品德。

第二，诊断——了解学生思想品德状况。学生品德发展评价可以诊断学生个体差异，发现学生存在的问题与不足，使学生了解自己的优点和缺点，帮助学生"长善救失"。总之，教师可以通过评价来了解学生的思想品德状况，使今后的德育工作更加具有针对性。

第三，激励——鼓励学生积极上进。科学的品德发展评价，为学校的德育工作提供了客观的依据，使教师和学校领导能够真实了解学生的思想状况，并以此为依据对学生进行表彰、批评和教育。这对学生具有很大的激励作用，能够激发学生进步的内在动力，促使学生更加严格要求自己，争取更大的进步。

第四，管理——完善学校德育管理工作。学生品德发展评价是完善学校德育管理工作的有效手段。根据德育目标，运用科学方法系统地收集信息，运用已经建立的评价标准对学生的思想品德做出全面、客观的判断，并进行及时、有效的反馈，从而发现德育存在的问题并及时改进，提高学校德育工作的质量与效果。

第五，研究——鉴定德育实验的效果。通常，德育实验研究需要进行实验前的品德发展评价，以掌握学生品德发展的现状。在实验施加一定的影响之后，仍需要进行评价以鉴定实验的效果。经过实验前后的对比，可以更好地指导德育研究工作。

（三）品德发展评价的基本要求

1. 制定科学的指标体系

品德发展评价是否有效和科学，在很大程度上取决于指标体系的科学化。在制定评价指标体系时，评价者必须对其内涵有一个客观、公正的认识。指标体系既不能过于笼统、抽象，致使评价者无法通过指标来获得相关信息；也不能过于细致和具体，指标体系庞大反而会加大工作量，效果往往适得其反。因此，必须制定具有客观性和可操作性的指标体系。《义务教育道德与法治课程标准（2022年版）》根据不同学段学生思想品德表现的关键特征制订道德与法治课程学业质量标准，作为评价与考试命题、教材编写、教学与课程资源建设的基本依据，旨在引导教师转变育人方式，树立科学的学业质量观。

2. 外显行为评价与内部思想意识评价相结合

目前，有的学校只注重对学生的外显行为的评价，忽视了对其内隐的思想意识的评价。考查外部行为固然重要，但更重要的是评价学生思想内部深层次的道德认识。往往很多学生的外显行为与内部思想意识不符，其道德行为并非自律而是他律的结果。因此，品德发展评价必须注重二者的有机结合。

3. 质性评价和量化评价相结合

目前，很多学校在进行品德发展评价时，普遍实行量化评价。但是对于学生的品德发展状况，许多东西是不容易甚至是不能被量化的。即使评价者可以打出具体的分数，也不能完全反映学生的思想品德水平，所以，还应当采用质性评价。为了避免质性评价的随意性、模糊性，应充分考虑评价的情境和评价的具体内容。在使用质性评价的同时，应当结合量化评价，对一些可以测量的内容进行客观、精确的评定，以克服质性评价中容易出现的主观臆断。所以，在品德发展评价的实践中，应将二者充分地结合起来。

二、学业发展评价

《义务教育课程方案（2022年版）》明确指出："各课程标准根据核心素养发展水平，结合课程内容，整体刻画不同学段学生学业成就的具体表现特征，形成学业质量标准，引导和帮助教师把握教学深度与广度。""引导学生合理运用评价结果改进学习。"

由此可见，学生学业评价不仅关系着学生的发展与进步，也影响着教师教学水平的提高与优化。总的来说，学生学业评价有三个重要的目的：一是为教师教学的有效性提供反馈信息；二是帮助教师准确判断学生的学业成就；三是使学生了解自己的情况。因此，能否通过评价收集到有价值的信息，对提高教师的教学质量和促进学生的学习进步都有着非常直接的影响。

（一）内涵

从广义上说，学生学业发展评价是指教师首先依据一定的教育目标，确定出学科课程的具体标准，然后通过使用多种测验和测量的方法，对学生在学校课程学习中取得的学习成就进行综合判断，从中得出关于学生是否达到预定教学目标的结论的过程。按照当代教育评价理念，学业评价应当检查学生在认知、情感和动作技能三方面的表现，通过对学科内容的考核，将学生在这三个领域的发展情况反映出来。然而，在当前的学校教育评价的实践中，多将学业发展评价称为"学生评价"，这种用法有些不妥。

从狭义上说，学业发展评价主要考核：①学生对于各门学科知识的掌握情况；②各种学习能力的发展水平（如理解能力、分析能力、应用能力、想象能力、批判能力、解决问题能力等）；③实践操作技能的熟练程度（如计算机技能、实验技能、写作技能等）；④学习的情感状态（包括兴趣、态度、动机、习惯和价值认识等）。目前，国内外基本上都是在这个框架下研究和实施学生课业评价的。

（二）学生学业发展评价的功能

长期以来，人们对学生课业评价的认识只局限于它的鉴定作用。教师对学生的学习情况进行考核，主要是为了判断他们对学过的知识和技能的掌握程度，看他们是否完成了预先规定的教学内容。近年来，随着学生评价改革在世界范围内的展开，学生学业发展评价也取得了许多新的理论和实践成果，广大教育工作者对学生课业评价的功能有了更加深刻的认识。学业发展评价应该充分体现出以下五种功能。

第一，诊断——确定学生已经具备的学习基础。从原则上讲，对学生课业发展的评价应该始于教师的教学活动之前，因为有效的教学一定是以对学生充分了解为基础的。学生学业发展评价的诊断功能应体现在教师设计教学的过程之中。教师只有掌握了学生的学习基础、能力水平、兴趣爱好和学习目标等方面的情况，才能合理地安排教学计划，选择适合学生特点的教学方法，使教学具有很强的针对性。

第二，引导——指明学生课业学习的努力方向。近年来，充分利用评价的导向功能、以适时的课业评价作为引导学生正确学习的一种手段，逐渐成为研究者们关注的重点。教师通过评价向学生传递有关教学目标的重要信息，从而让学生更加明确在学习过程中应该掌握什么。如果教师把教学目标所要求的内容在课业评价中具体地反映出来，并制定出明确的评价标准，就可以加深学生对教学目标的印象，使他们把主要精力放在应该掌握的内容上。因此，教师应该正确、充分地利用好评价的引导功能，将学生引导到正确的方向上来。

第三，反馈——报告学生学习成就的真实情况。有效的学生学业发展评价能够及时、准确地将学生的学习变化和进步反映出来。通过对评价结果的仔细分析，学生可以发现自己在课业学习中存在的许多问题和不足，能够帮助学生了解个人学习的真实状态，指明他们今后努力和改进的方向。与其他教学反馈方式相比，评价对学生产生的刺激作用往往更大。因此，教师要认真和巧妙地利用这一功能。

第四，激励——激发学生主动学习的内在动力。学生学业发展评价不仅能够帮助学生发现自己在学习中存在的问题并予以改进，同时还能够通过对学生的充分肯定和鼓励，使学生发现自己的优势和长处，从而产生更大的信心和动力。教师在评价反馈时要尽力挖掘和表扬学生的成绩，要多鼓励学生付出努力，尽量调动学生去主动发现自己的优点，看到自己的潜力。如果学生学业发展评价开展得好的话，将成为鼓励学生不断进步的力量源泉。

第五，调节——协助整个教学过程的教师决策。教师在教学过程中需要做出很多决定，每一项决定都与教学质量密切相关。教师必须做出具有合理性、适时性和可行性的决策，这就需要教师不仅要掌握丰富的教学理论，还要具备丰富的教学实践经验和解决各种问题的应变能力。从学生评价中获得的各种信息也是教师进行教学决策不可缺少的重要依据。

从上面的分析和讨论中可以看出，学生学业发展评价具有多种不同的功能。需要强调的是，在不同的评价情境中，各种功能的重要程度可能是不同的，所以，教师在实施学生课业评价时要有所侧重。

（三）学生学业发展评价的原则

学生学业发展评价要全面落实新时代教育评价改革要求，改进结果评价，强化过程评价，探索增值性评价，健全综合评价，着力推进评价观念、方式方法改革，提升考试评价质量。针对当代学业发展评价的目的、性质和特点，这里提出以下四条重要的评价原则。

1. 目标性原则

教师在对学生学业发展进行评价时，应清楚地知道评价要检查学生在哪些方面的学习表现。一项课业评价的有效性在很大程度上取决于对预期学习成果的明确界定，这与关注评价的技术和工具同等重要。因此，教师在评价前应先将评价目标精细化和操作化，才能明确学生课业评价的意义和指向。

2. 科学性原则

该原则具体表现在：①评价内容合理，学生学业发展评价的内容必须符合学生的文化知识结构和身心发展特点，注重对正确价值观、必备品格和关键能力的考查，开展综合素质评价。②评价方法适宜，所选择的评价方法应该对所要检查的学习成果是最有效的，所运用的评价工具应能够把想要检查的内容真正考核出来。具体来说，要提高作业设计质量，增强针对性，丰富类型，合理安排难度；优化试题结构，增强试题的探究性、开放性、综合性，提高试题信度与效度。③评价过程严谨，评价者应具有认真、严肃的态度，精心计划、合理安排每一个细节，全面分析评价信息。同时，严格遵守评价的伦理规范，尊重学生人格，保护学生自尊心。

3. 发展性原则

"评价要促进学生的发展"是最重要的原则，教师在评价中应将学生的发展放在第一位，把评价作为促进学生发展的重要途径。评价不仅要关注学生真实发生的进步，而且还要发现学生学习中的不足，帮助学生找到问题出现的原因以及解决策略和方法。教师要格外关注学生的情感、态度和价值观等方面，评价内容和方法都要适合学生所处的发展阶段，而且评价不仅要关注学生的群体发展，更要关注学生个体的发展水平。

4. 多元性原则

学生学业发展评价的多元性原则主要体现在以下三个方面：①评价目标多元化，必须考虑到学生多方面的状况，包括兴趣、情感、态度等，还要考查学生的反思能力、创新能力、交流能力等。②评价方法多元化，必须运用多种评价方法对学生的学业成就和发展水平进行评价。注重对学习过程的观察、记录与分析，搜寻学生发展证据，积极探索增值性评价；加强对话交流，增强评价双方自我总结、反思、改进的意识和能力，倡导协商式评价；注重动手操作、作品展示、口头报告等多种方式的综合运用，关注典型行为表现，推进表现性评价。③评价主体多元化，应当让教师、学生本人、同伴和家长参与到评价中来。

三、身心发展评价

身心健康包括身体、心理的健康状态及社会适应的良好状态。身体健康体现在生活方式合理、体育锻炼规律、身体机能良好、运动技能形成等方面；心理健康体现在正确认识自我，积极处理人际关系，合理调控情绪，具有承受失败和应对挫折的能力，良好的人际沟通能力，珍爱生命、乐观向上的生活态度等方面。身心健康即是要求学生不仅具有健康的体魄，还要注意在体育锻炼中养成良好的意志品性等。

（一）身体素质评价

1. 身体素质评价的内涵

所谓身体健康，是指在遗传性和获得性的基础上表现出来的人体形态结构和生理功能的综合的、相对稳定的状况和特征。这种状况和特征因人而异，主要受构成人体的细胞、组织、器官和系统的质量和功能的制约。所谓身体素质评价，则是指根据一定的健康标准对学生的身体状况进行测试和评估的过程。《义务教育体育与健康课程标准（2022年版）》针对基本运动技能、体能、健康教育和专项运动技能等，分别制定了不同水平的学业质量合格标准。

2. 身体素质评价的内容

身体素质主要表现在身体形态发育水平、生理功能水平、身体机能、运动水平以及适应能力五个方面。评价学生的身体素质，一般都从这五个方面进行测评。在实际的评价中，通常前四项是必测项目，后一项是选择性的，可以根据学生的实际情况来确定是否需要评价。

（1）身体形态发育水平和生理功能水平

身体形态发育水平是决定人的体质好坏的一个重要条件，其指标主要包括长度（指身高、手足长等）、围度与重量（指体重、腿围等）、宽度（指肩宽等）、体型、身体成分和骨龄以及性发育指标等。其中，身高、体重和胸围是三项基本发育指标。生理机能是指人体在新陈代谢的作用下，各器官系统工作的能力。生理机能主要有脉搏、血压和肺活量等。

评价身体形态发育水平和生理机能水平主要采用指数法、离差法和百分位数法等。指数法是根据人体各部分之间的比例和相互关系，借助于一定的数学公式，将两项或两项以上指标联系起来，结合某种指数来评价身体发育水平和生理机能水平的方法。离差法是以大数量横剖面调查资料的平均值为基准值，以其标准差为离散距，来分等评价身体发育水平的方法。百分位数法是以大量横剖面调查资料的中位数为基准值，以其百分位数为离散距来划分身体发育水平的评价方法。

（2）身体机能与运动能力

身体机能是指人体在从事体力劳动或体育运动时，各器官系统表现出的各种机能能力，包括速度、力量、灵敏、耐力、柔韧、协调等素质。运动能力是指人体在从事体育活动时所表现出的走、跑、跳等基本能力。身体机能与运动能力的评价主要有三级评价和五级评价两种。三级评价是指将评价对象的身体机能和运动能力划分为中上、中、中下三个等级，五级评价则是划分为五个等级，即优、良、中、差、劣。对学生身体机能与运动能力进行评价时，可以将所测得的评价对象的数据按城乡、男女等类别在相关的对照表中找出相应的等级，从而确定其身体发展水平。

（3）综合体质

对学生的体质进行综合评价，首先应制定出不同类型的中小学生体质综合评价标准，然后根据标准对学生的体质情况做出具体的综合评价。由于目前还没有比较有效而典型的评价指标和方法，所以体质的综合评价还只限于从身体形态结构、机能水平、身体素质和运动能力四个方面进行评价。

（二）心理素质评价

做好学生心理素质评价工作是促进学生健康、全面发展的需要。对学生进行心理素质评价，不仅能够为心理诊断、矫正和教育提供科学依据，帮助学生提高心理素质、健全人格，增强承受挫折和适应环境的能力；而且还可以充分发挥评价的导向和决策功能，协助学校的心理辅导教师设计更有针对性的心理教育模式，完善和改进学校心理教育工作。

1. 心理素质评价的内涵

所谓心理素质评价，是指对学生的心理状态、心理品质、心理能力和心理特征等方面进行的评定。心理素质的外在表现综合体现为心理健康状况。一名心理健康的学生应具有以下特点：①智力正常、自我意识明确；②情绪稳定、乐观；③意志坚强、自我约束；④人际关系协调、和谐；⑤个性健全、自我悦纳。评价学生的心理素质，主要看其心理是否健康，是否存在不良的心理与行为表现。

2. 心理素质评价的过程

一般来讲，学生心理素质评价主要包括以下四个阶段。

（1）确定评价目标

评价目的应该由实际需要来确定，同时需要明确评价的具体目标和内容。评价目标是指心理素质评价所针对的主要领域。在确定评价的具体目标之后，就要考虑评价的内容。有些评价只需对被试心理发展的某些特定领域进行评价，有些则需要对心理发展的整体状况予以评价，有的还要求结合相关信息进行综合评价。因此，开展学生心理素质评价的第一个环节就是要确定评价目标。

（2）制订评价方案

制订评价方案主要包括以下三个方面的内容：①确定评价的指标体系，即用特定的反应和行为表征评价对象的心理。评价指标体系多用于学生心理素质的量化测评。②选择评价的方法和实施程序。评价者应根据评价目标和内容选择适当的方法和工具，在设计评价程序时应考虑实施过程中可能出现的问题，事先安排好各个环节的顺序和时间，确保评价的顺利完成。③评价人员的选择与培训。对那些实施评价的专业人员，应提供必要的专业化培训，使他们真正了解评价工具的特性和使用方法。

（3）实施评价

第一步，收集被试对于各个评价指标的心理反应与表现，对其心理特征与发展状况给予客观、准确的描述。第二步，综合整理多方面的信息，运用专业知识对被试的心理发展状况进行全面的评价，分析特殊问题产生的原因，并做出评价的结论。

（4）评价结果的运用

评价结果可以为心理咨询、心理治疗与行为矫正、心理发展指导和心理教育等工作提供可靠的依据和建议，也可以向学生提供必要的反馈信息，以便他们更好地培养自己健康的心理素质。

3. 心理素质评价的内容

学生心理素质评价的主要内容包括智力与学业成就评价、人格和社会行为评价，以及心理发展环境评价等方面。

（1）智力与学业成就评价

智力评价最常用的工具是智力测验，其中比较具有代表性的是韦氏儿童智力量表、斯坦福—比纳智力量表等。近年来，又出现一些新的评价方法和测量工具。在评价内容方面，除了对智力的评价以外，评价者开始对认知风格、学习策略、学习困难、学习潜力和情绪困扰等进行评价。学业成就评价运用较多的是标准化测验、诊断性评价、形成性评价和终结性评价。这些评价被广泛应用于各种学业成就评价之中。

（2）人格和社会行为评价

广义的人格是指个体所具有的能力、态度、兴趣、气质、性格及其他行为的混合体。狭义的人格是指个性中除了能力以外的部分，包括需要、动机、兴趣、态度、性格、气质等。人格评价的主要方法为问卷式人格测验和投射测验。前者分为两类，一类为自陈量表，另一类为评定量表。后者主要包括主题统觉测验、句子完成测验和墨渍图投射测验。社会行为评价除了传统的观察、教师或父母评价以外，近年来也开始采用结构性评价量表，要求被试自我报告并评价行为。此外，还有社会策略法和行为评价法等手段。

（3）心理发展环境评价

目前，该评价的工具和手段大多采用自我报告法和观察法。学生心理发展环境包括家庭环境、社会环境和教育环境等。

四、审美素养评价

（一）内涵

有学者指出"审美素养是个体在审美经验基础上积累起来的审美素质涵养"[1]，是一个人

---

1 杜卫. 论审美素养及其培养[J]. 教育研究，2014（11）：24-31.

综合素质的体现。审美素养评价是考察个体对于美的感受、理解、鉴赏和创造的能力，引导并逐步培养学生形成良好的情感态度以及正确审美价值观的过程。

（二）审美素养评价的功能

第一，促进学生形成正确的审美观念，提高审美能力。通过对学生在一系列审美活动中的表现进行正确的评价和及时的反馈，能够逐步引导学生感受到日常生活之中的点滴之美，认识到美的真谛和价值所在，最终形成正确的审美观念和审美能力。

第二，有利于学生培养有益的兴趣爱好，陶冶审美情操。开展审美素养评价活动，能够促使学生积极参与到形式各样的艺术活动之中，并找到自己感兴趣的艺术爱好或专长，在这个过程中不断培养自己对于美的感受和理解，领悟到美的真正含义。

第三，促进学生身心全面和谐发展，提升综合素质。对学生审美素养的评价能不断提高学生感受、理解、鉴赏和创造美的能力，最终促进德智体美劳的全面和谐发展。

（三）审美素养评价的原则

1. 坚守育人为本

审美素养评价的最终目的是发挥评价的育人功能，这意味着在进行审美素养评价时应将育人作为首要原则。通过评价来提高学生审美素养和人文素养的发展，真正做到了将以美育人、以美化人的育人观念贯穿于审美素养评价的全过程之中。

2. 遵循美育规律

有学者认为"美育的最大特点是实践性和体验性，对美育的评价尤其是对学生审美素养的评价是很难以传统方式给出一个确切分数的"[1]。具体来说，人们对于美的感受和理解是与个人的主观感受和心理状态紧密相关的，所以在进行审美素养评价时要充分考虑到审美素养的这一特殊性，不应该用传统的纸笔考试来考查学生的审美素养，应在美育实践活动的基础上，结合美育目标并且遵循美育规律进行评价，确保每个学生尽可能展现出自己独特的审美素养。

3. 坚持因地制宜

审美素养评价是以美育实践活动为基础的，但是对于农村及不发达地区的学生来说，学校的美育发展较为滞后，美育活动的开展也是十分欠缺的。所以在进行审美素养评价时应充分考虑到地区差异，应结合地方特色和学校发展水平来开展独具特色的美育实践活动，有效促进薄弱学校的美育发展，引导学校树立正确的美育评价观念，确保每个学生都能有培养并发展自身审美能力的机会。

---

1 郭声健，刘珊. 国家美育评价政策：背景、内容与原则[J]. 湖南师范大学教育科学学报，2021（3）：14-21.

（四）审美素养评价的主要方法

根据《义务教育艺术课程标准（2022年版）》的要求，艺术学科应重视学生的表现性评价，须注重观察、记录学生在艺术活动过程中的典型行为及态度特征。因此，审美素养评价主要采取以下三种方法。

1. 艺术实践评价法

艺术实践评价法是根据学生参加艺术实践活动的数量和质量以及在活动中的表现和感受来对学生的审美素养进行评估的一种方法。艺术实践活动是提升学生审美素养的载体，通过对学生参加艺术实践活动中的表现进行评价，引导学生在参与艺术实践活动中不断发现美、感受美、欣赏美、表达美，使其审美素养在不同的艺术实践活动中逐步得到提升。

2. 过程体验式评价法

过程体验式评价法是针对美育活动的体验性而开展的一种特殊的评价方法，是对每一项艺术活动的过程甚至细节进行跟踪监测并及时反馈的过程。美育教育是学生在美育实践活动中体验美、理解美、创造美并不断地提升审美素养的教育，但学生审美素养的提升并不是一朝一夕就能实现的，需要在艺术实践活动过程中不断地体验、陶冶、感悟。所以应充分结合美育的这一特点来进行评价。这种评价方法能够及时发现学生的对于美的感受和理解，及时关注学生审美能力的发展及其个性差异。

3. 个体内差异评价法

个体内差异评价是指以被评价个体自身某一时期已有发展水平为标准或参照，对现有发展状况进行对比和判断的一种评价方法。[1] 这种方法是在充分尊重学生个体差异的基础上，对个体不同时间、不同侧面、不同维度审美素养的比较，最终通过比较结果来判断个体审美素养的发展状况以及发展水平，这种方法对于个体审美素养的发展和提升更具针对性和价值性。

五、劳动与社会实践评价

（一）内涵

有学者指出"劳动教育的本质目标在于确立劳动价值观，让青少年充分认识到劳动对于社会发展和人生进步的重要意义"。[2] 让学生学会劳动、热爱劳动、尊重他人的劳动成果，

---

1 赵伶俐，文琪. 以审美素养发展为目标的美育评价[J]. 湖南师范大学教育科学学报，2021（3）：22-29.
2 檀传宝. 加强和改进劳动教育是当务之急：当前我国劳动教育存在的问题、原因及对策[J]. 人民教育，2018（20）：30-31.

通过自己的脑力劳动和体力劳动不断提升自己的劳动素养，最终投身于祖国建设，社会发展之中。"社会实践活动一般指学校组织学生走出校门，以了解社会、服务社会为目的的教育活动"。[1] 社会实践活动的开展有利于打破学校的"围墙"，加强学校与社会的联结、丰富学生的课后生活、促进学生的全面发展。

（二）劳动与社会实践评价的要求

1. 评价主体多元化

评价主体多元化是提高学生劳动与社会实践评价科学性与客观性的重要保障。《义务教育劳动课程标准（2022年版）》提出，要改变当前传统的评价主体单一的情况，应充分发挥学生、教师和家长等多元主体评价作用。

（1）学生评价

让学生参与到劳动与社会实践评价中，使学生成为评价自己与他人的主体之一，有利于充分发挥学生的主人翁意识，提高学生的自我认知水平。只有让学生积极地参与到评价活动中，通过学生自评、同伴互评，看到自己的不足之处，发现他人的闪光点，才能更好地促进学生自我教育与自我发展，真正发挥劳动与实践活动的育人功效。

（2）教师评价

劳动与社会实践评价强调对学生参与活动的整个过程的观察、分析与反馈。教师对学生进行劳动与社会实践评价时，要紧紧围绕活动的主题，观察学生在活动中表现出来的一言一行，善于发现学生内在的优良品质与不足之处，并采用恰当的方式给予学生反馈，进而营造一种民主、自由、和谐的劳动与社会实践评价氛围，促进师生相互学习、共同进步。

（3）家长评价

父母作为孩子的第一任老师，在劳动与社会实践活动开展的过程中是需要积极参与配合的，家长所给予的任何评价都会潜移默化地影响着学生的发展。通过家长的评价，一方面有助于劳动与社会实践评价的有效实施；另一方面可以使学生感受到家长的态度以及对自己的关心程度。家长也可以进一步地了解自己的孩子，看到孩子身上的长处与不足，促进亲子之间的感情交流。

2. 评价内容多元化

《义务教育劳动课程标准（2022年版）》中强调评价内容应客观准确地反映学生在真实情境下劳动素养的表现水平。因此，劳动与社会实践评价的内容主要包括两方面：劳动与社会实践态度评价和劳动与社会实践能力评价。

1　檀传宝. 劳动教育的概念理解：如何认识劳动教育概念的基本内涵与基本特征[J]. 中国教育学刊，2019（2）：82-84.

（1）劳动与社会实践态度评价

我们常说"态度决定一切"，学生在劳动与实践活动中所表现出来的态度倾向将决定着其学习效果的好坏。劳动与社会实践态度的评价重点考量的是学生的精神世界，检测学生的劳动价值观，引导学生和教师进行诊断。[1] 对学生劳动与社会实践态度的评价可以通过学生外显的行为来测评，如学生是否积极参加老师组织的活动、是否勇于承担自己责任、是否与同伴积极配合、能否为自己的团队出谋划策等。教师可以采用"整体拆分法"，把活动项目分解为若干个具体可观测的小项目，以便对学生的态度进行评价，帮助学生形成热爱劳动、尊重劳动、享受劳动的良好态度。

（2）劳动与社会实践能力评价

注重学生整体素养和综合能力的考察是新课程改革中学生评价的主要取向。我们不能将劳动与社会实践能力的培养窄化为日常的打扫卫生，不能简单地认为只要学生动起来了就是学生在劳动，就是劳动能力在提升。劳动与社会实践能力的培养可以分为认知与思维能力、操作与问题解决能力、交往与社会活动等维度，这些方面才是学生应该具备的劳动与社会实践能力。对学生能力的考察要更加注重过程性评价，通过学生发展的纵向对比，对学生劳动与社会实践做出科学合理的评价。

3. 评价方式多元化

我们可以把劳动与社会实践活动分为实施前、实施中与实施后，在不同的阶段，采用的评价方式也有一定的差异性。

（1）活动实施前的评价方式

活动实施前的评价主要是一种诊断性评价，是对学生的劳动态度、劳动习惯、劳动能力等方面的初步诊断。可以采用访谈、调查、观察等方法了解学生的个性特点、兴趣爱好以及学习倾向，从而更具有针对性地设计劳动与社会实践活动并做好活动前的准备工作。

（2）活动实施中的评价方式

活动实施中的评价主要是一种过程性评价，可以通过观察记录表对学生在劳动与社会实践活动中表现出来的突出的、典型的、有代表性的行为进行记录。这种评价方式可以给学生提供科学有效、客观真实的反馈信息，同时也有助于帮助教师及时地调整教学策略，推进劳动与社会实践活动的有效实施。

（3）活动实施后的评价方式

在活动实施结束后，需要对搜集到的数据与资料进行整理加工，然后可以采用劳动成果展示会、劳动竞赛、劳动分享会等形式进行自评、他评与互评，为学生提供展示自己的平

---

1 卞玉昌. 小学生劳动素养评价体系的价值与构建[J]. 教学与管理，2021（26）：16-18.

台，形成劳动素养评价的立体化体系。[1] 通过生生之间互相分享自己的劳动成果与收获，不断提升学生的劳动素养，帮助学生养成良好的劳动习惯，形成正确的劳动价值观。

第三节
学生评价的主要方法

🎯 **学习目标**

了解学生评价的基本程序，掌握常用的评价方法并明确其优缺点。

评价方式多样化是当前新课程背景下学生评价改革的重要特点，教师只有在实践中开发出多样化的评价任务，综合运用多种评价方式，才能全面地评价学生在各种目标领域中的学习与发展。下面重点介绍几种常用的评价方法。

一、纸笔考试

目前，纸笔考试仍然是学生评价中最常见的一种形式，在检查学生学科学习方面仍发挥着重要的作用。然而，一些教育工作者对其理解并不深刻，在教学实践中没能正确运用这种评价方法，不能达到有效检查学生学业状况的目的。所谓纸笔考试，是指教师将要考查的教学内容以不同的问题形式展现在考试纸上，学生需要在规定的时间里，运用书面语言回答所有问题。然后，教师按照预先制定的标准对试卷进行评分，并根据学生的答题情况做出是否达到课程要求的总体评价。

（一）纸笔考试的功能

纸笔考试在日常教学中的功能主要体现在以下几个方面。

1. 检查学生的学习基础

教师在讲授新课程前，需要了解学生当前的学习水平，看其是否具备进入新课程学习的基础。这时，教师可以通过纸笔考试来测查学生的学习基础，测查内容主要包括学生的知识水平、学习技能、学习兴趣和学习态度。通过纸笔考试，教师能够清楚地了解学生在各方面所具备的基础，从而制定出符合学生实际的教学目标，并选择有效的方法和策略进行教学。教师依据自己的教学需要来决定纸笔考试的内容，其难度不必太大，题目的难度系数应为中

1　顾建军. 加快建构新时代劳动素养评价体系[J]. 人民教育，2020（8）：19-22.

等水平。因为教学前的纸笔考试不是要测试学生学习达到的最高水平，而是了解学生知识储备和学习技能的基本情况，所以题目的难度必须适中。

2. 发现学生的学习困难

在教学过程中，教师要随时了解学生的学习情况，包括学生的进步幅度、存在的问题和不足，以及学生在学习上的各种需要等，纸笔考试正是帮助教师获得这些信息的有效途径。这时的测验题目一定要全面，具有一定的代表性，真正能够体现预先设定的教学目标。考试结束后，教师要仔细分析学生的考试结果，发现学生学习的总体水平、学生间的学习差异以及每个学生的不同特点和特殊需要等，并依此进行教学调整。许多教学实践表明，采取有效的教学补救方法比泛泛练习的效果要好得多。因此，为了尽早、准确地发现学生在学习过程中的困难，教师应在教学过程中注意观察学生的表现，并学会设计和编制具有诊断功能的纸笔考试工具。

3. 评价学生的学习成果

在教学结束后对学生进行纸笔考试，可以做出关于学生的学习水平是否满足课程要求的判断，对学生的学习成果给予总结性的评价，为学生的学习成就提供有效的证明。总结性纸笔考试除了具有评价学生的学习成果这一功能之外，还有检查教师教学策略和教学方法的作用。教师在对学生进行总结性纸笔考试之后，不仅要深刻分析学生的学习结果，同时还要积极反思和评价自己的教学，如教学目标、教学内容、教学方法和教学策略等方面，并在此基础上采取一定的改进措施。

（二）纸笔考试题目的类型与编制

由于纸笔考试的考核时间和试题数目有限，所以编制试题成为一项颇具难度的工作。试题既要科学而全面地包括所学的课程内容，同时还要具有很强的代表性，能够有效地测查出学生的真实学习水平。因此，教师必须掌握纸笔考试的题目类型及其编制原则，才能编写出高质量的试题。这里，我们将考试题目划分为客观性试题和主观性试题。

1. 客观性试题

所谓客观性试题，是指那些具有唯一答案、评分不受主观影响的考试题目。它要求学生在考试中做出唯一的正确答案或最佳答案，而不是根据自己的观点回答问题。客观性试题在现代考试中被广泛使用，其优势主要表现在：①题量较大，覆盖面广；②答案唯一，评分客观；③阅卷方便迅速，节省人力和时间；④考试的实施比较容易。但是，客观性试题也存在着一定的缺陷，主要表现在：①不能考查学生的高级思维技能；②无法判断学生对问题的理解程度，看不到学生的解题思路和过程；③学生随意猜测的概率较大。

客观性试题的类型主要包括以下四种。

（1）判断型题目

这类题目是在试卷中给出一个"陈述"，让学生对其进行判断。其功能主要是检测学生对事实的准确性、概念的正确性等进行判断的能力。实践表明，判断题本身就存在着影响测量结果准确性的不利因素，所以必须在题目设计方面做出努力。通常来说，应该做到试题语言简明扼要，每一个题目考查一个主要观点，慎用描述频率和程度的副词，不把书中原句直接作为题目等，以此来提高试题质量，避免学生随意猜测。

（2）匹配型题目

此种题目由两列构成，左列称为"题干项"，右列称为"反应项"，学生需要在"反应项"中找出匹配每个"题干项"的答案，以连线的方式将二者对应起来。编制匹配型试题时要充分掌握好题目的数量，题目之间应有一定的联系，同属一个知识范畴，"题干项"要略长于"反应项"，所有题目应安排在同一张考试纸上。只有满足这些要求，才能更好地发挥匹配型试题的检查作用。

（3）完成型题目

这种题目通常以两种形式呈现，一是提出一个问题，要求学生写出自己的答案；二是列出一个不完整的陈述，要求学生根据掌握的知识填充句子。前者通常叫作"提供—完成型"题目，又称简答题；后者叫作"填充—完成型"题目，又称填空题。教师在编制这类题目时要注意题目简短，表达要明确并具有明显的答案。填空题一般不要留太多的空，尽量使用简答题。

（4）选择型题目

这是最常用的一种考查方式，分为单选题和多选题两种，一般由题干部分和选项部分构成。选择型试题的编制是非常具有挑战性的，教师在编制时应注意以下几点：选项中不能使用具有提示作用的词汇；题目尽量使用长度相等的选项；题干的陈述要完整；选项间既要有差异，又要与题干有一定的联系。

2. 主观性试题

所谓主观性试题，是指那些没有固定的标准答案或唯一结论，学生可以根据自己的理解和思考来回答的考试题目。在当前的学生课业评价中，主观性试题被广泛地应用。与客观性试题相比，主观性试题能够考查学生的思考能力和创新意识，以及情感、态度、价值观等方面，特别是学生的高级思维技能。这类题目能够详细反映学生的综合学习成果，这是主观性试题的优势所在。但是，它也存在一定的缺陷，如评分过程花费时间长，评分具有很大的主观性，题目不能覆盖很多的教学内容等。

为了更好地发挥主观性试题的作用，教师在编制试题时应注意使用简单、明确的句子陈述题目，特别要使用那些能够反映高级学习行为的动词（如分析、综合、评价）。在一份试卷中，应设计多个较短的开放性题目，并且要把握好试题的难度。为了减小评分的主观性，教师可以采取以下措施：事先编写好评分指南；坚持使用相同的标准；进行多人评分；封盖学生姓名等。国外在主观性试题评分方法方面做了大量的研究，比较有影响的两种评分方法是等级描述型评定和要素分析型评定。

（三）纸笔考试的实施策略

纸笔考试的实施过程直接影响着这种评价方法的有效性。许多教师对纸笔考试早已习以为常，认为只要学生认真回答问题，就可以完成评价任务并收到良好的效果。然而，在实施纸笔考试的过程中，有很多方面需要教师注意，否则可能导致评价结果的不准确。

首先，教师要为学生创造良好的考试环境。学生所处环境的质量直接影响学生的考试状态和结果。因此，教师要尽力排除不利于学生考试的各种干扰因素，为学生创造一个安静、舒适的答题环境。

其次，教师在考试前要帮助学生排除心理压力。学生对考试会产生很大的心理压力，这会直接影响他们在考试中的正常发挥，不能准确地表现出真实的学习效果。教师应在考前做好学生的教育工作，使学生对考试有一个正确的认识和理解，具备正常的考试心态，从而发挥出个人的真实水平。

再次，教师应为学生提供充足的时间。通常，纸笔考试的目的是全面、准确地检查学生的学习情况，而非考查学生的答题速度，所以教师应给学生提供足够的时间进行思考和回答问题。

最后，教师还要避免个别提示。在学生不能理解试题的时候，教师应只对题目本身进行解释，不应再有其他的暗示或提示。如果试题确实存在不清楚的地方，教师不仅要向个别学生进行解释，同时还要向全班同学做出解释和说明。需要注意的是，说明时间不宜过长，否则会影响学生的答题思路。

（四）纸笔考试的优势与缺陷

教学实践中，纸笔考试是最为常用的评价方式之一，相较于其他的评价方式，具有简便、易行的特点。但同时，纸笔考试的优势与缺陷也是十分明显的。

1. 纸笔考试的优势

首先，纸笔考试可以对学生掌握学科知识的情况进行全面的考查。纸笔考试的内容其覆盖面比较宽泛，题目本身包含的信息量也非常大，能较好地覆盖所学学科的知识内容，达到全面考核学生知识掌握情况的目的。

其次，纸笔考试题目的呈现形式不拘一格，具有很大的灵活性。从纸笔考试的题目设计上来讲，其形式灵活多样，一般可以分为客观题和主观题两大类型，但根据考试的需要可以进行细化。

再次，纸笔考试实施条件简单。纸笔考试的开展和实施并不复杂，只需编好试题、安排好场所、讲明考试要求即可。

最后，纸笔考试评分过程节省人力和时间。这是纸笔考试最为突出的优势，与其他评价方式相比，其成本较低，便于操作。

2. 纸笔考试的缺陷

首先，纸笔考试不能检查学生的动手操作能力。由于纸笔考试的实施需要特定的时间和空间的限制，不利于采用过程较为复杂、时间较长并受到诸多条件限制的评价方式。

其次，纸笔考试不适合考查学生的高级思维能力。受制于考试时间、题目类型和试题容量的限制，纸笔考试对学生高级思维能力的考察较为困难。

最后，纸笔考试不能描述出学生的学习变化过程。评价学生的学习变化过程是一件较为复杂的事情，需要考虑多种因素并受到诸多条件的限制，不能仅从一次纸笔考试的情况对学生的学习过程做出评价。

二、表现性评价

20世纪80年代中期，美国等西方国家兴起了一场学生评价改革运动，其主要动因是对标准化考试的批判。在学生评价改革中，表现性评价备受教育界关注。

（一）表现性评价的内涵与特征

1. 表现性评价的内涵

所谓表现性评价，就是根据学生在真实的或模拟的生活情境中完成任务的表现，评价他们在认知、情感、技能和学习成果等方面的情况。美国教育评价学者将表现性评价界定为"通过学生自己给出的问题答案和展示的作品来判断学生所获得的知识和技能"。[1]这种评价的关注点是学生能够做什么而不只是知道什么，它既可以了解学生在完成任务过程中所表现的行为、情感与心理过程，也可以评价经过学习过程之后所取得的外显的学习"产品"。

2. 表现性评价的特征

（1）评价任务的情境性

表现性评价向学生提供一个真实的情境，让学生将所学知识和技能与现实生活密切联系起来，在解决实际问题的过程中展示他们的思维过程、情感态度和操作技能等。这里所说的真实情境，类似于某一具体领域的人士所从事的真实活动。一般来说，教师提供的情境越真

1　李永珺，张向众. 谈新课程评价中的表现性评定[J]. 现代中小学教育，2003（1）：45-48.

实，学生对评价任务就越感兴趣，对学习也就更加重视。

（2）评价标准的多重性

由于表现性评价向学生提出的任务没有唯一的答案，可以用多种方法来完成，所以教师评价学生的学习结果不能使用唯一的标准。在评价学生的表现时，不应以预先制定的固定标准来衡量，而是要看他们在完成任务的过程中，是否进行正确思考、发现问题、运用理论、证实结论等。因此，表现性评价的标准必须具有多重性，以充分鼓励学生的创造性。

（3）评价过程的公开性

在传统的评价中，学生一般不知道教师的评分要求和评分标准，在评价的过程中学生也很少参与。而表现性评价则不同，在制定评价标准时教师要广泛征求学生的意见，师生共同商定评价标准，从而使学生清楚地知道完成某项学习任务的具体要求。评价结束后，教师要向学生展示评价结果以及获得该结果的缘由和证据，让学生更加全面地了解评价标准，并学会自我分析、反思和评价。表现性评价在评价内容、评价标准和评价程序方面都具有很大的公开性，大大增强了学生评价的教育功能。

（4）反馈信息的全面性

传统评价方法注重评价结果的量化，这对学生发现自己的不足并改掉缺点帮助不大。而表现性评价不仅是为了鉴定学生，更重要的是为学生日后的发展提供丰富的支持性信息。表现性评价所提供的信息，不仅能够全面反映学生的学习结果，同时也能反映学生的学习过程，使学生、家长及教师获得丰富的教学反馈信息。这些信息既有质性的过程描述，也有量化的学习结果，在促进学生发展方面给予了充分的支持。

（二）表现性评价的实施程序

1. 确定适当的表现性任务

教师要根据教学目标选择适当的表现性任务，这是表现性评价的一个非常重要的环节。如果任务选择得好，学生就有机会充分表现自己的知识和技能，教师就可以从中获得丰富的有价值的评价信息。

2. 制定合理的评价标准

上面已经提到，评分标准应由教师和学生共同讨论来制定。评价标准是用来判定学生各种反应和表现的指标，要有具体的描述。此外，评价标准要包括表现性任务的所有重要方面，评价要点要贯穿整个表现性任务的过程。但同时需要注意的是，评价标准不宜过多和过于细化，避免使评价过程变得十分烦琐。

3. 评价学生的学习表现与成果

在完成评价标准的制定以后，教师便进入实际的评价环节。教师按照评分标准，对观察和收集到的信息进行分析，对学生的学习表现和成果做出评价。教师要引导学生对评价结果进行反思，明确自己存在的问题和不足，以及今后的努力方向，帮助学生及时调整自己的学习行为。在进行表现性评价时，教师需要注意以下几个方面：①坚持过程评价和"产品"评价的统一；②控制评价过程中的误差，如教师的个人偏见、晕轮效应、首因效应等；③做好合理的时间计划。

（三）表现性任务的基本要求及其类型

1. 表现性任务的基本要求

（1）具有可操作性

对于教师布置的表现性任务，学生必须具有充分的条件去完成。教师在选择任务时应充分考虑到学生已有的知识、经验和技能基础，确保学生能够理解任务的要求，有充足的时间和教学资源用于完成任务。

（2）体现公平性

教师在选择表现性任务时，要充分考虑到所有学生的整体状况，保证全体学生都具有完成任务的基础。同时，还要把握好任务的难度，因为表现性评价的目的是检查所有学生对知识和技能的掌握程度，以及他们的进步情况，而不是选拔优秀学生。因此，教师提出的表现性任务必须面向全体学生，充分体现教育的公平性。

（3）学生独立完成

教师向学生提出的任务是一个真实情境中的问题，没有现成的解决方案和答案，学生需要独立寻找解决问题的方法和措施，利用已有的理论和技能，亲自动手完成任务。如果教师提出的任务不需要学生自己亲自动脑，只需模仿或照搬，则不属于表现性任务。

（4）具备多重关注点

一项高质量的表现性任务应该具备多个关注点，如学生的认知、情感、态度和动作技能等，尤其是传统测验考查不到的那些方面。教师在设计表现性任务时，要给学生留有充分的思考空间，使他们将各种分散的知识和技能巧妙地结合起来，创造性地解决问题。在完成表现性任务的过程中，学生必须在各个方面都表现得比较好，只在一方面表现突出是不能很好地完成任务的。

2. 表现性任务的类型

在学生评价中，表现性任务是多种多样的，分类的方法也很多。例如，按照完成任务的时间跨度，可分为简短型任务和延伸型任务；按照完成任务的自由度，可以分为限制性任务和开放性任务；按照完成任务的人数，可以分为独立性任务和合作性任务；按照任务涉及的技能领域，可以分为表达性任务、操作性任务、思考性任务和动作性任务。

（四）表现性评价案例

高中生物学实验教学实施表现性评价案例

1．实施目标

"调查当地生态环境中的主要问题，提出保护建议和行动计划"旨在调动学生主动关心社会、生活中突出问题的积极性，引导学生关注科学技术、社会经济和生态环境的协调与发展，培养学生联系生产、生活实际，应用所学生物学知识技能解决实际问题的能力，帮助和促进学生学会制订科学研究计划，把握科学研究的一般程序，掌握科学研究的基本方法和思维方式，学会数据的收集、统计、分析，学会交流分享和合作学习。

2．实施策略

调查类实验大多为开放式实习活动，教师的教学组织比起传统课堂教学，困难会较多，如调查选题的范围，课题的可行性，时间、地点的不确定性，课时的限制性，活动可能产生的经费，实施过程中的安全问题等。

针对教学要求和实施困难，为了确保活动的有效、可控，教师根据当地生态环境的实际情况，与学生共商并设计出可行性课题；每小组的活动方案应切实可行，应由教师审核，提出修改意见后再具体实施。教师设计科学的表现性评价方法，对所有的学生活动进行全程评价，确保学生活动的方向性、可控性和有效性。

3．实施过程

教师公布调查课题，如影响太湖水水质主要环境问题调查及对策，影响长广溪湿地生物多样性分布的环境因素调查，你所在生活小区环境质量的调查与分析，学校周边生态环境中的主要污染源调查及保护建议。

4．评价表内容

（1）评价任务：本实验为调查活动，各成员在参与方案设计、方案实施和结果统计、分析、交流活动中的具体行为，都将作为表现性任务加以考察和评价。（2）评价内容：调查方案设计与实施的参与度、调查和实践的兴趣与热情、活动中的交流与合作、科学态度和科学思维的训练、健康生活方式的认同与养成等。（3）评价方式：学生自评及互评、小组长评价、教师综合评价。（4）评价项目。

[说明]该案例根据高中学生生物学实验实施的情况，设计具体的表现性评价表，重在引导学生在生物实践活动中进行合作探究，有助于学生形成正确的价值观、必备品格和关键能力，有利于实现素质教育的独特育人价值，从而落实立德树人根本任务。

[资料来源]龚雷雨，陈廷华．以评价促进学生的学习与发展：以高中生物实验教学表现性评价为例[J]．中学生物学，2021（7）：54-56．

三、档案袋评价

（一）档案袋评价的内涵

所谓档案袋评价，是指通过对档案袋的积累过程和最终结果的分析，对学生的发展状况所做出的评价。档案袋（又称作成长记录袋）是用于显示学生学习过程或进步信息的作品、评价结果以及其他相关记录和资料的集合。

档案袋评价具有如下特征：①目的性。教师根据教育教学的需要和人才培养的目标，指导学生有目的地收集和选择相关材料，以展示学生的成绩和进步。②自主性。学生是档案袋评价的主体之一，也是档案袋内容的主要决策者，他们可以自主选择档案袋的内容。③丰富性。档案袋不仅要收集学生取得成绩和进步的材料，还要记录学生存在的问题和不足；既要记录学生本人的评价信息，同时也要记录与学生密切相关的家长、教师和社区人士的评价信息。④发展性。档案袋评价的主要目的是通过大量材料的收集来反映学生在某些方面的进步和存在的问题，指出他们的努力方向，促进其全面发展。

（二）档案袋评价的优势

1. 培养学生的主体意识

档案袋评价给学生提供了很大的自主空间，他们可以根据评价要求，自由设计、选择和交流作品。这个由学生自己做决定的过程，就是他们的主体意识不断发展和成熟的过程。档案袋评价能够培养学生的主体精神，激发他们的内在潜能和学习积极性，使他们真正成为学习的主人。

2. 全面反映学生的综合素质

档案袋是有关学生学习成果和进步信息的作品和资料的汇集，所以它能够全面反映学生的学习过程和发展状况。通过档案袋评价，教师不仅可以知道学生在各个方面取得的进步，同时也能够了解他们在学习中遇到的困难和障碍。教师不但能够确定学生在知识和技能方面的掌握程度，而且还能了解他们在学习过程中的情感态度和高级思维技能。因此，档案袋评价能够全面反映出每一个学生的综合素质。

3. 促进学生的自我反思

学生在选择和设计档案袋内容时，需要不断修改和反思自己的成果和作品，以便表现出自己的最好水平。这种反思对学生的成长和发展具有非常重要的作用，能够帮助他们学会认识和评价自己。通过档案袋评价，学生可以养成自我反思的习惯，提高自我反思的能力，学会在学习中进行自我教育。

4. 提高学生的实践能力

档案袋评价在引导学生动手实践方面具有很强的激励功能。档案袋评价涉及的很多方面需要由学生亲自动手完成。他们不仅要知道完成任务所需的知识和技能，而且还要正确分析问题并寻找最佳解决方案，将其知识和技能合理运用到任务情境中去。档案袋评价能够促使学生从接受性学习向创造性学习飞跃，提升实践能力水平，并形成善于实践的人格品质。

（三）档案袋评价的实施

1. 确定档案袋评价的目的

进行档案袋评价的首要任务是确定档案袋评价的目的，教师需要明确采用这种评价方法要实现哪些教学目标，检查学生哪些方面的进步和发展，以及获得哪些方面的重要信息等问题。在确定档案袋评价目的时，教师需要联系本学校的学生评价工作的整体要求，并考虑个人的教学需要。通常，教师可以与学生一起讨论档案袋评价的目的，使学生更好地理解学习任务，产生学习兴趣和提高学习的积极性。

2. 选择档案袋评价的内容

不同的档案袋服务于不同的教学与评价目的，所以档案袋的内容也会有所不同。在选择档案袋的内容时，常常因为难以取舍而导致内容过多，使得档案袋变成了"材料堆积"。但如果内容过少，又不能很好地反映学生的学习成果和学习进步。近年来，对于档案袋内容的讨论集中在两个方面，即由谁来决定档案袋的内容和档案袋中应该包括哪些内容。教师应正确引导学生，让他们参与这些讨论，并在评价中发挥一定的主导作用。学校管理者和家长等其他相关人士也可以对档案袋内容的选择提出建议。学生档案袋的内容通常包括课堂表现记录、课后作业、个人作品、考试成绩单、奖励证明、个人反思与总结材料和教师评价等。

3. 制定档案袋评价的标准

在收集档案袋内容之前，就要制定出档案袋评价的标准。如果事先没有制定标准，会给后来的评价带来一些不利的影响，如学生因无从知道教师对作品的要求，只依据自己的偏好完成作品，就会与教学目标不一致。评价标准要具有一定的针对性，标准本身必须清晰、具体。教师在制定评价标准时要注意，标准应引导学生全面发展，并且便于在日常教学中使用。

（四）档案袋评价案例

过程型发展性档案袋(物理、化学、生物)

目标：应用学科知识于生活、社会等领域，提高解决实际问题的能力。

内容说明：

（1）在日常生活、自然、社会中寻找与所学学科知识相关的自然学科现象。

（2）独立地计划和创建解决学科实际问题的成长与发展性档案。

（3）可以由自己决定发展性档案袋收集的数量，但要求能代表自己在上述学习内容方面掌握与应用的水平。

教师：积极引导学生反思他们选择这些内容的具体原因，包括他们所选择内容的特征。在同一表格中还留有教师评论的地方，方便学生及时提供反馈，形成档案袋中的有效记录。

评估型发展性档案袋样例（教师使用）

目标：对所收集的有关作品进行评定，并把评定结果作为学科学业水平的成绩。

内容说明：

（1）教师根据课程目标制定具体、细致的评价标准，并积极会同家长、学生共同理解评价内容及标准。

（2）教师根据学科特点与学生一起确定收集作品的具体内容。

（3）根据评价指标，尽可能全面记录学生相关情况，及时将材料放入档案袋中。

（4）根据制定的评价标准，教师、学生、其他学生或家长对每一件作品进行等级评价，积极反思；说明评价的理由以及改进的有效建议。

（5）在期末时，教师可以根据学生的作品、反思资料与交流、进步情况等对学生的水平进行终结性的综合评价。

[说明] 该案例运用了过程型发展性档案袋和评估型发展性档案袋，虽然两种档案袋的形式有所差别，但两者都明确了档案袋评价的目标，确定了档案袋的内容以及制定了评价标准。借助档案袋这个载体来搜集、选择学生成长的相关材料，以展示学生的成长，更好地促进学生全面发展。

[资料来源] 汤有国. 学业水平发展性档案袋评价研究[J]. 基础教育论坛，2021（20）:49-50.

四、学生自评

随着我国基础教育学生评价改革的不断深化，学生评价开始呈现出主体多元化的趋势。其中，让学生作为评价主体，开展广泛的学生自我评价，已经成为一种重要的评价手段。

（一）学生自评的内涵与功能

所谓学生自评，是指学生根据评价目标，运用自我认同的评价标准，对自己的课业学习和身心发展状况进行记录、分析并做出评判，以促进自身发展的评价活动。

自我评价不仅能够帮助学生发现自己在学习过程中存在的不足，而且能发掘学生的各种潜力，真正促进他们的发展。具体地说，学生自我评价具有以下几个方面的功能。

1. 帮助学生建立正确的自我意识

学生在学习和成长过程中，自我意识具有非常重要的作用。它不仅能够指引学生个体的行动方向，同时也能制约学生人格的形成和发展。通过自我评价，学生可以对自己的各个方面进行深入、客观的检查，并在此基础上进行自我反思，分析自身存在的问题，对自己形成一个正确的认识。学生只有正确地认识到自己的问题与不足，了解自己的需求，才可能有效地改正自己的缺点，取得进步。

2. 激发学生的学习动机和学习兴趣

自我评价能够激发学生学习的内在动机和学习需求，提高他们的学习兴趣和积极性，从而对学业进步起到强有力的推动作用。自我评价可以使学生发现自己的不足，明确今后努力的方向，产生奋发学习的动力。因此，教师应当大力培养学生的自我评价能力，努力激发学生的学习动机和学习兴趣。但需要注意的是，自我评价既要发现学生的长处，又要揭示学生的短处，同时教师还要不断地鼓励和鞭策学生，这样才能有效地发挥自我评价的激励作用。

3. 有助于学生各种潜能的发挥

科学的学生自我评价是一个不断向上的循环过程。通过自我评价，学生能够明确自己取得的成绩，并不断为自己设定更高的学习目标。在努力实现这些目标的过程中，学生需要付出更大的努力，使各种潜能得以发挥。

4. 引导学生进行主动的自我调节

学生的自我调节包括主动和被动的自我调节。这里所说的主动的自我调节，是指学生自己设定目标后，按照目标所进行的个人主导的调节。主动的自我调节具有调节的主动性、改进的目的性和行动的持久性等特点，教师可以根据这些特点来判断学生的行为调节是否属于主动的自我调节。如果不是，则教师应采取有效的教学策略，引导学生进行积极的自我评价，使学生从被动的行为更正转向主动的自我调节。

5. 促进学生成为独立的终身学习者

学生自我评价充分体现和发挥学生的主体作用。在评价中，学生不仅需要明确评价目标、评价标准以及评价结果，同时还要明确今后努力和改进的方向，以及如何进一步完善自我和发展自我。通过自我评价，学生能够学会独立地为自己设定目标并进行评价，逐步成为独立的终身学习者。

（二）学生自评能力的培养

1. 培养自我评价的意识

首先，教师应当向学生强调自我评价的功能，宣传自我评价的意义和作用，以及对个人成长和发展的重要性，让学生接受和肯定自我评价的价值，从而自觉开展自我评价。其次，教师要积极地为学生创设自我评价的机会，给学生提供充分的时间和条件，使其在自我评价方面得到很好的锻炼。最后，教师要做自我评价的示范，通过具体的范例来影响和教育学生。

2. 训练自我评价的技能

自我评价技能的训练可以从培养学生的自我发现能力、自我分析能力和自我判断能力来进行。这些能力是学生进行自我评价必备的基本能力，因此，教师在教学中应积极利用合适的时机和资源，有效培养这三种能力，为他们日后进行自我评价打下坚实的基础。

3. 创设多种自我评价的途径

教师在教学中应当采取多种形式，抓住有利的教学时机，带领学生开展自我评价。学生在学习过程中可以通过多种途径开展自我评价活动，如检查自己的学科作业、审视个人作品和参加各种具有评价功能的活动。

（三）学生自评案例

某校一学生的自我描述

"光阴似箭，日月如梭。"转眼间，高一的生活已接近尾声，在这一年的生活中，我收获很多。

刚入学时，我便在心中播下了梦想的种子。在平时的学习中，我能够认真严谨，勤奋刻苦，积极探究学习中遇到的难题，能够在课堂上踏实、积极地回答问题，在班级和年级组中有较好的成绩。

但在性格上，我偏内向，所以和同学们沟通较少，我努力希望改变这一切。学习成绩的提高给了我很大的信心。我开始参加班干部竞选，通过自己不懈的努力以及老师、同学的支持，我成为班级的学习班长。此后，我积极参加学校组织的各项活动并取得了一些不错的成绩。这些经历让我更加有信心，让我逐渐变得开朗、活泼，给同学们带来了欢乐，也交到了很多朋友。工作任务虽然越来越重，但我变得越来越开心，虽然成绩有小幅下滑，但我并没有放弃，我要继续努力。因为我相信，人生总会有高潮和低谷，掬一捧光阴，握一份懂得，穿越一场又一场的生命迷路，不是没有忧伤，是我们学会了坚强；不是没有挫折，是我们学会了面对。每一场经历都是生活的积累，每一次坎坷都是生命的历练。春暖花开，打开心灵之窗，走出阴霾，只要明天的太阳还会升起，生命就会在阳光中怒放！

希望自己能扬长避短，努力拼搏，为高中的学习生活，为自己的梦想打下坚实的基础！我会越来越努力，做最好的自己。

[说明] 该案例既基于客观事实，反思深刻，又能凸显学生个性。这是一个学生高一下学期期末的总结，重点描述了竞选为班长的事件。这一事件是该生在高一最重要的事情，是他认识到个人性格内向、与同学沟通少的缺点后做出的努力，是他发展过程中的重要转折。

[资料来源] 河南大学综合素质评价项目组. 普通高中学生综合素质评价实施指南[R]. 2014.

五、学生互评

目前，学生互评，即学生相互评价，已经受到国内外基础教育领域的广泛关注。尤其自我国实施新课程改革以来，许多学校开始在学业评价系统中引入学生相互评价，这对于促进学生的群体发展起到了积极的作用。

（一）学生互评的功能

学生互评对于促进学生的健康成长具有重要意义。具体来说，主要包括以下三个方面：第一，是培养学生协作能力和合作精神的重要途径；第二，有助于促进同伴间的信息交流和共同提高；第三，能够帮助教师积累学生的各种信息。

（二）学生互评的组织形式

学生互评可以采取多种形式，在教学过程中，学生互评的组织形式可以包括以下几种。

1. 同伴评价

这里的同伴评价是一对一的，是指一个学生与另一个学生结成同伴并且彼此进行评价。这种评价方式在教学中最常见，实施起来也最方便。

2. 小组评价

小组评价是以小组形式展开的，学生自己挑选伙伴组成评价小组。通常，小组评价包括小组内部评价和外部评价，即小组成员之间的相互评价和小组之间的相互评价。

3. 班级集体对个体的评价

这种评价的最突出的特点是学生的交流多、范围广和产生的观点全面。在这种互评中，班级的全体同学先对某一名学生进行评价，然后按照某种顺序轮流到每一个人。

（三）学生互评的实施策略

为了取得更好的学生互评的效果，达到预期的教育目的，教师应采取以下策略组织学生开展相互评价。

首先，教师应抓住有利的互评时机，引导学生开展互评活动，如在学习过程中开展即时性互评，在学习活动之后开展总结性互评，在学期结束时进行终结性互评。

其次，教师应当针对学生的具体情况选择适宜的评价内容。学生互评内容要与学生培养目标相一致，符合学生的年龄和心理特点。此外，互评内容还要体现全面发展的教育理念。

最后，教师应让学生采取多种富于变化的信息传递方式，如口头表述、书面表达和评价表格等，从而有效地实现评价信息相互传递的目的。

（四）学生互评案例

某校学生在参加完研究性学习后的小组互评

在本次活动即将圆满结束时，大家依然是那样的相互关心，互助互爱。从活动的一开始，大家都是这样，自始至终好像谁都没有改变过。在此次活动中，组长A（谭学丽）给我留下的印象最为深刻，她在我们进行实地考察时总是带着资料在身边，一有时间就拿出来翻翻，从不懈怠。B（张秋易）、C（符锡珍）、D（梁樱）、E（邱明红）、F（刘佳云）和我也没有松懈，我们也很积极、认真地去做好自己的工作。总之一句话，在本次活动中，每位成员都已全力付出，从来没有松懈。G（郑海涛）

诚然，此次活动的成果也绝不是靠个人努力拼凑起来的，而是大家共同努力的结晶。值得一提的是第二小组组长G（郑海涛），他自己的努力和不辞辛劳影响着我们。在活动过程中，重活、脏活他都一肩挑起，对我们三个女组员也关心备至。去实地考察时他总是走在最前面，为我们开路，遇到不熟悉的路时，也是他去探路。就这样，他也连起了我们彼此间的合作兼信任。C（符锡珍）

本次活动中每一位同学的表现都很好，让我体会到了"团结就是力量"这句话的深刻含义。但我觉得表现最好的是D（梁樱）同学，她在活动中表现积极认真，特别是在采访中，她非常细心地做好采访记录和有礼貌地与别人交流，每次开始采访和采访结束后都不忘对采访对象说一声"谢谢"，这是非常值得我学习的。E（邱明红）

这次活动，组员们都很认真、努力地工作。其中最令我佩服的是小组长G（郑海涛），他从一开始就以最大的热情参与到活动中，积极向上、充满活力，他不辞辛劳地付出，有什么重活、麻烦事他都首先站出来。比如说，酿酒时要先生火把米蒸熟，他很主动地站出来帮大家生火，也带动了组员们的积极性。他不仅工作认真，对其他的组员也很关心，是一个很好的人。B（张秋易）

在这次活动中，全组的成员都非常齐心协力，为了一个共同的目标，我们都不计个人得失，为了课题的顺利完成，E（邱明红）和D（梁樱）还牺牲了他们自己的宝贵时间。在这里我要感谢小组长G（郑海涛），他帮助大家干了很多的重活，也很细心地照顾组内的其他同学，他的肯吃苦的精神给了我很大的触动。 A（谭学丽）

在本次活动中，我们的每位成员都很出色。但我觉得最棒的就是A（谭学丽）的领导能力以及她热忱的工作态度。她在给我们布置任务时，分配合理，时间的安排也很恰当，让同学们很信任她，另外，她还是一个很认真的人，每次进行活动前会提醒我们一些要注意的地方，这是很好的。D（梁樱）

[说明] 该案例是在参加完研究性学习之后，小组各成员对组内其他成员进行的评价。这6位同学的评

价都是先从总体上肯定组内所有成员对本次活动所做的贡献，再选取印象最深的一名同学，通过描述客观的事例，着重评价他（她）在小组活动中的突出表现。

[资料来源] 河南大学综合素质评价项目组. 普通高中学生综合素质评价实施指南[R]. 2014.

本章小结

学生评价是教育评价研究的基本问题，也是最为重要的组成部分之一。学生评价是在系统和全面地收集、处理和分析学生信息的基础上，依据一定的价值标准，运用多种科学且可行的方法，对学生的品德发展、学业发展、身心发展、审美素养、劳动与社会实践方面的发展和变化进行评价，目的在于促进学生的全面发展，提高教师的教学质量。

相较于传统的学生评价，当代学生评价的内涵更为丰富，集中表现在如下几点：评价目的明确、评价内容全面、评价方法多样、评价功能完整。学生评价的内容包括品德发展评价、学业发展评价、身心发展评价、审美素养评价、劳动与社会实践评价五个方面。

实践操作中应通过纸笔考试、表现性评价、档案袋评价、学生自评和学生互评等量化评价方法和质性评价方法相结合的方式，全面考察学生的综合素质。

总结 >

关键术语

学生评价 Student Evaluation	品德发展评价 Moral Development Evaluation	学业发展评价 Academic Development Evaluation	身心发展评价 Physical and Mental Development Evaluation
审美素养评价 Aesthetic Literacy Evaluation	劳动与社会实践评价 Labor and Social Practice Evaluation	纸笔考试 Paper-Pencil Test	表现性评价 Performance Evaluation
档案袋评价 Portfolio Evaluation	学生自评 Student Self- Evaluation	学生互评 Student Peer- Evaluation	

章节链接

学生评价是教育评价研究领域中较为具体的内容，具有较强的实践操作的特点。从逻辑关系上来说，本章"学生评价"和后面第九章"教师评价"等内容是一种实践运用，与前面第五章"教育评价的模式"、第六章"教育评价的程序"联系紧密。

应用 >

体验练习

1. 根据自己的理解，对学生评价的目的、内容、方法和功能等进行全面和详细的描述。

2. 进一步理解学生综合素质评价的目的和内容，尝试在理论和实践上探索有效的评价模式。

3. 在了解我国学生评价的基本理念和重要任务的同时，可以针对学校层面或自己的教学进行观察与反思，发现和总结当前学生评价实践中的有益做法和存在的不足，并且提出具有针对性和操作性的建议与对策。

4. 进一步学习和理解学生评价的基本程序，努力掌握各种评价方法，以便能够在教学中独立地开展科学的学生评价活动。

5. 继续阅读相关文献资料，了解国际上学生评价改革的最新动态，总结出值得我国借鉴的有益经验。

拓展 >

补充读物

1　陈玉琨. 教育评价学[M]. 北京：人民教育出版社，1999.

　　该书第3章、第4章系统阐述了学生评价的原理、原则和学生评价的方法，主要介绍了学生评价的基本类型、基本原则、基本步骤和学生评价的功能与特点，以及学生心理品质与思想道德的评价方法等相关内容，对我们学习和掌握学生评价的有关知识具有重大的指导价值和借鉴意义。

2　刘本固. 教育评价的理论与实践[M]. 杭州：浙江教育出版社，2000.

　　该书第9章、第10章、第11章分别介绍了学生道德水平的评价、学生学力水平的评价、学生体育水平的评价三种学生评价的相关内容，主要从这三种评价方式的意义与作用、依据、目标、原则与方法等维度展开论述，对我们学习和掌握学生评价的理论知识和方法技术有重要的借鉴意义和指导价值。

3　黄光扬．教育测量与评价[M]．上海：华东师范大学出版社，2002．

该书第8章到第12章较为全面、系统地介绍了学生课业发展、学生智能发展、学生人格心理发展、学生思想品德发展和学生体育发展的测量与评价，主要从内容、方法、意义等维度详细介绍了学生评价的相关内容，对我们了解和掌握学生评价的理论知识和方法技术有重要的指导作用。

4　[美]Ellen Weber．有效的学生评价[M]．国家基础教育课程改革"促进教师发展与学生成长的评价研究"项目组，译．北京：中国轻工业出版社，2003．

该书体现了学生评价改革的趋势，呈现了使评价变得"有效"的理念、方法和策略。其核心是如何通过评价更好地促进学生发展。该书将理论与实践结合起来，在多元智力理论、人本主义、合作学习理论、建构主义、标准化测验理论的基础上，阐明了学生评价操作的过程，并列举了许多具体的评价方法、评价内容和评价工具。

5　[美]Diane Hart．真实性评价：教师指导手册[M]．国家基础教育课程改革"促进教师发展与学生成长的评价研究"项目组，译．北京：中国轻工业出版社，2004．

该书第3章和第4章分别从"观察学生做什么"和"评估学生的作品：成长记录袋评价"两个方面着重阐述了学生评价的相关内容，探讨了观察的内容、如何记录观察的结果，以及成长记录袋的目的、成长记录袋的内容、成长记录袋结果的使用等一系列的问题。这两章的内容对学习学生评价的有关知识具有重要的借鉴价值。

6　蔡敏．当代学生课业评价[M]．上海：上海教育出版社，2006．

该书较为详细、系统地阐述了学生评价的相关内容。从阐述学生课业评价的基本概念和原理入手，分别探讨了9种具体的评价方法。该书的特点是将评价方法的理论阐述渗透在教学实践的真实情境之中。为了使读者更好地把握每一种评价方法，各章在详细介绍操作程序的同时，还对在使用过程中容易出现的各种问题进行了全面的讨论，并提供了适当的教学案例。

本章概述

　　教师评价对学校教育质量的提高具有重要的导向作用，是促进教师专业发展和提高教学效能的有效途径。掌握教师评价的基本概念、发展历史、基本内容及主要方法，是探讨和研究教师评价的基本前提。因此，本章主要从"教师评价是什么""教师评价评什么"和"采用何种方法评价教师"三个问题对教师评价展开论述，对应的是教师评价的目的、内容、方法三个方面。

结构图

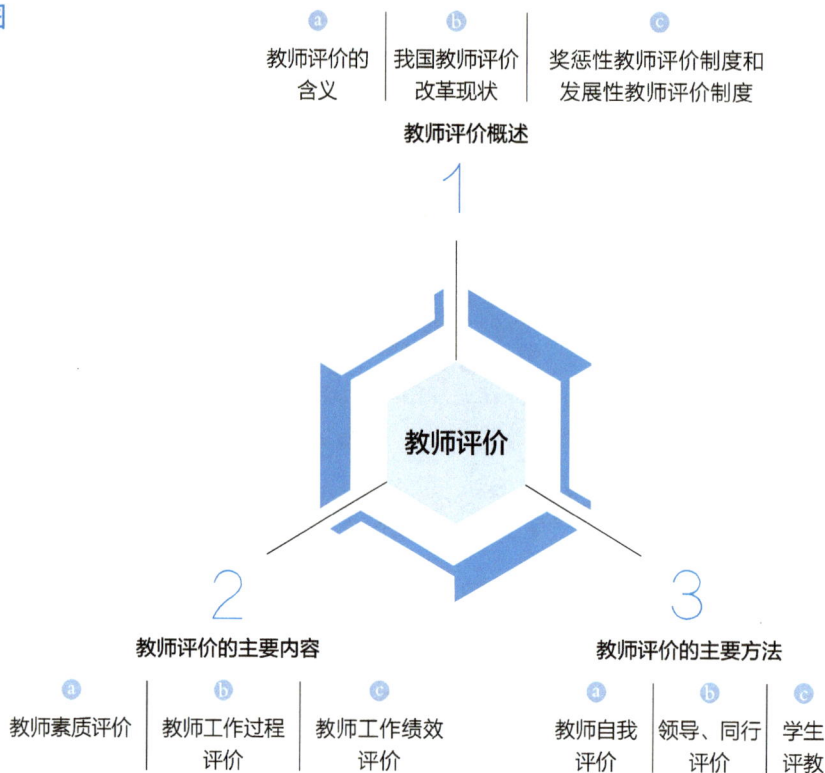

教师评价

1 教师评价概述
ⓐ 教师评价的含义
ⓑ 我国教师评价改革现状
ⓒ 奖惩性教师评价制度和发展性教师评价制度

2 教师评价的主要内容
ⓐ 教师素质评价
ⓑ 教师工作过程评价
ⓒ 教师工作绩效评价

3 教师评价的主要方法
ⓐ 教师自我评价
ⓑ 领导、同行评价
ⓒ 学生评教

学习目标

学完本章，你应该能够做到：

1. 明确教师评价的基本概念。

2. 理解我国教师评价改革的现状及发展趋势。

3. 掌握教师评价的主要内容与主要方法。

读前反思

1. 你怎样理解教师评价的内涵？

2. 你在学习生活中参与过哪些教师评价活动？

3. 你认为评价一位教师应该包括哪些方面？

　　教师评价是教育评价研究的重要组成部分，它与学生评价、学校评价一起构成现代教育评价的三大领域，既体现了不同时期教育评价的理念和旨趣，反过来，教师评价自身在不断地变革与更新的过程中，又持续推动着教育评价理论与实践的深化和发展。同时，教师评价还是学校各项教育教学工作的有机组成部分，一所学校管理水平的高低、师资水平如何、教育教学质量的好坏等都与教师评价工作有着密不可分的联系。因此，如何科学地评价教师，增强教学效能，促进教师专业发展，提高人才培养质量，是当前教育改革和发展面临的重要问题。

第一节
教师评价概述

学习目标

明确教师评价的代表性定义；学习教师评价的历史脉络，能厘清奖惩性教师评价和发展性教师评价的关系；了解我国教师评价改革目标及基本理念。

一、教师评价的含义

　　人们在回答"教师评价是什么"这一问题时，大多取决于对教育评价本身的理解。就目前而言，将教育评价理解为一种价值判断仍然是一种主流观点，人们在这一基本判断下，从不同的研究需要出发，给予了教师评价不同的认识和表达。

　　例如，有学者认为，教师评价是对教师工作现实的或潜在的价值做出判断的活动[1]，它的目的是促进教师的专业发展与提高教学效能[2]。也有学者提出，教师评价是评价者依据一定的评价标准和程序，采取多种方法收集评价资料，对教师个人的资格、能力及表现进行价值判断的过程。[3]有观点认为，教师评价就是依据学校的培养目标和人民教师的根本任务，运用现代教育评价的理论和方法对教师个体的工作质量进行价值判断。[4]还有学者认为，教师评价，有的也称为教师考评，是指在正确教育价值观的指导下，根据教育方针、政策、法规和教育目标、要

1　陈玉琨. 教育评价学[M]. 北京：人民教育出版社，1999：98.
2　沈玉顺. 现代教育评价[M]. 上海：华东师范大学出版社，2002：98.
3　胡中锋. 教育评价学. 2版[M]. 北京：中国人民大学出版社，2013：180.
4　王汉澜. 教育评价学[M]. 开封：河南大学出版社，1995：354.

求，以及教师所应承担的任务，运用现代教育评价的理论、方法和技术，广泛收集评价信息，对教师的素质、工作过程以及工作绩效进行全面、客观、公正的价值判断的过程。[1]

虽然不同学者对教师评价的内涵界定有不同的表述，但可以看出，人们对教师评价的界定既有源自泰勒评价思想的历史延续，也有基于现代评价思想的合理借鉴。总体而言，教师评价是指依据一定的评价标准和程序，采用多种评价方法，对教师应具备的素质、工作过程中的表现及其工作绩效等方面进行调查、分析、协商、判断，逐步达成共识的过程，目的在于不断促进教师的专业发展和提高教师的教学效能。正确理解教师评价的内涵，需要明确以下几点。

第一，正确理解教师评价的前提是要有与时俱进的教师观。教师是教师评价工作的直接对象，教师应该是什么样，什么样的教师才是好教师，这些对教师的基本认识直接影响着怎么去评价教师。受传统教师观影响，人们过去往往把教师比喻成"红烛""园丁""春蚕""灵魂的工程师"等美好的形象，实质反映出来的是人们对教师职业的角色定位，要求或希望教师成为具有高度牺牲奉献精神、拥有终其一生所用的知识技能、能够改变或改造他人的从业者，这一定位在传统工业模式下的学校教育中发挥了不可替代的历史作用。但是，随着知识经济时代的到来，传统的教师形象与角色定位正在逐渐被打破，现代学校教育需要的是教师成为学习的指导者与合作者、集体的领导者与管理者、专业的学习者与研究者，要求教师角色从"经验型"转向"研究型"，从"教书匠型"转向"学者型"。美国"全国专业教学标准署"提出，优秀教师应具有以下四个方面的特征：一是全身心致力于学生及其学习；二是熟练掌握学科知识和教材教法；三是勤于思考，不断总结自己的教学实践经验；四是成为"学习村"的成员。[2]可以说，重新定位教师职业角色是世界范围内教育改革的趋势之一，也是教师评价不得不考虑的一个前提问题。

第二，正确理解教师评价的重点是要有科学合理的评价观。如前所述，教育评价本质上是一种价值判断活动，是对事物好坏、优劣、多少做出判定的结果，天然具有分等、鉴定、选拔等评价功能，此类功能具体运用于教师评价时，可直接服务于提高教师教学效能的评价目的，这可以看作评价结果的自然应用。同时，评价还具有诊断、激励、发展等功能，能够有效地克服仅靠外部压力迫使教师达到最低标准的局限性，从而更好地激发教师的内在动力，对提高教师专业水平、促进教师职业发展发挥着重要作用，这是教师评价的根本目的。换言之，教师评价本身不是目的，而是一种手段，教师评价的目的不仅在于鉴别教师工作质量的优劣高低，更重要的是能够为每个教师改进工作、提高教育教学质量提供帮助。因此，就评价目的和意义而言，通过教师评价用于提高教师教学效能和促进教师专业发展不仅不是一对矛盾体，相反，它们既是评价的本来之义，也是评价的天然诉求，两者缺一不可，相融相通。

1 王景英. 教育评价[M]. 北京：中央广播电视大学出版社，2004：274.
2 唐晓杰. 美国优秀教师知识和技能的标准[N]. 教育时报，1998-10-10.

第三，正确理解教师评价的根本是要有求实创新的职业观。教师每天面对的都是一个个鲜活的生命个体，而且是通过对众多生命体的知识、思想、精神、意识等领域的影响实现着教育的意义，这既不同于实验室里同客观物质打交道的自然科学家，也不同于面对生命有机体生理现象的医生等从业者，教师工作的过程兼具了对人的内在精神世界的改造、完善、提升、创生，其中，既有现实的体现，也有潜在的价值，教师劳动的特殊性和复杂性可能是任何其他从业者都无法比拟的职业之一。教育教学过程的多因素、多变化和多向性，劳动过程的长期性、隐蔽性，教育成果的集体性、滞后性等这些特质都决定了教师评价的复杂性。因此，对教师工作质量的评价需要有正确的教育价值观引导，在国家教育方针政策和法规要求下，根据教师劳动的特点，运用现代教育评价的先进手段、方法和技术，多渠道收集评价信息，对教师的工作进行多方面的综合分析和判断，才能确保教师评价工作的合理性和科学性，更能反映每个教师工作的真实情况，真正实现教师评价的本真追求。

二、我国教师评价改革现状

与欧美国家相比，我国教师评价起步较晚，于20世纪60年代开始出现，80年代正式实行，90年代以后受到人们的普遍关注。进入21世纪，教师评价成为教育评价领域的热点问题之一，与实践发展相一致，我国教师评价的理论研究进展也基本与此相吻合。

在我国，最早提及教师评价的是李聪明的《教育评价的理论与方法》一书，该书在教育评价的一节中谈到了教师评价，但并没有讨论关于教师评价是什么、如何进行教师评价等的具体内容。20世纪80年代出版的教育评价理论著作中，苏渭昌、张笛梅编著的《教育评价技术》中出现了教师评价的相关内容，但篇幅短小，笔墨有限。到20世纪90年代后期，许多教育评价理论著作中才开始出现专门章节系统讨论教师评价的概念、依据、内容、原则和方法等基本问题。期刊论文方面也是如此，一直到20世纪80年代中期，教师评价方面的论文才陆续发表，主要是介绍教师评价理论方法或总结实践工作经验。20世纪90年代以后，教师评价成为教育评价研究的重要内容之一，相关研究论文也逐渐增多。21世纪以来，教师评价方面的研究成果如雨后春笋般大量涌现。

（一）20世纪80年代至90年代末的教师评价

在实践领域，我国的教师评价源于高等学校教师职务评审，后来扩展到中等专业学校教师。1977年恢复高考后，主要以高考升学率为标准，评选优秀教师。1983年8月，原国家教委在《关于中小学教师队伍调整整顿和加强管理的意见》中，要求从政治思想表现和工作态度、教学业务能力和教学效果、文化程度三个方面，由县级教育行政部门对每位教师进行一次考核，作为培训提高和调整安排教师工作的依据，这是我国正式开始实行中小学教师考核制度的标志，此后逐渐形成了以学生考试成绩为依据，对教师进行奖惩的普遍现象。1984年5月，我国正式加入国际教育成就评价协会（IEA），逐步开始我国教育评价的实践和理论探索。1985年《中共中央关于教育体制改革的决定》颁布后，我国的教师评价得到了较快发展。1986年原国家教委制定了各级各类学校《教师职务试行条例》，其中，对任职教师的考核是教师职务制度的重要内容之一，也是学校和教育主管部门对教师进行检查评价的重要依据。此后，我国教师职务考核、评聘工作逐步朝向制度化、规范化发展。1991年5月，全国第一次教育督导会议工作发布了《教育督导暂行规定》，提出"加强对中小学校校长与教师队伍建设工作的督导评估，促进中小学校长、教师队伍政治思想素质与业务水平的提高"的督导工作重点，标志着我国教师评价工作的全面开展。1993年2月5日，《中国教育改革和发展纲要》出台，教师在素质教育中的重要性越来越受到人们的重视。此后，政府出台了一系列重要文件来强调教师的重要地位和作用。1993年10月颁布的《中华人民共和国教师法》明确规定要实行教师证书制度和教师聘任制度，要求学校或其他教育机构应对教师的政治思想、业务水平、工作态度和工作成绩进行考评，考评结果作为受聘任教、晋升工作、实施奖惩的依据。1995年3月颁布的《中华人民共和国教育法》规定："国家实施教师资格、职务、聘任制度，通过考核、奖励、培养和培训，提高教师素质，加强教师队伍建设。"1995年，国务院发布了《教师资格条例》，进一步完善了我国教师评价制度，标志着我国对教师职业的法定许可。1998年12月，国务院批转了教育部颁发的"面向21世纪教育振兴行动计划"，在"跨世纪园丁工程"中强调提高教师基本学历、加强在职教师的职后培训和加强骨干教师的培训等工作。1999年6月，全国教育工作会议发表了《关于深化教育改革全面推进素质教育的决定》，提出建设高质量的教师队伍是全面推进素质教育的根本保证。这些文件的相继颁布与实施为我国教师评价实践发展提供了保障。

总体而言，我国传统的教师评价以奖惩性教师评价为主，重视评价的鉴定、分等、选拔功能，主要用于选聘和奖惩教师，这种教师评价体系具有积极作用，但也有缺陷，主要表现在：造成了教师片面追求学生考试成绩的评价状态，使教师只注重知识与技能的灌输、学生应试技能的训练，忽视对教师专业能力与素养的评价，制约了教师专业发展的内在需求和动力。

（二）21世纪新课改背景下的教师评价

随着第八次基础教育课程改革的开始，针对传统教师评价的种种弊端和不足，我国教师评价改革提上日程。

2001年7月，《基础教育课程改革纲要（试行）》明确提出："建立促进教师不断提高的评价体系。强调教师对自己教学行为的分析与反思，建议以自评为主，校长、教师、学生、家长共同参与的评价制度，使教师从多方面获得信息，不断提高教学水平。"其核心是确立发展性教师评价理念，发展性教师评价也正式成为新一轮课程改革中发展性课程评价体系的一个重要组成部分。2002年12月27日，《教育部关于积极推进中小学评价与考试改革的通知》中提出，"要建立有利于促进教师职业道德和专业水平提高的评价体系，"评价制度的改革要有利于加强教师的职业道德建设，促进教师业务水平的提高，建立有利于实施素质教育、发挥教师创造性的多元的、新型的中小学评价体系。《通知》指出：教师评价的根本目的是更好地提高教师的教学水平，为学校实施素质教育提供保障，充分发挥评价的促进发展的功能，使评价的过程成为促进教学发展与提高的过程；对教师评价的内容要多元化，既要重视教师业务水平的提高，也要重视教师的专业道德修养，评价标准应注意对教师的统一要求，也要关注个体差异以及对发展的不同需求，为教师有个性地发展提供一定的空间；评价方法要多样，探索有利于教师进行积极自评与他评的方法；评价不仅要注重结果，更要注重发展和变化的过程，把形成性评价和终结性评价结合起来，使发展变化的过程成为评价的组成部分；重视教师在评价过程中的作用，使评价成为教育行政部门、学校、教师、学生和家长共同参与的活动。此后，为进一步加强教师队伍建设，全面提高中小学教师队伍的师德素质和专业水平，在广泛征求意见的基础上，教育部对1997年原国家教委和全国教育工会联合印发的《中小学教师职业道德规范》（以下简称《规范》）进行了修订，并于2008年9月1日正式颁布实施，新颁布的《规范》的基本内容继承了我国的优秀师德传统，充分反映了新形势下经济、社会和教育发展对中小学教师应有的道德品质和职业行为的基本要求，成为教师职业道德评价的重要依据和标准之一。2010年7月29日颁布的《国家中长期教育改革和发展规划纲要（2010—2020年）》中提出，要"努力造就一支师德高尚、业务精湛、结构合理、充满活力的高素质专业化教师队伍"，并强调要加强师德建设，"将师德表现作为教师考核、聘任（聘用）和评价的首要内容"。这是我国传统教育中教师评价思想精髓和优良传统在当代的充分体现。2012年国务院颁布《关于加强教师队伍建设的意见》着重强调从加强教师思想政治教育和师德建设、提高教师专业化水平、健全教师管理制度以及保障教师合法权益和待遇等方面入手，推动教师队伍建设稳步发展，并明确到"2020年，形成一支师德高尚、业务精湛、结构合理、充满活力的高素质专业化教师队伍"的发展目标，为新时代教师评价改革提供方向。2017年，中共中央、国务院印发的《关于全面深化新时代教师队伍建设改革的意见》中提出"到2035年，教师综合素质、专业化水平和创新能力大幅提升"的教师队伍的建设目标，开启了新时代教师素质评价的新征程。2020年10月，国务院出台《深化新时代教育评价改革总体方案》，提出加强师德师风建设，突出教育教学实绩，强化一线学生工作，改进高校教师科研评价，推进人才称号回归学术性、荣誉性等方面着手改革教师评价。（具体内容详见表9-1）这为教师评价改革指明了前进方向，提供了根本遵循。2022年，教育部印发《新时代基础教育强师计划》，提出"遵循教师成长发展规律，以高素质教师人才培养为引领，以高水平教师教育体系建设为支撑，以提升教师思想政治素质、师德师风水平和教育教学能力为重点"。党的二十大报告也指出，办好让人民满意的教育，要"加强师德师风建设，培养高素质教师队伍，弘扬尊师重教社会风尚"。这也意味着新时代教师评价应以促进培养高素质教师人才为目标，将师德师风作为重点评价内容之一。

表9-1 《深化新时代教育评价改革总体方案》中关于教师评价改革的内容

坚持把师德师风作为第一标准	①坚决克服重科研轻教学、重教书轻育人等现象，把师德表现作为教师资格定期注册、业绩考核、职称评聘、评优奖励首要要求，强化教师思想政治素质考察，推动师德师风建设常态化、长效化 ②健全教师荣誉制度，发挥典型示范引领作用 ③全面落实新时代幼儿园、中小学、高校教师职业行为准则，建立师德失范行为通报警示制度。对出现严重师德师风问题的教师，探索实施教育全行业禁入制度
突出教育教学实绩	①把认真履行教育教学职责作为评价教师的基本要求，引导教师上好每一节课、关爱每一个学生 ②幼儿园教师评价突出保教实践，把以游戏为基本活动促进儿童主动学习和全面发展的能力作为关键指标，纳入学前教育专业人才培养标准、幼儿教师职后培训重要内容 ③探索建立中小学教师教学述评制度，任课教师每学期须对每个学生进行学业述评，述评情况纳入教师考核内容 ④完善中小学教师绩效考核办法，绩效工资分配向班主任倾斜，向教学一线和教育教学效果突出的教师倾斜 ⑤健全"双师型"教师认定、聘用、考核等评价标准，突出实践技能水平和专业教学能力 ⑥规范高校教师聘用和职称评聘条件设置，不得将国（境）外学习经历作为限制性条件。把参与教研活动，编写教材、案例，指导学生毕业设计、就业、创新创业、社会实践、社团活动、竞赛展演等计入工作量 ⑦落实教授上课制度，高校应明确教授承担本（专）科生教学最低课时要求，确保教学质量，对未达到要求的给予年度或聘期考核不合格处理 ⑧支持建设高质量教学研究类学术期刊，鼓励高校学报向教学研究倾斜 ⑨完善教材质量监控和评价机制，实施教材建设国家奖励制度，每四年评选一次，对作出突出贡献的教师按规定进行表彰奖励 ⑩完善国家教学成果奖评选制度，优化获奖种类和入选名额分配
强化一线学生工作	①各级各类学校要明确领导干部和教师参与学生工作的具体要求 ②落实中小学教师家访制度，将家校联系情况纳入教师考核 ③高校领导班子成员年度述职要把上思政课、联系学生情况作为重要内容 ④完善学校党政管理干部选拔任用机制，原则上应有思政课教师、辅导员或班主任等学生工作经历 ⑤高校青年教师晋升高一级职称，至少须有一年担任辅导员、班主任等学生工作经历

续表

改进高校教师科研评价	①突出质量导向，重点评价学术贡献、社会贡献以及支撑人才培养情况，不得将论文数、项目数、课题经费等科研量化指标与绩效工资分配、奖励挂钩 ②根据不同学科、不同岗位特点，坚持分类评价，推行代表性成果评价，探索长周期评价，完善同行专家评议机制，注重个人评价与团队评价相结合 ③探索国防科技等特殊领域教师科研专门评价办法。对取得重大理论创新成果、前沿技术突破、解决重大工程技术难题、在经济社会事业发展中作出重大贡献的，申报高级职称时论文可不作限制性要求
推进人才称号回归学术性、荣誉性	①切实精简人才"帽子"，优化整合涉教育领域各类人才计划 ②不得把人才称号作为承担科研项目、职称评聘、评优评奖、学位点申报的限制性条件，有关申报书不得设置填写人才称号栏目 ③依据实际贡献合理确定人才薪酬，不得将人才称号与物质利益简单挂钩 ④鼓励中西部、东北地区高校"长江学者"等人才称号入选者与学校签订长期服务合同，为实施国家和区域发展战略贡献力量

由此可见，新的改革背景下，人们越来越重视与强调发展性教师评价的重要性，并加快了与国际教师评价改革新趋势、新举措的接轨，逐渐确立了以发展性教师评价为基本理念的改革精神，旨在通过发现问题、诊断问题，提供教师优缺点信息，鼓励改进，帮助教师不断提高业务素质与专业水平，可以预见，这将对我国教师评价工作产生深远影响。

三、奖惩性教师评价制度和发展性教师评价制度

自教师职业出现以来，形形色色的教师评价也随之出现。在教师评价从非正式到正式的发展历史中，大致经历了自发时期（20世纪前）、传统时期（20世纪初到20世纪80年代中期）、转型时期（20世纪80年代中期至今）三个时期。[1]在自发时期，教师评价已初现思想萌芽，但还未正式提出，以自发的、非正式化的形态隐现在学校中。直到19世纪末20世纪初，"教师评价"的概念才被首次提出，标志着正式化的教师评价的出现。[2]在20世纪初期，深受西方盛行的科学管理理论的影响，发展形成了以管理和控制为目的的奖惩性教师评价制度，有学者将这一时期的教师评价划归为传统教师评价时期。进入20世纪80年代中后期，随着教师评价理论和方法的发展，以奖惩为目的的教师评价的弊端也逐渐显现，世界各国开始了对发展性教师评价制度的探索和尝试，教师评价进入转型期。直至今日，我国仍处在对发展性教师评价制度的探索阶段。

1 王斌华. 教师评价：绩效管理与专业发展[M]. 上海：上海教育出版社，2005：1.
2 Anthony J. Shinkfield & Daniel Stufflebeam. Teacher Evaluation：Guideto Effective Practice[M]. US：Kluwer Academic Publishers，1995：13.

（一）奖惩性教师评价制度

受我国早期管理思想、西方早期管理思想和西方科学管理理论的影响下，奖惩性教师评价制度形成、发展于20世纪初至20世纪80年代中期，又为"绩效管理评价制度""行政管理评价制度"或"责任模式"。[1]奖惩性教师评价制度是以加强教师绩效管理为目的，对教师的工作展开评价，并依据评价的结果做出解聘、晋升等决定。[2]

随着社会的发展进步和管理理论的完善，奖惩性教师评价制度也在随着时代特征不断更新，发展成兼具奖惩性、激励性、竞争性和责任意识等特点的评价制度。

奖惩性是奖惩性教师评价制度最显著的特性，充分利用人类趋利避害的心理，借助奖励、表扬等手段来激发教师内在活力，并通过惩处不合格的教师来警示他人，同时强化领导权威。

激励性是指通过激励能够促进人的潜能发挥。在奖惩性教师评价制度中，学校通过为教师制定预期目标，以此激励教师工作的积极性、自主性。

竞争性是指在地球这个天然的竞技场中，每一个生物都难以逃脱"物竞天择，适者生存"的生存法则，当然人类社会也不例外。在现代社会中，时刻具备竞争意识，学会竞争是一种内在品质。奖惩性教师评价制度崇尚竞争，学校内部通过建立竞争机制，营造教师间竞争氛围，以奖惩为激励手段，增强教师竞争意识，形成教师职业紧迫感。

责任意识是指教师既要对社会、公众和政府负责，也要对学校、同事、学生及家长负责，更要对自己的职业、家庭、未来等负责。[3]

奖惩性教师评价制度发展至今，虽具备可行性和可操作性，在一定程度上对激发教师内在动力、提升教师工作活力、淘汰不合格教师具有一定积极作用，但也存在着明显的缺陷，如在评价功能上，以鉴定分等、奖优罚劣的方式评价教师，极易增加教师的心理负担；在评价模式上，以自上而下的方式考核教师，忽视教师主体性；在评价内容上，主要以教师绩效为考核标准，忽视创新精神、关爱学生等素养的评价；在评价方法上，主要以量化评价为主，弹性不足等。时至今日，我国教师评价在实践探索中不乏将奖惩性教师评价与发展性教师评价进行较好结合的有益尝试。同时，随着新时代高素质专业化创新型教师队伍建设新征程的开启，建立发展性教师评价制度必然成为教师评价改革的应有之义。

（二）发展性教师评价制度

发展性教师评价制度又称"专业发展性教师评价制度"或"专业发展模式"。它始于20

1　王斌华. 教师评价：绩效管理与专业发展[M]. 上海：上海教育出版社，2005：14.
2　Alan Evans & John Tomlinson. Teacher Appraisal: A Nationwide Approach[M]. UK: Jessica Kingsley Publishers, 1989: 15.
3　王斌华. 教师评价：绩效管理与专业发展[M]. 上海：上海教育出版社，2005：20-23.

世纪80年代中期以后，当时的教师评价的理论与方法都发生了深刻的变化，以英国、美国为首的一些发达国家针对奖惩性教师评价制度的弊端与不足，强调评价应与奖惩脱钩，在没有奖惩的条件下，通过教师评价促进教师专业发展，实现学校发展目标，进而开始尝试、倡导和推行发展性教师评价制度。我国开始关注发展性教师评价始于20世纪90年代末。进入20世纪80年代中期以后，全球社会、政治、经济、文化、科学和技术都发生了巨大变化，整个社会面临着从工业经济时代向知识经济时代的转型，传统的生产方式、工作方式越来越跟不上时代发展的步伐，近代工业生产模式下催生的科学管理理论逐渐显得陈旧与落伍，把人视作追求最大经济利益的"经济人"和被动工作的"机器人"的管理理念开始发生改变，一些企业倡导和推行以人为本、以发展为本的民主化管理理念，开始注重员工的情感、意志、人际交往等个人特质对生产效率的影响，并提出要努力促进员工的专业发展，进而提高员工的工作效率。在这一时代需求下，管理学领域涌现了许多新的管理思想和理念，如人群关系理论，需要层次理论，双因素论，参与管理思想，人本管理思想等，并从工商企业界借鉴移植到教育领域，为发展性教师评价制度的形成与发展提供了丰厚的思想精髓，促使教师评价的理论与实践发生了转型性的变革。[1]

发展性教师评价制度有着发展性、诊断性、反馈性、民主性、科学性等特点。

发展性是发展性教师评价制度的根本特性，即以关注教师发展为本，促进教师与学校、个人、组织共同发展，旨在促进全体教师的专业发展。

诊断性是指发挥评价的诊断和鉴定功能，以判断教师工作中的优缺点，从而为下一步改进提供方向。

反馈性是指发展性教师评价制度旨在为教师发展提供信息反馈，基于反馈教师可以总结经验，改进教学。此外，还能为学校领导提升管理、服务、决策提供反馈信息。

民主性是指发展性教师评价制度中尊重教师的主体性，通过让教师共同参与制定评价标准、评价程序、评价方法和评价要求等，将教师由评价客体变为评价主体，调动教师的积极参与意识。

科学性是指发展性教师评价制度以现代教育理论为主导，其评价标准、评价程序、评价方法、评价内容等都符合教育规律，教师职业特点和心理特征及学校的基本情况。同时，发展性教师评价制度秉持着科学评价、实事求是的态度，确保评价结果的客观、有效。

当然，任何一种评价制度都不可能是十全十美的，都有其不完善的地方。相较于奖惩性教师评价制度而言，发展性教师评价制度的弊端主要有：未能有效激发教师的危机意识、竞争意识；对教师觉悟要求高，需要教师具备自我约束、自我发展意识；不以奖惩为手段展开评价的激励效果有限等。

1　王斌华. 教师评价：绩效管理与专业发展[M]. 上海：上海教育出版社，2005：31-46.

（三）奖惩性教师评价制度和发展性教师评价制度的比较

可以看出，教师评价的发展过程基本上就是奖惩性教师评价和发展性教师评价产生、交替、并存、融合的过程。那么，究竟如何正确看待两者的关系呢？两者有什么样的区别？又有着怎样的联系呢？

英国、美国等一些发达国家曾经试图"合二为一"地推行两种教师评价制度，结果都遭到失败，并没有取得预期的两全其美的效果。1989年，英国学者艾伦·埃文斯和约翰·汤姆林森在进行了大量深入的研究之后，明确指出："我们分析了要求实施教师评价的不同的相对的初衷。教师评价的本质与效果取决于对下列事实的认可：在以绩效为目的的教师评价计划和以专业发展为目的的教师评价计划之间，两者的冲突是不可调和的。"[1]这两种对立模式只能两者取一，原因在于发展性教师评价的成功依赖于教师在评价过程中的坦白和公开，他们必须能够呈现问题和接受批评，而奖惩性教师评价的成功依赖于对教师做优劣判断从而做出奖惩的决策，这恰恰是阻碍教师襟怀坦白和开诚布公的。国内有学者则持不同看法，认为奖惩性教师评价制度与发展性教师评价制度是两种目的不同的评价观点，但两者并非水火不相容，"发展性教师评价不是对奖惩性教师评价的完全否定和抛弃，而是一种继承与发展，是评价文化的改革与重建"[2]。

从长远利益来看，教师获得专业发展与获得奖励的根本目的是一致的，发展的结果本身就是最好的奖励。还有学者进一步就如何有机融合两者提出了自己的观点，认为无论是奖惩性教师评价制度还是发展性教师评价制度，它们对于提高办学质量都是必要的，尽管实施时不能"合二为一"，但可以扬长避短，发挥两者的优势，克服两者的弊端。奖惩性教师评价可以作为一项长效制度，旨在加强教师的绩效管理；发展性教师评价可以作为一项长期任务，旨在促进教师的专业发展。两种教师评价制度"并驾齐驱"同时实施，共同提高办学质量，这是有可能的。在此基础上，该学者从多个维度，对奖惩性教师评价制度与发展性教师评价制度进行了系统比较（见表9-2）。[3]

表9-2　奖惩性教师评价制度与发展性教师评价制度的比较

比较维度	奖惩性教师评价制度	发展性教师评价制度
评价目的	提高教师绩效管理	促进教师专业发展
评价功能	注重甄别与选拔	强调促进与发展
评价方向	面向过去	面向未来

1　王斌华. 教师评价：绩效管理与专业发展[M]. 上海：上海教育出版社，2005：46-51.
2　王景英. 教育评价[M]. 北京：中央广播电视大学出版社，2004：284.
3　王斌华. 教师评价：绩效管理与专业发展[M]. 上海：上海教育出版社，2005：52-63.

续表

比较维度	奖惩性教师评价制度	发展性教师评价制度
评价类型	终结性评价	形成性评价
评价主体	一元评价主体	多元评价主体
评价关系	自上而下	平等协商
评价结果	依据结果，做出奖惩	发现问题，指出方向

表9-2中所列出的内容是为了更清晰化、直观化地比较奖惩性教师评价和发展性教师评价的不同，但也不可避免地有简单化、对立化的倾向。在实践中，人们也常常依据对两者的片面理解，把末位淘汰制、增值评价法、绩效考核等归类于奖惩性教师评价制度，把教学档案袋评价、微格教学评价、自我评价、同行评议等归类于发展性教师评价制度，这实际上是一种非此即彼的二元对立思维。发展性教师评价制度在提出之初，也是作为奖惩性教师评价的对立面提出来的。事实证明，将两者机械地割裂对立是有问题的，英国在20世纪90年代初开始正式实施发展性教师评价过程中出现了很多弊端，主要原因之一就是将发展性教师评价和奖惩性教师评价对立起来，最终英国工党政府于1998年12月出版了《英国教师职业现代化》绿皮书，提出了与绩效薪金挂钩的教师评价国家体系（PRP）。那么如何突破二元对立思维的桎梏，更加科学合理地看待两者的关系呢？国内学者王斌华的观点值得我们借鉴参考（参见图9-1）。

奖惩性教师评价制度 ←————————————————————————————→ 发展性教师评价制度

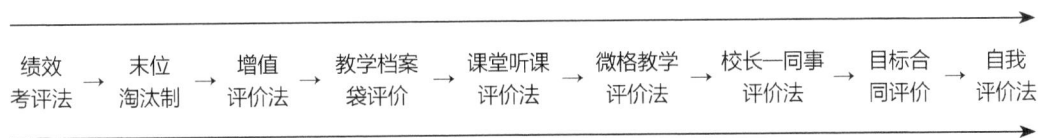

绩效考评法 → 末位淘汰制 → 增值评价法 → 教学档案袋评价 → 课堂听课评价法 → 微格教学评价法 → 校长—同事评价法 → 目标合同评价 → 自我评价法

图9-1 教师评价制度连续统一体

他指出，教师评价在实施上是一个连续统一体，奖惩性教师评价制度与发展性教师评价制度位于这个连续统一体的极端，大多数教师评价模式处于两个极端之间，并不存在绝对的以奖惩为目的的教师评价模式，也不存在纯粹的以发展为目的的教师评价模式，任何一种奖惩性教师评价模式在发挥奖惩作用的同时，或多或少也含有促进教师专业发展的作用；任何一种发展性教师评价模式在促进教师专业发展的同时，也有可能用于奖惩。各种不同的教师评价模式在两极间所处的位置体现的是它更适用于哪种评价制度的倾向性和趋势度，而某一种教师评价模式的性质最终取决于教师评价结果的使用目的，而不是具体的评价手段。

第二节
教师评价的主要内容

🎯 **学习目标**

掌握教师素质评价、教师工作过程评价和教师工作绩效评价等教师评价内容的具体维度；理解教师评价主要内容的重要作用及其主要影响。

合理的教师评价内容应充分发挥评价的教育功能，能激发教师自主提升专业能力和专业素养。教师评价的内容选择至关重要，既要反映出教师工作的客观事实，如工作状况、工作绩效等，也要反映出教师的个人品质，如职业素养、创新意识等。[1] 因此，教师评价内容可概括为教师素质评价、教师工作过程评价、教师工作绩效评价三个方面。

一、教师素质评价

教师素质是教师稳固的职业品质，它是以人的先天禀赋为基础，通过教育和自我提高而形成的具有一定时代特点的思想、知识、能力等方面的身心特征和职业修养。教师素质的高低直接决定着教师工作成效的高低，对学生未来的发展有着重要影响。确立教师素质评价的准则与内容，一方面要考虑教师工作本身所固有的特点，如教师工作的长效性、滞后性、复杂性、创造性等；另一方面也要紧密结合社会发展和师生个人发展对教师素质提出的要求，如新形势下教师应当是教育教学的研究者、学生学习和发展的促进者、社会进步的开拓者等；此外，究竟要对教师的哪些素质进行评价还要有相关教育政策法规作为依据，《教育部关于积极推进中小学评价与考试改革的通知》中明确规定教师评价的主要内容包括职业道德、了解和尊重学生、教学方案的设计与实施、交流与反思。2012年，教育部颁布了《幼儿园教师专业标准（试行）》《小学教师专业标准（试行）》和《中学教师专业标准（试行）》等（以下简称《专业标准》）文件。《专业标准》围绕专业理念与师德、专业知识、专业能力三个核心维度对教师的专业素质提出了基本要求，也是教师培养、准入、培训、考核等工作的重要依据。2018年，中共中央、国务院出台《关于全面深化新时代教师队伍建设改革的意见》，再次对教师师德师风建设及教师专业素质能力发展的重要意义进行强调。基于此，可以总结发现，一位称职教师的素质结构主要应包括职业道德、知识素质、能力素质三个方面。

（一）职业道德

我国历来重视对教师职业道德的评价，20世纪80年代至90年代，参考人事干部评价标

1　王景英. 教育评价[M]. 北京：中央广播电视大学出版社，2004：288.

准，多将教师的"政治思想表现"作为"德"的主要评价准则。《通知》中规定的"职业道德"内容主要有：志存高远，爱国敬业；为人师表，教书育人；严谨笃学，与时俱进；热爱教育事业；热爱学生；积极上进，乐于奉献；公正、诚恳，具有健康心态和团结合作的团队精神。

值得一提的是，我国还颁布实施了专门针对师德表现的相关政策法规。1997年原国家教委和全国教育工会联合印发了《中小学教师职业道德规范》，2008年在对旧规范进行了一系列修订后，又颁布实施了《中小学教师职业道德规范（2008年修订）》，将旧规范中的"依法执教""爱岗敬业""热爱学生"，分别改为"爱国守法""爱岗敬业""关爱学生"，删去了旧规范中的"严谨治学""团结协作""尊重家长""廉洁从教"四个条目，将其内容归并到相关条款中，并结合时代新要求，新增了"教书育人""终身学习"两个条目。修订后的评价内容充分体现了新形势下经济、社会和教育发展对中小学教师应有的道德品质和职业行为的基本要求，师德表现成为教师考核、聘任（聘用）和评价的重要内容。

一、爱国守法。热爱祖国，热爱人民，拥护中国共产党领导，拥护社会主义。全面贯彻国家教育方针，自觉遵守教育法律法规，依法履行教师职责权利。不得有违背党和国家方针政策的言行。

二、爱岗敬业。忠诚于人民教育事业，志存高远，勤恳敬业，甘为人梯，乐于奉献。对工作高度负责，认真备课上课，认真批改作业，认真辅导学生。不得敷衍塞责。

三、关爱学生。关心爱护全体学生，尊重学生人格，平等公正对待学生。对学生严慈相济，做学生良师益友。保护学生安全，关心学生健康，维护学生权益。不讽刺、挖苦、歧视学生，不体罚或变相体罚学生。

四、教书育人。遵循教育规律，实施素质教育。循循善诱，诲人不倦，因材施教。培养学生良好品行，激发学生创新精神，促进学生全面发展。不以分数作为评价学生的唯一标准。

五、为人师表。坚守高尚情操，知荣明耻，严于律己，以身作则。衣着得体，语言规范，举止文明。关心集体，团结协作，尊重同事，尊重家长。作风正派，廉洁奉公。自觉抵制有偿家教，不利用职务之便谋取私利。

六、终身学习。崇尚科学精神，树立终身学习理念，拓宽知识视野，更新知识结构。潜心钻研业务，勇于探索创新，不断提高专业素养和教育教学水平。

——选自《中小学教师职业道德规范（2008年修订）》

2012年颁布的《专业标准》提出的教师专业理念与师德包括职业理解与认识、对学生（幼儿）的态度与行为、教育教学（幼儿保育和教育）的态度与行为、个人修养与行为等。

2018年颁布的《关于全面深化新时代教师队伍建设改革的意见》中提出"以德立身、以德立学、以德施教、以德育德，坚持教书与育人相统一、言传与身教相统一、潜心问道与关注社会相统一、学术自由与学术规范相统一"，表达了新时代我国对于教师师德师风的要求。2022年教育部印发的《新时代基础教育强师计划》中提出，"坚持师德为先。把教师思想政治和师德师风建设放在首要位置，围绕落实立德树人根本任务，全面加强中小学教师思想政治建设，提高教师的政治意识、政治能力，严格落实师德师风第一标准，突出全方位全过程师德养成，推动教师以德施教、以德立身"等内容，明确师德是教师之为教师的第一准则，是先于知识与能力的首要素质，所以有必要对教师应具备的职业道德进行进一步明晰。

根据上述相关文件，教师的职业道德主要表现在以下几方面。

1. 依法执教，爱岗敬业

教师是一个崇高的职业，更是一项关系到民族振兴、国家发展、个人未来发展的事业，而不是一种纯粹的谋生手段。教师应贯彻党和国家教育方针政策，遵守教育法律法规；热爱教育，热爱学校，尽职尽责，爱岗敬业，具有职业理想和敬业精神；认同教师专业性和独特性，注重自身专业发展；具有良好的职业道德修养，不断学习新知识；具有团队合作精神，积极开展协作与交流。

2. 教书育人，以生为本

"传道、授业、解惑"是教师的本职工作，同时，育人成长、成才也是教师的重要职责之一，在传授学生知识、技能的同时，培养学生具有良好的思想品德也至关重要。因此，教师要树立育人为本、德育为先的理念，将学生的知识学习、能力发展与品德养成相结合，重视学生的全面发展。尊重教育规律和学生身心发展规律，为每一个学生提供适合的教育；激发学生求知欲和好奇心，培养学生学习兴趣和爱好，营造自由探索、勇于创新的氛围；引导学生自主学习、自强自立，培养良好的思维习惯和适应社会的能力。

3. 热爱学生，为人师表

教师对学生的热爱是获得学生信任的基础，实践中经常出现的学生"爱屋及乌"的现象充分证明了教师对学生的爱对教育教学活动的顺利开展有着重要影响，在某种意义上，教师的爱如阳光般温暖学生的心灵，弥足珍贵、无可取代。因此，一个称职的教师应关爱学生，重视学生身心健康发展，保护学生生命安全；尊重学生独立人格，维护学生合法权益，平等对待每一个学生；不讽刺、挖苦、歧视学生，不体罚或变相体罚学生；尊重学生个体差异，主动了解和满足学生的不同需要。

4. 身心健康，品格高尚

良好的身心品质是教师不可或缺的重要素质，也是教师职业道德的重要组成部分，车尔尼雪夫斯基说过："你要教育学生成为什么样的人，你自己首先就要成为这样的人。"要想培养出身心健全、品质优秀的学生，教师本人首先要有健康的身心、高尚的品格。因此，教师要富有爱心、责任心、耐心和细心；乐观向上、热情开朗、有亲和力；善于自我调节情绪，保持平和心态；勤于学习，不断进取；衣着整洁得体，语言规范健康，举止文明礼貌，严于律己，作风正派，以身作则，注重身教。

（二）知识素质

教师具有合理的知识素质是完成教育教学任务的前提，根据国内学者林崇德、衷克定等人关于教师素质及知识的研究，教师的知识结构主要由本体性知识、条件性知识、实践情境性知识、通用性文化知识等组成。其中，本体性知识指的是教师所具有的特定的学科知识，具体包括内容性知识、实质性知识、逻辑性知识和学科最新发展情况等。条件性知识指的是个体成为教师的必备的教育学、心理学知识，解决的是教师"如何教"的问题。实践性知识指的是教师在实施自己有目的的行为过程中所具有的课堂情境知识和解决难题的知识，其中既有直接获得的个人经验的积累，也有通过情境学习获得的他人经验的借鉴。通用性文化知识指的是教师其他方面的科学和人文素养，知识渊博的教师往往更容易赢得学生的信赖和爱戴。《专业标准》中明确提出教师的专业知识包括教育知识、学科知识和通识性知识等。

1. 教育知识

教学过程是教师将其具有的学科知识转化为学生可以理解的知识的过程，运用教育学、心理学知识来思考学科知识，对学科知识进行重组和表征是现代教育科学的基本要求。一位称职的教师应该具备的教育知识包括：教育的基本原理和主要方法，班集体建设与班级管理的策略与方法，学生身心发展的一般规律与特点，学生世界观、人生观、价值观形成的过程及其教育方法，学生思维能力与创新能力发展的过程与特点，学生群体文化特点与行为方式等。教师对这些知识的掌握，有利于其形成内在的教育理论素养，运用教育教学基本规律分析和解决实际问题，激发学生学习兴趣，提高教育教学效果。

2. 学科知识

学科知识包括特定学科专业知识和学科教学知识，具有丰富的学科知识是成为一名好教师的必要条件和基础。由"全美专业教学标准委员会"制定和推出的2008年版的美国教师评价指标体系的核心维度之一就是"通晓所教学科的知识和教学方法"，具体包括：通晓所教学科的知识，透彻地了解所教学科的发展历史、框架以及在社会中的应用；具备讲授所教学科知识的技能和经验，了解学生学习所教学科的技能、前概念上的差距（包括技能、知识、概念等）；能够使用不同的教学方法和策略进行理解性教学。[1]

一般而言，学科专业知识是指对于所从事的专业教学的基础理论知识和专业知识的广

1　孙河川. 教师评价指标体系的国际比较研究[M]. 北京：商务印书馆，2011：58-59.

度与深度。教师应深度理解所教学科的知识体系、基本思想与方法，系统掌握所教学科内容的基本知识、基本原理与技能，了解所教学科与其他学科的联系，了解所教学科与社会实践的联系。但教师仅仅具备学科知识是不够的，新课改背景下，教师作为课程实施者，不仅是知识的传授者，还是知识的重组者和创造者。因此，教师还应掌握相关学科的教学知识，主要包括：所教学科课程标准、所教学科课程资源开发的主要方法与策略、学生在学习具体学科内容时的认知特点、针对具体学科内容进行教学的方法与策略等。只有将学科专业知识和学科教学知识有机结合，融会贯通，才能真正有效开展课堂教学。

3. 通识性知识

现代社会日新月异，新知识、新技术呈几何倍数增长，学生接受、吸收新知识、新信息的渠道早已突破学校、课堂、书本等传统形式的局限，各种媒体、网络、平台等新型信息渠道的出现极大地拓展了学生的学习空间和学习容量，也给教师的知识储备和更新提出了新的要求。这就需要教师掌握广博的通识性知识，主要包括相应的自然科学和人文社会科学知识，了解中国教育基本情况，具有相应的艺术欣赏与表现知识，具有适应教育内容、教学手段和方法现代化的信息技术知识等。只有这样，才能有效提高教师的文化品位、审美情趣、人文素质和科学素质，使之形成一种潜移默化的教育影响力，拓展学生的精神视野，激发学生的求知欲，赢得学生的信赖和爱戴。

（三）能力素质

能力素质是指教师能够胜任现实工作及未来发展的各种能力构成，它是教师在工作中综合运用各类知识开展教育教学活动的基本保证，体现了教师职业的专业性和艺术性的特点，世界各国对教师的能力素质都十分重视，并各有侧重。例如，美国着重强调了教师管理和监督学生学习的能力，要求教师能够进行高效能教学、有能力评价和测量学生进步状况等；英国在普通教师专业评价标准中对教师的教学计划技能、教学实施技能、评价监督和反馈技能等方面提出了明确要求。同时，英美两国都对教师的反思与学习能力、团结合作能力给出了评价准则，美国要求教师"能系统反思与学习"，并"做学习型团队的一员"，英国提出教师要"对教与学进行反思""营造学习氛围"，并根据普通教师、资深教师、优秀教师、大师级教师的不同专业发展阶段，针对"团队合作"能力提出了不同的要求。此外，日本非常重视对教师各项专业能力素质的评价，在其评价指标体系中围绕学习指导、生活和发展指导、学校管理、其他活动四个方面，分别提出了各方面需要评估的教师能力，仅能力指标就有25项，如实施计划和指导的能力、把握状况的能力、判断力、适应力、理解力、策划力、分析问题的能力等，是一种典型的"能力导向"的教师评价内容。

根据我国教师的《专业标准》，教师的专业能力包括以下几个方面：教学设计、教学实施、班级管理与教育活动、教育教学评价、沟通与合作、反思与发展。具体内容如下。

1. 教学设计

科学设计教学目标和教学计划；合理利用教学资源和方法设计教学过程；引导和帮助学生设计个性化的学习计划。

2. 教学实施

营造良好的学习环境与氛围，激发与保护学生的学习兴趣；通过启发式、探究式、谈论式、参与式等多种方式，有效实施教学；有效调控教学过程；引发学生独立思考和主动探究，发展学生创新能力；将现代教育技术手段渗透应用到教学中。

3. 班级管理与教育活动

建立良好的师生关系，帮助学生建立良好的同伴关系；注重结合学科教学进行育人活动；根据学生世界观、人生观、价值观形成的特点，有针对性地组织开展德育活动；针对学生生理和心理发展特点，有针对性地组织开展有益身心健康发展的教育活动；指导学生理想、心理、学业等多方面发展；有效管理和开展班级活动；妥善应对突发事件。

4. 教育教学评价

利用评价工具，掌握多元评价方法，多视角、全过程评价学生发展；引导学生进行自我评价；自我评价教育教学效果，及时调整和改进教育教学工作。

5. 沟通与合作

了解学生，平等地与学生进行沟通交流；与同事合作交流，分享经验和资源，共同发展；与家长进行有效沟通合作，共同促进学生发展；协助学校与社区建立合作互助的良好关系。

6. 反思与发展

主动收集分析相关信息，不断进行反思，改进教育教学工作；针对教育教学工作中的现实需要与问题，进行探索和研究；制定专业发展规划，积极参加专业培训，不断提高自身专业素质。

二、教师工作过程评价

教师工作指的是教师按照社会对教师职业的角色要求，在教育教学过程中表现出来的种种行为。其中，教学是教师最主要的工作，对教师工作的评价也主要集中在对教学过程中所体现的外显行为的评价，通过对教师的教学行为进行评价，可以有效地保证教育教学秩序，加强教师队伍管理，引导教师遵循教学规律进行教学，提高教师的教学水平，不断提高教学质量。2020年颁布的《深化新时代教育评价改革总体方案》中提到："把认真履行教育教学职责作为评价教师的基本要求，引导教师上好每一节课、关爱每一个学生。"因此，这里所探讨的教师教学行为评价，主要包括教师教学常规行为评价和教师课堂教学评价。

（一）教师教学常规行为评价

教师教学常规行为一般包括备课、上课、作业布置与批改、课后辅导、组织课外活动、评价学生学业成绩、开展教科研活动、承担协同工作等。对教师教学常规行为的评价主要看其对以上各项工作承担的数量、态度和完成工作时所采用的手段。

1. 备课

备课是教师开展教学活动的起始环节，也是提高教学质量的重要保证。在备课环节，教师除了要深入钻研教材、了解研究学生、写出完整教案、选择恰当教具、确定合理教学方法外，主要需要解决两个方面的问题，一是科学设计教学目标，二是合理安排教学内容。

（1）教学目标设计

教学目标在教育过程中具有定向、指引作用。传统教学目标多倾向强调知识尤其是教材内容的掌握程度，对教材之外的目标考虑较少。根据新课程改革要求，教学目标的定位应以促进学生发展为根本宗旨，有研究指出，有利于学生发展的教学目标应包含三个层面：①基础目标，指课程标准中所明确规定的学生必须掌握的学科基础知识、基本技能及基本学习能力和相应的思想品德。陈述时要具体、明晰，反映学科特点，符合学生身心发展规律。②提高目标，主要表现为学生的独立性、主动性和创造性三个方面。如学生能自由控制自己的思想、支配自己的行为，有浓厚的学习兴趣和求知欲，较强的竞争意识，较高的成就感，较好的合作交往能力，且表现出强烈的创新意识，具有创新思维和动手实践能力等。③体验目标。通过师生之间的情感交流，形成民主和谐的课堂教学氛围，让每个学生都能获得创造或成功的心理体验，感受到课堂生活的乐趣。[1]

（2）教学内容安排

确定教学目标后，对教学内容做出科学合理的安排是一个好教师的重要标志之一，人们常常强调好的教师应该是用教材而不是教教材。教师要做到：①传授知识准确无误，系统连贯，反映现代科学技术和学术研究的新成果。②内容编排合理有序，重点、难点清晰明确。③开发利用多样化课程资源，体现教学内容的科学性、人文性和社会性的融合。④加强教学内容与实际生活的联系，培养学生动手实践能力，分析、解决实际问题的能力。⑤重视学生情感、态度、价值观的引导和培养，充分挖掘并发挥各学科特有的育人价值，促进学生成长，培育学生成才。

2. 上课

上课是教学过程的中心环节，具体体现了教师的文化业务素质和能力素质，是教师工作

---

1 周卫勇. 走向发展性课程评价：谈新课程的评价改革[M]. 北京：北京大学出版社，2002：116.

评价的重要内容。人们过去对上课的评价常常更倾向于站在教师的立场，对教师如何完整、完美地呈现一堂课做出评价，现代教学观则更强调学生在教学中的主体地位，认为学习是学生主动用现有的知识结构去同化或顺应外部世界的过程，是学生自主构建知识意义的过程。只有通过学生积极主动地参与教学活动，才能有效获取知识，创造性地运用知识，养成良好的人格品质，因此，一堂课的好坏应该更多地从学生的角度来进行评价。简言之，在整个教学过程中，教师和学生是一个外呼内应、相互影响的有机统一体，彼此依存，但又相对独立；各取所需，但又同生共长。究竟如何评价一堂好课、如何评价教师的课堂教学行为，是一个深受人们关注的问题，下文将专门针对该问题进行论述。

3. 作业布置与批改

作业对学生知识巩固、技能掌握具有重要作用，也是学生应用知识的初步实践，是教师检查教学效果和了解学生学习水平的重要途径。作业布置与批改可以从以下几个方面进行评价：①作业布置。教师应根据课程标准要求，紧扣教学内容，精选作业，作业布置数量与难易程度适当，以免学生负担过重，注重培养学生创造性运用知识的能力，避免布置过量、简单、机械重复性作业。②作业批改。作业收、改、发认真及时，批语简明、准确中肯、指导具体，分数评定公正、客观，重视作业质量反馈，及时讲评与辅导，督促学生独立完成，及时改正，禁止抄袭，确保作业的反馈强化作用。

4. 课后辅导

课后辅导是课堂教学的有益补充，是因材施教、分类指导的重要教育措施。教师课后辅导可以从以下几方面进行考察：①辅导要从学生实际出发，为学生解难答疑，启发学生自主分析、积极思考，加深学生对所学知识的理解与掌握。②帮助学困生提高，对学习有困难的学生进行针对性辅导，搞清楚他们学习上的困难所在及其原因，给予热情关怀和帮助，尤其要鼓励学困生树立学习自信心，激发学习兴趣。③给予学优生个别指导。摸清了解学优生兴趣爱好及学科特长，发现与挖掘学优生在优势学科领域的潜能与优势，有计划地对其进行培养与指导，深度发展其爱好与特长。

5. 组织课外活动

课外活动是发展学生特长、促进学生全面发展的重要途径。教师组织课外活动可以从以下几方面进行评价：①活动组织与指导要有计划、有目的，注意与学校教育工作相结合。②能够结合学科特点，正确处理学科课程与活动课程之间的关系。③内容丰富，形式多样，能够充分开发利用校内校外各种活动资源，获得社会各界支持。④活动要面向全体学生，注重培养学生的兴趣特长和动手实践能力，团结协作和适应社会的能力，确保活动实际效果。

6. 评价学生学业成绩

对学生的学业成绩进行评价是教学活动的重要组成部分，可以有效检验学生是否完成了规定的学习任务，同时为教师改进教学工作提供直接反馈。教师评价学生学业成绩可以从以下几方面考察：①评价学生成绩要科学、合理、公正，以促进学生发展为核心。②评价标准要体现个体差异性原则，既有统一要求，又有适当灵活性。③评价方式方法要多样化，注重量化和质性、过程和结果相结合，既能做到科学命题，难易适度，也能有效发挥评语、档案袋等的作用。④能够根据评价结果，及时反馈信息，并对教与学做出适当的改进措施。基于《义务教育课程方案（2022年版）》对改进教育评价提出的要求，教师应创新学生评价方式方法，注重对学习过程的观察、记录与分析，倡导基于证据的评价。具体内容可参考学生评价章节。

7. 开展教科研活动

教师专业发展离不开学校教研、科研活动的开展，通过有效开展教科研活动，可以提升教师教科研意识、增强教科研能力，是培养新型教师的重要举措。对教师教科研活动进行评价可以从以下几方面展开：①积极参加各项教研活动，参加备课、听课、评课活动，加强与同伴教师之间的沟通与交流。②主动承担或参与教学研究或改革试验，与同事进行合作研究，提高自身创新能力与实践能力。③能从教学实践中发现有价值的研究课题，进行独立研究，取得一定的研究成果，对教育教学工作有一定的促进作用。

8. 承担协同工作

承担协同工作主要指能妥善处理好校内校外各类人际关系，如教师和学生之间、教师与教师之间、教师与家长之间、教师与社区之间的各种关系，营造良好的人际氛围，关注学生身心发展需求，与同事协作共处，重视社区教育工作，与家长配合深入家访，优化学校、家庭、社会育人环境，积极调动社会力量关心和发展教育事业，充分发挥各类社会资源的教育影响和作用。

（二）教师课堂教学评价

当前我国中小学普遍使用的课堂教学评价标准，是从20世纪50年代初以来经过几十年教学实践的不断检验和修正，通过对凯洛夫教育学课堂教学五环节基础上形成的评价标准的实质性超越的基础上，逐渐形成的一个包括教学目标、教学内容、教学方法、教学进程结构以及教师教学基本功等几个主要方面的评课要求，其核心就是依据教学理论确立的一堂好课的标准。它在一定程度上反映了课堂教学的内在运行机制，并在规范课堂教学行为、保证课堂教学质量方面发挥了重要作用。进入21世纪后，随着学校教育现代发展以及国家新课程改革的要求，这一评价标准越来越暴露出其问题与不足，具体表现为：以工具性追求代替价值性追求，忽视人的非理性发展，以及知识观狭隘化；求系统、求全面的形式化倾向，忽视人的个性差异；追求终极真理，未能体现教学的动态发展；只看短暂效果的技术化和实用功利主义倾向，教学评价失去了自身的发展性价值。[1]针对上述问题，我们对"什么是有效的课堂教学""一堂好课的标准是什么"的探索从未停下。

从历史上来看，我国传统教师课堂教学评价标准的设计多从教师行为出发，强调了教师的教，以教师教的效果来评价课堂教学效果。随着新课程改革的深入推进，人们逐渐认识到在课堂教学评价中把评价对象界定为教师教的活动和学生学的活动比较恰当。有学者在深入分析以往课堂教学评价研究成果的基础上，结合当代教学理论的最新研究进展，基于实证调查研究，提出了教师课堂教学的三种层次的评价标准：①基础层次，即教师能激发学生的学习兴趣，使学生达到理解、掌握、会用，具体包括以多种方式激发学生兴趣和求知欲；有明确的教学目标，并能够根据教学目标安排和组织教学；学生学懂会用，知识、能力目标都有较高的达成度；以知识结构为中心，教师在创造性使用教材的基础上灵活组织教学内容；重视教学内容的实践性，强调学生动手实践能力的培养。②提高层次，即学生主动参与教学，师生和生生之间充分、有效地交往，具体包括把学生作为学习的主人，充分调动学生主动学习的积极性；教师上课情绪饱满，并注意调动学生的情绪和情感；为学生参与教学和合作学习提供充分的时空条件；教师根据教学情况，主动有效地调动课堂节奏；学生积极听课，认真思考，踊跃发言；师生和生生在充分的认知和情感交流中，形成良好的课堂心理气氛。③体验层次，即师生感受生活乐趣，体验创造成功，具体包括鼓励学生创新，并采取多种措施为学生创新提供条件，尊重学生差异，面向全体学生；学生敢于并善于提出问题，发表不同见解；师生共同体验课堂生活的乐趣。[2]

国内还有学者基于多年的教育改革与实践研究，采取将评价改革贯穿于教学改革全过程的策略，使课堂教学评价作为课堂教学改革认识深化和实践推进中不可缺少的重要构成，分别提出了课堂教学设计评价标准、课堂教学实施过程评价标准和课堂教学反思标准。其内容主要有：①课堂教学设计标准，包括教学目标设计，如考察教学目标清晰具体、针对学生实际状态、考虑学生发展可能；教学内容设计，如考察体现与生活世界沟通、体现灵活结构性、体现学科教育价值；教学过程设计，如考察师生双方活动形式、考虑双方活动有效性、开放设计有度有弹性。②课堂教学实施过程评价标准，包括积累性常规活动，如考察活动节奏恰当，点面结合灵活，活动方式趣味性；开放式导入，如考察开放合理性、发散性、深刻性；资源生成，如要求学生有主动活动时间、自主学习有效，资源生成的丰富性（形式、内容、方向），资源生成的质量（综合、新颖、有创造）；回应反馈，如要求教师回应及时、回应明确有推进、对新资源有敏感性；过程生成，如考察新资源利用程度，分析比较、综合重组水平，形成深入学习新方案；互动深化，如考察生生互动程度（倾听质量、不同意见表

1　裴娣娜. 论我国课堂教学质量评价观的重要转换[J]. 教育研究，2008（1）：17-22.
2　刘志军. 课堂评价论[M]. 桂林：广西师范大学出版社，2002：181-183.

达），生生互动质量（讨论深化），师生互动程度（教师组织与点拨水平）；开放式小结，如考察总结提炼水平，内容的延伸性（新问题的提出），作业的开放性、实践性。③课堂教学反思评价标准，包括自我评价，如考察总体评价的恰当性、具体性及自我意识的清晰性；问题反思，如考察问题归因恰当，反思清晰度和深刻度；教学重建，如考察改进设想的可行性、针对性，有层次提升。[1]

实践表明，找到理想中的教师课堂教学标准是一个十分困难的课题，面对千变万化的教学情境，以及人们对教学规律与学生身心发展规律认识的局限性，要找到一套适用于各种情况的理想教学行为是有很大困难的。但在以下方面人们基本取得了一定的共识：即课堂教学是一个需要教师精心设计、组织，教师教与学生学同时发生并不断互动的过程，课堂教学评价是着眼于改进教师教学行为、提高课堂教学质量而进行的对教师课堂教学的设计、过程及结果的评价，其最终目的不是给教师的教学简单打分、鉴定分等，而是为教师的教学提供反馈信息，帮助教师对教学进行分析、诊断，从而促进课堂教学水平的提高。有学者指出，在我国，基于教师经验的评价准则最能为教师理解与接受，这些准则如下。[2]

1. 与学生形成良好的关系，并有使这一关系与教学任务联系起来的能力

具体包括：教师与学生有良好的沟通关系；了解每一个学生的经历与特长，以及这些经历与特长对学习的影响；能敏锐地感受学生个人的特殊需要，并能据此调整教学工作。

2. 激励学生积极参与教学活动的能力

具体包括：善于鼓励学生在各种场合发表自己的意见；能容纳不同意见；能经常为学生提供反馈信息，鼓励他们学习中的每一点进步；善于组织学生参与课堂上的讨论等各种活动。

3. 明确地表达自己思想的能力

具体包括：思维清晰，逻辑性强；语言深入浅出，形象生动。

4. 最大限度地利用有关资源的能力

具体包括：能有效地利用各种现代化的教学设备；能有效地利用各种信息资源，及时了解本学科当前的发展；能有效地利用人际关系的资源，帮助学生开展社会调研等各项活动。

5. 适应新情况的自我判断能力

具体包括：能根据教学工作的变化，及时地发现自己的不足，调整自己的知识结构与能力结构；能根据学校课程改革的需要，调整自己的教学重点；能从学生学习的进展中，发现自己教学中需要改进的地方，并能迅速地达成自身的目标。

1 叶澜，吴亚萍. 改革课堂教学与课堂教学评价改革："新基础教育"课堂教学改革的理论与实践探索之三[J]. 教育研究，2003（8）：42-49.
2 陈玉琨. 教育评价学[M]. 北京：人民教育出版社，1999：137-138.

三、教师工作绩效评价

教师工作绩效是教师基本素质和教学行为的最终体现，也是教师工作评价的核心内容之一。一般从工作数量和工作质量两个方面进行绩效评价，数量主要指教师的教学工作量、科研工作量、社会兼职工作量等；质量主要指学生在德、智、体等方面表现出来的质量、教育教学经验、科研成果等，其中，尤其是学生的发展状况是衡量教师工作绩效的重要依据之一。如美国2008年版的教师评价指标体系非常关注教师和学生学习之间的适切性、关注教师教学行为与学生学业成就间的相关性，重视通过学生在学业、态度、信念、能力、公民责任感等方面的表现和进步去评价教师，如"通晓学生是怎样发展和学习的""了解学生学习所教学科的技能、前概念上的差距（包括技能、知识、概念等）""能通过高效能教学，运用广博的教学技术和方法始终激发学生的学习动力，使其聚焦学习、投入学习""能与他人合作，以改善学生的学习"等。可以看出，美国教师评价指标注重通过学生的变化和进步，去反观教师的工作绩效和效能，是典型的"以学评教"的评价思路。在我国，教师工作绩效评价主要包括教学成绩、教育效果和教科研成果。

（一）教学成绩

教学成绩评价是对教师在促进学生学习习惯养成与方法习得、学生学业成绩提升和能力发展等方面的考核。目前，教师教学成绩评价主要是通过学生学业成绩来体现的，主要包括考试的合格率达标，学生的优秀率达标，学生平均分提高幅度达标，学困生的低分率控制在学校规定的指标要求内，学困生的学习成绩有显著提高等。但是，由于学生学业成绩受多种因素的影响和制约，如学生的学习动机、态度、方法、基础、习惯等，为了更为合理地评价教师的工作状况，避免把教师教学成绩评价简单地等同于学生学业成绩，除了用考试的平均分、及格率、优秀率等成绩表达实际水平外，还要根据教学目标，注重考查学生基础知识、基本技能的理解和掌握情况，尤其是学生的知识水平在原有基础上的提高和进步幅度，即用学生学习提高率来衡量教师的教学成绩。提高率的计算公式为：

$$X = C/D - A/B$$

C表示本次班级平均分（及格率、优秀率）；D表示本次年级平均分（及格率、优秀率）；A、B分别表示上次班级和年级平均分（及格率、优秀率）。

（二）教育效果

教育效果是指教师通过教育教学活动对学生在思想品德、知识能力、身心素质、个性心理等方面所产生的影响，即主要从学生德、智、体等方面的发展情况来评价教师的教育效果。在思想品德方面，主要考查学生对党、对社会主义、对祖国的态度，为社会主义现代化建设、振兴中华奋斗的奉献精神，以及是否具有社会责任感、公益意识等。在知识能力方面，主要考查学生是否形成良好的学习态度、学习品质，对基础知识、基本技能的理解和掌握情况如何，在原有基础上有多大提高与进步，在哪些学科领域有兴趣和专长。在身心素质方面，主要考查学生是否形成良好的卫生习惯、生活习惯和锻炼习惯，身体机能和素质是否健全，同时，是否具有乐观向上、热爱生活的人生态度，面对挫折和困难时的表现如何，个性心理是否健康。需要说明的是，由于教师工作的长期性、复杂性和特殊性，教育效果在学生身上的显现具有一定的滞后性和隐蔽性，学生很多方面的发展并不会在教育教学活动结束后马上显现出来，同时，学生产生的发展和变化既包括那些可观察到的（如人眼观察和测验测量的）部分，也包括那些不可观察的（如学生情感体验、道德意识与动机等）部分。因此，教师教学效果评价是一个非常复杂的问题，需要不断地深入研究。

（三）教科研成果

教科研成果评价是对教师在教育教学活动中学习、研究、实践、探索过程和结果的评价，其成果一般都是教师对教育教学中某个方面或问题进行深入研究的结果，或是对个人长期教育教学经验的理论加工或升华，是具有一定学术价值和实际效用的创造性劳动结果。其主要表现形式有专著、论文、经验总结、教学参考资料、教学实验仪器设备等。对教科研成果的评价，除了考虑量化指标，如论文发表数量、成果获奖等级、发表报刊级别、科研项目级别外，还要注重教科研成果的理论价值和实践意义，重点考查各类成果的重要性、先进性、科学性、效用性和社会反映等几个方面。需要注意的是，对教师教科研成果进行评价并不是评价的唯一目的，通过评价活动积极引导并有效促进教师在开展教科研活动过程中获得群体和个体的专业发展，才是教科研成果评价的根本目的，有助于教师加强终身学习意识，增强自主研究能力，更新教育教学理念，改进教育教学行为，通过不断学习、研究、实践、反思，自觉提高专业素养和水平，促使教师由职业教育者转变为教育研究者，从教育成果消费者转变为教育成果创造者，从理论实验者转变为终身学习者。

在实践中确定教师评价内容时，一方面，要体现时代发展和学生发展对教师提出的新要求。另一方面，也要充分考虑教师自身发展需求和个体差异性，克服评价中内容统一、模式僵化的做法，既要注重对教师"教"的评价，也要注重对学生"学"的评价，积极发挥评价引导教师成长和发展的作用，使评价成为教师工作的有机组成部分，成为教师自身发展不可或缺的需要。例如，有研究结合某校实际情况和特色，制定了包含课程评估（19个，约20%）、教师评估（52个，约50%）、学生评估（29个，约30%）在内的三维立体式教师评价体系，进而形成教师评价基本项目库。在此基础上，鼓励教师结合自身教学实践情况，在课程评估、教师评估、学生评估中自主选择、自由组合评价项目（20个左右），根据评价项目的不同，用分值、等级、描述等多种评价形式表现评价结果，形成个性化的教师评价标准，充分考虑了教师个性特点、教学风格等的差异性，使教师人人都有一套"量身定制"的评价体系及标准，有效提升了评价工作的针对性、适切性和合理性。[1]

第三节
教师评价的主要方法

学习目标

了解教师自我评价、同行评价、学生评教三种主要评价方法的含义；明确各种方法的实施程序或步骤，并能正确运用于实践。

　　长期以来，我国多以学生考试成绩作为评价教师的主要甚至唯一标准，造成了评价手段与评价目的的倒置，出现了诸如"为考而教""以考评教"的不良现象，为扭转这一局面，国家及教育部多次发文强调要树立以评促教、评教结合的评价理念，探索教师评价方法多样化。2002年的《教育部关于积极推进中小学评价与考试改革的通知》在谈及教师评价时，指出在评价标准上应注意对教师的统一要求，也要关注个体差异以及对发展的不同需求，为教师有个性、有特色的发展提供一定的空间；在评价方法上要多样化，除考试或测验外，还要研究便于评价者普遍使用的科学、简便易行的评价办法，探索有利于引导教师进行积极的自评与他评的评价方法，最终要"建立以教师自评为主，学校领导、同事、家长、学生共同参与的教师评价制度"，同时明确要求不得以学生考试成绩作为评价教师的唯一标准，教学评比结果不得作为教师晋升、提级、评优等的依据，提倡建立"以校为本、以教研为基础"的教学个案分析、研讨制度，引导教师对自己或同事的教学进行分析、反思与评价，提高全体教师的专业水平。同时，随着我国新一轮课程改革的不断深入推进，人们逐渐认识到传统教师评价中重结果轻过程、重奖惩轻发展、重量化轻质性等评价方法的不足，受发展性教师评价理念的影响，诸如课堂观察法、教师档案袋评价、教师自我反思与评价等评价方法越来越受到人们的重视，并被广泛应用于教育实践领域，取得了较好的评价效果。

　　依据不同的划分标准，基于不同的评价工作需要，教师评价的方法也是多样化的，从评价主体来看，可分为教师自评、校长—同事评价、学生评价、家长—社会评价等；从评价类型来看，可分为定量评价方法和质性评价方法，定量评价方法如常见的用学生考试成绩对教师进行分等、鉴定、奖惩等，质性评价方法如课堂观察评价、档案袋评价等。下面将主要介绍教师自我评价，领导、同行评价，学生评教三种教师评价方法。

1　刘志军，王洪席，张红霞. 促进教师不断发展的评价体系构建[J]. 清华大学教育研究，2015（6）：81-85.

一、教师自我评价

（一）教师自我评价的含义

自我评价法又称"自我反思评价法"，指教师依据评价原则，按照一定的评价标准和发展目标，对自己的知识、能力、职业道德、教育教学工作等做出评价的活动。教师自评重在自我反思，"对绝大多数教师来说，自我评价法是一个连续不断的自我反思、自我教育、激发内在动因的过程"[1]。

同他人评价相比，教师自我评价法的特点表现在以下几点。

1. 主客体相统一

在自我评价时，教师既是评价的主体也是评价的客体，在诸如课堂教学、班级管理、专业发展等这些具有高度专业独立性的领域，教师本人要比其他人更熟悉了解自己的状况和问题，主客体的相统一，有助于更好地达成教师评价的预期目的。

2. 内隐性评价信息的真实、生动呈现

教师评价工作涉及大量对意识、态度、愿望、精神等内隐性信息的判断，如对职业的热爱、个人品性修养、关爱学生情况、工作的投入程度等，采用教师自我评价的方式，可以更真实、生动、丰富地呈现这些内隐性的评价信息，从而可以更全面、客观地评价教师。

3. 自我评价具有反思性

自评本身就是一个批判反思的过程，通过对自己的教学行为、过程、结果以及自身发展的总结、反思与评价，从而实现教师的自我教育、自我激励、自我提高、自我完善和自我发展。

4. 自我评价过程的周而复始

自我评价不受时间和场地的限制，教师可以通过"观察自我、总结工作、反思过程、诊断过程、调整行为……"周而复始、循环往复地进行自我评价，不断促进教师在前一次循环基础上的进步和发展。

（二）教师自我评价的意义

1. 提高教师参与评价的积极性

自我评价使教师由被动接受评价转为主动参与评价，突出了教师的评价主体地位，有利于教师主体性的发挥和教师主体意识与主体精神的形成，正如美国心理学家卡尔·罗杰斯所说：当自我批评和自我评价是头等重要而别人评价是次要时，独立创造性就容易发展。

1　王斌华. 教师评价：绩效管理与专业发展[M]. 上海：上海教育出版社，2005：18.

2. 营造民主和谐的评价氛围

教师自我评价改变了行政领导是唯一评价主体的传统评价局面，通过让教师切身参与到整个评价过程中，能够充分激发教师蕴藏的潜力和积极性，有利于教师自我修正与学校管理者的矛盾，有效缓和与评价者的冲突，逐渐消除教师的抵制与敌对情绪，充分调动教师的主人翁意识和责任感，营造民主和谐的评价氛围。

3. 提高评价结果的认可程度

自我评价的结果是教师依据一定的评价标准，自己对自己做出评判的结果，与来自上级或他人的评价相比，教师对自我评价的结果的认可度和接受度更高。评价结果的使用也会更为顺畅，不论是用于绩效管理还是用于专业发展，教师更容易也更乐意接受，从而也有利于学校管理工作的改善。

4. 促进教师的自我成长与发展

如前所述，教师自我评价的过程就是教师自我反思、自我教育、自我发展的过程，同时，教师深度参与评价过程的切身体验对他的职业生活和工作具有重要的意义，有助于促使教师形成一种对自身职业发展的责任心和自信心，使教师形成自我教育、自我成长的良性循环。

（三）教师自我评价的实施

1. 教师自我评价的机制

教师实现自我评价的方式主要有以下三种。

第一，根据别人对自己的评价来评价自己。即从他人对自己的评价中看到自己的形象，并以此作为对自己评价的参照系。例如，一个经常受到来自上级、同事、学生或家长等表扬的教师，会获得较强的自信心，在自我判断中也多持肯定的态度；相反，如果一个教师经常受到来自不同方面的批评，就会缺乏自信心，甚至无视自己的长处，在自我判断时容易消极，不够自信。因此，在教师评价中，要多肯定教师取得的成绩和进步，及时为教师提供肯定性、建设性的反馈信息，"强化"教师表现出的好的行为在教师身上的持续、良性发展。

第二，通过与他人的对比来评价自己。即通过与自己在地位、年龄、条件等方面相类似的个体或群体加以比较，然后对自己做出评价。例如，一个教师实际教学水平较高，但因他所在学校的大多数教师都比他水平高，则他对自己的评价可能是教学水平一般；如果学校的多数教师教学水平都比他低，则他会给自己一个较高的定位。因此，通过评价促进教师的整体发展，不仅对一所学校，而且对某个教师个体而言，都有着非常重要的作用。

第三，通过自我分析来评价自己。即通过对自己教育教学行为的分析来评价自己。这个层次的自我评价不仅是对他人评价的反映，而且是在了解别人对自己的评价以及在与他人比较的基础上，结合自我观察、自我分析来完成的，这可以看作自我评价的最高层次。通过自我分析来实现自我评价是一个复杂的过程，是教师依据"外在的价值尺度"，如社会公认的某些成功标准或道德标准等，以及"内在的价值尺度"，如自身发展目标或愿望等，共同作用的结果。就教师未来职业规划及专业发展而言，教师自我评价应该更多地以科学、合理的内在价值尺度为准，而不能仅仅受外在价值尺度的影响和制约，尤其当外在价值尺度与教师自身的发展目标或愿景相冲突时，听从"心向往之"才是正确的选择。

2. 制定教师自我评价的标准

自我评价标准是教师有效开展自我评价的重要依据。可在学校层面，依据学校发展目标确定教师岗位职责，制定教师自我评价标准；也可在年级组或教研组层面，结合学校发展目标、本部门发展目标以及教师岗位职责，制定本年级组、本教研组的教师自我评价标准；在此基础上，教师个人可以根据自身实际情况，如学科、教龄、职称、教学风格、科研水平、优势劣势等，依据教师个人的发展目标或规划，制定个性化的教师自我评价标准。

3. 选择教师自我评价的工具

教师自评要借助一定的工具。这些工具包括教学录音、教学录像、专家量表和教师自制量表、教学日志、事件记录表、综合评价表、单项分析表等。其中，教师自制量表和教学日志是教师自我评价的两种主要工具。教师自制量表可以使用最少的时间和训练设计适合教师自己需要的工具，获取所需信息，研究多种行为，并加深教师对课堂教学的理解，培养长期的自我评价习惯。教学日志是教师每天或每周记录教学中发生的关键事件，即那些使自己兴奋的、发怒的、震惊的或劳力费神的有所触动的事件，并对这一系列关键事件进行分析、归纳、反思和评价。[1]

4. 教师进行自我反思

教师自我反思是指教师在教育教学实践中，以自我行为表现为依据的"异位"解析和修正，进而不断提高自身教育教学效能和素养的过程。[2]反思被广泛地看作教师职业发展的决定性因素。

教师反思的内容包括三个方面：一是对教学活动的整个过程的反思，即教师在教学过程之后对自己的教学设计、教学行为、教学效果的反思；二是对自己教学活动过程中的想法、表现和做法的反思；三是以上述两种反思为基础，总结经验，指导以后的教育教学活动。

也有研究认为，教师自我反思的内容包括三个方面：一是反思成功之处，即对教育教学中自己满意的地方进行总结、归纳和反思，如是否达到预先设计的目的、教学方式方法的使用是否创新、课堂突发事件的处理是否妥当等；二是反思失误之处，即侧重审视教育教学中

1　王景英. 教育评价[M]. 北京：中央广播电视大学出版社，2004：298.
2　张立昌. 试论教师的反思及策略[J]. 教育研究，2001（12）：17-21.

自己存在失误的地方，如对某个问题的阐述失之偏颇、教材的某个细节处理不当、对课堂生成性课程资源的估计不足等；三是反思疑惑之处，即总结、反思教育教学中预期与实际效果产生的偏差及其原因，多数是尚未解决的问题或困惑，如精心准备的内容，学生反映一般，讲得一般的内容，反而受到学生欢迎，原以为是重点难点的知识，学生学习障碍不明显，自认为简单易懂的知识，学生学习效果却不佳等。[1]

反思的途径有多种形式，主要包括以下几种。

（1）教学笔记

一节课后，教师对自己的教学设计是否恰当，教学手段运用是否充分，重难点是否突出，哪些地方需要调整改进，教学效果是否达到预期目标等进行总结反思。

（2）反思日志

即教师总结自己一天、一周、一月或一学期与一学年的工作，记录自己所得所失，分析自己的优长劣势，发现自己的问题不足，对自己的教育教学工作进行概括性分析判断，为今后的改进提供有价值的参考。

（3）交流讨论

教师间充分的交流对话，无论对群体的发展还是个体的成长都是大有裨益的，通过对某一事件或问题的交流讨论，可以各抒己见，集思广益，共同分析、判断，提出更好的解决问题的办法，达到相互启发、资源共享、同生共长的目的。

（4）行动研究

行动研究在促成教师开展自我评价方面具有不可替代的作用。教师可以在教育教学过程中敏锐捕捉值得研究的问题，充分运用观察、访谈、测验、调查问卷、文献研究等多种方法，不断提高反思意识与能力，逐步减少教育教学工作上的偏差，持续增强教师自身的理论素养。

二、领导、同行评价

（一）领导、同行评价的含义

领导评价是指教育督导机构、上级教育行政部门、学校领导等依据评价标准和准则对教师教育教学工作进行价值判断。在用于教师评价时，主要是学校领导依据评价标准和教师发展目标，通过制定教师评价指标体系，运用各种评价手段和工具获得多种评价信息，从而对教师工作进行评价。领导评价的特点主要有：第一，以学校领导或管理者为评价主体；第二，评价内容多以外部要求和规范为主；第三，主要服务于学校管理工作；第四，多采用奖

1　金娣，王刚．教育评价与测量[M]．北京：教育科学出版社，2002：307-308．

惩式评价方式。这是一种典型的自上而下的教师评价方式，在很长一段时间，被我国教师评价实践领域普遍采用。

同行评价是指本校教师、校外教师和专家对教师工作情况和个人发展进行的价值判断。同行评价的特点主要有：第一，以教师同事或教师群体为评价主体；第二，评价内容多与教师课堂教学、教科研等日常教育教学活动有关；第三，主要目标是促进教师教学水平或专业素质的提高；第四，评价双方比较能够平等交流与对话。教师同事与教师在日常学校生活、工作中朝夕共处、联系密切，是教师本人工作情况和发展过程的观察者、经历者、评价者，通过同行评价，可以使教师从不同的角度了解自己的教育教学和专业发展情况，获取大量有价值的信息和经验，对教师工作的改进和提高大有裨益。

（二）领导、同行评价的操作方法

1. 课堂观察评价法

课堂观察评价法又称"课堂听课评价法"，指评价者直接进入课堂，通过现场观察教师的教学实践，总结优点，发现问题，并做出相应的评价。听课者一般由学校领导、骨干教师或学科教师等组成，通常包括随堂听课评价法和常规听课评价法两种类型，前者又称"推门听课评价法"，即评价者在事先不通知教师的情况下，直接进入教师课堂听课，为的是避免教师事先刻意做好准备；后者又称"敲门听课评价法"，即评价者在事先通知教师的情况下，允许教师事先做一定的准备，然后选择时间进入课堂听课。

在一段时间里，我国许多中小学提倡随堂听课评价法，它一度被看作一种非常有效的教师评价方法，并作为学校一项教师评价制度被确定下来，但"推门听课"在实践中也引起了广泛争议。目前，较为常见的是常规听课评价法，主要包括预备会议、课堂听课和课后评价三个阶段。

第一阶段：预备会议。在正式听课前，评价双方举行一次预备会议，主要任务是确定该堂课的教学进度、教学目标、授课计划、困难和问题、听课方式、听课重点以及课后评价的时间和地点等。

第二阶段：课堂听课。进入听课时，评价者的主要任务有两项：一是要做好课堂记录。评价者要真实、持续、迅速地记录课堂教学的整个过程，记录要尽可能完整，但不是面面俱到，应该有所选择和有所侧重，既要观察教学效果，更要关注教学过程，既要观察教师教学行为，更要关注学生学习表现，重点记录课堂教学的主要流程、教师的主要行为以及学生的主要表现等。二是要做到实录与点评相结合。听课者在记录的基础上，还要对本节课教学的优缺点做出初步分析与评估，并提出建议，点评的具体内容包括：教材处理与教学思路、目标；教学重点、难点及关键；课堂结构设计；教学方法的选择；教学手段的运用；教学基本功；教学思想；等等。点评可以分为过程性及时点评和结果性综合点评。好的听课记录应该是实录与点评兼顾，特别是做好课堂点评往往比实录更重要。

第三阶段：课后评价。听完课后，按照约定好的时间，选择恰当的场所开展课后评价。课后评价主要内容包括选读听课记录、开展自我评价、核查教学目标、发现优缺点和制定改善措施等。在这个阶段有两点需要注意：一是要建立平等协商的评价氛围，允许教师充分表达自己的感受和想法，这样有助于提高教师的自信心和自尊心，能够使教师更加坦率和公开地谈论自己的教学和工作；二是要再次明确评价的发展性目的，即让教师明白不是为了评判他的上课质量的好坏、高低，而是为了帮助教师提高教学质量和促进教师专业发展。

2. 教学档案袋评价法

档案袋评价方法兴起于20世纪80年代，是美国评价改革运动中出现的一种主要的评价方法，教学档案袋评价是这一方法在教师评价领域的具体运用与体现，又称"教师档案袋评价法"或"教师成长记录册评价法"，要求教师像艺术家、建筑师、作家等人一样，把自己具有代表性的作品汇集起来，通过开放的多层面的评价，展示自己成长的过程、特点，总结反思自己工作的经验、教训，从而不断促进专业发展。依据档案袋入选材料的性质不同，可以分为过程性教学档案袋、结果性教学档案袋和展示性教学档案袋三种类型，根据评价目的的不同，可以使用不同的教学档案袋。

教学档案袋具有如下特点：①具有特殊的目的，反映教师的知识、技能和能力；②面向专门的阅读者，教学档案袋阅读者一般是教师本人或外部评价者；③包含典型的资料或证据，主要是一系列有针对性的、有组织、有系统的资料；④提出书面反思意见，由教师针对教学档案袋内的资料提出书面反思意见。[1]

一个好的教学档案袋可以真实反映出教师教学活动的面貌和过程，应该按照评价标准与要求，收集最能代表教师成就的教育教学信息，具体包括教学理念和教学目标的表述，单元和课堂教学计划，为学生编制的测验及学生成绩评定准则，学生学业成绩，家长、学生调查情况、职业活动、专业成长证明，正式评价，管理者的报告，科研计划及其结果，自我评价等。教学档案袋不仅仅是教师作品的简单收集和堆积，更是系统检查教学效果、与他人分享自己的观点、用于改进教育教学的一个有效途径。例如，美国康涅狄格州针对该州新教师的档案袋评价的目的，是对参与"新教师支持与培训项目"的教师进行基本教学技能的评价，在评价过程中，新教师需要证明自己掌握了教师必备的学科知识，并形成了制订教学计划、开展有效教学和评价学生成绩等方面的基本教学能力。新教师提供的档案袋内容非常丰富，并向教师提出了相对应的反思性问题。

可以看出，教学档案袋不但可以为领导和同行评价教师提供丰富的资料，而且也适用于教师自我评价，更为重要的是，建立教学档案袋的过程就是教师自我总结、自我反思、自我评价的过程。反思在教学档案袋评价中发挥着极其重要的作用，通过系统地反思自己的教学

1　王斌华. 教师评价：绩效管理与专业发展[M]. 上海：上海教育出版社，2005：151.

实践，教师可以从中获得经验和教训，提高教学技能和水平，促进专业能力提升。反思主要包括描述、分析和规划三个步骤。

步骤一：描述。教师应围绕做了什么、为什么这么做、结果是什么、如何进一步完善等展开描述，做到描述真实、准确、清晰、流畅。

步骤二：分析。通过整体分析和局部分析，确定工作的优点和缺点，发现存在的问题，寻找改进的空间。

步骤三：规划。在描述和分析的基础上，提出教学工作未来的发展与规划方向或措施。这是反思最重要的内容。

3. 校长—同事评价法[1]

校长—同事评价法又称"三人评价法"，即建立由第一评价者（校长）、第二评价者（同事）和评价对象（教师）组成的评价小组，由第一评价者与第二评价者共同对评价对象进行评价。校长—同事评价法的主要倡导者是澳大利亚的安东尼·欣克菲尔德，其基本指导思想是：学校视教师评价为教育过程的一个组成部分；唯有采用建设性的教师评价法，才能促进教师的专业发展；评价者与评价对象（教师）之间的合作和相互尊重是必要的；在实施教师评价之前，有关各方达成共识；教师自我评价必须是评价过程的重要组成部分。校长—同事评价法十分注重自我评价、建设性的反馈、评价双方面谈时的和谐氛围、教师的专业发展、来自学校的重视和支持以及教师的积极参与。

在校长—同事评价中，评价双方需要充分了解各自的角色及承担的职责。校长作为评价小组的第一评价者，必须发挥领导作用，熟悉评价政策，能够就评价政策向评价对象做出清楚的、令人信服的解释，确保评价小组有效地、积极地开展工作。第二评价者通常由普通学科教师、教研组长或年级组长担任，必须配合第一评价者，了解评价政策和评价程序，努力实现预期的评价结果。评价对象必须充分认识到，教师积极参与评价是教师成败的关键，能否完成自我评价以及能否获得建设性的评价结果，主要取决于教师本人。评价过程将促进教师个人的专业发展。

校长—同事评价法的实施分为以下五个阶段。

（1）营造氛围和制定政策

使所有参与者都能以积极的态度支持教师评价，同时将教师评价制度作为一项长期的学校政策列入文件之中。

（2）初步面谈

第一次面谈时被评教师向校长提出第二评价者人选，组成评价小组，同时校长充分阐述评价的目的和意义，并由校长解答评价对象有关教师评价的各种困惑；第二次面谈要让被评

1　王斌华. 教师评价：绩效管理与专业发展[M]. 上海：上海教育出版社，2005：232-238.

教师自我评价，校长和第二评价者分别列举教师的优点和不足，同时为撰写反映评价对象优点和缺点的评价报告做准备。

（3）确定目标

约两周后评价双方再次面谈，对第二次面谈期间列举的优点和缺点进行比较和分析，并在充分讨论和达成共识的基础上，确定对评价对象的评价结果。

（4）课堂听课

评价对象提供听课时间并得到评价者的认可，听课持续一学年。在听课过程中，校长应该把听课的注意力集中在师生交流、提问技能、课堂管理等方面，学科教师应该把注意力集中在学科内容方面。整个学年进行两次听课面谈，第一次围绕的问题主要是：在历次课堂听课中，评价对象是否感到紧张和别扭？评价对象是否需要补充什么想法和意见？课堂听课是否达到了预期的目的？课堂听课是否遗漏了什么重要的观察内容？第二次面谈的主要任务是：了解评价对象是否一直在努力改善教学质量；补充新观察到的评价对象的优点；删去评价对象已经克服的缺点。

（5）总结会议

任务包括：一是完成评价报告，报告需充分反映评价对象已实现目标，包括评价前已具备的能力、评价过程中新获得和新发现的能力；二是给予帮助和建议，在肯定评价对象取得进步的基础上，注明评价对象取得进步的措施以及评价者给予教师的建议。

三、学生评教

（一）学生评教的含义

学生评教即学生对教师素质和教育教学行为等进行价值判断。20世纪70年代以来，学生评教一直被许多国家重视，成为国内外大多数高校评价教师课堂教学质量的重要组成部分，学生被看作实际上的教师教学质量的系统评价和"全程监控"的最有发言权的评价者。阿里莫里（L. M. Aleamoli）认为：学生是教学过程的主体，他们对教学目标是否达到、师生关系是否良好都有深刻的了解，对学习环境的描述与界定也较客观；学生直接受到教师教学效能的影响，他们的观察比其他突然出现的评价人员更为细致周全；学生参与评教有利于师生沟通，从而有助于提高教学水平；学生评教的结果可作为其他学生选课的参考。

（二）学生评教的实施

实施学生评教的途径主要是问卷调查与学生座谈相结合。问卷调查是依据教师评价标准设计一系列学生评价问卷，由学生自己对教师的教育教学状况做出评价，然后对问卷结果进行统一统计处理，获得评价结果的数据信息。学生座谈是通过与部分学生的谈话，更进一步

　　了解学生对教师及其教育教学情况的认识和态度等，获得描述性的质性评价信息。学生评教一般集中在教学方面，内容主要包括教师的教学态度、教学技巧、表达能力、教学组织能力、师生之间的交流等方面。

　　有研究表明，从实际效果来看，教师普遍认为从学生中得来的这些反馈意见对改进教学有很大帮助。但也有研究认为，并非所有学生评价都有助于改进教师的教学工作，这是因为，学生评价教师受到班级大小、课程学科类型、期望得到的学习成绩、教师教龄、评价方式等多种因素的影响。尤其当学生评价结果与教师评职、晋级、薪酬等利益挂钩时，学生评价的有效性和可信度就会大打折扣，如果用于改进课程与教学时，学生的评价则会相对坦率与严谨些，但也深受学生自身年龄、经验、见识、修养、判断是非能力等各方面的影响。由于中小学生正处在身心未完成状态，认识、判断问题往往凭直觉与感受，评价一般都直接指向教师教育教学行为本身，缺少对问题的深层理性思考，同时也缺乏相关的评价知识与技能，在评价过程中容易受感情因素的影响，往往出现爱屋及乌的现象，即对自己喜欢的教师评价较高，不喜欢的教师评价较低，或者对教学水平较高，但要求严格的教师评分较低，而对教学水平一般，但管理宽松的教师评分反而较高，这些都会影响到学生评教的效度。

　　有研究认为，学生评教是否有效度关键要看是否建立了有效的学生评教指标体系。国外学者Marsh和Feldman经过长期研究，得出了学生评估教师有效性的维度（见表9-3），即SET（Students' Evaluation of Teacher）和SEEQ（Students' Evaluation of Education Quality），这两个工具被专业人士认为都积累了大量的信度和效度资料（表9-3）。[1]

表9-3　学生评估教师有效性的维度

SET（Feldman）	SEEQ（Marsh）
对兴趣的激励	教师的热情
热情	教师的热情
本学科知识更新	知识的广度
智慧的广度	知识的广度
教学的准备与组织	组织与清晰性
清晰性和可理解性	组织与清晰性
对课的进程的敏感性	无
口才的雄辩技能	无
目标的明确性	组织与清晰性

1　蔡永红. 对教师绩效评估研究的回顾与反思[J]. 高等师范教育研究，2001（3）：73-76.

续表

SET（Feldman）	SEEQ（Marsh）
课程材料的价值	作业与阅读
辅助材料	作业与阅读
感知到的结果或影响	学习与价值
公平、无偏	检查与评分
课堂管理	无
对学生的反馈	检查与评分
课堂讨论	小组互动
对智力的挑战性	学习与价值
对学生的尊重	师生关系
有用和有帮助	师生关系
难度与课业负担	课业负担与难度

本章小结

教师评价是对教师工作的现实或潜在的价值做出判断的活动，提高教师教学效能与促进教师专业发展是教师评价工作开展的主要目的。

教师评价基本内容的确立对教师教育教学工作具有较强的导向作用，是教师评价活动的核心。其具体内容包括教师素质评价、教师工作过程评价、教师工作绩效评价三个方面。

教师评价方法会基于不同的评价工作需要，或依据不同的划分标准而呈现多样化。但从整体上讲，教师评价比较典型的方法有：教师自我评价，领导、同行评价及学生评教等。

学习教师评价，有助于厘清教师评价体系，树立与时俱进的教师观，提高自身教师评价素养。通过教师评价的学习，能够在教学实践中采用适切的评价方法和技术，客观收集评价信息，对教师工作进行综合分析和判断，确保教师评价工作的合理性和科学性。

总结 >

Aa 关键术语

教师评价	奖惩性教师评价	发展性教师评价	领导评价
Teacher Evaluation	Teacher Evaluation of Rewards and Punishments	Developmental Teacher Evaluation	Leadership Evaluation
同行评价	学生评教	教师自我评价	
Peer Evaluation	Teacher Evaluation by Students	Teacher Self-Evaluation	

章节链接

本章内容"教师评价"是教育评价研究的重要组成部分，它与"学生评价""学校评价"一起共同构成现代教育评价的三大领域。第四章"教育评价的类型与内容"在探讨教育评价内容时，对教师评价做了概括描述。教师对学校的发展起着重要作用，对教师展开评价离不开课程实施的评价以及学生学业质量的评估，因此第八章"学生评价"、第十章"学校评价"以及第十一章"课程评价"都与本章有密切联系。

应用 >

体验练习

1. 结合教师评价的历史发展轨迹，总结提炼现代教师评价可以借鉴学习的地方。

2. 查阅相关资料，将国外教师评价标准或指标与我国教师《专业标准》进行对比分析，思考其对我国教师评价的启示。

3. 收集一所学校的教师评价方案，了解实践领域教师评价工作的实施过程与运行机制，指出其中的问题与不足。

4. 根据所学内容，制作一张课堂观察表，选择一门课程进课堂听课，做好课堂记录，并在课后与上课教师讨论交流听课结果。

拓展 >

☕ 补充读物

1　王斌华.教师评价：绩效管理与专业发展[M].上海：上海教育出版社，2005.

　　该书共15章。分别阐述了教师评价的发展轨迹，以及奖惩性教师评价制度、发展性教师评价制度，并对二者进行了比较；然后从相关概念、错误倾向、制定程序及举例等方面分析教师评价标准；最后几章详细分析了九种评价方法，并从内部、外部、个人等因素解析教师评价结果。

2　[美]Diane Hart.真实性评价：教师指导手册[M].国家基础教育课程改革"促进教师发展与学生成长的评价研究"项目组，译.北京：中国轻工业出版社，2004.

　　该书共10章。该书在批判传统标准化测验的基础上，详细阐述了真实性评价的定义、特点和意义；通过丰富的案例分析，介绍了基于观察的评价、成长记录袋评价和表现性评价等典型的真实性评价方式；书中分别对评价主体、等级评定等进行了深入分析，并在最后回答了教育实践中关于真实性评价的常见问题，提出了相应建议。

3　孙河川.教师评价指标体系的国际比较研究[M].北京：商务印书馆，2011.

　　该书是国内第一部对教师评价指标体系进行系统的国际比较研究的专著，也是我国第一部对美国、英国、芬兰、日本、中国台湾和中国香港的教师评价指标进行"双化研究"（质化和量化）的学术著作。全书的点睛之笔在于结语以及对我国新颁布的《教师专业标准（征求意见稿）》的建言，具有开阔的国际视野、深刻的见地、崭新的时代感。

4　蔡敏.美国中小学教师评价及典型案例[M].北京：北京大学出版社，2009.

　　该书以美国部分州为例，以案例的形式系统分析美国中小学教师评价制度，包括实习教师评价、教师资格考试制度、教师教学业绩评价和专业发展评价等。在解析案例的同时，重点对评价的制度、原则、内容、标准、手段和效果等方面进行叙述和评析，最后系统地阐述其对我国中小学教师评价改革带来的启示。

5　沈玉顺.现代教育评价[M].上海：华东师范大学出版社，2002.

　　该书是教育部人事司组织编写的"十五"全国中小学校长培训教学用书。全书分5章：第1章介绍了现代教育评价的基本思想方法；第2章至第4章讨论了学生评价、教师评价和学校评价的原理、方法及案例；第5章从管理制度的层面总结了现代教育评价思想方法，并探讨了有效发挥评价整体功能及构建学校质量保障体系问题。

本章概述

　　学校评价对学校的发展规划、方向具有关键的统筹指导作用，是现代学校管理的重要手段。它是将学校作为评价对象，以判断学校办学水平、教育质量为起点，把促进学校持续发展作为旨归的一种评价活动。本章主要围绕学校评价概述、学校评价的主要内容、学校评价的主要方法三方面内容进行介绍和讨论，以期学习者能够对学校评价相关的基本问题有比较清晰的理解与掌握。

结构图

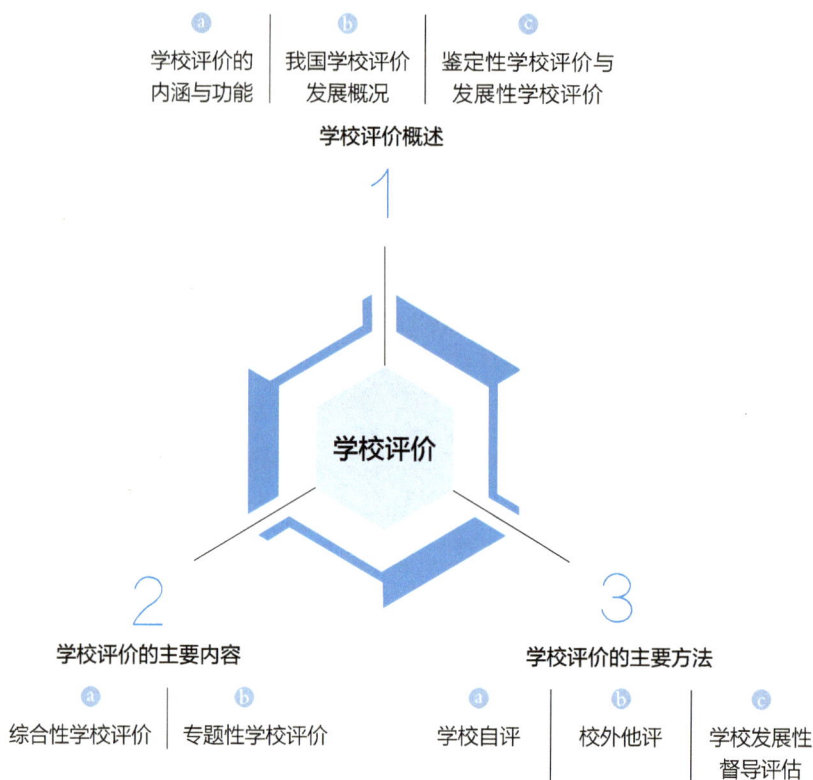

ⓐ 学校评价的内涵与功能　ⓑ 我国学校评价发展概况　ⓒ 鉴定性学校评价与发展性学校评价

学校评价概述

1

学校评价

2 学校评价的主要内容

ⓐ 综合性学校评价　ⓑ 专题性学校评价

3 学校评价的主要方法

ⓐ 学校自评　ⓑ 校外他评　ⓒ 学校发展性督导评估

学习目标

学完本章，你应该能够做到：

1. 理解学校评价的含义。

2. 了解我国学校评价的发展历史。

3. 明确学校评价的主要内容。

4. 熟悉学校评价的主要方法。

读前反思

1. 你是怎么理解学校评价的？

2. 你觉得评价一所学校应该从哪些方面着手？

3. 你认为学校评价对学校发展的意义何在？

第一节
学校评价概述

🎯 **学习目标**

理解学校评价的含义；了解我国学校评价的发展历史；理解鉴定性学校评价、发展性学校评价的内涵及特点。

学校是培养人才的专门机构，承担着选择和整合各种教育资源，以实现某种特定的教育追求的重要职责。学校办学水平的高低，直接影响到教育教学活动的效率，影响到学生整体素质的发展，从而最终影响到国家的发展和社会的进步。这就决定了任何学校的办学行为都会时刻面临着来自国家、社会、主管部门、家庭和个体等各方面的评判。近几十年来，随着社会的进步和人民生活水平的提高，对教育的追求由"有书读"向"读好书"转变，举办高质量的教育以满足社会不断进步、个人素质全面提高的需要已成为国家政府和社会各界的强烈要求。因此，如何评价一所学校的办学水平，是社会、家庭，以及学校校长、教师、学生所关注的重要问题。

一、学校评价的内涵与功能

学校评价是指以一定的教育价值观为指导，运用教育评价的理论和方法，按照党和国家的教育方针、政策、法规，以及特定的评价标准，对学校的办学方向、办学条件、管理工作、办学效益等方面进行总体评价或单项评价的活动和过程。

学校评价具有多重功能，但从根本上讲，主要包括以下几大功能。

（一）鉴定学校水平

鉴定学校水平是教育评价的鉴定功能在学校评价中的体现，是指学校评价可以采用目标参照评价的方法，将特定学校的发展状况与某一固定的评价标准进行比较，对被评学校与评价标准的适应程度做出区分和认定，从而判定被评学校的办学水平。我们现在经常开展学校办学资格认定，就是发挥学校评价鉴定功能的具体体现。

（二）评定学校优劣

评定学校优劣是教育评价的选拔淘汰功能在学校评价中的体现，是指学校评价可以采用常模参照评价的方法，对不同学校进行横向比较，从而评定学校优劣，分别实施奖惩。

（三）促进学校发展

促进学校发展是当代学校评价的基本功能，是指学校评价可以采用个体参照评价的方法进行，以学校自我评价为主，以校外他评为辅，为学校发展提供有效的诊断和反馈，强化和改进学校各项工作，促进学校更好地向前发展。这一功能具体来说主要体现在以下几个方面：①导向功能。学校评价对学校发展有定向引导功能，通过学校评价，我们可以对学校发展的方向和状态进行肯定或否定。②诊断功能。学校评价能够对学校工作中存在的问题进行揭示与分析，找到症结和原因所在，进而提出改进和补救的建议。③调节功能。通过学校评价结果的反馈，可以让被评学校了解自身发展存在的优势与不足，从而调整自己的发展方向和教育行为，促进其自身进一步的发展。④激励功能。通过学校评价可以让被评学校在正确认识自己的优势与不足的基础上，从正反两个方面受到激励，增强发展的积极性和主动性。⑤反思功能。在学校评价中通过被评学校的主动参与、自我评价，可以促进被评学校自我反思、自我调整、自我发展，并在此过程中发展学校的自主发展能力。

（四）为行政决策服务

这是学校评价的一项基本功能。作为一种社会机构，学校的发展需要政府及教育行政部门的大力支持，这种支持既包括方针政策上的导引，更包括办学所需的人、财、物等各方面条件的提供。学校发展中出现的问题，有些是学校自身所无法解决的，只有通过国家或地方教育政策的调整来解决。这就需要通过学校评价活动发现问题，督促政府及其教育行政部门改进领导，科学决策，解决学校办学中存在的问题。

（五）为社会、家长导航

作为家庭的一员、国家的未来，学生的发展状况牵动着家庭和社会中每个人的心。出于对学生成长的关心，家长们和社会各界人士总是要根据自己的价值追求，以自己的标准来对不同的学校做出评判，并在一定程度上影响学校的发展。受到各种因素的制约，这种评判有时会出现偏差，对学校发展产生消极的影响。而由政府或专家牵头组织开展的学校评价，往往体现着正确的价值取向，其评价结论可以对社会和家长起到一定的导向作用，引导社会和家长用正确的标准评价学校，为学校发展营造良好的社会氛围。

二、我国学校评价发展概况

一般而言，学校评价实践是与学校的产生与发展相生相伴的。但严格意义上的现代学校评价，在世界范围内却只有不到100年的历史，在我国则只有40多年的发展历史。这40多年的发展大致可以分为以下两个阶段。

（一）初步发展阶段（20世纪80年代初至90年代末）

这一阶段的突出特点是鉴定性学校评价得到初步发展，形成了我国的现代学校评价制度的雏形。

20世纪80年代初，随着我国改革开放政策的实施，教育事业拨乱反正，走上正轨，学校教育迅速恢复发展。为了保证学校教育工作的正确方向和基本水平，国家提出了对教育质量进行评价监控的要求。1986年，全国人大七届四次会议通过的《关于第七个五年计划的报告》中明确提出："要加强教育事业的管理，逐步建立系统的教育评价和监督制度。"1990年、1991年，在广泛研究和实践的基础上，国家教委又分别颁布了《普通高等学校教育评估暂行规定》和《普通中小学校督导评估工作指导纲要》，进一步提出了加强学校督导评估的要求，并就学校教育督导评估的性质、目的、任务、指导思想、基本形式等做了明确规定。在这些文件的推动下，我国的教育督导评估工作随之开展起来，这应该算是我国现代学校评价的开始。在此以后近20年的历史中，随着我国教育事业的蓬勃发展，教育督导评估工作日益发展，成为我国学校评价的主体，逐步走向系统化、规范化和科学化，对我国现代学校教育制度的发展与完善起到了积极的推动作用。

（二）改革完善阶段（20世纪90年代末以来）

20世纪90年代末以来，随着我国学校教育教学设施设备的日益完善和教育管理体制改革的深化，我国学校发展开始由数量扩张型发展向质量内涵型发展转型。在此背景下，如何促进学校的特色发展和可持续发展，逐渐成为我国教育管理和学校发展关注的重点。而20世纪80年代以来发展起来的以政府督导评估为主体的单一的鉴定性学校评价，虽然在促进学校软硬件达标方面能够发挥积极的作用，在相当长一段时间内对我国各级各类学校的发展发挥了很大的监督管理作用，但是，在引导学校多元发展、特色发展方面，它却难以发挥积极的作用，需要在批判反思的基础上进行丰富与完善，逐步构建适应新时期经济社会和学校发展需要的多元化的学校评价制度。

1. 确立发展性学校评价改革理念

21世纪学校评价改革的探索，最早是从发展性学校评价理念的引入开始的。发展性学校评价是20世纪80年代在英国首先发展起来的一种关于教育评价的新理念，它主张学校评价的功能不应只是监督或鉴定，而应着眼于学校的未来发展，在诊断问题、调节方向、激励发展等方面发挥积极作用。经过近20年的发展，国外在发展性学校评价的理论和实践方面积累了不少成果和经验。如美国建立了"学校认证制""教育绩效责任制""蓝带学校"计划等评价体系，欧洲启动了"学校教育质量评价"试点计划。在英格兰，教育标准局每年向所有学校发布《成就与评价报告》，将学校的自我评价建立在国家质量标准之上，以评估学校发展计划为核心，以学校改进和发展为目的。

从20世纪90年代末开始，国际上发展性学校评价的理论研究与实践探索引起了国内教育督导界和教育评价研究工作者的关注，部分教育先进省市开始率先在教育督导评估工作中尝试实施发展性学校评价。1999年，上海市与英国签订了"学校可持续发展督导评估方案研究"的合作项目，并于2003年4月进一步颁布了《上海市积极推进中小学"学校发展性督导评价"的实施意见（试行稿）》和《上海市中小学"学校发展性督导评价"指标纲要》。2002年《北京市普通中小学全面实施素质教育评价方案（修订·试行）》中引入了发展性评价的概念，提出把自主发展作为学校评价的一级指标，学校可以根据自己的情况设定三级指标，制定发展目标和规划。自2002年开始，青岛市在全市范围内进行了"学校依法办学自主发展督导评估实践研究"，逐步形成了发展性学校评估的基本思路。2005年起，济南市市中区启动了"区域性学校自主发展性督导评价的实践研究"，在发展性学校评估的评价指标和操作模式方面进行了卓有成效的探索。应该说，自21世纪初以来，随着学校评估理论和实践的发展，发展性学校评价的理念已经被我国教育评价界普遍接受，成为我国大多数地区开展学校督导评估改革的指导思想。

2. 开展中小学教育质量综合评价改革试点

教育质量评价历来是学校评价的核心内容，对学校发展具有重要的导向作用。自2001年新一轮基础教育课程改革实施以来，全国各地在改进中小学教育质量评价方面进行了积极探索，取得了一些进展。但总体上看，由于教育内外部多方面的原因，单纯以学生学业考试成绩和学校升学率评价中小学教育质量的倾向还没有得到根本扭转，严重影响了学生的全面发展、健康成长，制约了学生社会责任感、创新精神和实践能力的培养。为进一步改革、完善体现素质教育要求、以学生发展为核心、科学多元的中小学教育质量综合评价体系，2013年6月，教育部发布了《教育部关于推进中小学教育质量综合评价改革的意见》，明确提出了育人为本、促进发展、科学规范、统筹协调、因地制宜的基本原则，并依据党的教育方针、相关教育法律法规、国家课程标准等有关规定，突出重点，注重导向，确立了包括学生的品德发展水平、学业发展水平、身心发展水平、兴趣特长养成、学业负担状况五方面内容的中小学教育质量综合评价指标体系。2013年12月，教育部办公厅印发《关于做好中小学教育质量综合评价改革实验工作的通知》，确定全国30个地区为国家中小学教育质量综合评价改革实验区，要求各实验区在认真调研、科学论证的基础上，研究制定小学、初中和高中学校教育质量综合评价指标体系，细化指标考查要点、评价标准和依据，开发评价工具，在区域内开展评价试点，在总结试点经验基础上进一步修改完善。

3. 开展本科教学工作评估和学科整体水平评估

21世纪以来，为了促进高等学校教育教学水平的提升，自2002年开始，教育部连续发布了一系列文件，在全国范围内开展普通高等学校本科教育质量评估工作。2002年，教育部发布《普通高等学校本科教学工作水平评估方案》，确立了"以评促改，以评促建，以评促管，评建结合，重在建设"的评估原则。2003年，教育部在《2003—2007年教育振兴行动计划》中明确提出实行"五年一轮"的普通高等学校教学工作水平评估制度。同年开始对26所高职高专院校进行试点评估。2004年8月，教育部高等教育教学评估中心正式成立，标志着中国高等教育的教学评估工作开始走向规范化、科学化、制度化和专业化的发展阶段。2011年，教育部颁布了《教育部关于普通高等学校本科教学评估工作的意见》，确定了以学校自我评估为基础，以院校评估、专业认证及评估、国际评估和教学基本状态数据常态监控为主要内容的高等教育教学评估顶层设计。2012年年初，教育部下发《普通高等学校本科教学工作合格评估实施办法》《普通高等学校本科教学工作合格评估指标体系》，要求各地按照"学校自评、专家进校评估、结论审议与发布"等步骤，对未参加过教学工作评估的各类新建普通本科学校（包括经国家正式批准独立设置的民办普通本科学校）开展合格评估。2021年1月，为了全面落实立德树人根本任务，坚决破除"五唯"顽瘴痼疾，扭转不科学教育评价导向，引导高校内涵发展、特色发展、创新发展，推进高校分类评价，改进本科教育教学评估、推动提高本科人才培养质量，教育部制定了《普通高等学校本科教育教学审核评估实施方案（2021—2025年）》《普通高等学校本科教育教学审核评估指标体系（试行）》，确立了"立德树人、推进改革、分类指导、问题导向、方法创新"的评估原则，鼓励高校根据学校办学章程和发展规划，综合考虑各自办学定位、人才培养目标和质量保障体系建设情况等，自主从两类审核评估中选择参加。第一类审核评估针对具有世界一流办学目标、一流师资队伍和育人平台，培养一流拔尖创新人才，服务国家重大战略需求的普通本科高校，重点考察建设世界一流大学所必备的质量保障能力及本科教育教学综合改革举措与成效；第二类审核评估主要针对一般的学术型普通本科高校和应用型普通本科高校，重点考察高校本科人才培养目标定位、资源条件、培养过程、学生发展、教学成效等。还确立了包括评估申请、学校自评、专家评审、反馈结论、限期整改、督导复查六个环节的审核评估程序。该方案和体系的颁布实施在建立健全校内校外协同联动的诊断改进机制，加快实现高等教育质量保障体系制度化、长效化，推动高等教育质量提升，保证高等教育健康发展方面将发挥重要作用。

2002年，为促进高校学科建设的内涵发展和整体水平提升，提高研究生培养和学位授予质量，我国开始对具有博士硕士研究生培养和学位授予资格的一级学科进行整体水平评估（简称学科评估）。该项评估从2002年首次开展，平均四年一轮，是非行政性、服务性评估项目，不同于政府开展的合格性评估。它坚持"科学客观、严谨规范、公开透明、自愿参评"的原则，围绕"师资队伍与资源""人才培养质量""科学研究水平"和"社会服务与学科声誉"四个一级指标，以第三方方式独立开展评估工作。第一轮评估于2002—2004年进行，共有229个单位的1366个学科申请参评；第二轮评估于2006—2008年进行，共有331个单位的2369个学科申请参评；第三轮评估于2010—2012年进行，共有391个单位的4235个学科申请参评；第四轮评估于2016—2017年进行，在95个一级学科范围内开展（不含军事学门类等16个学科），共有513个单位的7449个学科参评；目前，第五轮学科评估已于2020年11月正式启动。

4. 推进教育管评办分离，构建政府、学校、社会之间新型的良性互动机制

改革开放以来，我国教育体制改革不断深化，政府、学校、社会之间关系逐步理顺，但政府管理教育还存在越位、缺位、错位的现象，学校自主发展、自我约束机制尚不健全，社会参与教育治理和评价还不充分。为进一步提高政府效能、激发学校办学活力、调动各方面发展教育事业的积极性，2015年5月，教育部颁布了《教育部关于深入推进教育管办评分离、促进政府职能转变的若干意见》，要求各地围绕完善和发展中国特色社会主义教育制度、推进教育治理体系和治理能力现代化这一总目标，以落实学校办学主体地位、激发学校办学活力为核心任务，推进教育管办评分离，厘清政府、学校、社会之间的权责关系，健全学校自主发展、自我约束的运行机制，转变政府职能，建设法治政府和服务型政府，开展第三方评估，建立健全政府、学校、专业机构和社会组织等多元参与的教育评价体系，逐步形成政府依法管理、学校依法自主办学、社会各界依法参与和监督的教育公共治理新格局，为基本实现教育现代化提供了重要的制度保障。

5. 明确新时代教育评价改革目标，全面引领学校评价向纵深发展。

2020年6月30日，中央全面深化改革委员会第十四次会议审议通过了《深化新时代教育评价改革总体方案》，并由中共中央、国务院印发。这是新中国第一个关于教育评价的系统性改革文件，它强调要坚持以立德树人为主线，以破"五唯"为导向，以五类主体为抓手，着力做到政策系统集成、举措破立结合、改革协同推进。《总体方案》明确了新时代教育评价改革的总目标，即到2035年，基本形成富有时代特征、彰显中国特色、体现世界水平的教育评价体系。《总体方案》的出台实施，对于全面贯彻党的教育方针，完善立德树人体制机制，破除"五唯"顽瘴痼疾，引导全党全社会树立科学的教育发展观、人才成长观、选人用人观具有重大意义。《总体方案》提出了今后五到十年教育评价改革的五项重点任务，其中，在学校评价方面，《总体方案》在强调"坚持把立德树人成效作为评价学校的根本标准，坚决克服重智育轻德育、重分数轻素质等片面办学行为"基础上，对幼儿园评价、中小学校评价、职业学校评价、高等学校评价分别提出了明确要求和内容。为了贯彻《总体方案》精神，推动学校评价向纵深发展，2022年1月，教育部印发了《普通高中学校办学质量评价指南》，作为深化新时代教育评价改革的重要举措之一，该指南在将立德树人成效作为根本标准，坚持以学生全面培养全面发展为核心的前提下，聚焦学校办学质量，构建包括办学方向、课程教学、教师发展、学校管理、学生发展5个方面，共18项关键指标和48个考查要点

的普通高中学校办学质量评价体系。自此，高中办学水平的评价和高中办学质量的高低，都可以在这一指南中寻找依据和答案。同时，该指南也为扭转不科学的学校评价提供了方向，为推动普通高中育人方式变革提供了动力。

小资料

中共中央、国务院《深化新时代教育评价改革总体方案》
（2020年10月，节选）

二、重点任务

（二）改革学校评价，推进落实立德树人根本任务

4. 坚持把立德树人成效作为根本标准。加快完善各级各类学校评价标准，将落实党的全面领导、坚持正确办学方向、加强和改进学校党的建设以及党建带团建队建、做好思想政治工作和意识形态工作、依法治校办学、维护安全稳定作为评价学校及其领导人员、管理人员的重要内容，健全学校内部质量保障制度，坚决克服重智育轻德育、重分数轻素质等片面办学行为，促进学生身心健康、全面发展。

5. 完善幼儿园评价。重点评价幼儿园科学保教、规范办园、安全卫生、队伍建设、克服小学化倾向等情况。国家制定幼儿园保教质量评估指南，各省（自治区、直辖市）完善幼儿园质量评估标准，将各类幼儿园纳入质量评估范畴，定期向社会公布评估结果。

6. 改进中小学校评价。义务教育学校重点评价促进学生全面发展、保障学生平等权益、引领教师专业发展、提升教育教学水平、营造和谐育人环境、建设现代学校制度以及学业负担、社会满意度等情况。国家制定义务教育学校办学质量评价标准，完善义务教育质量监测制度，加强监测结果运用，促进义务教育优质均衡发展。普通高中主要评价学生全面发展的培养情况。国家制定普通高中办学质量评价标准，突出实施学生综合素质评价、开展学生发展指导、优化教学资源配置、有序推进选课走班、规范招生办学行为等内容。

7. 健全职业学校评价。重点评价职业学校（含技工院校，下同）德技并修、产教融合、校企合作、育训结合、学生获取职业资格或职业技能等级证书、毕业生就业质量、"双师型"教师（含技工院校"一体化"教师，下同）队伍建设等情况，扩大行业企业参与评价，引导培养高素质劳动者和技术技能人才。深化职普融通，探索具有中国特色的高层次学徒制，完善与职业教育发展相适应的学位授予标准和评价机制。加大职业培训、服务区域和行业的评价权重，将承担职业培训情况作为核定职业学校教师绩效工资总量的重要依据，推动健全终身职业技能培训制度。

8. 改进高等学校评价。推进高校分类评价，引导不同类型高校科学定位，办出特色和水平。改进本科教育教学评估，突出思想政治教育、教授为本科生上课、生师比、生均课程门数、优势特色专业、学位论文（毕业设计）指导、学生管理与服务、学生参加社会实践、毕业生发展、用人单位满意度等。改进学科评估，强化人才培养中心地位，淡化论文收录数、引用率、奖项数等数量指标，突出学科特色、质量和贡献，纠正片面以学术头衔评价学术水平的做法，教师成果严格按署名单位认定、不随人走。探索建立应用型本科评价标准，突出培养相应专业能力和实践应用能力。制定"双一流"建设成效评价办法，突出培养一流人才、产出一流成果、主动服务国家需求，引导高校争创世界一流。改进师范院校评价，把办好师范教育作为第一职责，将培养合格教师作为主要考核指标。改进高校经费使用绩效评价，引导高校加大对教育教学、基础研究的支持力度。改进高校国际交流合作评价，促进提升校际交流、来华留学、合作办学、海外人才引进等工作质量。探索开展高校服务全民终身学习情况评价，促进学习型社会建设。

三、鉴定性学校评价与发展性学校评价

学校评价具有多种功能，最基本的两种功能是甄别鉴定和促进发展，由此我们可以把学校评价分为两种基本类型：鉴定性学校评价和发展性学校评价。这两类学校评价实质上分属于终结性评价和过程性评价，它们之间既有历史的前继后续关系，同时也各具特色，在引导学校发展中发挥着各自不同的作用。

（一）鉴定性学校评价

鉴定性学校评价是以鉴定学校办学优劣为宗旨，根据某种评价标准，对学校工作进行检查、监督，对办学质量进行水平鉴定和优劣评定的活动。鉴定性学校评价属于目标取向的学校评价，其功能定位重点在于根据事先确定的发展目标或评价标准，来对学校某一阶段的教育教学工作成果进行终结性的、水平性的、静态的价值评判，其评价结果往往以排名次、分档次的方式来呈现。鉴定性学校评价的评价主体一般是教育行政管理部门或由专家组成的独立第三方评价机构，其评价标准也比较客观统一，因而其鉴定结论往往比较真实、客观、公平、公正。

鉴定性学校评价是现代学校评价活动的重要方式。它是各级政府管理学校的重要手段，是各级教育行政管理部门分配教育资源、评定校长业绩的重要依据，也是社会民众评判学校好坏、选择学校就读的主要依据。我国20世纪80—90年代实施的以政府督导为主体的学校评价，以及21世纪以来全面推行的高等学校本科教学水平评估和学科建设水平评估等，都属于这种类型的评价。

与发展性学校评价相比较，鉴定性学校评价存在着一些明显的弊端，需要在评价设计与实施时加以关注，并尽可能加以克服。

第一，鉴定性学校评价属于结果评价，其评价对象往往只是学校发展的结果（如办学条件的好坏、升学率的提高等），而相对忽视学校之间在生源质量、教育经费、办学条件以及师资水平等方面的差异，较少考虑或不考虑学校在发展过程中的努力程度和进步状况。这样的评价难以对学校的发展进步状况做出客观公平的评价，容易导致学校走上以片面追求升学率为目标、以抢夺优质生源为工作重点、以换取资源倾斜投入为动力的非均衡发展道路。

第二，鉴定性学校评价强调评价标准的整齐划一，往往不分学校的层次与类别，用同一个标准来评判所有的学校，相对忽视学校之间的差异性和学校的特色发展，容易使学校发展走向模式化、划一化，无法满足社会日益多样化的教育需求。

第三，鉴定性学校评价是阶段性评价，往往是在一个相对短暂的时间内集中进行。受到时间的限制，鉴定性学校评价在评价过程中往往重形式、轻本质，重视汇报材料的收集和评判，而相对轻视教育现场的考察和答辩，这就容易使得学校把大量精力耗费在整理（甚至编造）汇报材料上，造成评价结果失真。在评价学校办学条件时，往往重视学校硬件设施建设，而相对轻视软件开发，容易导致学校把大量的人力、物力、财力投放于学校的硬件建设之上，走向物质扩张型的发展道路。

第四，鉴定性学校评价的评价主体主要是教育行政管理部门或第三方评价机构，学校自评的主体地位缺失，这往往使得学校把大部分的精力放在琢磨评价主体的意图和要点上，而没有余力来关心如何通过评价建立适合于自我认识、自我调控的自主发展机制。而且，作为学校的上级，教育行政管理部门在评价学校时，往往行政干预严重，容易形成教育内部"自己评自己"的怪圈，较难保证学校评价的规范性、中立性、客观性和准确性。

（二）发展性学校评价

所谓发展性学校评价，是以帮助、指导学校自主发展为宗旨，依据学校自身发展水平及发展目标，对被评价学校发展现状、潜能和未来发展前景进行评判的活动或过程。发展性学校评价是近二三十年来，针对鉴定性学校评价存在的弊端而逐渐发展起来的新型学校评价制度。区别于鉴定性学校评价，发展性学校评价具有以下几个突出特点。

1. 发展性

最大限度发挥评价促进发展的功能，是发展性评价的根本追求，也是发展性评价区别于鉴定性评价的根本特征。学校评价的根本目的不是甄别选优，而应是增强学校自我发展的意识，促使学校逐渐形成一个自我监督、自我完善的发展机制，提高学校主动运用各种教育资源解决自身问题、应对内外部环境提出的挑战的能力，促进学校的可持续发展。发展性学校评价也承认学校之间的发展存在差异，但它认为评价的基本目的不是为了检查学校的发展状况或具体表现，鉴定出它们在群体中所处的位置，从而使学校之间的差异明确化、凝固化，而是要从这些差异的分析中去判断存在的问题与不足，发掘适合每一所学校发展的策略与方法，让每一所学校在现有基础上谋求实实在在的发展。

2. 主体性

发展性学校评价主张改变单一评价主体的现状，以学校自评为主，引入社会评价力量，实施多主体评价。它强调要大力加强学校的自评，由学校自主设定发展规划和评价标准，自定评估程序和方法，自主实施过程性评价和终结性评价，以激发学校自主发展的内驱力，引导学校在达到国家规范性评估标准的基础上，把大部分精力集中在优势领域和薄弱环节，关注自身的纵向发展和特色发展；同时要倾听家长和社会对学校教育教学活动的评价和呼声，畅通多方面信息反馈的渠道，使学校评价真正成为管理者、学校、教师、家长、专业人士共同积极参与的交互活动。这样的学校评价一方面可以使评价信息的来源更为丰富，从而使评价结果更加全面、真实；另一方面也有利于学校在不断自我评价实践的基础上形成自主规划、自主监督、自主调节的现代学校管理机制，提升学校的自我发展能力。

3. 个性化

发展性学校评价在强调共性的基础上，更多地关注学校的个性和差异性，从可持续发展理念出发，强调"一校一标"，用"多把尺子"衡量不同的学校，引导学校在原有的基础上避开自己的短处，发展自己的优势，逐步形成自己的办学风格，发展个性，办出特色。从本质上看，发展性学校评价是建立在规范之上的对划一标准的超越。合乎标准是对所有学校的基本要求，而在保证学校达到基本标准的前提下，引导学校实现有特色的可持续发展，才是它更高层次的追求。为了体现这种追求，在发展性学校评价中，一般将评价内容分为两个部分：一是基础性评价内容，这是学校在依法办学、办学质量、效益等方面必须达到的基本规范和水平，具有强制性、统一性、全面性和相对稳定性；二是发展性评价内容，主要指学校根据学校自身的发展现状，为进一步提高办学水平、质量和效益，创建学校特色而确立的评价内容，是每所学校近期发展方向和办学特色的具体体现，具有自主性、差异性、专项性和阶段性的特点。

4. 过程性

鉴定性学校评价由于其目的重在甄别、选拔，往往只关注学校办学活动的结果，对学校教育活动过程很少关注。然而，由于教育活动效果的延迟性，学校各方面工作的效果并不是即时地显现出来的，只看结果不论过程的评价往往会挫伤学校的办学积极性。在发展性学校评价看来，只关注结果的终结性评价，其实是对"过去"的关注，不利于促进学校未来的发展。评价是一个过程，不仅仅发生在学校教育教学活动之后，同时也应伴随和贯穿于学校教育教学活动的每一个环节。促进发展的学校评价不仅需要终结性的结果评价，更需要形成性的过程评价，应是通过关注"过程"而促进"结果"的提高，评价的重心在"过程"。因此，发展性学校评价强调过程性评价，强调通过形成性评价来调控学校的发展进程和发展方向，以实现评价的激励功能和改进功能。

发展性学校评价必须处理好的几对关系

1．在学校自评与外部他评的关系上，学校自评为主，外部他评为辅

学校是发展的主体，应该而且必须是评价的主体。一方面，学校在享有更大自主权的同时，必须进行更多的自我评价、自我约束和自我调整。另一方面，只有当学校自觉加强并持续成功自评和调整，从他控为主转向自控为主时，才标志着学校主体地位的真正确立。

2．在评价学校的过去、现在与未来的关系上，总结过去经验，立足现在分析，注重未来规划

发展性学校评价注重梳理从过去到现在的发展历程，总结经验教训，分析现在的发展状况和优势、劣势，根本目的则在于促成学校未来的可持续发展。

3．在纵向比较和横向比较的关系上，侧重纵向比较，不主张无条件地横向比较

学校发展性督导评价注重的是学校自身的进步幅度和"增值"大小，坚持的是"发展是硬道理"，强调的是"今天比昨天好，明天比今天好"的纵向比较和发展。

4．在指标评价与非指标评价的关系上，以非指标评价为基本方式

与指标评价相比，非指标评价作为价值标准呈现的另一重要方式，更具个性、针对性，效度更高，建设性更强。因此，非指标评价的学校自评，其科学、合理、有效的过程往往比结论更重要。

5．在综合评价与专项评价的关系上，以针对性的专项评价为主

由于学校的发展总是非均衡的，每一个发展阶段都会有其主要的发展目标和相对突出的主要矛盾，发展性学校评价就要及时地、有针对性地帮助学校更好地发展。

[资料来源] 尹后庆．探索发展性督导评价模式，促进学校自主持续发展[DB/OL]. https://zgc. hnbemc. edu. cn/channel/427/2017/0702/detail-15675. html（访问日期：2023-08-04）.

第二节
学校评价的主要内容

🎯 **学习目标**

理解学校评价工作的主要内容，掌握综合性学校评价、专题性学校评价的内涵，能够结合教育实践设计学校综合性评价和专题性评价的指标体系。

学校评价活动丰富多样，评价活动的出发点不同，其评价内容便会呈现出不一样的面貌。一般地讲，按照评价对象的不同，我们可以把学校评价分为综合性学校评价与专题性学校评价两种。其中，综合性学校评价是指对学校各方面工作的全面系统的评价，其典型代表有教育督导评价、学校教育质量评价等。专题性学校评价是指根据不同的评价需要，对学校工作的某一个方面进行的专项评价。根据评价主题的不同，专题性学校评价又可分为许多不同的类型，如学校管理评价、学校教学工作评价、学校德育工作评价、学校体育工作评价、学校艺术教育工作评价、学校课程实施水平评价、学校校本教研工作评价、绿色学校评价等。下面分别对综合性学校评价和专题性学校评价的主要内容做一详细的介绍。

一、综合性学校评价

综合性学校评价是对学校工作的全面评价，评价内容千头万绪，但一般可以从办学思想、办学条件、办学行为和办学绩效四个大的方面进行，这四个方面可以综合反映学校办学水平的高低、教育质量的好坏。

（一）办学思想

1. 办学方向

教育是一种社会活动，任何学校教育都是在一定的社会政治、经济、文化背景之下进行的，特定社会在政治、经济、文化等方面的要求，会对学校教育产生很大的影响。这种影响反映到学校办学思想上，集中体现为学校的办学方向，包括特定办学主体对学校教育与社会政治、经济、文化之间关系的理解，对特定社会政治、经济、文化要求的认识，以及对学校教育能否满足和如何满足这种要求等问题的认识等。在当代中国，学校办学必须坚持以马列主义、毛泽东思想、邓小平理论为指导，坚持用"三个代表"重要思想、科学发展观、习近平新时代中国特色社会主义思想来统领学校的办学行为。

2. 教育思想

教育是一种有目的、有计划的社会活动，任何学校发展规划和教育实施都是在一定的教育思想指导下进行的。教育思想是指特定办学主体对教育的宏观的、理性的认识，是对办什么样的教育和怎样办教育的基本看法，是学校确定发展方向、制定发展目标和实施教育教学的思想基础，对学校教育工作具有全方位的指导作用。学校教育思想至关重要，学校教育思想正确与否、先进与否，在很大程度上决定了一所学校的办学成效和发展水平。一所优秀的学校必定秉持着先进的教育思想。因此，学校教育思想是评价一所学校优劣好坏的重要内容之一。一般地说，对学校教育思想的考查主要包括以下两个方面的内容。

（1）教育教学思想

用什么样的教育教学理念来指导教育教学活动决定着学校教育教学的性质和最终结果。在这里，教育教学思想既包括比较上位的关于学校教育性质与功能的认识，关于教育目的观、质量观和人才观的认识，也包括比较具体的关于德育和教学的目标、规律、方法、策略等问题的认识。这些内容是学校教育教学思想评价的要点。

（2）学校管理思想

学校管理思想是指特定办学主体对学校管理的性质、功能、目标、规律、方法、策略等问题的认识，是学校开展管理活动的思想基础。它具体体现为学校采用什么样的管理原理、原则，确立什么样的管理目标，准备选用什么样的管理模式和管理手段等。

3. 办学理念

办学理念是特定办学主体对自己学校的办学追求、办学思路等核心问题的理性认识和概括提升，是办学主体所认同的办学方向、教育思想和学校管理思想在自己学校发展规划中的整合体现，对学校各方面工作的开展具有直接、具体的指导作用。一般地说，它应该充分体现先进的教育思想，而且应该是校本的，突出体现特定学校的办学特色。

4. 办学目标

学校发展是阶段性、渐进式的。学校办学目标即是指特定学校在一定时期希望达到的办学水平，也就是办学主体对一定时间范围内学校发展方向和水平的规划。它集中体现为办学主体对学校在办学条件、办学规模、学生发展、师资队伍、学校声誉、地位、级别等方面的期望值。

（二）办学条件

办学条件是学校办学行为的物质基础，它是从经济上、物质上保证学校各项教育、教学、管理活动顺利进行的必要条件，是衡量整个学校办学水平的一个重要方面。评价学校办学条件有助于促进学校和地方政府改善办学条件，也有助于科学评价各级各类学校的办学效益，从而提高各学校办学的积极性。学校办学条件包括很多方面，如学校设置与规划、用地与校舍、设施与设备、师资与经费保障等。概括起来，评价学校办学条件可以从硬件建设和软件建设两个大的方面考虑。

1. 硬件建设

硬件建设是指学校的基础设施设备和经费保障等方面的建设情况，主要包括以下几点。

（1）学校设置与规划

主要指学校布点是否恰当（如交通方便、环境适宜、安全健康等），学校规模是否适当，校园规划设计是否符合国家标准和教育教学需要等。

（2）学校用地与校舍建设

主要指学校建设用地的面积、构成（主要包括建筑用地、体育用地和绿化用地三大块）与规划是否合理，校舍建筑的面积、构成与质量水平是否符合相关要求等。

（3）装备条件

主要包括常规通用教学设备（如课桌椅、多功能橱柜、黑板、板书工具、照明、通风、防火、隔音等）、学科专用教学设备、现代教育技术设备（如电脑、多媒体、电子实验室、语音实验室、模拟技术等）、图书资料配备和学校办公生活设备等。

（4）经费保障

主要指各地是否按国家和省规定的公用经费定额标准，及时足额将公用经费拨付到学校。对农村学校和城市薄弱学校，是否安排有一定的专项经费，促进学校的均衡发展，使其尽快达到基本办学条件标准。

2. 软件建设

软件建设是指学校的领导班子建设、教师队伍建设以及校园文化建设等。它是学校特色的具体体现。

（1）领导班子建设

领导班子是学校各项工作的管理者、组织者、指挥者，学校领导班子是一个整体，合理的年龄结构和专业结构，优势互补的个性搭配，有利于学校领导成员发挥其主动意识，共同搞好学校工作。评价领导班子一般包括以下内容：①校级领导成员是否职数齐全；②校级领导成员学历是否达到规定标准；③领导班子成员在年龄结构、专业结构、性别结构上是否搭配合理；④领导班子成员是否职责分明，团结协作，廉洁奉公；⑤学校是否实行校长负责制，行政管理机构是否健全。

（2）教师队伍建设

教师是学校重要的人力资源，是学校可持续发展的动力。教师队伍建设情况是学校评价的重要内容。一般而言，衡量教师队伍建设情况主要包括：①教师整体水平与结构。其具体指学校是否有一支稳定的专职教师队伍，师生比是否符合国家相关规定，非教学人员与教师之间的比例是否符合国家相关规定，教师学历层次比例是否符合国家相关规定，专任教师学科、年龄、职称、性别等结构是否合理，是否有一定数量的骨干教师。②教师的培训与提高。其主要指学校是否有分期分批的教职工培训计划，是否有校本培训制度，是否有骨干教师和青年教师的成长培训计划等。

（3）校园文化建设

指学校自然环境和人文环境方面的建设情况。校园文化是本学校区别于其他学校所特有的文化形态，包括学校的历史传统，校风、学风、教风，校园环境建设（绿化、美化、特色化）等方面的内容。

（三）办学行为

办学行为是指学校组织实施的各种教育教学和组织管理活动及其相关制度，是学校评价的主体内容。按照学校各项工作的不同范围，可以将办学行为评价分为以下几方面的内容。

1. 课程设置

课程是对学校教育教学活动的总体安排，是学校实施教育教学活动的基本依据。学校课程设置的情况集中反映了学校的办学思想，指导着学校的具体的教育教学行为，应该成为学校评价的重要内容。一般来说，学校课程设置情况集中体现在学校制订的课程开设计划和课程表之中。对学校课程设置的评价主要包括：学校开设课程门类及其结构（如国家课程、地方课程与学校课程，学科课程与活动课程，分科课程与综合课程等），学校开设的各种科目及其课时数等。

2. 教育教学活动

教育教学活动是学校最主要的办学行为，是学校实现教育目标最主要的途径，是学校办学行为评价的核心内容。教育教学活动评价包括教学活动评价和教育活动评价两部分。根据教师常规教学活动的不同内容，教学活动评价可以分为对备课的评价、对课堂教学的评价、对作业的评价、对课外辅导的评价和对学生成绩评定的评价等若干内容。其中，课堂教学评价通常包括对教学目标、教学内容、教学活动方式、教学手段、教学效果、教师教学能力等方面的评价。教育活动评价包括常规教育活动评价和主题教育活动评价。

3. 教研活动

教研活动是各级各类教师从事的一项重要工作，是教师专业成长的有效途径，是学校可持续发展的必要基础。教研活动的评价是指按照一定的标准，运用科学可行的方法，对学校教育研究活动的学术价值与应用价值等所做出的判断。对学校教研活动的评价一般包括两个方面，一是对学校教育研究活动的总体评价，二是对单个研究活动的具体评价。对学校教育研究活动的总体评价主要是评价学校教育研究活动的基本理念、总体规划与过程管理，而对单个研究活动的具体评价则一般从研究课题的重要性、研究设计与实施的科学性、研究结果的创新性和实效性等方面进行。

4. 学校管理活动

学校管理活动是指学校各层次管理者对学校办学过程进行的各种管理活动。学校管理活动的实施主要依靠两方面的核心工作，即组织机构建设和制度建设，因此，对学校管理活动的评价也主要是对学校组织机构建设和制度建设的评价，如各级行政机构建设、校本教研机构建设、工会组织建设、教代会建设、家委会建设，以及学生行为规范和学习制度、德育工作制度、教学工作制度、校本教研工作制度、财务工作制度、教育设施设备和图书资料的管理与使用制度、教师评价、任用和进修制度、各种奖惩制度等方面的建设。

5. 学校与社区、家庭的交流与合作活动

学校是一种社会机构，是在特定的社区环境中存在的，与特定社区的政治、经济、文化有着密切的联系。它不是一个封闭的系统，不能独立于社会之外而存在，必须与外界保持沟通和协调，求得社会各方面对学校工作的理解、支持和帮助。同时，学生的成长也不是学校单方面作用的结果，而是学校、社区和家庭共同努力、共同教育的结果。所以，学校尤其是现代学校特别强调学校与社区、家庭的交流与合作。因此，学校与社区、家庭交流与合作的情况也成了许多学校评价中关注的重要内容。

（四）办学绩效

办学绩效是指一所学校在一定时间内在学生发展、教师成长和学校建设等方面取得的成绩和实现的效益，它是学校评价的重要内容。一所学校办得好不好，最终要看学校教育是否取得了一定的绩效。如何评价学校办学绩效？虽然在不同类型的学校评价中会有不同的标准，但不论何种学校评价，都必须注意两点：一是树立系统的观念，不能仅以某一项成绩作为学校办学绩效的评价依据；二是关注学校办学中投入与产出的关系。一般而言，评价学校办学绩效主要从学生发展、教师成长和学校发展三方面来展开。

1. 学生发展

学校办学的根本目的是促进学生发展，学生发展情况是评价一所学校办学绩效高低的根本指标。学生发展评价的内容包括学生身体发展和心理发展两个方面，其中心理发展结构比较复杂，包括基础知识和基本技能的获得、智能的发展、情感态度价值观的养成以及个人特长的发展等。在学校评价中，学生发展的评价素材多种多样，可以是学生的平时测查成绩（包括学科测查和综合素质测查）、阶段性考试结果、升学率等，也可以有学生在比赛中获得的各种奖励、学生的学习状态和学习感受等。对学生发展的评价要关注学生原有基础、班级规模大小等问题，否则会导致评价结论不公平，引发学校的不满情绪，从而影响学校的发展。

2013年6月，教育部颁布了《教育部关于推进中小学教育质量综合评价改革的意见》，其中设计了《中小学教育质量综合评价指标框架（试行）》，这个框架所评价的对象主要就是学生发展情况（见表10-1）。

表10-1　中小学教育质量综合评价指标框架（试行）

评价内容	关键指标	指标考查要点	评价主要依据
品德发展水平	行为习惯	学生在文明礼貌、勤俭节约、热爱劳动、爱护环境等方面的认知和表现情况	社会主义核心价值观、义务教育课程方案和相关学科课程标准、普通高中课程方案和相关学科课程标准、《中小学德育工作规程》《中共中央　国务院关于进一步加强和改进未成年人思想道德建设的若干意见》《中小学生守则（修订）》《小学生日常行为规范（修订）》《中学生日常行为规范（修订）》《中小学文明礼仪教育指导纲要》等
	公民素养	学生在珍爱生命、遵纪守法、诚实守信、团结友善、乐于助人等方面的认知和表现情况	
	人格品质	学生在自尊自信、自律自强、尊重他人、乐观向上等方面的认知和表现情况	
	理想信念	学生的爱国情感、民族认同、社会责任、集体意识、人生理想等方面的情况	
学业发展水平	知识技能	学生对各学科课程标准要求的基础知识、基本技能的理解和掌握情况	义务教育课程方案和各学科课程标准、普通高中课程方案和各学科课程标准，以及其他相关规范性文件等
	学科思想方法	学生对各学科思想和方法的理解和掌握情况	
	实践能力	学生关注现实生活、参加社会实践和志愿服务活动、解决实际问题、进行职业准备等方面的情况	
	创新意识	学生独立思考、批判质疑、钻研探究，解决问题的思路、方式方法等方面的情况	
身心发展水平	身体形态机能	学生身高、体重、肺活量和身体运动能力等达到《国家学生体质健康标准》要求的情况以及视力状况等	义务教育课程方案和相关学科课程标准、普通高中课程方案和相关学科课程标准、《国家学生体质健康标准》《关于进一步加强学校体育工作若干意见的通知》《中小学生近视眼防控工作方案》《中小学健康教育指导纲要》《中小学心理健康教育指导纲要（2012年修订）》《学校艺术教育工作规程》《教育部办公厅关于在义务教育阶段中小学实施"体育、艺术2+1项目"的通知》，以及其他相关规范性文件等
	健康生活方式	学生对健康知识与技能的了解和掌握情况、生活与卫生习惯、参加课外文娱体育活动等方面的情况	
	审美修养	学生在审美情趣和艺术修养等方面的发展情况	
	情绪行为调控	学生对自己情绪的觉察与排解、对行为的自我约束情况，应对和克服学习、生活中遇到的困难的态度和表现情况	
	人际沟通	师生关系、同伴关系、亲子关系等方面的情况	
兴趣特长养成	好奇心求知欲	学生对某些知识、事物和现象的专注、思考和探求情况	
	爱好特长	学生课余生活的丰富性，在文学、科学、体育、艺术等领域表现出的喜好、付出的努力和表现的结果	
	潜能发展	学生在某些方面表现出的突出素质和进一步发展的能力	

续表

评价内容	关键指标	指标考查要点	评价主要依据
学业负担状况	学习时间	学生上课时间、作业时间、补课时间、睡眠时间等	义务教育课程方案和各学科课程标准、普通高中课程方案和各学科课程标准、《中共中央　国务院关于加强青少年体育增强青少年体质的意见》《中小学学生近视眼防控工作方案》《教育部关于当前加强中小学管理规范办学行为的指导意见》，以及其他相关规范性文件等
	课业质量	课程教学、作业和考试（测验）的有效程度以及学生的感受和看法	
	课业难度	课程教学、作业和考试（测验）的难易程度以及学生的感受和看法	
	学习压力	学生在学习过程中表现出的快乐、疲倦、焦虑、厌学等状态	

2. 教师成长

学校办学的根本目的是促进学生发展，但学生发展的前提是教师首先获得成长。教师是学校教育的直接实施者，也应是学校发展的直接受益者。可以说，教师成长是一所学校可持续发展的前提和基础。因此，教师专业成长评价理应是学校办学绩效评价的重要内容。教师专业成长包含很多内容，一般包括教师知识结构的调整与完善、教育教学技能的提高和教育研究能力的发展等方面，这些方面在评价中具体表现为：教师教育教学方式的变革、教师参加专业进修的人次与层次、在各种比赛和评比中获得的种种奖励，以及完成的各级各类教育研究成果及其获奖率等。

3. 学校发展

学校发展是指学校在原有基础上获得的发展与进步，它集中体现在学校建设成效、办学特色、社会声誉等方面，对学校发展的评价即是对这些内容的评价。

学校建设成效是指学校在办学条件方面取得的建设成就，在评价时，主要应关注学校在硬件和软件建设上与原有基础相比所获得的进步与发展。

办学特色是一所学校长期形成的、稳定的、独特的"亮点"，是学校办学理念的集中体现。在评价时，主要应该关注学校办学特色是否符合现代社会发展的要求，是否体现了现代教育理念，是否有利于学生和教师的健康发展。

社会声誉是学校通过办学在社会中形成的口碑。对学校办学的社会声誉进行评价，一是看学校培养出的人才的质量，即毕业生在社会上的表现和贡献的大小，可用毕业生的社会使用率、毕业生中劳动模范和先进人物的比例、毕业生的科研成果及其获奖率等来衡量；二是看学校开展的各种教育活动或社会活动在社会上的地位、影响和效益，如学校在各种比赛中获得的奖励、在各种评估中获得的等级、各种科研成果获得的社会经济效益等。

下面是上海市2003年颁布的中小学发展性督导评价的指标体系，基本反映了发展取向下的综合性学校评价的评价内容体系。

🔊 **小资料**

<h2 style="text-align:center">上海市中小学"学校发展性督导评价"指标纲要</h2>

1．学校办学基础性指标

A级指标	B级指标	主要测评点及评价标准
办学条件	校舍面积	达到上海市中小学校舍建设一类或二类标准
	设备设施	达到上海市中小学装备设施配备标准
学校管理	校务管理	学校有三年发展规划及办学章程：学校发展目标和分年度目标清晰，针对性强，措施落实 校长负责制、教代会制度、校务公开制度、安全和保卫制度等相应制度健全并贯彻执行 学校推广使用全国通用的普通话和规范字 学校管理机构设置合理，职责明确、运转正常
	教学管理	执行国家规定的课程计划，有"减轻学生过重课业负担"的具体措施 备课、听课、评课等教学研究制度、学生作业检查制度及教学质量监控制度等相关制度落实，学校教学流程管理运作规范 教务管理制度健全，有教学业务档案、学生学籍管理档案，图书馆、实验室、各专用教室及教学资料的管理和使用按制度正常运行，教学设备使用率高
	德育管理	落实中小学生日常行为规范教育 注重结合节假日、重大活动和学科特点，有针对地对学生进行爱国主义等方面的教育 组织各类主题性的学生社会实践 学校、家庭、社会形成教育合力，有相应的组织形式并运转正常
	队伍管理	学校内部人事管理制度健全，全员岗位职责明确 学校任课教师的任职条件达到市颁标准，教师年龄、专业结构合理 学校有师德规范与师德考评制度；师德建设措施落实，杜绝体罚、变相体罚学生的现象 学校对在职教师开展多种形式的专业培训，加强青年、骨干教师的培养 学校成员管理育人职责明确，有培训、有考核
	总务管理	执行学校财务管理制度，按规定合理使用经费，规范收费行为 有财产设备、校舍场地管理制度并能规范执行 净化、美化、绿化校园环境，学校安全防卫和卫生措施落实
办学质量	入学率与巩固率	义务教育阶段入学率100% 辍学率为"0" 基本要求严格控制大龄退学生人数，大龄退学率＜0.5%（只限于初一、初二年级）
	基本要求	学生刑事案发率为"0"（近三年） 学生行为规范验收合格 各年级留级率：小学＜1%，初中＜2%（小学五年级、初三除外） 毕业率：小学＞99%，初、高中按时毕业率＞90% 体育课及格率：中小学均＞95% 学生身体素质主要指标抽测合格率≥95% 近视新发病率＜5% 学生能参与学校经常性艺术、科技活动 学生参加艺术、科技团队活动率＞25% 学生劳技课成绩合格
	社会评价	家长、社区满意率80%以上

2. 学校发展指南

发展领域	评 价 要 素
学校发展目标	**办学目标**：贯彻教育方针和素质教育要求，体现现代教育思想，体现地区社会、经济发展与学校自身发展规律的整合，体现阶段性、递进性和办学特点，重点突出、可操作、可检测 **培养目标**：符合教育方针，面向全体学生，有预期的育人质量要求，注重创新精神和实践能力的培养，促进学生主动发展与个性特长发展，体现递进性和个性 **管理目标**：依法办学、规范管理，建立科学、民主、有效的决策机制，强化服务意识，关注人的发展，开发和利用各种资源，促进教师专业成长与学生个性发展
学校课程建设	**课程开发**：执行市二期课改课程方案，积极开发和利用校内外各种课程资源，提供多样的、能基本满足学生需要和选择、充分体现学校特色的各类选修课程，逐步形成学校的特色课程群 **课程内容**：体现时代性和学科整合的特点，体现学生创新精神和实践能力的培养，体现学生个性发展的需求 **课程管理**：有与二期课改要求一致的教学管理制度和学生学习指导制度 **课程评价**：逐步完善学校课程评价体系，建立发展性课程评价制度
教学改革与学生学习	**课堂教学**：改革主攻目标清晰，注重学生学习的知识与技能、过程与方法、情感态度与价值观的养成，形成民主、平等、和谐、互动的师生关系和教学环境，注重教学反思，优化教与学 **教学方式**：积极进行教学方式和学习方式的改革，引导学生自主探究、独立思考、合作交流和实践操作，整合现代信息技术，提高教与学的效果；尊重学生差异，实施分层教育，开发学生学习潜能，满足特殊学生的需求 **学习动力**：学生有学习的动力和乐趣，有学习热情、自信心和进取心 **学习能力**：学生能通过团队合作、探究活动、社会实践等多种方式，运用计算机网络等学习资源与工具进行学习；提高基础性、发展性、创造性学力 **评价制度**：建立与完善发展性教师评价与学生评价制度，促进教师专业发展，培育学生个性特长，提高综合素质
学校德育	**工作目标**：有分学段的德育工作目标，注重目标的层次性和递进性 **工作途径**：充分发挥德育课程自身的功能及学科教学主渠道的作用；利用校内外各种教育资源，加强德育基地建设，形成以学校为主体，学校、家庭、社区融合互动的育人网络 **机制建立**：建立健全学校"全员、全程、全方位"的德育工作机制 **队伍建设**：注重班主任、团队干部为骨干的德育队伍建设，不断完善培训、考核、激励等行之有效的管理制度
校园文化建设	**文化环境**：校园的物质和精神环境，体现学校的办学理念、富于教育性。形成良好的管理作风、教风、学风，师生关系平等、和谐、民主，校风体现学校文化的内涵 **文化活动**：校园文化活动丰富，师生参与面广，有利于师生自主发展和合作精神的培养，注重学习型组织的建设，努力创建班组和班级主体文化
教育科研	**研究方向**：课题研究立足于解决学校教改实际问题，起引领作用 **课题管理**：规范、有序；教师参与面广，形成科研骨干队伍 **成果应用**：课题研究成果及时应用于学校教育教学实践，能切实推动学校发展
师资队伍建设	**校本培训**：落实教师培训措施，有效开展以校为本的教研和科研活动；积极鼓励、支持教师参与专业进修和学术交流活动，拓宽教师学科视野，培育国际意识，提高教师综合素养 **校本培养**：根据不同层次教师专业发展需求，创设开放式的校本培养格局，促进教师主动学习、研究和反思，促进教师职业道德和专业水平提高，形成名师和各层次骨干教师的培养机制 **校本管理**：建立教师聘任制度，合理配置人力资源，形成人才流动和优化机制；建立教师发展性评价制度，形成教师自评、同行评议、管理者评价、学生及家长多方参与的多元评价方式，形成教师专业发展的激励与保障机制

续表

发展领域	评 价 要 素
学生发展	**培养举措:** 学校落实学生培养的措施,为每一个学生主动发展创造条件,开展富有特色的育人活动,有促进学生成长发展的综合评价制度 **学生素质:** 学生公民素养、科学与人文素养、身体与卫生素养以及合作能力、学习与探究能力、个性品质有较大发展与提高 **学生成长:** 学校有全面反映学生成长的实证材料(学生学业成绩变化状况、毕业率及学生在校表现等),学生对学校学习生活的满意度提高,家长、社区、高一级学校对学生有较高的评价
学校、社区共建	**互动参与:** 不断健全学校参与社区精神文明建设,社区、学生家长参与学校发展的管理和评价的互动机制 **资源共享:** 加强与社会的沟通、交流与合作,学校与社区教育资源的相互利用、相互开发

3．学校的办学特色

三性:稳定性、独特性、示范性。

六有:有先进的办学理念和教育思想支撑;

有独特的、师生共同认同的发展目标;

有一支发展特色的,具有专门特长的教师队伍;

有相应的教育教学设施、环境和学校文化;

有学生广泛参与和支持,并有一批个性特长的学生;

有反映学校发展的具有特色的翔实资料。

特色项目:在德、体、艺、科和学科等某领域形成区级(及以上)特色项目,学生参与面≥80%,得到社会公认。

显著成绩:在德、体、艺、科和学科等某领域取得显著成绩,学生参与面≥50%。

🔊 小资料

普通高中学校办学质量评价指标

(2022年1月)

重点内容	关键指标	考查要点
A1. 办学方向	B1. 加强党建工作	1. 落实党组织领导的校长负责制,健全党组织对学校工作领导的制度机制;以政治建设为统领,加强学校领导班子建设;推进党的工作与教育教学工作紧密融合,把政治标准和政治要求贯彻办学治校、教书育人全过程各方面 2. 落实学校党的组织和党的工作全覆盖,落实党风廉政建设责任制和意识形态工作责任制;坚持党建带团建,充分发挥学校工会、共青团等群团组织作用
	B2. 坚持德育为先	3. 全面贯彻党的教育方针,把立德作为育人首要任务,制定并有效实施《中小学德育工作指南》具体工作方案,将培育和践行社会主义核心价值观融入教育教学全过程,教育引导学生爱党爱国爱人民爱社会主义 4. 树立科学教育质量观和正确办学理念,落实德智体美劳全面培养要求,大力发展素质教育,坚持全员、全过程、全方位育人,注重因材施教,促进学生全面而有个性的发展

续表

重点内容	关键指标	考查要点
A2. 课程教学	B3. 落实课程方案	5. 制订课程实施规划，强化课程建设与管理，建立学分认定制度 6. 开齐开足开好国家规定课程，特别是技术（含信息技术和通用技术）、艺术（或音乐、美术）、体育与健康、综合实践活动、劳动、理化生实验等课程，重视加强法治教育、安全教育、心理健康教育和国防教育，有效开发和实施选修课程，积极开展丰富多彩的社团活动 7. 规范使用审定教材，未经省级教育行政部门审核通过，学校不得擅自引进境外课程、使用境外教材
	B4. 规范教学实施	8. 严格按照课程标准实施教学，健全学校教学管理规程，统筹制订教学计划；不存在随意增减课时、改变难度、调整进度等问题，严禁高三上学期结束前结课备考 9. 完善选课走班运行机制，制订选课走班指南，积极开发选课排课信息系统，提高教学资源使用效益；高一年级起根据学校选修课程开展选课走班，高二年级起根据学生选考科目开展选课走班 10. 完善教师集体备课制度，健全巡课、听课和教学评价制度，注重教学诊断与改进；校长深入课堂听课、参与教研、指导教学 11. 严格依据课程标准设计作业和命制试题，健全作业管理办法，统筹调控作业量和作业时间；严控考试次数，不公布考试成绩和排名；合理安排学生在校作息时间，充分保障学生睡眠和自主学习活动时间，严禁法定节假日、寒暑假集中补课或变相补课。防止学业负担过重
	B5. 优化教学方式	12. 积极学习应用优秀教学成果和信息化教学资源，鼓励教师改进和创新教育教学方法，注重启发式、互动式、探究式教学，加强跨学科综合性教学，推进信息技术与教育教学深度融合，促进学生自主、合作、探究学习 13. 坚持因材施教、努力教好每名学生，精准分析学情，重视差异化教学和个别化指导，培养学生自主学习能力，帮扶学习困难学生 14. 强化劳动实践育人，积极开展劳动教育和综合实践活动。劳动课程平均每周不少于1课时，设立学年劳动周，统筹利用校内外资源，开展好日常生活劳动、生产劳动和服务性劳动；积极开展研究性学习、党团活动、军训、社会考察，以及研学实践、职业体验、社区服务等综合实践活动
	B6. 加强学生发展指导	15. 建立健全学生发展指导制度，明确指导机构和工作职责，建立专兼职结合的指导教师队伍；利用高校、科研机构、企业等社会资源，积极构建协同指导机制 16. 加强对学生理想、心理、学习、生活和生涯规划等方面指导，注重提高学生选修课程、选考科目、报考专业和未来发展方向的自主选择能力；学校要指导学生根据国家发展需要和自身兴趣特长选择选考科目，不得违背学生个人志愿组织要求学生普遍选考特定科目，坚决避免功利化选科选考
	B7. 完善综合素质评价	17. 将思想品德、学业水平、身心健康、艺术素养、劳动与社会实践等作为评价主要内容，注重考查学生德智体美劳全面发展情况和兴趣特长，突出学生个性特点和主要事迹 18. 建立健全学生综合素质评价制度，常态化实施综合素质评价，严格写实记录、整理遴选、公示审核、形成档案等评价程序，建立健全信息确认、公示投诉、申诉复议、记录审核等监督保障制度，确保客观真实 19. 充分利用综合素质评价档案，对学生成长过程进行科学分析，及时诊断和改进教育教学工作，引导学生发现自我、建立自信、发扬优点、克服不足，明确努力方向

续表

重点内容	关键指标	考查要点
A3. 教师发展	B8. 加强师德师风建设	20. 加强教师思想政治工作，关心教师思想状况，强化人文关怀，帮助解决教师思想问题与实际困难，促进教师身心健康 21. 按照"四有"好老师标准，健全师德师风建设长效机制，积极选树先进典型，加强师德教育；严格落实《新时代教师职业行为十项准则》，严肃查处师德失范行为，建立通报警示教育制度
	B9. 重视教师专业成长	22. 实施教师专业发展规划，优化教师队伍结构，注重骨干教师和青年教师培养；健全校本教研制度，充分发挥教研组、备课组、年级组的作用，开展经常性教研活动；支持教师参加专业培训、凝练教学经验、创建优质课程 23. 教师达到专业标准要求，具备较强的育德、课堂教学、作业与考试命题设计、实验操作和家庭教育指导等能力，以及必备的信息技术应用能力；校长树立科学教育质量观念，坚持正确办学理念，注重不断提高学校管理能力与教育教学领导力 24. 注重提高教师学生发展指导、走班教学管理、学生综合素质评价等能力；重视加强班主任队伍建设，班主任认真履行岗位职责
	B10. 健全教师激励机制	25. 树立正确激励导向，突出全面育人和教育教学实绩，克服唯分数、唯升学的评价倾向，充分激发教师教书育人的积极性、创造性 26. 完善校内教师激励体系，把认真履行教育教学职责作为评价教师的基本要求，坚持公开公平公正，注重精神荣誉激励、专业发展激励、岗位晋升激励、绩效工资激励、关心爱护激励 27. 完善校内绩效工资分配办法，坚持绩效工资分配向班主任、教学一线和教育教学效果突出的教师倾斜，将教师参与考试命题工作纳入绩效考核
A4. 学校管理	B11. 完善学校内部治理	28. 加强现代学校制度建设，制定学校章程，定期召开教职工代表大会，注重发挥社区、家长委员会等参与学校管理的积极作用；健全并落实学校各项管理制度，强化学校安全管理，加强学生作业、睡眠、手机、读物、体质等管理 29. 制定符合实际的学校发展规划，推进学校内涵发展，增强学校办学活力；将办学理念和特色发展目标融入学校管理、课程建设、学生发展、教师发展和校园文化建设等方面，努力办出学校特色 30. 加强办学条件建设，校舍建筑和教学仪器设施设备配备达到国家规定标准；班额符合国家规定标准，有效控制办学规模；按编制标准配齐配足各学科专任教师，配备校医等必要的专业技术人员；按规定配置学生心理辅导室、卫生室等
	B12. 规范招生办学行为	31. 落实公办民办学校同步招生和属地招生政策，不存在违规招生行为和人籍分离现象；严禁收取与招生入学挂钩的赞助费以及跨学期收取学费；规范特殊类型招生，主动公开招生办法和录取结果；中外合作办学项目招收的学生不得转入普通班级 32. 落实进城务工人员随迁子女考试升学、残疾学生随班就读、家庭经济困难学生资助等相关政策，加强对需要特别照顾学生的关爱帮扶和心理辅导 33. 依法依规规范公办普通高中参与举办民办学校管理，严格落实民办学校"六独立"规定要求 34. 正确处理考试升学与发展素质教育的关系，将高考升学率作为全面实施素质教育的客观结果之一，不给年级、班级、教师下达升学指标，不将升学率与教师评优评先及职称晋升挂钩，不公布、不宣传、不炒作高考"状元"和升学率
	B13. 加强校园文化建设	35. 建设体现学校办学理念和特色的校园文化，加强校风教风学风建设，增进师生相互关爱，增强学校凝聚力；密切家校协同育人，强化家庭教育指导 36. 优化校园空间环境，建设健康校园、平安校园、书香校园、温馨校园、文明校园，营造和谐育人环境

续表

重点内容	关键指标	考查要点
A5. 学生发展	B14. 品德发展	37. 坚定理想信念，了解党史国情，珍视国家荣誉，铸牢中华民族共同体意识，爱党爱国爱人民爱社会主义，立志听党话、跟党走、为实现中华民族伟大复兴中国梦而努力奋斗；努力学习中华优秀传统文化、革命文化和社会主义先进文化，增强"四个自信"；积极参加升国旗仪式、主题教育和共青团活动，积极向英雄模范和先进典型人物学习 38. 具备社会责任感，遵守校规校纪、遵守法律法规、社会公德和公共秩序；尊重自然、保护环境，节粮节水节电，低碳环保生活；积极参加集体活动，主动为班级、学校、同学及他人服务 39. 养成良好行为习惯，注重仪表、举止文明，诚实守信、知错就改，朴素节俭、不相互攀比；孝敬父母、尊重他人、礼貌待人，与人和谐相处
	B15. 学业发展	40. 保持积极学习态度，掌握有效学习方法，能够自主学习、独立思考，善于合作学习，形成良好学习习惯，努力完成学习任务 41. 学业水平达到国家规定的质量标准，理解学科基本思想和思维方法，掌握学科基本知识、基本技能，形成学科素养；保持阅读习惯，具备一定阅读量和较好的阅读理解能力；主动参与实验设计，能够完成实验操作 42. 具有创新精神，注重知行合一、学以致用，有信息收集整合、综合分析运用能力，有自主探究和发现问题、提出问题、解决问题的意识与能力；积极参加学校社团活动，有兴趣特长，注重提高自身综合素质
	B16. 身心发展	43. 养成健康生活习惯，按时作息，保证充足睡眠；坚持参加体育运动，校内每天锻炼至少1小时，积极开展校外锻炼活动；掌握安全、卫生防疫等基本常识，具备避险和紧急情况应对能力；不过度使用手机，不沉迷网络游戏，不吸烟、不喝酒、不赌博，远离毒品 44. 体质健康监测达标，掌握1~3项体育运动技能，有效控制近视、肥胖；保持乐观向上、阳光健康心态，合理表达、调控自我情绪；能够正确看待困难和挫折，具备应对学习压力、生活困难和寻求帮助的积极心理素质和能力
	B17. 艺术素养	45. 积极参加学校、社区（村）组织的文化艺术等各种美育活动；经常欣赏文学艺术作品，积极观看文艺演出、参观艺术展览等 46. 掌握1~2项艺术技能，会唱主旋律歌曲。具备健康向上的审美趣味、审美格调，能够在学习和生活中发现美、感受美、欣赏美、表达美、创造美
	B18. 劳动实践	47. 具有尊重劳动、热爱劳动的观念，能够吃苦耐劳，尊重劳动人民，珍惜劳动成果；积极参加家务劳动、校内劳动、校外劳动，具有一定的生活能力和劳动技能 48. 积极参与社会考察、研学实践、志愿服务和公益活动；在农业生产、工业体验、商业和服务业实践中，主动体验职业角色；有一定的职业生涯规划意识和能力

二、专题性学校评价

实际上，在具体的学校评价活动中，并不一定每次评价活动都是综合性的，都要按照上面这些内容——进行评价，面面俱到。在专题性的学校评价中，学校评价的类型不同，其评价内容就会存在一定差异。通常是要根据实际评价的需要，从上述基本内容中选择某些适当的部分加以组合和展开，形成评价的指标体系，以构成评价内容的主体。下面就分别介绍两种主要的专题性学校评价活动的基本要素和指标体系。

（一）学校管理工作评价

学校管理工作评价是指运用现代教育评价的理论和方法，对学校各个层次的管理工作的质量和效能进行全面、科学、客观的衡量并做出价值判断的过程。学校管理工作在学校工作中处于关键地位，是学校全部工作得以有序运行和取得预期成果的根本保证。从不同评价需要出发，学校管理评价的内容会有不同的选择和组合。例如，有学者把学校管理评价的内容总结为教育理念和办学思想评价、管理队伍评价、组织机构和制度建设评价、管理过程评价、校风建设评价等[1]；也有学者将学校管理评价内容简要归纳为学校领导管理人员个体素质及其队伍建设评价、学校各项工作管理水平的评价、学校管理工作绩效评价[2]；还有学者按照管理学中管理内容的人、事、物的分类方法，将学校评价内容概括为对人的管理的评价、对事的管理的评价、对物的管理的评价[3]。综合上述分类方法及其结果，从学校管理工作评价的实际操作需要出发，我们将学校管理工作评价内容概括为以下几个方面。

1. 管理思想

任何管理活动都是在一定的管理思想指导下进行的。学校管理思想评价就是要看学校管理人员在管理过程中秉持或体现的是什么样的管理理念、追求的是什么样的管理目标等，这种理念和追求是否符合现代管理思想的要求，是否与教育活动的本质相一致。例如，是以促进发展（促进学生和教师的发展）为本，还是以追求效益为本；是坚持制度管理为主，还是坚持人文管理为主，或者坚持二者的有机结合等。

2. 管理人员和组织机构建设

管理人员和组织机构建设是指学校内各个层次的管理人员的配置情况和组织机构的设置情况。管理人员的配置，包括各层次管理人员的数量及其结构。具体来说，包括校级领导、中层管理人员和班主任的数量配置，各层次管理人员的性别结构、年龄结构、学历结构、专业化程度和岗位培训情况等。组织机构的设置是指学校组织机构的设立、撤合情况。具体来说，学校组织机构包括学校各级行政机构，学校党、团、青、妇组织，校本教研机构，工会组织，教代会，家委会等。评价学校的组织机构建设就是看学校是否形成了合理、健全的管理系统；各种组织机构在上下层次和平行部门之间能否做到关系、职责范围分明，能否做到指挥灵、信息通、效率高。

3. 师资队伍管理

教师是学校教育的主要力量，拥有一支数量足够、素质精良的教师队伍，是学校良性发展的前提和基础，因而师资队伍管理是每一个学校师资队伍管理工作的核心追求。一般来

1　王景英. 教育评价理论与实践[M]. 长春：东北师范大学出版社，2002：323.
2　翟天山. 教育评价学[M]. 北京：高等教育出版社，2003：168.
3　涂艳国. 教育评价[M]. 北京：高等教育出版社，2007：423.

说，学校师资队伍管理工作评价主要从四方面入手：一是教师队伍结构，包括师生比是否符合行政规定，教师的学历结构、年龄结构、教龄结构、性别结构、学科结构、来源结构等是否合理；二是教师质量状况，包括教师整体上的职业道德面貌、工作状态、教研和科研能力等；三是教师评价制度，包括教师职称评聘、竞赛评比、荣誉称号、奖励惩罚等各种制度的制定与实施；四是教师的培训与提高，包括学校是否有教师总体培训计划、校本培训制度，青年教师和骨干教师的培养做得如何等。

4. 教育活动管理

教育活动是指学校开展的旨在促进学生综合素质全面提升的专门性教育活动，包括常规教育活动（如班级常规管理活动、班会、团会、队会、校会与升国旗活动等）和主题教育活动（如利用节庆日、文化节、艺术节、科技节、体育节、兴趣小组、社团活动等开展各种教育活动）两大类。评价学校教育活动管理工作就是看学校能否根据党和国家形势任务的要求与学校工作周期的特点，按照学校工作的进程，对学校各种教育活动进行科学的规划、组织和监控。主题教育活动的评价内容通常包括四大方面：一是学校有无主题教育活动总体规划；二是主题教育活动内容是否全面完整、积极向上且体现学校特色；三是学校有无对主题教育活动实施过程和结果的监控和评价措施；四是在活动中是否实行学生自主管理等。

5. 教学管理

学校教学管理的评价主要考查如下方面：能否开齐开足课程计划中规定的全部课程；是否有完善的学校教学督导制度；是否有完善的教学研究制度；是否有有效的学生学习质量评价监控系统；有无完善的教师档案和学生档案等。

6. 体育、卫生管理

对学校体育卫生管理工作进行评价，其一是看学校体育卫生制度的建设情况，包括定期体检制度、医务值班制度等；其二是看卫生工作，包括卫生知识的宣传普及活动、学生健康档案的建设以及常见病的防治工作等，主要考察卫生工作的内容是否符合学生生理和心理发展的阶段特征，是否反映了社会或社区卫生保健的时代特征，如预防传染病、性知识普及教育、用眼卫生常识等；其三是看学生体育工作，包括体育课的开设、课外体育活动的开展和学生体育锻炼达标情况等。

7. 总务管理

总务管理工作是保证学校工作正常运转的重要方面，评价总务管理工作应主要考查如下几个方面：能否坚持正确的后勤管理理念，如后勤为教学服务、为师生生活服务、勤俭办学等；后勤管理活动是否规范高效，具体内容包括财务管理制度建设，教育教学设施的配备、使用和维护，图书资料的配备，校舍教室的建设、使用、维护和安全措施等。

以上就是学校管理评价的基本内容，表10-2列举了这些内容及其具体评价指标，供学校管理评价活动参考。

表10-2　学校管理工作评价的指标体系

一级指标	二级指标	三级指标
1. 管理思想	（1）管理理念	①以促进发展为本
		②制度管理与人文管理相结合
	（2）管理目标	……
2. 管理人员和组织机构建设	（1）管理人员配置	①校级领导
		②中层管理人员
		③班主任或辅导员
	（2）组织机构建设	①机构设置是否适当、健全
		②岗位责任制是否落实
3. 师资队伍管理	（1）教师队伍结构	①学历结构
		②年龄结构
		③教龄结构
		④性别结构
		⑤学科结构
		⑥来源结构
		⑦师生比
	（2）教师质量状况	①职业道德面貌
		②工作状态
		③教研和科研能力
	（3）教师评价制度	①教师职称评聘制度
		②各种竞赛制度
		③荣誉称号评比制度
		④奖惩制度
	（4）教师的培训与提高	①教师总体培训计划
		②校本培训制度
		③青年教师培养
		④骨干教师培养

续表

一级指标	二级指标	三级指标
4. 教育活动管理	（1）常规教育活动	①班级常规管理
		②班团队会的组织及效果
		③升国旗唱国歌活动
	（2）主题教育活动	①活动总体规划
		②活动内容的全面性和特色化
		③活动的监控和评价
		④学生自主管理
5. 教学管理	（1）课程设置	①课程设置齐全
		②课程设置体现学校特色
	（2）教学督导	①督导人员配置
		②督导活动安排
	（3）教学研究	①日常听评课制度
		②专题教学研究活动
	（4）学生评价	①学科成绩评定
		②综合素质测评
	（5）教学档案	①教师教学档案
		②学生学习档案
6. 体育、卫生管理	（1）制度建设	①定期体检制度
		②医务值班制度
	（2）卫生工作	①卫生知识宣传普及
		②学生健康档案
		③常见病的防治
	（3）体育工作	①体育课
		②课外体育活动
		③体育锻炼达标情况
7. 总务管理	（1）管理理念	①为教学服务
		②为师生生活服务
		③勤俭办学
	（2）管理活动	①财务管理
		②教育教学设施管理
		③图书资料管理
		④校舍教室管理

（二）学校教学工作评价

教学工作评价可以在两个层面上加以理解：一是包括学校教学管理和各种教学活动在内的教学工作评价；二是特指对教师教学活动（主要是课堂教学）的评价。在学校评价中，教学工作评价是指第一个层面的评价，是对学校在提高教学质量方面所做工作的全面诊断与检查。它对于引导学校端正办学方向、帮助学校发现问题并改进工作具有非常重要的价值。需要强调的是：在学校教学工作评价中，一般也要涉及对任课教师教学效果的评判，但由这一评判得到的信息主要是为分析学校教学工作中存在的问题提供基础的。这是学校教学工作评价与单纯的教师课堂教学评价的一个重要区别。[1]

总的来说，学校教学工作评价的主要目的是在全面了解学校教学工作实施情况的基础上发现问题，以促进学校教学工作的改进。所以，教学工作评价的内容或范围应该紧紧围绕学校教学工作的具体内容来选择和设计。从思想、条件、行为和绩效等方面来看，一所学校抓教学工作一般都要从教学思想建设、教学梯队建设、教学资源建设、教学设施建设、教学管理制度建设和改进课堂教学等工作入手，以达到提高教学质量的目的。然而上述工作内容正是学校教学工作评价的基本要素。

所谓教学思想建设，是指要让所有教师秉持先进的教学理念，正确理解教学大纲的精神实质和具体要求，形成符合时代要求和学生发展需要的教学思想，并在实际教学中贯彻落实。教学思想建设表现在当代中国，就是要求教师要坚持全面发展的素质教育理念，正确处理好教书与育人的关系、知识与能力的关系、全面发展与个性发展的关系、接受与创新的关系，面向全体学生，关注学生差异，促进学生主体性的个性化发展。

所谓教学梯队建设，是指学校整体教师队伍和学科教师队伍在数量与结构上的合理配置，包括任课教师数量的多少、梯队结构的设置以及教师的培训与提高等。

所谓教学资源建设，是指教学活动中各种教学材料的储备、选择与组织，包括学校课程设置计划（即学校开设课程门类及其结构，开设的具体科目及其课时数等）、各学科课程大纲、教科书、参考资料等。它解决的是教学活动中"教什么"的问题，是学校教学工作得以开展的直接依据。

所谓教学设施建设，是指学校教学活动的物质基础，它们是教学活动顺利展开、进而实现高效教学的支撑条件。改善这些教学条件是学校提高教学水平的重要途径。不同的学科对教学设施设备有不同的要求，理科教学的重点是实验条件，文科教学的重点是图书资料、语音设备等，体育教学则要求有标准的运动场、体操房、运动器械等。

所谓教学管理制度建设，就是以明文规定的形式，明确学校有关人员在涉及与教学有关问题时必须遵循的行为规范。它包括教学常规管理制度、课程管理制度、学校学籍管理制

1　陈玉琨. 教育评价学[M]. 北京：人民教育出版社，1999：185-190.

度、干部与教师的教学检查与听课评课制度、教研组的教学研究制度、学生评价制度以及有关的奖惩制度等。

  课堂教学是当代学校教学工作的主要活动形式和组织形式，是学校教学工作水平高低的集中体现。学生在校学习的大部分时间和空间都是在课堂教学中度过的，课堂教学是学校教育影响学生发展的最主要的途径，因而改进课堂教学成为各级各类学校提高教学水平、改善教学质量的核心工作。实际上，前述教学思想建设、教学管理制度建设、教学梯队建设、教学资源建设、教学条件建设等，其主要目的都是为了提高课堂教学效果。因此，课堂教学评价是学校教学工作评价不可忽视的基本要素。在学校评价中，课堂教学评价指标通常包括教学目标、教学内容、教学活动方式（包括教学方法、教学组织形式、教学手段、课堂评价等）、教学效果以及教师教学能力等。

  如果说上述几个要素分别属于教学工作评价中的思想要素、条件要素、行为要素的话，那么教学质量就是教学工作评价中的绩效要素，它是衡量学校教学工作水平高低的最终依据。一般来说，学校教学质量评价主要是看通过教学学生在身心各个方面所获得的发展，其评价指标主要包括学生的基础知识和基本技能的获得、能力的提高、情感态度价值观的养成，以及个人特长的发展等。

  以上七个方面就是学校教学工作评价的基本要素，它们相互联系、相互结合，共同构成学校教学工作评价的主体内容。图10-1表示了学校教学工作评价的基本要素及其相互关系，表10-3则表示了学校教学工作评价的指标体系。[1]

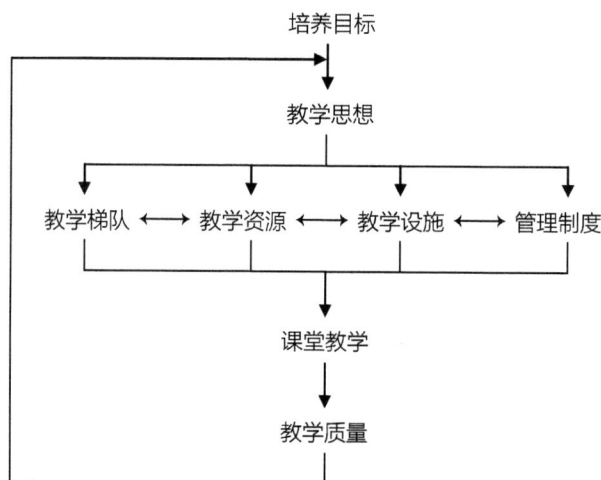

图10-1 学校教学工作评价的基本要素及其相互关系

1 陈玉琨. 教育评价学[M]. 北京：人民教育出版社，1999：188，190.

表10-3　学校教学工作评价指标体系

一级指标	二级指标
教学基础建设	教学思想建设
	教学设施建设
	教学梯队建设
	教学资源建设
	教学管理制度建设
课堂教学	教学目标
	教学内容
	教学活动方式 （包括教学方法、教学组织形式、教学手段、课堂评价等）
	教学效果
	教师教学能力
教学质量	学生基础知识基本技能的获得
	学生能力的提高
	学生情感、态度、价值观养成
	学生个人特长的发展

第三节
学校评价的主要方法

学习目标

掌握学校评价的学校自评、校外他评两种主要方法，能够对当前学校评价工作出现的问题和现状进行评议与分析。

按照不同的划分标准，学校评价的方法可以分为不同的类型。按照评价主体来分，可以分为学校自评、校外他评和自评与他评相结合的学校评价三种；按照评价中使用的具体方法来分，可以分为观察法、调查法、测试法、个案法、跟踪法等；按照评价中收集评价素材的方法来分，可以分为查阅资料、听说课、实地核查、发放问卷、水平测试、线下线上访谈、随机暗访等。本节按照学校自评、校外他评和自评与他评相结合的学校评价这种分类方式，来对相关学校评价方法进行介绍。

一、学校自评

学校自评是指学校干部和教师参照评价指标体系对学校自身的工作状况或发展状况进行自我鉴定。学校自评实质上是学校自我认识、自我分析、自我提高的过程。学校自评对学校发展具有非常重要的意义，不仅能调动广大教职工的积极性，促使其自我督促、自我检查，及时发现自己的问题并及时改进；而且有利于强化干部和教师的参与感与责任感，提高学校领导的民主意识，从而增强学校内部的凝聚力，启动学校的内部活力；同时，学校自评也有利于消除校外评价人员与被评学校之间可能出现的对立情绪，使评价结论更容易为被评学校所接受。所以，在倡导评价主体之间双向互动、相互理解的当代教育评价中，学校自我评价越来越为人们所重视。但是，由于自我评价一般没有一个客观的统一标准，其主观性比较强，容易出现对成绩或问题估计过高或过低的现象。因此，学校自评的结果一般不作为学校评优的依据。

学校自评一般一年进行一次，其具体实施程序如下。

1. 成立自评工作机构

学校成立以校长为首的自评工作领导小组，其成员由党、政、工、团及教师代表组成，依据各自工作职能，可分设若干专项工作评价组，如行政管理评价组、教育工作评价组、教学工作评价组、体卫工作评价组、总务后勤工作评价组等。

2. 制订自评工作计划

学校自评工作领导小组和各专项工作评价组按照教育行政主管部门的要求并依据学校的实际情况，制订自评工作计划，设计自评标准和评价指标体系，掌握评价的程序和方法，并做好评价的各项准备工作。

3. 开展自我评价工作

学校自评一般从三个层面展开。首先，由学校各专项评价组对各自所负责的工作进行全面总结和自我评价，并在此基础上分别向全校教职工汇报自评的结果；其次，全体教职工依据各组的汇报和自己平时了解的情况，按照各项指标的评价标准逐项打分；最后，由学校领导班子成员根据各专项组的汇报及全体教职工的评价结果再次进行自我总结和评价。

4. 形成学校自我评价报告

学校领导依据各个层次和各专项评价组自评的结果，撰写出学校自评报告。该报告须在教代会或全校大会上宣读，在会上再次征求大家的意见，并将修改定稿后的自评报告报送教育行政主管部门。

二、校外他评

校外他评是指由校外其他有关方面的人员对学校所实施的评价，其评价主体主要是各级教育行政部门和社会评价机构等。校外他评在学校自身发展、行政决策管理和社会舆论导向等方面都具有重要价值。相对于学校自我评价来说，校外他评一般都有统一的评价标准，而且由于评价本身并不直接涉及评价者的利益，一般来说要更为客观一些。因此，在鉴定性学校评价和选拔性学校评价中一般都要使用这种评价方法。但是，校外他评也有不足之处，如果在校外他评中，评价者与被评学校之间缺乏民主平等的气氛，没有形成良好的关系，那么校外他评的结果往往受到被评学校的抵制和拒斥，不能为被评学校所接受，也就不可能发挥激励、调节等评价功能。因此，能否在评价主体之间建立和谐的关系，是决定校外他评成效的关键。

根据评价主体身份的不同，校外他评还可以分为教育督导评价和第三方评估等多种类型。

教育督导评价又称教育视导，是政府专门成立的教育督导机关或聘任的专门督导人员，受同级人民政府委托，依据国家的教育方针政策、法律法规，对下级人民政府或者本行政区域内学校的教育教学工作进行监督、检查、评估、指导，以保证国家有关教育的方针、政策、法规贯彻执行和教育目标实现的评价活动。2009年，我国颁布《教育督导条例（征求意见稿）》，明确了教育督导的原则、类型、内容，规定了督学的任职条件、任职期限、职权范围等。2020年2月，中共中央办公厅、国务院办公厅印发了《关于深化新时代教育督导体制机制改革的意见》，确立了"到2022年，基本建成全面覆盖、运转高效、结果权威、问责有力的中国特色社会主义教育督导体制机制"的改革发展目标，并对教育督导运行机制、问责机制、保障机制以及督学的聘用与管理机制等作出了明确规定。

第三方评估是指由政府和学校之外的第三方专业机构组织专家学者作为评价主体，对学校教育教学工作实施情况进行的评估。这种评估方法不仅有利于教育行政部门转变职能，从繁重的事务性工作中解放出来，把有限的精力投入宏观管理和政策创制工作中，并且可以淡化学校评估的行政色彩，强化其专业水平。根据评估机构与政府之间关系的紧密程度，第三方评估还可以分为政府委托的第三方评估和独立的第三方评估两种。目前各级中小学特色学校遴选大多采用第一种方式。

校外他评是由校外机构或人员进行的评价活动，因而如何收集评价素材是决定这种评价方法是否有效的一个关键环节。一般而言，在校外他评中，收集评价素材的方法主要有以下几种。

1. 查阅材料

查阅材料是收集学校发展基本信息的主要方法。无论是关于学校的办学思想、办学条件，还是办学行为、办学绩效，都可以通过查阅材料获得大量的相关信息。与其他方法相比，查阅材料可以在短时间内让评价者获得关于被评学校的比较系统全面的基本信息，具有省时高效的特点，因此是校外他评不可缺少的重要方法。

（1）材料的种类

在学校评价中，学校可以提供的材料是多种多样的，主要有以下几种。

①学校总体发展相关材料，包括学校办学思想、学校发展规划、学校工作总结、学校规章制度、校报校刊、校园网络、学校基础设施（如学校设置与规划、用地与校舍、设施配备等）、办学经费等。

②教育教学工作相关材料，包括学校课程总表及各班级课程表、学校课程管理及课程评价方案、学期教学计划、教案及课后反思、教师学习笔记、常规或主题教育活动计划及其活动记录、实验器材、图书、专用教室的配备清单及其管理制度、校外活动实践基地建设情况（如相关协议、活动方案、活动记录、分析总结等）等。

③人事管理相关材料，包括教师学历证书、教师资格证书、教师职称证书及其汇总一览表、教师任课情况一览表、教师评价方案（如班主任常规管理学期或学年考核细则、专职教师教学工作学期或学年考核细则、教师个性化成长奖励办法）、教师培训方案（如青年教师和学校名师培养或培训方案及其活动记录、校本培训方案及活动记录等）、教师聘任方案等。

④学校教研活动材料，包括教研制度、教研计划、教研活动记录、教研论文、著作、研究报告、公开课、优质课、科研课题书和学校教师获奖情况一览表等。

⑤学生发展相关材料，包括学生学籍档案、学生素质报告单、考试试卷和学生作业样本、学生获奖情况一览表及获奖证书样本等。

⑥家校合作相关材料，如家长学校管理制度、家长委员会机构、有关人员职责、校园开放日或是家长会活动记录资料等。

（2）查阅材料的基本要求

为了保证评价的实效性，查阅材料时应注意四点。

第一，鉴别材料的真实性。材料是评价信息的载体，材料真实与否直接决定了评价结论的客观性和公正性。受长期以来自上而下的鉴定式、奖惩式评价模式的影响，有些学校存在着在接受评价时"造材料"、以虚假信息应付上级评价的不良现象，极大影响了学校评价的实效性。

第二，明确材料的指向性。材料是为评价服务的，它所提供的信息应是评价所必需的。这就要求评价人员在制定材料清单和审阅材料时必须体现出明确具体的方向性，紧扣评价目的，突出评价重点。

第三，保证材料的全面性。这里的全面性包括两层含义：一是评价者查阅的材料应包含学校各个方面的材料，以保证对学校工作有一个初步的全面的评价；二是对每一个评价指标，评价者应尽可能从多方面收集材料，以便相互佐证，避免评价的片面性，保证评价的客观性和准确性。

第四，鼓励材料的特色性。学校发展的个性化、特色化是当代学校发展的应有追求，促进学校的个性化、特色化发展也是当代学校评价应承担的职责。这就要求评价人员在查阅材料过程中，应允许甚至鼓励学校提供能体现自身办学理念和办学特色的个性化材料，并在评定时给予充分的重视和肯定。

（3）查阅材料的基本步骤

第一，准备材料清单。在评价准备阶段，评价人员应根据评价目的和评价指标体系，制定每个指标的可操作的具体的等级标准及其对应的材料种类或名称，形成需要查阅的各种材料的详细清单，以备实施评价时对照标准为学校打分或评定等级。材料的详细清单应在进校实施评价前10天左右提交被评学校，以便学校准备材料。

第二，全面收集材料。进校后，评价人员应要求学校提交材料，并对材料进行初步整理，对照材料清单查漏补缺，保证材料的全面性和系统性。

第三，审定材料，评定等级。材料收集起来以后，评价人员应对照评价指标体系和等级标准，根据材料反映的信息为学校相关工作打分或评定等级。评定时，要特别注意鉴别材料的真伪，并与通过其他方法收集的信息进行比对，以保证材料的真实性和评定结论的准确性和公正性。

2. 听说课

听说课是评估学校课堂教学水平、考核教师队伍建设质量的主要方法，一般分为讲课、说课、评课三种具体形式。课堂教学水平的高低和教师队伍建设的好坏是学校评价中不可忽视的重要内容。虽然评价人员可以通过查阅相关资料获取一定的相关信息，但资料所反映的信息是否真实可靠，最终还要接受听说课的评判和检验。听说课可以让评价人员真切地感受和观察学校教师的课堂教学行为，获得鲜活、真实、具体的信息，因此，听说课是学校评价中必不可少的评价方法。

在学校评价中，听说课的具体做法是：第一步，适当选定听说课的对象。评价人员应在学校大课表上按课程类别随机选定若干节课，作为讲课的内容；按照学校专任教师数的百分比从职工名册中分类抽取一定数量的教师来说课，说课的内容由评价人员具体确定；再根据需要随机选择一定数量的教师来评课，对讲课和说课的情况进行点评。第二步，留出适当的时间（如3小时）供讲课和说课教师准备，准备期间其他教师不得提供帮助。第三步，具体实施讲课、说课和评课，评价人员及时准确地记录相关信息。第四步，评价人员对听说课情况进行汇总分析，形成专门的听说课情况报告，说明指标得分或扣分情况。

3. 实地核查

实地核查是核实学校办学硬件设施建设情况的重要方法。在学校评价中，评价人员虽然可以通过查阅相关资料了解由学校提供的办学硬件设施的建设情况，但这些情况是否属实，就需要评价人员进行实地核查，以防学校在评价材料中弄虚作假。需要实地核查的内容通常包括学校在环境建设、校园规划布局、常规设备条件（如教学仪器设备、图书音像资料等）、信息技术装备（如校园网络系统、校内通信系统、广播及闭路电视系统、网站和教育信息平台建设等）等方面的发展信息。

三、学校发展性督导评估

针对学校自评与校外他评各自存在的缺点，在发展性学校评价理念的影响下，学校评价的运行机制发生了较大的变化，形成了以促进发展为取向的自评与他评相结合的学校评价新方法。其中，有一种综合督导评估模式在我国各地得到了广泛研究和推广实施，成为目前我国学校评价的主导模式，即学校发展性督导评估。

在我国，学校发展性督导评估最早是在上海提出并开始实施的，后在全国各地许多地区推行实施。其基本内涵是：以帮助、指导学校自主发展为宗旨，运用自评与他评相结合的方法，对学校发展现状和潜能进行价值分析与判断，指导学校制定科学合理的发展规划，提高学校自我评估、自我调控、自我完善的意识和能力，增强学校可持续发展的能力，使学校最终发展成为各具特色的办学主体。它是在深刻反思传统政府教育督导模式的弊端基础上，在发展性评价理念的指导下形成的，其核心是通过政府督导方式的变革，促进学校内涵式、可持续、个性化的自主发展。与传统的教育督导模式相比，学校发展性督导评估的突出特征表现为五个和谐统一，即在督导评价职能上，以促进学校自主发展为根本目的，努力实现监督职能与指导职能的和谐统一；在督导评价者的地位和作用发挥上，在坚持督导部门他评主体作用发挥的基础上，突出强调学校自评主体作用的发挥，努力实现督导他评和学校自评的和谐统一；在督导评价的依据上，在坚持由督导部门制定保障国家教育方针政策和法律法规贯彻落实的基础性评价标准基础上，突出强调由学校制定促进自身个性化发展的发展性标准，努力实现督导部门的规范性标准和学校自主发展性标准的和谐统一；在督导评价的方法上，在坚持终结性评价的基础上，突出强调过程性评价促进实现过程性评价与终结性评价的和谐统一；在评价结果的运用上，在坚持对学校发展水平进行综合评定的基础上，突出强调对学校发展进程的调控和发展程度的评定，促进实现结果应用的激励功能和改进功能的和谐统一。[1]

学校发展规划是学校教育活动的起始环节，也是衡量学校发展是否规范、是否高效、是

---

1 济南市市中区人民政府教育督导室. 让学校在自主评价中实现持续发展：区域内学校自主发展性督导评价机制的初步构建与思考[C]//"区域内学校自主发展性督导评价的实践研究"阶段性研讨会，济南，2007年12月。

否具有持续性的重要依据。学校发展性督导评价正是从这一环节入手，在对学校发展的基础进行全面诊断、评价，对学校发展规划制定加以指导，对规划实施过程进行监控，对规划实施成果进行评价等一系列活动中实现学校发展性督导评价。从全国各地的实施经验来看，学校发展性督导评估一般以三年为一个周期，以教育督导部门和学校为两个主要的评价主体，围绕学校发展规划的制定、实施和目标达成这一主线运行。具体来说，其运行机制包括以下几个主要环节。

1. 制定学校发展规划，建立自评指标体系

长期以来，学校接受的管理是在教育行政部门统一号令下的管理。这种管理体制下的学校发展规划、年度工作计划大多是大同小异的，校长无须思考也无法思考学校如何发展，如何办出特色。而学校发展性督导评估是以尊重学校个性、促进学校的特色发展为追求的，因而如何引导和协助学校制定适合学校发展实际的个性化发展规划就成为学校发展性督导评估的首要任务。在这一环节，教育督导人员的主要工作是制定区域内学校发展的基础性指标体系和发展性指标体系，供各学校制定学校发展规划时参照。同时深入学校，通过座谈、讨论等方式，帮助学校进行自我诊断，引导并协助学校制定发展规划。学校的主要任务则是在督导部门的协助下，通过诊断性评价，对学校发展优势和潜力、存在问题和困难，以及发展障碍进行分析，根据教育发展改革需求、区域教育发展目标定位和学校自身发展的长远追求，依据区域内学校发展的基础性指标和发展性指标体系，选择切合学校实际的发展目标，形成切实可行的学校三年发展规划，并依据规划，编制今后三年每学年学校工作自评指标体系。学校在制定规划时，应发动教师、学生、家长、社区广泛参与，让规划制定过程成为统一认识、凝聚人心的过程。

2. 确保学校发展规划有效实施，建立随访督导制度和年度检查制度

过程性评价是在学校发展规划实施过程中，为促进学校各阶段发展子目标的达成而采取的一种评价方式。通过过程性评价，既可以及时肯定学校发展中取得的成就，增强学校发展的自觉性和积极性，也可以及时发现和解决问题，适度调整和修订发展目标和策略。因此，为了有计划、有成效地实施发展规划，必须强化过程性评价，建立相应的评价机制。

从我国各地区学校发展性督导评估的实施情况看，在这一环节，一般都强调建立两种机制：一是随访督导机制，即督导人员在学校发展规划实施过程中加强与学校的联系，与学校形成"合作伙伴"关系，采取灵活多样的方式（如调研、主题研讨、参加学校大型活动等），随时随地对学校进行督促指导，促成规划的全面实施。二是年度检查机制，这是一年一次的工作评价，以学校年度自评为主，以督导部门的检查为辅。学校自评是学校自我发展保障机制的重要组成部分，学校只有不断地剖析自己，科学地评价自身，才能不断找出前进的方向。学校发展性督导评估的重点目标之一就是引导学校建立自我评价的制度与机制。学校自评一般一年一次，即年度学校自评。年度学校自评就是学校按照学校发展规划中确定的学年

工作自评指标体系进行自我评价，旨在把握学校发展进程，总结成绩，发现问题，及时调整。它既可以是集体自评，也可以是个体自评；既可进行综合评价，也可进行单项评价。学校自评工作必须层层启动，全员参加，使自评成为学校全体教师对规划的再学习、再认识、再落实、再调整的过程。在学校年度自评的同时，督导部门的主要职责是对学校年度自评工作进行检查，以提高学校年度自评工作的计划性和实效性。

3. 形成学校发展评价报告，开展终结性评价

终结性评价是学校发展规划实施期满后，对学校三年发展规划目标实现程度所做的评价。在这一环节，首先应由学校依据学校发展规划中设定的基础性指标和发展性指标体系，认真组织实施终结性自评，对发展规划实施期间学校的整体发展态势和目标达成度进行全面检查与评价，在总结、反思的基础上形成自评报告。

然后，由督导部门组织专家组成督评队伍，依照终结性评价方案，对学校三年发展目标的达成度以及学校自评机制运作情况进行综合分析判断，并结合三年来过程性评价结果，形成最终的评价报告。在督评过程中，要特别注意以下三点：一是保证评价信息收集的真实性和全面性，综合运用听取汇报、现场答辩、查阅资料、召开师生家长座谈会、问卷调查、个别访谈、随堂听课、实地查看等方法收集信息。二是为保证被督评学校对评估结果的认同，以便充分发挥评价促进发展的作用，在形成初步评估报告后，要加强与被督评学校的交流与协商，在充分尊重学校意愿、反复核实评估信息的基础上，形成最终的督导评价报告。三是为体现发展性评估的价值追求，最终的评价报告应既包括对学校发展成绩的肯定和对学校存在问题的明确，也包括对问题成因、可能对策及学校未来发展方向等方面问题的建设性意见和建议。

4. 多渠道反馈处理督导评估结果，充分实现督导评估价值

学校发展性督导评估是面向未来、关注发展的评估，因此，非常重视评估结果的反馈处理。为使督导评估结果发挥最大的效益，学校发展性督导评估强调将"结果运用有利于促进学校发展"作为基本准则，拓宽结果运用的范围，多渠道反馈处理评估结果。具体来说，一般有以下几种渠道：其一是及时将督导评估结果向学校反馈，并要求学校认真研究评估报告，提出整改方案，并接受督导部门对学校整改情况的回访。其二是将评估结果报相关教育行政部门，作为校长考核和学校评优的重要依据之一。但在这里并不是简单地看学校评定的等第，而是在较大程度上看学校在原有基础上的发展提高。其三是将学校督导评估报告通过教育信息网在一定范围内公开发布，使学校、社区、家长都可以了解被督导学校的办学优势、劣势及存在的问题，引导社会以素质教育导向对学校办学做出正确评价。其四是向政府和教育行政部门领导递交专题报告，总结学校办学经验，针对存在的倾向性问题提出意见和建议，发挥教育督导为行政决策服务的功能。

📢 **小资料**

学校发展性督导评价的运行模式

1. 学校发展规划制定的会商与评审机制

督导部门与学校协同开展诊断性评价，对学校发展的现实情况以及存在的问题、阻碍发展的原因进行分析。在诊断过程中应发挥全体教职员工乃至学生的积极性，客观地分析学校现状，找准最优发展区，找出阻碍学校发展的关键因素。学校也应该让家长、社区有关人员参与到发展规划制定过程中，让诊断学校发展基础的过程成为学校内部以及学校与家庭、社区之间统一认识、形成合力的过程。

学校发展规划的制定应充分体现参与主体的全面性，制定过程的协商性，目标设定的适切性，强调学校、部门和个人发展目标有机整合，使发展规划能够真正体现学校的办学理念和目标追求。督导部门要引导学校自主选择发展目标，同时也要提供双方协商的机会，在确立发展目标、选择发展策略上形成共同的认识。

督导部门应协同教育行政部门对学校发展规划进行评审与认定。可以采用以下考查标准进行评审：是否能对自身的发展背景做出客观、全面、透彻的分析；是否能在对教育改革与发展进行理性思考的基础上确定发展的重点，构建从发展总目标到发展子目标的目标体系；是否确定了实施计划的策略、措施、步骤、时间及方法；是否明确了每一个人的岗位职责、具体任务及工作要求；是否建立了发展规划的监控与评价体系。

2. 学校发展规划组织实施的监控与协调机制

对学校发展计划实施的监控应以自控为主，他控为辅。学校应建立相应的监控机构与制度，逐级监控部门、组室和教职工个人发展规划的实施情况，形成规范有序的监控机制。督导部门通过督导随访监控学校发展规划的实施情况。

教育行政部门、督导部门与学校三方应相互协作，形成立体、开放式的纵向横向有效沟通的协调机制。一方面，要发挥教育行政部门和督导部门的外部协调作用，在规划实施过程中为学校提供政策、技术、人力、财力、物力等方面的支持与保障；在规划实施总结阶段主动参与分析会诊，提供改进意见与后续发展建议。另一方面，学校要发挥组织内部的协调作用，以规划目标为中心，把学校各部门、各方面工作有序地组合成为有机系统，调动全体教职员工实现学校目标的积极性、主动性，把学校的价值追求内化为教师的价值追求，从而提高学校可持续发展的能力。

3. 学校发展规划实施过程的自我评价机制

学校自评是以学校内部自评组织为主体，建立相应的自评运行机制，对照自我设定的评价标准对学校发展状况做出价值判断的过程。学校自我评价区别于外部评价的一个特点是，实践主体成为评价主体。评价从外在的、硬性的、他人判定式评价向内生的、弹性的、自我体验、改进式评价发展。这是学校自我评价的优势所在。当然,学校自我评价与外部的评价标准可能会存在差距,督导部门应该在学校自我评价目标设定、评价组织形式和程序上予以指导。

自我评价是学校自我发展保障机制的重要组成部分。自评的过程就是自我诊断、自我反思、自我调控、自我完善、自我发展的过程。发展过程自评制度主要由学校年度自评和学校督导自评两个部分构成,年度自评就是围绕学校发展规划中确定的年度工作目标达成进行自我评价;督导自评就是根据学校发展性督导评价方案进行综合的自我评价。教育行政部门要及时建立学校发展过程自评制度,使自我评价成为学校持续不断的一项常规工作。

4.学校发展规划实施成效的督导评价机制

教育行政部门、教育督导部门需要建立对学校发展规划实施的督导评价制度,在规划实施过程中以及规划周期结束时对其实施情况和目标的达成度进行督导评价。可以采用阶段性督导评价和终结性督导评价相结合的方式,阶段性督导评价即对学校发展规划在某一阶段的实施情况和阶段性目标达成情况进行的督导评价,一般每年进行一次;终结性督导评价即在规划实施周期结束后对规划实施成效和各项目标的达成度进行的全面的、总结性的督导评价。

[资料来源] 尹后庆.探索发展性督导评价模式,促进学校自主持续发展[DB/OL].https://zgc.hnbemc.edu.cn/channel/427/2017/0702/detail-15675.html(访问日期:2023-08-04).

本章小结

学校评价是指以一定的教育价值观为指导,运用教育评价的理论和方法,按照党和国家的教育方针、政策、法规以及特定的评价标准,对学校的办学方向、办学条件、管理工作、办学效益等方面进行总体的或单项的价值判断的活动和过程。了解我国学校评价的发展历史,有助于深入思考当前我国学校评价存在的问题。

按照评价对象的不同,我们可以把学校评价分为综合性学校评价与专题性学校评价两种。综合性学校评价一般可以从办学思想、办学条件、办学行为和办学绩效四个大的方面对学校加以评价;专题性学校评价是要根据实际评价的需要选择某些适当的内容加以组合和展开,形成评价的指标体系,通常包括学校管理工作评价和学校教学工作评价两个重要项目。

学校评价的主要方法可以分为学校自评、校外他评和自评与他评相结合的学校评价三种。"学校发展性督导评估"是一种自评与他评相结合的学校评价,是目前我国学校评价的主导方式。

学习学校评价能够帮助我们立足科学的理论体系来理解其内涵,有利于正确认知在教育实践中学校评价的基本内容、主要方法、运行机制等,并给予评价工作正确性、适切性,以提升学校效能和办学水平。

总结 >

Aa 关键术语

学校评价 The School Evaluation	鉴定性学校评价 Identification of School Evaluation	发展性学校评价 Developmental School Evaluation
综合性学校评价 Comprehensive School Evaluation	专题性学校评价 Unique School Evaluation	

章节链接

本章为"学校评价"，该部分内容与前面章节的"教师评价""学生评价"一同组成了现代教育评价的三大基本领域。教师的专业成长、学生的全面而个性的发展、课程开发与实施等要素都是学校运行与发展不可缺少的重要组成部分，因此，本章与第八章"学生评价"、第九章"教师评价"和第十一章"课程评价"都有着紧密的联系。

应用 >

体验练习

1．举例分析学校评价的内涵与功能。

2．查阅相关资料，了解我国学校评价目前存在的问题，并谈谈自己的理解。

3．近年来，发展性学校评价在我国开展得如火如荼，谈谈你对它的理解与认识。

4．通过专门的途径，如见习、实习等，和学校的老师、同学交流，就学校的某项工作，做一简要评价。

拓展 >

☕ 补充读物

1　蒋建洲．发展性教育评价制度的理论与实践研究[M]．长沙：湖南师范大学出版社，2000．

　　该书共5章，主要阐述了发展性教育评价概述、发展性教育评价的价值取向、发展性学生思想道德素质评价、发展性教师评价、发展性课堂教学评价。

2　唐晓杰．课堂教学与学习成效评价[M]．南宁：广西教育出版社，2000．

　　该书共4章。书中重点分析课堂教学模式，围绕我们应持怎样的学习观、教学观和评价观而展开。随后详细介绍了课堂教学评价，并以评价案例的方式分析与评价课堂教学。最后一章介绍了表现性评价的特点及实施。

3　卢立涛．浅析学校评价理论的发展历程与趋势[J]．教育理论与实践，2007（6）．

　　该文分别从测量时代、描述时代、判断时代、建构时代四个阶段来分析学校评价的理论发展历程。文章讨论了鉴定性评价和奖惩性评价的走向是促进学校发展为目的的发展性评价，认为兼顾以加强学校绩效为目的的鉴定式评价与以促进学校发展为目的的发展性评价的各自优势的评价是学校评价大势所趋。

4　尹后庆．探索发展性督导评价模式，促进学校自主持续发展[DB/OL]．https：//zgc. hnbemc.edu.cn/channel/427/2017/0702/detail-15675.html（访问日期：2023-08-04）．

　　该文分别从学校发展性督导评价研究的背景、发展性督导评价研究的目的和意义、学校发展性督导评价的基本理念、学校发展性督导评价的内容与评价目标体系、学校发展性评价的运行模式、学校发展性督导评价的基本特点、发展性学校评价需处理好的几对关系、发展性督导评价研究的主要成效几个方面阐述和探索发展性督导的评价模式。

第十一章
课程评价

本章概述

　　课程评价是课程开发、课程决策、课程改革以及课程创新的重要依据，也是保证课程质量和实现教育目标的一个尤为重要的环节。因此，明确课程评价一些基本问题，能帮助我们客观、科学地开展课程评价。本章主要围绕课程评价的含义、课程评价的意义、课程评价的主要内容，以及国家、地方、校本三级课程评价的实施现状几个方面对课程评价进行详细分析和阐述。

结构图

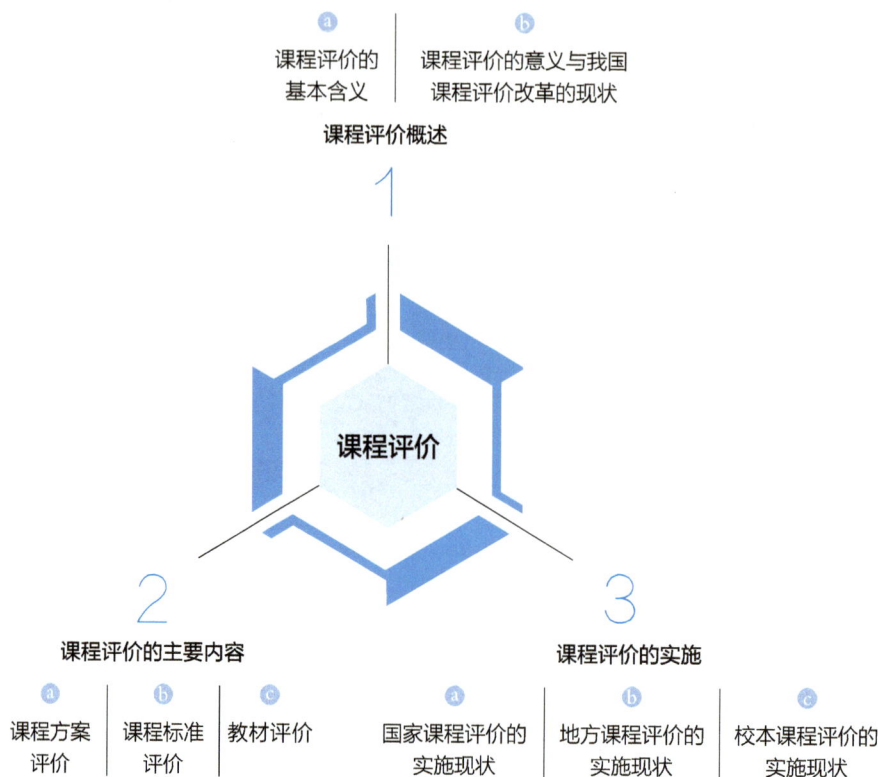

课程评价的
基本含义

课程评价的意义与我国
课程评价改革的现状

课程评价概述

1

课程评价

2

课程评价的主要内容

课程方案
评价

课程标准
评价

教材评价

3

课程评价的实施

国家课程评价的
实施现状

地方课程评价的
实施现状

校本课程评价的
实施现状

学完本章，你应该能够做到：

学习
目标

1. 明确课程评价的概念、类型。

2. 理解课程评价的意义和我国课程评价改革的现状。

3. 掌握课程评价的主要内容。

4. 深化认识课程评价的实施。

读前
反思

1. 你是怎么理解课程评价的内涵的？

2. 你认为课程评价应该从哪些方面着手？

3. 你觉得学习课程评价的意义何在？

第一节
课程评价概述

◎ 学习目标

明确课程评价的概念
界定；认识课程评价
的基本类型；理解课程
评价的重要意义；了
解我国课程评价改革
的现状。

一、课程评价的基本含义

（一）课程评价的概念

人们一致认为课程评价对于课程的决策、开发、实施、改进必不可少。但对于什么是课程评价，我们该如何认识和理解课程评价，并未达成共识。一方面，大概是因为人们对于课程的定义尚未取得一致性认识，课程定义本身具有一定的多样性，那么课程评价的含义自然也难以达成统一；另一方面，不同的人可能会对课程评价活动抱有不同的目的，拥有不同的评价取向，自然也会对课程评价产生不同的认识，这些认识并没有绝对的好坏之分，只是它们可能适应某一类课程开发和某一种课程决策。鉴于课程评价概念的广泛多样性，以下权且选取和罗列一些具有代表性的观点：

课程评价不仅仅是衡量预期的教育（课程）目标、确定实际变化之程度的过程，它还是研究和判断课程之价值的过程，是对整个课程方案的前提假设、理论推演、实施效果以及困难问题等进行价值判断和全面深入研究的过程。[1]

课程评价是系统地运用科学方法，对课程的过程和产物，收集信息资料并做出价值判断的过程。[2]

课程评价是指研究课程某些方面或全部的优缺点和价值的过程，课程可以包括教育经验的设计、需要、过程、材料、目标、环境、政策、各类支持措施以及结果。[3]

课程评鉴[4]是将知识置于社会交互的脉络之中，经过评鉴过程的反省、讨论与协商，评鉴者对知识与课程产生更深的理解，也因为有更深的了解，而坚实教育场域中的行动。[5]

课程评价是对整个课程体系以及课程体系所处的具体情境进行信息的收集和解释，并进行价值判断的过程，旨在不断提升课程体系的质量，优化课程实践，并为课程决策提供信息。[6]

---

1 钟启泉. 课程论[M]. 北京：教育科学出版社，2007：299.
2 涂艳国. 教育评价[M]. 北京：高等教育出版社，2007：465.
3 Lewy A. The International Encyclopedia of Curriculum [M]. New York：Pergamon Press，1991：409.
4 我国台湾称"评价"为"评鉴"，二者内涵一致。
5 陈美如，郭昭佑. 学校本位课程评鉴：理念与实践反省[M]. 北京：九州出版社，2003：11.
6 王烨晖，辛涛，边玉芳. 课程评价的理论、方法与实践[M]. 北京：北京师范大学出版社，2020：3.

课程评价是在系统调查与描述的基础上对学校课程满足社会与个体需要的程度做出判断的活动，是对学校课程现实的（已经取得的）或潜在的（还未取得，但有可能取得的）价值做出判断，以期不断完善课程，达到教育增值的过程。[1]

课程评价是在课程开发过程中通过对课程价值的调查、分析、协商、判断，逐步达成共识，促进课程不断改进和发展的反馈调节系统。[2]

课程评价是运用一定方法，对正在进行的课程活动的组成要素及其各个过程环节的全部或者部分，收集资料并给予价值判断的过程。[3]

综观以上课程评价的概念，可以发现人们至少都认为课程评价是一种价值判断的实践活动。不同的是人们基于对课程概念的差异理解，得出不同的课程评价认识。如果将课程等同于教材或教学科目，那么课程评价就是对教材或具体的教学科目的评价；如果将课程理解为预期的学习结果，那么课程评价就是对学生通过课程学习而达到的结果的评价；如果将课程理解为学习经验，那么课程评价就是对学生的学习内容、方式、过程、方法、结果等方面的评价；如果将课程理解为课程开发的过程，那么课程评价就是对课程计划、课程标准、课程文本、课程实施、课程效果的评价；如果将课程纳入文化或社会领域进行宽泛理解，那么课程评价的范畴将会随之变得更为广泛，一定程度上等同于教育评价的理解。由此可见，课程评价有广义和狭义之分。广义的课程评价的范畴较为宽泛，除了包括所有与课程本身有关的范围外，同时还将和课程有密切联系的学生学业评价、教师教学评价等作为其内涵的一部分进行理解，甚至等同于教育评价。而狭义的课程评价的范围主要是对课程开发全过程的评价，主要包括课程设计的评价、课程实施的评价、课程效果的评价等。本章所涉及课程评价的内涵主要指其狭义内涵。课程评价领域的研究在我国起步较晚，且由于课程所涵括的内容也复杂而广泛，所以较难对课程评价的概念做清晰的阐释。在认识和领悟课程评价概念时，我们需要注意不要用狭隘、静止的视角来理解课程评价，应该从动态、发展的角度来把握其内涵，这是课程评价理论发展、实践应用的基本要求与重要理念。

（二）课程评价的类型

课程评价的概念不仅决定着人们如何理解和开展课程评价，也反映着人们不同的课程评价目的与价值取向。根据不同的课程评价目的与价值取向，以及人们对课程评价的不同理解，课程评价又可分为不同的评价类型。根据是否预设评价目标，课程评价可分为目标本位的课程评价和非目标本位或目标游离的课程评价；根据评价目的，课程评价可分为形成性的课程评价和总结性的课程评价；根据评价的科学或人文取向，课程评价可分为量化或测验本

---

1 陈玉琨，等. 课程改革与课程评价[M]. 北京：教育科学出版社，2001：137.
2 刘志军. 走向理解的课程评价：发展性课程评价理论探索[M]. 北京：中国社会科学出版社，2004：56.
3 冯生尧. 课程评价含义辨析[J]. 课程·教材·教法，2007（12）：3-8.

位的课程评价和质性或建构本位的课程评价；根据评价对象或评价要素，课程评价可分为课程总体评价和课程分项评价；根据评价程序或评价阶段，课程评价可分为课程过程评价和课程结果评价；根据评价状态，课程评价可分为课程静态评价和课程动态评价。当然，以上这些分类并不能穷尽课程评价的类型，还存在其他的评价类型，我国台湾学者黄光雄和蔡清田就列举了十多种的课程评价类型，包括目标本位的评价、不受目标约束的评价、形成性评价与总结性评价、结果本位的评价、历程本位的评价、测验本位的评价、统整评价、批判本位的评价、真实评价、交流评价、科层体制式的评价、专业自律式的评价、民主多元式的评价。[1]为了更加清楚地了解课程评价类型，现选取课程总体评价与课程分项评价、课程静态评价与课程动态评价进行详细说明。

1. 课程总体评价与课程分项评价

课程总体评价一般是指对课程整体发展状况的评价。课程总体评价可以使得我们能够了解课程开发中存在的问题、把握课程发展的正确方向，进而从整体发展规划上为课程研究、课程改革等提供决策依据，为学生群体发展、教师的专业成长等指引发展方向。课程分项评价包括对课程目标的评价、课程方案的评价、课程标准的评价和教材评价等方面。对课程展开分项评价，有助于判断课程目标是否已实现教育目标，并测查其实现教育目标的程度如何；有助于检查课程方案的开发情况，以及课程标准的设计情况，同时还有助于查验教材内容的合理性以及教材结构的科学性等一些具体课程问题。

2. 课程静态评价与课程动态评价

课程静态评价通常是指对课程文本展开评价。课程具有一个重要的特性，就是方案性。刘要悟认为，"课程是对学校教育内容标准和进程的总体安排与初步设计。其最主要的特征是'计划性'或'方案性'"。[2]这种计划或方案通常指课程的书面文本，如课程计划、课程标准、教科书、教学参考书、练习册等。课程的评价首先要剖析其文本，这些静态评价有助于我们透彻地理解专家的意图，也有助于内化文本，发现文本中的问题并及时纠正。而课程动态评价一般是指对课程实施过程进行的评价。课程文本质量的优劣，除了要对文本本身开展评价外，关键还要关注课程文本在实际教育教学情境中实施过程的具体情况如何，因为课程文本需要通过课程实施过程来检验其可行性与合理性，而课程实施情况如何也是影响课程目标能否实现的重要步骤，所以，对课程进行动态评价是对课程展开科学全面、有效合理评价的集中表现。但是鉴于课程实施过程的复杂性及实施效果呈现具有周期较长等特征，对课程实施层面的评价变得十分困难。

总之，课程评价是一项十分专业的评价，其他人员，如家长、学生和社会人士对课程也

1 黄光雄，蔡清田. 课程设计：理论与实际[M]. 南京：南京师范大学出版社，2005：56.
2 刘要悟. 试论课程论与教学论的关系[J]. 教育研究，1996（4）：10-16.

会有评价，只是我们在此不研究而已。我们只研究课程文本的评价，如课程计划、课程标准和教材的评价。由于课程实施过程、效果更多地与教学评价有关，在此不做介绍。对于有的评价项目，我们将从笼统的、整体评价意义出发并做出分析，供大家参考。

二、课程评价的意义与我国课程评价改革的现状

课程评价在课程领域不仅是作为课程的四大基本组成要素之一而存在，而且也是贯穿于课程始终的实践活动；在教育评价领域，课程评价不仅是教育评价中的一项重要内容，也是现代学校办学质量评价的重要关注领域。由此可见，课程评价改革之于课程与教育评价的改革和发展均具有重要意义。我国的课程评价改革主要发展于改革开放之后，已成为我国教育改革的重要组成部分，梳理我国课程评价改革的现状，有助于我们了解我国课程评价的发展水平，透视我国课程评价的发展问题，展望我国课程评价的发展方向。在梳理我国课程评价改革的现状之前，有必要对课程评价的意义进行阐释，因为课程评价的意义是促进我国课程评价改革与发展的根本动力。

（一）课程评价的意义

1. 课程评价能够为课程价值的确立提供导向

课程评价是一种以把握课程的价值和意义为目的的认识活动。[1]课程评价作为一种价值活动是确定课程目标的基础，在确立课程目标之前，或是在检测是否达到课程目标之后，评价都需要对课程的价值取向做引导与规范，也就是说课程评价不仅需要对课程应该做什么做出超前性的价值导向，还应该对已经实施的课程事实做出价值判断。所以，课程评价是理性地运用课程价值观念来指导课程实践，与此同时它又会以对课程教学实践的评价来验证和修正课程价值倾向，从而促进课程发展。据此，杜威提出一种判断，他称其为评价判断，认为其意义和作用在于价值的导向和创造，即它应通过实践去发现什么是应该做的，而不是如何实现某种既定的令人满意的目的。[2]因此，课程评价理应发挥价值定位导向功能，承担确定课程价值取向的使命，以便为课程改革提供正确的发展方向。

2. 课程评价能够为课程问题的诊断提供思路

课程评价也是一个发现课程问题和解决课程问题的过程。课程评价是以问题作为出发点，周期性地对现有课程文本、正在开发的课程，以及实施过程中的课程等相互关联的一系列课程问题进行评估与监测，并在评价过程中收集有关课程资料和评价人员做出的判断信息，作为发

---

1 蒋雅俊. 课程评价：课程价值的创造与实现[J]. 华南师范大学学报（社会科学版），2014（3）：63-68.
2 [美]约翰·杜威. 评价理论[M]. 冯平，等译. 上海：上海译文出版社，2007：93.

现并深层次地挖掘课程问题的重要依据。课程评价透过课程现象对一些暴露的、有争议的，甚至是一些隐性的课程问题进行诊断和分析，并通过对不同性质的课程问题进行分类分析、对不同阶段的课程问题进行优化整合，以实现对该阶段的课程问题进行深度剖析，并确定下一阶段课程的突破。通过课程评价，我们可以针对性地寻找更好的支点和视角，及时对课程文本、实施中的具体问题提供解决思路，也为课程内容的调整、教育教学的改进提供优化策略。

3. 课程评价能够为课程设计的改进提供依据

"评价可以表明课程的长处与短处。评价后将对结果做出解释并提出建议。这些建议将确定导致课程改进的行动。"[1]也就是说，课程评价的作用不仅仅是判断课程设计的优劣程度，还应该促进课程设计或计划的改进与发展。课程评价可以在微观上加强对实际课程实践的监督，通过评价的反馈，获得课程设计和课程实施的信息，为优化课程设计提供有效的反馈信息，促进课程评价与课程设计过程的良性互动。课程是专业人员设计的，又经过了严格的审查，因此，依据课程评价发现课程的问题所在和适当之处，可以为下一步修订和改进课程设计提供帮助，并在此基础上进行适当的调整，使课程评价发挥其应有的作用。

（二）我国课程评价改革的现状

在西方国家，课程评价改革的发展历史几乎就是教育评价改革的发展历史。但在我国教育评价改革领域，课程评价改革萌生于改革开放之后，主要是伴随着泰勒目标课程评价模式及其他课程评价模式的借鉴而开始的。纵观四十多年来我国课程评价改革的发展历史，大致可以分为准备期（1978—2000年）、实施期（2001—2013年）和深化期（2014年至今）。

1. 课程评价改革的准备期（1978—2000年）

这一时期主要是为我国大规模课程评价改革提供改革环境、理论研究和实践探索等方面的准备。首先，在改革环境准备方面，经过严肃的拨乱反正，我国开始迈向改革开放的新时期，随之而来的便是对教育教学进行一系列的重建，包括恢复高考制度、恢复和修订教学计划与教学大纲、重建建材制度等。而且在1978年到2000年，我国分别进行了新中国成立以来的第五次、第六次和第七次课程改革，这为第八次课程改革和首次大规模的课程评价改革奠定了良好的教育改革基础。值得一提的是，在第五次课程改革期间，1980年出版了新中国成立以来的第五套全国统编中小学教材，该套教材按照邓小平同志提出的教材要反映出现代科学文化的先进水平，同时要符合我国的实际情况的要求之下进行编写和审定；在第六次课程改革期间，1986年我国成立了中小学教材审定委员会，这是新中国成立后第一次建立的审定中小学教材的权威机构，同时提出了教学大纲和教科书的指导思想和内容确定的标准、规定和要求，这为教学大纲和教材评价提供了一定的标准和维度；在第七次课程改革期间，第一

1　廖哲勋，田慧生. 课程新论[M]. 北京：教育科学出版社，2003：404.

次将教学计划改为课程计划，将教学大纲改为课程标准，第一次将活动与学科并列为两类课程，同时将课程管理从课程计划中独立出来，掀起了学界对三级课程、活动课程等方面的研究热潮。这些都为课程评价改革提供了良好的改革环境和改革氛围。其次，在理论研究准备方面，该时期以对西方国家的课程评价理论与实践研究的借鉴和分析为主。包括引入课程评价概念和课程评价模式的梳理，引入和分析课程评价概念，有助于人们认识课程评价的内涵和价值；梳理和讨论课程评价模式，有助于提升和深化人们对课程评价内涵的理解程度。此外还包括对国外课程评价实践研究的理论介绍，如加州大学课程评价表设置、美国中小学数学教学的评价标准、国外第三方评价委员会的组建等。这些都为我国课程评价改革提供了理论准备。最后，在实践探索准备方面，我国自20世纪90年代以来，就日益重视课程评价实践的探索，如在这一时期，上海开展的中小学课程评价，不仅包括对课程方案、课程标准、教材的评价，而且包括对课程方案实施效果的评价；1997年原国家教委基础教育司在天津、山西和江西两省一市试行普通高中新课程计划时，引入课程评价机制，主要包括教材评价方案和试教监控与质量保障体系。1这些都为课程评价改革提供了实践准备。

2. 课程评价改革的实施期（2001—2013年）

这一时期是我国课程评价改革的落地实施时期，其间，国家和地方颁布一系列的政策文件为课程评价改革的实施提供了政策环境，理论研究者和实践探索者为课程评价改革的实施提供了理论指引和实践反思。这一时期的课程评价改革实施还具有问题针对性、理念先进性和实践反思性的表现特征。首先，课程评价改革的实施是针对一定的具体问题而进行的，具有问题针对性。2001年，教育部颁布了《基础教育课程改革纲要（试行）》，其中明确指出要改变课程评价过分强调甄别与选拔的功能，发挥评价促进学生发展、教师提高和改进教学实践的功能，这从侧面反映出课程评价的甄别与选拔功能已经严重妨碍了课程评价促进学生发展、教师提高和改进教学实践等应然功能的发挥与实现，开展课程评价改革正是要革除这一弊病。为了更好地解决监控基础教育教学质量的问题，2004年，国家在《2003—2007年教育振兴行动计划》中提出要建立国家和省两级新课程的跟踪、监测、评估、反馈机制。为了解决教材编写和审查不严格的问题，2010年，教育部成立了基础教育课程教材专家咨询委员会和基础教育课程教材专家工作委员会，主要任务是"组织审核教材编写人员资格，组织审查各学科教材，协调处理教材审查中的重大问题；组织开展对课程教材重大问题的跟踪研究和监测评价"2。其次，课程评价改革的实施是在发展性课程评价理念的指导下进行的，具有理念先进性。虽然在课程评价改革的准备期和实施期中一直都有对西方国家不同课程评价理论的引进与介绍，但在这一时期，国内的一些学者也开始

1 刘志军. 走向理解的课程评价：发展性课程评价理论探索[M]. 北京：中国社会科学出版社，2004：4.
2 刘大为，李曜升. 中国教育年鉴（2011）[Z]. 北京：人民教育出版社，2012：229.

了探索适合我国的课程评价理论，包括主体性的课程评价理论、发展性的课程评价理论等，尤其以发展性课程评价理论研究最为普遍，发展性课程评价理念也最为人们普遍接受。发展性课程评价理念不仅契合新一轮的课程改革理念，也成为我国实施课程评价改革的重要理念指导。最后，课程评价改革的实施始终伴随着评价改革的反思活动，具有实践反思性。在国家层面，为了了解基础教育课程改革的实施情况，2004年，教育部组织七个评估组分别对辽宁、重庆、山西、河南、江西、安徽、湖北七省（直辖市）进行了基础教育课程改革情况调研，其中包括对课程评价改革实施情况的调研与评估。为了更新和改进教材，2011年，修订好的义务教育阶段课程标准正式发布，随后各个版本的教材需要根据这一新的课程标准进行修订。在理论与实践研究层面，有学者反思这一时期课程评价改革的实施，认为存在课程评价人员专业性不够，评价过程行政性过强，评价内容维度的研制是重点，课程评价标准厘定有难度，考试文化制约了课程评价功能，导致课程评价指向与初衷背离等问题[1]；还存在呈愈演愈烈之势的应试教育，评价目标的多元性与考试功能的有限性之间的矛盾，课程评价改革目标的理想化与现实教育条件相脱离等困境[2]。根据这些问题和困境，提出了调适和改进课程评价改革实施的思路对策。

3. 课程评价改革的深化期（2014年至今）

2014年是我国深化教育领域综合改革的元年。在这一年，教育部颁布《关于全面深化课程改革落实立德树人根本任务的意见》，其中指出要"研究提出各学段学生发展核心素养体系，明确学生应具备的适应终身发展和社会发展需要的必备品格和关键能力"。2016年，我国学生发展核心素养正式出台，自此，核心素养逐步成为课程与教学领域的研究和改革的重点，我国已经进入基于核心素养的课程改革深化时期，课程评价得到了前所未有的重视。同样在2014年，《国务院关于深化考试招生制度改革的实施意见》正式发布，其中提出"探索基于统一高考和高中学业水平考试成绩、参考综合素质评价的多元录取机制"。自此，综合素质评价逐渐成为学生评价改革的热点，课程评价改革也随之向综合素质评价的理念靠拢。这些都标志着我国课程评价改革进入了深化期。尤其是2020年，《深化新时代教育评价改革总体方案》颁发更是凸显了教育评价改革的重要性和关键性，课程评价作为教育评价的重要组成部分，其改革更是关系到新时代教育评价改革的实施进程。总体来说，在这一时期，我国课程评价改革主要呈现出具体化、多样化、未来性等特征。首先，具体化主要是指课程评价改革逐渐关注具体学科领域和具体评价领域。在具体学科领域方面，如语文学科、数学学科、英语学科、信息技术课程、劳动课程、美育课程等；在具体评价领域，如课程评价方法、评价主体、评价制度、评价文化等，以评价制度为例，"预成论的思维方式所形成的思

---

1 熊杨敬，刘志军. 改革开放40年来我国课程评价研究的回顾与省思[J]. 中国教育学刊，2018（11）：14-18.
2 段作章. 课程评价改革的困境与超越[J]. 教育科学，2007（2）：27-31.

维阻力，传统课程评价制度自身的路径锁定所构成的制度阻力，依附考试和管理文化所组成的文化阻力，是阻碍课程评价制度创新的主要因素"[1]。而要化解课程评价制度创新的阻力，必须针对以上几个方面进行转变和改革。其次，多样化是指课程评价改革逐步覆盖整个教育领域和紧扣教育研究热点。课程评价既覆盖高等教育、职业教育、中小学教育、幼儿教育等层面，又在课程评价主体、方法等具体领域呈现多样化特征；既关注线下课程评价，又开始探索线上课程评价；既保持对已有课程评价的关注，又结合核心素养、新高考改革、人工智能等热点研究课程评价。以核心素养本位的课程评价为例，指向核心素养的课程评价具有以下基本特征：着眼于人的全面发展，着力于人的核心素养培育；消解二元对立的思维方式，彰显多元和合的思维品质；超越传统评价文化藩篱，体现多元沟通、开放协商的精神姿态等。其建构的是指向核心素养的课程评价，需要以促进学生全面而个性的发展为理念，加强指向核心素养的课程评价政策制定和制度建设；以理论研究和实践探索为依据，建立多元开放的指向核心素养的课程评价标准系统；以多元主体参与为动力，强调充分发挥教师作为指向核心素养的课程评价主体作用。[2]最后，未来性主要是指课程评价改革逐渐关注未来课程评价的发展前景。在新技术革命、经济全球化浪潮等时代背景下，课程评价改革不能仅仅着眼于短时期的改革利益和问题，还要将眼光放在未来领域，大致说来，未来课程评价改革应该重点关注"育人逻辑与甄别逻辑的对立统一、顶层设计与基层探索的良性互动、技术向度与人文向度的有效融合、本土实践与国际经验的深度接轨"[3]等方面。

　　总体而言，我国课程评价改革经过四十多年的发展，课程评价得到了前所未有的重视，也取得了一定的成绩，更是有力推动了课程改革和教育评价改革。但我国的课程评价改革仍然存在一些问题，如在这四十多年的课程评价改革期间，借鉴和仿照西方课程评价理论范式仍然占据重要地位，我们仍然依赖西方课程评价话语体系，建构具有中国特色的课程评价理论范式与话语体系仍然任重而道远。又如理想化的课程评价理念与价值理想仍然与课程评价实践无法实现接轨，在理论层面，我国已然确立发展性的课程评价理念，但在实际的课程评价实践中，因受制于考试文化、"五唯"顽瘴痼疾等方面的影响，仍然停留于服务于获得分数和甄别选拔的层面，这与发展性的课程评价理念存在着严重的割裂问题。此外，在具体的课程评价改革问题方面，教师和学生仍然没有真正发挥其作为课程评价主体的作用，课程评价方法多停留于理论思辨和简单量化层面，课程评价标准过于单一和固化，等等。虽然在课程评价改革中存在这样或那样的问题，但我们相信，只要持续不断地进行课程评价改革，课程评价改革总会向着好的方向发展。

1　徐彬，刘志军，肖磊. 论课程评价制度创新的阻力及其化解[J]. 课程·教材·教法，2021（1）：4-9.
2　徐彬，刘志军. 指向核心素养的课程评价探析[J]. 课程·教材·教法，2019（7）：21-26.
3　刘志军，徐彬. 面向未来的课程与教学评价：困顿、机遇与走向[J]. 课程·教材·教法，2020（1）：17-23.

第二节
课程评价的主要内容

🎯 **学习目标**

掌握课程评价的主要内容，包括课程方案评价、课程标准评价、教材评价等。

一、课程方案评价

　　课程方案是国家或地区教育主管部门颁发的有关学校教育教学的指导性文件。它是对学校教育的培养目标、课程结构、课程设置、课程实施与评价等方面的规定。[1]如教育部在2001年11月印发的关于《义务教育课程设置实验方案》的通知，以及在2003年4月教育部制定的《普通高中课程方案（实验）》等，这些都是学校必须遵照并执行的指导性文件。在义务教育阶段，课程方案一般包括培养目标、课程设置的原则及比例等内容；在普通高中教育阶段，课程方案是由培养目标、课程结构、课程设置、课程实施与评价、条件与保障等部分组成。总体来说，课程方案的评价可以考虑从培养目标、课程设置、课程结构、课程实施与评价、条件与保障等维度展开，具体内容如下。

（一）培养目标

　　课程方案是在国家教育目的和教育方针的指导下，专门针对各级各类学校教育教学的总规划与设计。而培养目标是教育目的在各级各类学校的具体化，指引着学校教育教学的发展方向，因此，规定培养目标的主要内容是课程方案的首要任务。如2001年教育部颁布的《基础教育课程改革纲要（试行）》指出：新课程的培养目标要全面贯彻党的教育方针，全面推进素质教育，体现时代要求；要使学生具有爱国主义、集体主义精神，热爱社会主义，继承和发扬中华民族的优良传统和革命传统；具有社会主义民主法治意识，遵守国家法律和社会公德；初步形成正确的世界观、人生观、价值观；具有社会责任感，努力为人民服务；具有初步的创新精神、实践能力、科学和人文素养以及环境意识；具有适应终身学习的基础知识、基本技能和方法；具有健壮的体魄和良好的心理素质，养成健康的审美情趣和生活方式，成为有理想、有道德、有文化、有纪律的一代新人。培养目标的具体内容对基础教育的学生发展提出了全面要求，在延续传统内容的同时也添加了表征时代发展的新内容。如果把新课程的培养目标当作课程总目标，那么对于培养目标的评价就需要关注：培养目标与教育目的的一致性、培养目标与相应教育阶段学校性质及特点的统一性、培养目标结构的合理性、培养目标内容的全面性、培养目标表述的准确性和实现的可行性等。

1　陈玉琨，等. 课程改革与课程评价[M]. 北京：教育科学出版社，2001：63.

（二）课程设置

课程设置是各级各类学校对选定的各类课程及学科的安排与开设，它是培养目标在课程方案中的集中表现。根据课程内容的组织形式和表现形式，课程设置方式可分为分科课程与综合课程，必修课程与选修课程，国家课程、地方课程与校本课程等。[1]而且不同教育阶段的课程设置具有不同的安排特点。例如，小学阶段的课程应以综合课程为主；初中阶段的课程需应该设置综合或分科课程，以供地方或学校自主选择；高中阶段以分科为主，并将综合实践活动课程作为全体学生的必修课来设置，其中包括研究性学习、社会实践、公益活动与志愿服务三个方面。开设必修课的同时，设置丰富多样的选修课程，开设技术类课程，积极试行学分制管理。在一定的学制内，安排各门课程的总课时数需注意其合理性，在规定每门课程时，课的比例也要有一定弹性和幅度。一般来说，评价课程设置可以从三个方面着手：第一，课程设置的均衡性。根据培养目标和学生发展的具体要求，各门课程设置的比例均应适当，并能帮助学校根据实际情况及学生学情进行适当调整。第二，课程设置的综合性。课程设置应加强学科之间的渗透以及学科与学生生活经验的整合。第三，课程设置的选择性。课程设置应根据各学段的特点以及学生的学习需要来设计，开设相应的不同形式及类别的课程，并划定课时比例，供地方、学校及学生选择，以鼓励各级各类学校办出特色。

（三）课程结构

课程结构是课程各个部分的组织与调控，它主要规定组成课程体系的学科门类、各学科内容的比例及搭配关系等。普通高中课程结构主要由学习领域（八大学习领域）、科目（每一学习领域由课程价值相近的若干相关科目组成）、模块（每一科目由若干相互联系且独立的模块构成）三个层次构成。而对于课程结构的评价主要通过各类课程与学科之间比例安排的合理性和设置的科学性加以判断。课程比例的评价主要涉及以下几个方面。[2]

第一，国家课程、地方课程、校本课程的比例。着力加强地方和校本课程的开发是促进学生全面而有个性发展的重要举措，然而片面地强调地方和校本课程的作用，忽视国家课程的地位，也会对人才培养带来不利影响。

第二，必修课与选修课的比例。必修课是为了保证人才培养达到一定的基本要求和质量，全体学生必须修习的课程；选修课是发展学生特长，拓展学生知识，满足学生学习兴趣的课程。学校课程必须兼顾好这两方面的要求，认真处理好这两类课程开设的比例。

第三，基础性课程与发展性课程的比例。基础性课程以促使学生掌握知识与技能为主要目的，发展性课程以促使学生学会学习为宗旨。在不同的学习阶段，应适当调整二者之间的

1 邓磊. 我国高师综合科学教育专业课程设置框架的建构研究[D]. 重庆：西南大学，2011.
2 陈玉琨，等. 课程改革与课程评价[M]. 北京：教育科学出版社，2001：161.

比例。如在低年级，基础性课程应该占较大比例，随着年级的提高，逐步增加发展性课程的比例。

第四，再现型课程与探究型课程的比例。再现型课程（再现性学习）始终占据着学校教育的主要部分，而随着课程改革的不断深入，研究型课程（研究性学习）将会在中小学课程体系中将会不断受到重视。合理安排二者之间的比例，需要进一步加以研究。

第五，学科课程与活动课程的比例。学科课程是学校课程的基本形式，强调学科的逻辑性。活动课程是以生活化的活动教学代替传统的课堂讲授，它既是现代教学的重要组成部分，也是对传统教学形式的一个重要补充。如何在不同的学段将二者结合起来，需要我们进行科学的评判。

（四）课程实施与评价

课程方案对于课程实施与评价的描述，更多的是偏向从理论上对于学校层面课程实施与评价的阐释，从整体上来规范学校在具体教学情境中应该如何安排课程，如何建立课程机制、设立教学制度，以及应该建立和运用什么样的评价制度等。因此，在课程方案中规定课程实施与评价的内容时，应注意：第一，课程实施与评价的描述是否具有指导性。也就是说，通过对该部分的解读，学校是否能够按照其精义指导教学实践。第二，课程实施与评价的内容是否具有可操作性。课程实施与评价中关于建立课程机制、完善考试评价制度，以及开发和利用课程资源等的描述，需要在符合学校教育教学实际的基础上，能够付诸实践。

（五）条件与保障

课程实施是一个系统性工程，地方各级部门和学校应根据课程实施的需要，创造性地制定相应政策，提供有利的条件保障。课程实施的保障条件包括：教师培训、考试改革、课程资源开发、课程管理、经费保障、人员与机构的配备、课程权力分配等。课程改革是一个系统工程，除了需要具备一些基本的条件，还需要制定一些保障性的制度作为支撑。如果一个环节没有处理好，课程改革就会停滞不前。在课程改革过程中，如果硬件条件不具备，或软件条件不充分，就会产生诸多问题。比如，有的地方推行初中科学课的改革，会因为教师培训不到位，课程改革经费不足，教材编写不细致或是教师教育等体系的运行等没有得到相应保障，而导致初中科学课改革中途夭折。因此，课程专家在制订课程方案时，除了要考虑国情，还要考虑师资水平、经费等各个方面的因素，充分认识并足够重视对课程实施中的各种保障条件的规定和组织。

二、课程标准评价

课程标准是指在一定的课程理论指导下，依据培养目标和课程计划的要求，以纲要形式编制的关于教学科目内容、教学实施建议和课程资源开发等方面的指导性文件。它反映某一门学科的性质、特点、任务、内容及其实施的要求。课程标准一般由说明（或前言）、课程目标、课程内容标准、实施建议及术语解释等部分组成。评价课程标准的基本依据是《基础教育课程改革纲要（试行）》（以下简称《改革纲要》）中有关编写课程标准的要求。《改革纲要》规定，各科课程标准"应体现国家对不同阶段的学生在知识与技能、过程与方法、情感态度与价值观等方面的基本要求，规定各门课程的性质、目标、内容框架，提出教学和评价建议"，"制定国家课程标准要依据各门课程的特点，结合具体内容，加强德育工作的针对性、实效性和主动性，对学生进行爱国主义、集体主义和社会主义教育，加强中华民族优良传统、革命传统教育和国防教育，加强思想品质和道德教育，引导学生树立正确的世界观、人生观和价值观；要倡导科学精神、科学态度和科学方法，引导学生创新与实践"[1]。课程标准的颁布是新课程改革的标志性成果，是某门学科领域中一流的课程专家对该门学科的顶层设计，它决定着教材的编制、教学、考试，代表着该门学科的现实要求和未来发展的方向。

义务教育课程标准应该适应普及义务教育的要求，体现国家对公民素质的基本要求，着眼于培养学生终身学习的愿望和能力。普通高中课程标准应在坚持使学生普遍达到基本要求的前提下，有一定的层次性和选择性，并开设选修课程，以利于学生获得更多选择和发展的机会，为培养学生的生存能力、实践能力和创造能力打下良好的基础。一般来说，课程标准评价的内容包括：课程性质的评价、课程理念的评价、学科核心素养的评价、学科课程目标的评价、学科课程结构的评价、课程内容的评价、学业质量标准的评价以及实施建议的评价八个方面。

（一）课程性质的评价

所谓事物的性质，是一个事物区别于另一个事物的本质属性或特征。课程性质通常是说清楚这是一门什么样的课程，说明该课程应呈现什么样的特点、应发挥什么样的作用以及开设该门课程的重要意义。具体来说，课程性质就是对某一门课程或者学科进行整体性的概括和思考，旨在回答该门课程是什么、该门课程的特点有哪些、为什么开设该门课程、该门课程在特定阶段应教到什么程度等问题。对课程性质的评价应从以下几个方面着手。

第一，界定各门课程性质的科学准确性。在定义一门课程究竟是什么的时候，需要明确其描述是否科学、措辞是否准确、是否能涵盖该门课程的本质特征等。

1　中华人民共和国教育部. 基础教育课程改革纲要（试行）[N]. 中国教育报，2001-07-27.

第二，阐述课程性质的理论与现实依据的充分性。在讨论学习一门课程的主要作用和重要意义时，需要明确支撑其观点的理论依据与现实依据是否充分。

第三，对学科教材编制和教学实施的指导性。课程性质的描述应该对该学科教材编制的方向有提纲挈领的作用，能够给予教材开发和编制的方向性，并且对具体教学情境中的实施工作以及教师的教学应该具有指导作用。

（二）课程理念的评价

课程理念应该阐明一门课程的基本思想和观念，体现一门课程的价值取向及精神实质。在课程理念的描述中可解读到最新的课程价值观、学生学习观、课程观及教学观等的内涵，课程理念是教育领域内最新的研究动态和实践成果在各门学科或课程中的集中体现，也是课程开设的指导思想。课程理念的评价可以从以下几个方面着手。

第一，课程理念的方向性。课程理念是一种具有高度概括性的理论认识，当它具象于某一类课程或者某一门学科时，其基本思想能对教学实施过程起到引导和指导的作用，能促进具体学科在教学情境中遵循一定的规律并按照一定的方向发展。

第二，课程理念的先进性。课程理念的阐述应明确是否建立在现代最新的教育观念和科学的教育理论基础之上，是否满足社会发展对未来人才培养提出的最新要求，是否能充分体现新课程改革的价值取向。

第三，课程理念的适宜性。当课程理念具体体现在某一类课程或者某一门学科时，其描述应结合该门学科的独特原则和特点，提出具有针对性和特殊性的理念，而不应该完全是普遍性的。

（三）学科核心素养的评价

学科核心素养是学生在接受相应学段某一门课程的教育过程中，逐步形成的适应个人终身发展和社会发展需要的必备品格和关键能力。学科核心素养是一门学科课程目标的集中体现，是在学习该门学科的活动中逐渐习得的，且每一门学科的核心素养之间虽相互独立，但又彼此联系，而形成有机的整体。学科核心素养的评价可以从以下两个方面着手。

第一，学科核心素养需要与学生发展核心素养相统一。学科核心素养结合学科学习和实践活动的特点将学科必备品格和关键能力具体化，最终成为促进学生全面而有个性发展的依据。因此，从学生发展的角度来说，学科核心素养需要与学生发展的核心素养相统一，二者需相辅相成、互为呼应。

第二，学科核心素养需要与具体学科本身特性相契合。学科核心素养的根本宗旨是基于学科能够落实的学生发展核心素养和学科独特的一些核心素养要求，因此，学科自身的特性应该与学科核心素养中所提炼的核心要素和关键内容相契合。

（四）学科课程目标的评价

各门学科课程目标的确定，是课程和教学活动的蓝图，也是衡量课程质量的重要准绳。对课程目标具体于相关学科的评价，需关注以下几个问题。

第一，学科课程目标与学段培养目标的一致性。学科课程目标需要与特定学习阶段的培养目标规定的内容一致，也就是说学科课程目标的总和应该全面覆盖每个学习阶段培养目标的内容，并且在特定学习阶段的三维课程目标需要与学科课程目标始终相互关照。

第二，学科课程目标的清晰性。学科课程目标的表述不能模棱两可，措辞也不能晦涩难懂，目标表达应该是确定的、清晰的。学科课程目标需要准确表达学生在学习该课程后应达到的学习水平和程度，以及在一定的学习阶段内必须完成的任务和要求。

第三，学科课程目标的层次性。学科课程目标的确定需要具有层次性和渐进性，每一门学科在不同的学习阶段对学生发展的要求都是有差异的，学科课程目标的确立应该遵循从易到难、由浅入深、循序渐进的规律。

第四，学科课程目标的可行性。学科课程目标应该在具体的教育教学活动中是可行的，能在教学的实际工作中得到落实和实现。

第五，学科课程目标与学生身心发展的统一性。学科课程目标的制定不能脱离学生在该课程中的认知基础，不能违反其身心发展的客观规律，需要充分考虑特定教育阶段学生身心发展的规律和实际水平。

（五）学科课程结构的评价

学科课程结构是一门学科体系的骨架，也是学科课程目标转化为教学成果的桥梁。它体现了一定的课程理念，规定了各类或各门课程的组织方式、内容比例以及课时安排等，其组成部分主要包括设计依据、学科结构、学分与选课等方面。本章主要通过设计依据、学科结构以及学分与选课等方面的科学性与合理性来评价学科课程结构，具体可以从以下几个方面着手。

第一，设计依据。学科课程结构的统筹安排、整体设计不是凭空想象而来的，它需要将一定的课程理论与教学实践作为依托，然后经过设计者构建与反思课程思想的过程，最后以完整的课程结构的形式来呈现。评价课程结构设计的依据是否合理，需要检查其所依托的理论与实践是否有悖于课程价值与理念、课程方案、课程性质及学科特点等。

第二，学科课程结构。学科课程由必修课程与选修课程两部分组成。评价学科课程结构可以从必修课程与选修课程的开设比重、同一门学科的选修课程之间的衔接与阶梯性，以及不同学科的选修课程之间的整合与观照等方面展开评价。

第三，学分与选课。课程学分的评价主要考查其必修课程、选修课程学分设置是否合理，对选课制度的评价主要通过开设的选修课程种类来判断其是否真的具有选择性、选修课程的开设是否充分尊重了学生的兴趣和爱好、选修课程的系列内容是否考虑到学生知识储备与身心发展以及能否被学生吸收与习得等。

（六）课程内容的评价

课程内容是学习的对象，课程内容主要包括学习目标、学习内容、教学提示等。在评价课程内容时应注意其框架的逻辑性，以及是否适合该门课程的特点，还有难度选择是否适合该阶段学生的学习等。具体的评价指标，应从以下几个方面着手。[1]

第一，课程内容的有效性。课程内容的有效性和有意义是选择内容的基本准则，基于该原则将那些无用的、陈旧的、冗长多余的内容剔除，并注意有无重要内容的遗漏与缺失。

第二，课程内容的适切性。内容选择的适切性包括三个方面：其一，课程内容难度的选择应当适合学生的最近发展区，不宜难度太大，也不宜过于简单；其二，课程内容需要适当满足学生的兴趣与需要，可读性要强，不能完全脱离学生的生活与经验；其三，课程内容的容量大小是否适宜学生学习等。

第三，课程内容的时代性。课程内容应该能够反映时代特征，不应过于陈旧。课程内容可与学生生活以及现代社会、科技发展相结合，体现其时代性和效用性。

第四，课程内容的关联性。各门课程之间的内容需要有横向的平衡和关联，某一门课程中的内容在纵向上也应体现其衔接性和逻辑性。

（七）学业质量标准的评价

学业质量标准是某一门学科内容标准与该门学科核心素养水平的结合，是检验学生通过学习相关课程内容后，应该达到的学业要求质量标准。它是教科书编写、教学与评价活动的指导性标准，也是在特定学习阶段考试命题的依据。对学业质量标准的评价，即是对学生在不同的学习阶段应该达到的核心素养水平的指标进行评价。通常情况下，人们会把某学科的学业质量水平分为不同的等级程度，然后再对每一水平的评价指标进行详细的质量描述，而对不同程度学业质量水平的质量描述进行评价是学业质量标准评价的重点。评价时需注意划分水平等级之间的描述是否符合学科逻辑性，描述是否呈现了各水平的递进关系，是否能代表本学科的总体要求，以及是否与课程总目标相符合等。

（八）实施建议的评价

课程标准中实施建议的评价，包括教学建议、评价建议、教材编写建议、地方和学校实

1　Doll. R. C. Curriculum Improvement[M]. Boston：Allyn & Bacon，Inc. 1989：147-148.

施本课程的建议、学业水平考试和高考命题建议（高中阶段）。实施建议中所提倡的教学建议、评价建议等应具有针对性、可行性及有效性，要能够帮助学校在实际教学中切实解决该门学科在教学、评价、教材、实施等方面存在的问题，即做到"管用""好用"。例如，教学建议部分的内容是否有利于拓宽教师的视野；是否有助于结合学校实际情况及和学生学情学习情况，而充分利用可用资源，选择最适宜的教学行为，创造性地使用教材；是否有助于调动学生的学习兴趣，促进学生在学习上主动探究与实践，形成适合学生的有效学习方式。评价建议部分需要注意是否有助于引导教师真正关注学习与教学的过程；是否有助于教师更好地判断学生的学业成就；是否有助于学生形成正确的情感态度价值观；在评价的操作性流程上还有哪些需要改进等。

三、教材评价

教材，也称教科书或课本，它是依据课程标准编制的教学规范用书。一般由目录、课文、习题、实验、图表、注释、附录等部分构成。教材评价是对教材的价值大小做出判断的一种活动，是有关教材一系列活动的重要组成部分。一般而言，教材编写、审定、修订等活动都离不开教材评价。党的二十大报告专门指出，深化教育领域综合改革，要加强教材建设和管理。开展教材评价有利于为教材编制者改进教材设计提供依据，有利于教师改进教学设计、丰富教学过程、提高教学质量。

（一）教材评价的主体

在进行教材评价之前，我们首先应该明确由谁来开展教材评价，也就是教材评价的主体应该由谁来担任，或者说哪些人员、群体有资格担任教材评价的主体。高凌飚认为，在考虑或者遴选教材评价主体时，应该注意以下几方面的问题。[1]

其一，从教材评价的目的出发。如果教材评价的目的是总结性的，而且评价结果需要形成研究报告面向大众，那么评价人员最好从不受教材体制约束，在教材体制之外，且不受教材编制者影响的人或机构中选择；如果教材评价的目的是形成性的，那么评价人员最好从熟悉教材编制或教学过程，在教材体制内甚至教育系统中，有权威并具有渊博知识的人或机构当中去挑选。

其二，从教材评价的专业性出发。评价人员最好受过教材评价培训，熟悉教材问题，有经验，具有全局观和良好的公共关系能力，且具有很好的信任度的人员或机构。

其三，从教材评价的信度出发。承担教材评价的个人或机构不能受到评价工作的影响，或者有私人利益问题。这类私人利益也包括学术观点，这是因为学术观点的狭隘会影响教材评价的结果，从而对评价工作的信度产生不良影响。

1　高凌飚. 基础教育教材评价：理论与工具[M]. 北京：人民教育出版社. 2002：98.

其四，从教材评价的客观性出发。教材评价所带来的影响，部分取决于教材评价人员在教材体制中乃至教育系统内所具有的影响程度——即专业权威性，这种权威性会受到组织结构的影响，也会影响到参与评价的人员协作或承担义务的程度。

基于以上问题的考虑，我们清楚地认识到，也许任何人都可以对教材中存在的问题发表自己的言论，但并不是任何人都有资格为教育决策提供教材评价信息。据此，高凌飚提出，中小学教材评价人员需要具备的资格条件如下。[1]

第一，要有正确的政治观点并热爱教育事业，有团结合作的精神，拥有良好的职业道德、责任心和改革精神。

第二，能理解党的教育方针，熟悉现代教育理论，了解教育改革的趋势；熟悉我国基础教育的教育现状，并了解学生的身心发展情况。

第三，熟悉教育、教材评价方法，明确教材评价的内容，能客观地收集评价资料和证据，善于分析归纳，形成评价结论。

第四，具有与教材评价相应的高级专业技术职务，有较深的学科造诣，必要的教学实践经验，善于与其他评价人员沟通，必要时需进行说服和引导工作。

鉴于教材评价的专业性和严谨性，国家可逐步建立教材评价人员的资格认证制度，并对符合条件的申请人员进行专门培训和训练，培养一支合格的、专业的评价队伍，以迎接新形势下教材评价工作的挑战。

（二）教材评价的维度

教材评价的维度指的是应该从哪些视角与角度对教材进行评价。通用的教材评价标准和具体某一门学科的教材评价标准也有不同。每门学科都有其特殊性，在教材评价方面也有不同的要求，如语文教材要注意传统经典的选取比例，英语教材要注意落实交际教学法的要求，随着社会和教育的发展，一些评价标准也在不断变化。如2001年编写的教材总体上趋于工具化取向，2001年之后编写的教材则十分强调教材的生活化取向，而2011年以后编写的教材在重视生活化取向的同时，也十分注重教材的政治性和文化性取向。不同学段的教材，评价标准不同。如小学教材、初中教材和高中教材的评价标准就有不同，基础教育教材与高等教育教材、职业教育教材的评价标准又有不同。可见，教材评价的问题纷繁复杂，需要细致研究和具体评价具体对待。而教材评价中所列的每一个评价维度之下所涵括的内容都应是评价过程中需要着重评价的部分。

丁朝蓬提出了四个教材评价标准：教材目标、教材内容选择、教材内容组织、内容呈现与表达。[2]高凌飚提出了教材的评价应该有六个基本的维度：知识维度、思想文化内涵维

1　高凌飚. 基础教育教材评价：理论与工具[M]. 北京：人民教育出版社，2002：15.
2　丁朝蓬. 教材评价的本质、标准及过程[J]. 课程·教材·教法，2000（9）：36-38.

度、心理发展规律维度、编写制作水平维度、可行性维度、特色与导向性维度，还提出了问题学科化、具体化，形成评价的相关指标项，并进一步提出学科的具体评价标准。[1]唐丽芳等认为教材评价标准体系的建立应该遵循三条原则，即评价标准要体现教材建设的意识形态属性，体现教材最基本的知识传播和文化传承功能，以及体现教师教和学生学的工具属性，由此，教材评价的维度和标准应该涵盖思想性指标、知识能力指标、文化传承指标、教学适切性指标等核心观测指标。[2]胡军在针对我国教材评价标准存在的问题和批判性地借鉴国际经验的基础上，试着创造性地提出符合我国教材评价需要的标准体系，这一标准体系以注重教材评审标准内容到形式全面、科学、简明为设计理念，以公平、公正和保证质量为目标。具体说来，该教材评价标准主要包括内在品质和外在品质两大维度，其中内在品质包括教材内容、教与学、技术设计和社会考量四个子维度；外在品质包括实用、耐用、配套三个子维度。[3]此外，国外一些学科教材评价对于我国教材评价标准的建设也具有一定的借鉴意义，如美国科学课程与教材研究组织"生物科学课程研究"在2017年开发的一套基于2013年正式发布和实施的《下一代科学教育标准》的科学教材评价框架——《科学教材评价指南》。这一评价框架以评价科学教材中"学习支持"的特征为主，主要包括学习目标的整合性与层次性、学习内容的全面性与连贯性、学习机会的多样性与可及性、学习过程的自主性与自控性四个方面。

（三）教材评价的内容

教材评价的对象是教材，随着社会的发展和教育教学手段的现代化，教材的形式开始多样化，教材内容的载体也开始多元化，主要表现为从原来单一的教科书到一系列的其他教材资源的开发。比如，与教材配套的各类指导书、补充读物、网上的在线教材资源以及教学程序软件等，还有多媒体、幻灯片、音像以及多媒体资料等，这些都是经过时代变迁所形成的新的教材内容。因此，教材评价的对象理应将上述材料囊括其中。但是由于配套材料数量庞大，将其一一进行评价是不太可能的。因此，我们一般所说的教材评价的内容主要是指对教科书的评价。本章也主要从教科书的角度来探讨教材评价内容。那么，教材评价究竟应该包括哪些内容呢？高凌飚认为教材评价的内容应该包括三个方面：教材设计和编制的分析与评价；教师使用教材的分析与评价；学生行为模式和学业成绩的分析与评价。[4]

1. 教材设计和编制的分析与评价

对教材设计和编制质量水平的评价，主要是对教材的预期目标达成度和技术指标进行评

1　高凌飚. 教材评价维度与标准[J]. 教育发展研究，2007（12）：8-12.
2　唐丽芳，丁浩然. 建构以质量为核心的教材评价体系[J]. 教育研究，2019（2）：37-40.
3　胡军. 发达国家教材评价标准的特点与启示[J]. 课程·教材·教法，2019（4）：138-143.
4　高凌飚. 基础教育教材评价：理论与工具[M]. 北京：人民教育出版社. 2002：10.

价，其实质就是对教材的文本进行评价。从形式上和内容上对教材文本进行静态的评价，是教材评价的一个非常重要的部分。其中包括以下几个方面的内容。

（1）教材观念的评价

教材观念的评价主要包括教材思想观念评价和教材编制观念评价两种。在教材评价中，我们首先要关注教材所传递的思想观念，评价教材所体现的政治观、道德观、哲学观和人生观是否正确与合理。教材编制者在编写教材时有一些基本的教育和教材观念，这些观念指导着他们的具体教材编制行为。评价者要善于从隐含在教材里面的各种复杂或对立的教材编制观念中去剖析编教材制背后的课程观和教育观。

（2）教材内容的评价

教材内容的评价主要有教材内容选择的评价、教材内容组织的评价、内容呈现与表达的评价三方面。教材内容选择的评价标准为：内容是否有科学性，是否反映了学科研究的新进展；内容广度和深度是否符合学生年龄特征，能否被他们理解；内容选择是否与社会生活的实际联系，是否考虑到了学生的个体差异的发展空间等。教材内容组织的评价标准为：是否符合学生的心理发展规律；是否符合教育教学规律；组织体系是否违反知识的内在逻辑等。内容呈现与表达的评价标准为：表达方式是否易于被学生接受；文字与图表的使用是否科学、严谨、规范；是否有利于学生自主学习教材内容等。[1]

（3）教材结构的评价

在教材结构的编排上，应采用科学合理的组织方法，把知识融入问题解决、实验操作、表达交流、游戏表演、创造发明等活动之中。教材不仅是向学生展示文本知识的内容，还应该逐步向学生展示如何获得知识的过程和学习的方法等。在教材中，设计多样化的结构方式，可以减轻教师的教学工作强度，也能促使教师的教法科学化和多样化。

2. 教师使用教材的分析与评价

教师使用教材的分析和评价是一个动态的评价过程，其主要是实际测定教材在课程实施过程中达成目标的程度。对教师使用教材的分析和评价，最直接的方法就是考察在实际教学情境中，教师群体将教材作为主要教学依据的数量，然后检测教师对教材的实际应用和认可程度，从而以此来评价和分析教师使用教材的现实情况。

3. 学生行为模式和学业成绩的分析与评价

教材是学生学习的工具，学生行为模式和学业成绩不仅体现了教材的使用效果，同时也体现了学生对教材的使用方式。这部分主要从评价学生在学习和使用教材过程中的行为以及学业成绩的情况，进而分析和推测教材的质量水平。这部分的评价过程多属于动态评价。

1　丁朝蓬. 教材评价的本质、标准及过程[J]. 课程·教材·教法，2000（9）：36-38.

（四）教材评价的工具

教材评价的开展需要借助一定的评价工具和方法进行，否则任何一种教材评价设计和规划都将是一纸空言。一般来说，教材评价的工具或方法可分为静态和动态的、量化和质性的、直接和间接的，也可以包括理论思辨、应然与实然比较、实证数据支撑的方法。以高凌飚对教材评价工具的两种分类为例，他认为一类评价工具是用于进行静态分析的记录表；另一类评价工具是用于收集动态资料的访谈提纲、观察记录和调查问卷等。[1]

一是静态的分析记录表，教育部《基础教育教材评价工具制定》项目组设计的记录表共有三种。主要包括：①教材的单元质量记录表，该表针对教材内容和体系结构等方面，对照评价的维度、问题和标准，逐一做出价值判断并记录下来，加以汇总，从整体上反映教材的质量水平；②教材活动情况记录表，对教材的教学设计水平逐一做出判断并记录下来；③编写中的典型案例记录表，列出好的或差的典型，借助形象、具体的描述判断教材的质量水平。

二是动态的调查工具，包括：①访谈与座谈会提纲；②教师教学观调查问卷；③教师对新教材看法调查问卷（分学科）；④学生学习方式调查问卷；⑤学生对新教材接受程度的调查问卷（分学科）；⑥各学科课程观察记录表。[2]

（五）教材评价的实施

教材评价的实施是进行教材评价的关键步骤。教材评价的顺利实施是教材评价的重中之重，包括遴选评价主体、设计评价维度、组织评价内容、选择评价工具等在内的前期工作都是为了教材评价的顺利实施所准备的。完成教材评价工作的任务需要实施阶段来落实，因此，在实施阶段如果不认真对待，教材评价也不能达到预期的评价目的。

按照评价过程分析，教材评价实施可分为预评价和再评价两个步骤。[3]

第一，预评价。预评价是指教材编制者按照教材质量的一般标准和要求对教材做出自我的内部评价。该步骤主要采用教材实验、教材使用情况调查等手段进行分析。实施预评价的主要作用是帮助编制者对教材进行自我诊断和自我调整，当然也为之后的再评价提供充分的参考信息。

第二，再评价。再评价是专家或者评价专业人员对教材进行的外部评价。其一，再评价的评价人员由教材编制人员以外的专家团队组成，以提高评价结论的客观性；其二，再评价，顾名思义是对预评价的再次检查，是在预评价的基础上开展的，以增强评价结果的可靠性。

按照教材完善的流程来分，教材评价可包括编审阶段的教材评价、试用阶段的教材评价、推广阶段的教材评价和修订阶段的教材评价。

1　高凌飚. 基础教育教材评价体系的构建问题[J]. 华南师范大学学报（社会科学版）. 2002（6）：90-96.
2　高凌飚. 基础教育教材评价体系的构建问题[J]. 华南师范大学学报（社会科学版），2002（6）：90-96.
3　高凌飚. 基础教育教材评价：理论与工具[M]. 北京：人民教育出版社，2002：101.

　　第一，编审阶段的教材评价。在这一阶段，教材评价主要发生在教材的编写和审查过程之中，评价的主体以教材的编写者和审查者为主，评价的重点在于确保教材符合国家意志、课程标准、学科知识逻辑、学生学习心理逻辑、教师教学组织逻辑等，评价方法主要采用理论的思辨法、静态的文本分析法等。这一阶段是对教材的第一次评价，只有通过这一评价过程，教材才能进入试用阶段。

　　第二，试用阶段的教材评价。在这一阶段，教材评价主要是在实际的教育教学中验证其合理性和发现其不足之处，然后根据试用结果对教材进行调整。评价主体主要是作为教材的主要使用者的教师和学生，评价重点主要针对教材的可行性、适用性、操作性等实践方面，评价方法以实验的方法为主。这一阶段是对教材的试用评价，但这并不意味着教材只需要一次试用评价，有可能经过多次的试用评价才可以进行大范围的推广，总之，这一阶段是教材推广的必经之路。

　　第三，推广阶段的教材评价。在这一阶段，教材评价是一种大规模的使用反馈，评价主体可包括一切与教材存在利益相关的人，甚至可以说任何人都可对教材做出评价，只要有益于改进和完善教材评价的信息都可以纳入这一阶段的教材评价范围之中。评价方法在这一阶段具有多样性，除了在之前教材评价阶段所使用的评价方法以外，还有问卷调查法、访谈与观察法等，其中以大规模的调查法最为普遍。推广阶段的教材评价是进行教材修订和完善的重要依据，是修订阶段的教材评价得以开展的重要前提。

　　第四，修订阶段的教材评价。时代的发展和知识的更新，以及经过推广阶段的教材评价所发现的教材内容、使用等方面的问题，都促使教材进入修订阶段。修订在某种意义上来说就是一种评价。在这一阶段，教材评价的主要目的在于修改、更新和完善教材，评价具有一定的问题针对性和知识时代性特征，评价方法与编审阶段的教材评价相似，其实从另一种角度来说，这一阶段的教材评价也是一种编审阶段的教材评价，从这一阶段开始，教材评价又要不断进入试用阶段和推广阶段的教材评价。

　　在教材评价实施的过程中，多方评价人员因在认知方式、研究领域等方面存在不同，可能在某一问题上会有不同的理解和观点，如果不及时梳理和沟通，就可能会造成评价人员之间的对立情绪和防卫心理。因此，相互沟通和理解，共同深化对评价工作的认识，是教材编制人员和评价人员顺利实施教材评价工作的重要因素。

（六）教材评价的结果处理

　　教材评价结果处理主要包括以下四个方面的内容。[1]
　　第一，综合判断教材。评价人员对教材的目标达成情况以及实际价值做出整体判断，具

1　高凌飚. 基础教育教材评价：理论与工具[M]. 北京：人民教育出版社，2002：102.

体包括对所评教材的优良程度的划分，并用文字陈述评价的结果。

第二，分析诊断教材。评价人员通过对所收集的信息与资料进行系统分析之后，概括出所评教材存在的问题以及其优缺点，并给出修改意见和方向。

第三，评估本次教材评价活动的质量。该部分是评价人员对自身工作的自我评价，主要是对评价结论的使用提供决策咨询，同时也可对评价方案的问题和改进提出建议。

第四，反馈教材评价信息。其主要包括向教材评价的委托机构汇报评价结果，向教材编制人员反馈修改信息，并在一定范围内以公示评价结果的形式促进教材编制的同行相互借鉴，最后为教材选用提供参考意见等。

综上所述，本节主要对课程方案的评价、课程标准的评价、教材评价三个课程评价的主要方面进行论述，然而课程评价的内容范围远远不止这三个方面。而且，本节对课程方案的评价、课程标准的评价以及教材评价的讨论，仅仅是课程评价对课程文本展开的评价，并未过多涉及课程其他方面的评价。虽然文本评价是课程评价中非常重要的评价内容，但是课程评价工作还应该贯穿课程实践从开发到结束的每一个过程环节，所以，课程评价也应涵括课程实施、课程结果使用等一系列动态内容。

第三节
课程评价的实施

🎯 **学习目标**

通过我国的国家、地方及校本三级课程评价的具体实施情况来理解课程评价的实施。

为了适应世界课程管理的发展趋势，我国在新一轮的课程改革中提出了实行国家、地方、学校三级课程管理。由此，我国的学校课程设置主要由国家、地方、学校三级课程构成，学校课程实施和评价的对象也主要是国家、地方和学校课程。通过梳理我国国家、地方、学校三级课程评价的实施情况，可以促使我们进一步理解课程评价实施内涵与逻辑。

一、国家课程评价的实施现状

基础教育课程改革的指导性文件《基础教育课程改革纲要（试行）》中有一个部分是专门论述课程评价的，虽然这里论述的课程评价是宏观意义的课程评价，但仍有明确的对课程本身进行评价的内容，如"建立促进课程不断发展的评价体系。周期性地对学校课程执行的情况、课程实施中的问题进行分析评估，调整课程内容、改进教学管理，形成课程不断革新的机制"。实际上，我国在新课程改革前后已经或正在实施了多种形式的国家课程评价。总体而言，国家课程评价有具体的评价措施与评价活动，但缺乏整体的规划。

（一）对课程问题的诊断性调查

为确定我国课程改革的方向，全面、深入而细致地了解我国课程现状，分析我国课程实施中存在的问题，原国家教委基础教育司从1996年7月开始，组织了六所高等师范院校的有关专家研讨和制订了九年义务教育课程实施状况的调查方案，并于1997年5月，在九个省、市，对城、乡16000多名学生、2000多名校长和教师、部分社会知名人士进行了调查。通过调查发现：1992年印发、1993年正式实施的《九年义务教育全日制小学、初级中学课程方案（试行）》虽然相对于以前的课程方案来说，已经有了很大的变化，但在具体实施中还存在很多的问题，主要表现在：①课程目标与时代发展的需求不能完全适应；②课程内容存在着"难、繁、偏、旧"的状况；③课程结构单一，学科体系相对封闭，难以反映现代科技、社会发展的新内容，脱离学生经验和社会实际；④学生死记硬背、题海训练的状况普遍存在；⑤课程评价过于强调学业成绩和甄别、选拔的功能；⑥课程管理强调统一，致使课程难以适应当地经济、社会发展的需求和学生多样发展的需求。21世纪以来，课程方案的调整和修订始终围绕我国教育目的和课程目标，以及人与社会发展的需要有条不紊地进行。相较于新课程改革之前，我国的课程方案不断得到完善，并在一定程度上合理有效地解决了以往的课程问题，同时也存在一些局限。如有研究显示，我国国家课程实施在"开齐"维度上，总体符合要求，部分班级的部分学科没有开设，并且存在更改课程名称的现象；在"上足"维度上，超过六成班级存在超课时，部分省（市、自治区）、学段以及部分学科课时不符合标准情况严重；在"教好"维度上，学生总体对"教好"感受颇佳，中西部省（市、自治区）和初中阶段学生对"教好"的评价较低。[1]

（二）对课程标准的事前评价与修订评价

课程标准是国内新课程改革的焦点之一，长期以来我国是以强调教师如何教的教学大纲为教学的依据，本次课程改革则一改长期沿用的"教学大纲"，采用"课程标准"的说法，并编制了各学科课程标准。为了检测课程标准是否符合我国当前的教育教学现实实际，在实施之前，教育部分别面向社会各界的领导及专家、学者广泛征求意见。各学科课程标准在教育教学实践中经过一段时间的使用后，针对其在实际运用中的科学性、可行性等方面的评价和分析，则是课程标准的修订评价。为此，教育部成立"基础教育课程标准评价研究"项目

---

1 雷浩. 打开"黑箱"：从近15万张学生课程表看国家课程实施现状与走向[J]. 教育研究，2020（5）：49-58.

组，于2002年开始对课程标准评价进行相关准备工作，先后确立课程标准评价的指标（基础性、科学性、适应性、整合性、指导性、可行性），各学科课程标准的问卷、访谈或座谈提纲，主要目的在于试图了解以下几方面。

一是标准如何体现课程基本理念及学科独特理念，如何促进理念转化为教育行为。

二是课程的三维目标（知识技能、过程和方法、情感态度价值观）是否在标准中自始至终得到体现；学生的创新精神和实践能力发展是否得到应有的提倡。

三是各科课程标准的内容是否体现科学性和基础性，是否密切联系学生生活和社会实际；框架是否注意学科内部的纵向联系及与其他学科的横向渗透；有无重要内容遗漏。

四是内容标准对于教师是否容易理解和把握，是否有利于教师开发并创造性地实施课程；总要求是否适应儿童认知发展水平。

五是实施建议是否有利于学生学习方式的变革和教师教学方式的更新；评价建议是否使评价关注学习与教学的过程；在课程资源的组织（如理科实验条件、社会实践场地等）方面还存在哪些困难和问题。[1]

课程评价的具体工作后来由教育部基础教育司来布置，并全面安排有关工作，根据《义务教育课程调研与修订工作方案》《义务教育课程标准修订工作调研提纲》和各学科课程标准征求意见表，请实验区教育行政部门、教研部门、校长和教师认真学习《基础教育课程改革纲要（试行）》，回顾两年来义务教育课程设置方案和各学科课程标准的实验情况，总结经验，按照《义务教育课程调研与修订工作方案》的有关要求，组织填写各学科征求意见表，召开必要的座谈会，形成对《义务教育课程设置实验方案》和各学科课程标准的修订报告，听取课程标准评价的意见和建议，并陆续反馈给各课程标准组，为2004年修订各科课程标准提供了重要参考。

2014年以来，普通高中与义务教育阶段学科课程标准先后均经过修订，推进了我国学科课程标准的迭代发展，取得了重要突破，主要表现在：凝练了学科/课程核心素养，凸显了学科育人价值；研制了基于核心素养的学业质量标准，增强了课程标准的完整性；强调课程内容的结构化，厘清了落实核心素养育人目标的突破口；探索了学科典型学习方式，促进了育人方式的变革。[2]但课程标准的可操作性、内容表述模糊性等问题仍然存在，这也意味着课程标准的修订和完善是一个持续性、动态化过程，在这一过程中，组织开展课程标准评价工作发挥着不可替代的重要作用。

（三）对教材评价的深入研究

由于我国长期实行"一纲一本"的教材指定政策，基本上不存在教材的比较、选用以至评价的问题。新课程改革的重要措施就是由原来的教材指定变为教材选用。这样一来，在多

1　参见杨小微、王凯相关会议论文。
2　崔允漷，郭洪瑞. 试论我国学科课程标准在新课程时期的发展[J]. 全球教育展望，2021（9）：3-14.

种教材之中，就需要进行选用前的评价和使用中以及使用后的评价，为了更好地使评价者开始开展评价工作，教育部组建了教材评价研究小组，专门进行教材标准和工具的研究，研究小组由华南师范大学高凌飚教授负责，在他的带领下，研究小组研究出了教材评价维度和一系列评价工具（该部分具体内容详见本章第二节中的"教材评价"部分）。

也有研究者提出教材的评价流程至少包括三个阶段：以学科专家和教育理论专家为主要评价主体的试用前阶段、以教师和学生为主要评价主体的小范围试用阶段和以与教科书息息相关的所有人为主要评价主体的推广阶段。随着教材重要性的不断彰显，对教材评价的需要也愈加强烈。在应对和解决以往教材评价主要存在的"静态为主、去情境化、无主体"等问题时，对于教材评价的研究亟须从实体思维转向实践思维。[1]在这一趋势下，我国迫切需要构建以质量为核心的教材评价体系，有研究者认为这一体系必然包含思想性指标、知识能力指标、文化传承指标、教学适切性指标等教材评价核心观测指标。[2]也有研究者提出从文化选择、知识建构、教学支持、文本呈现一级维度出发，建立了一个基于功能—结构分析的教科书通用评价框架。[3]随着网络信息技术的发展，数字化的趋势不可阻挡。相应地，数字化教材也不断涌现，对其进行评价也是当下课程评价的一个重要内容。基于数字教材的基本属性与基本坚守，以及数字教材发展学生核心素养、培养合格的社会主义建设者与接班人的根本目标，秉持数字教材研制质量的提升需求，对接课程标准的基本规定，尝试从政治思想、内容结构、教学适用、教材呈现、使用效果与配套服务五个维度建构数字教材评价的指标体系。[4]

（四）对课程实施情况的评价

在我国的课程改革中，一开始就意识到课程实施及其评价的重要性，并在改革之前就成立了"新课程实施与实施过程评价"项目组，具体负责课程实施评价的有关标准及相关准备工作，并于2001年12月和2003年3月抽调全国的相关研究专家和实践人员、教育管理人员进行了两次抽样评估，其中第一次先后评估10个实验区，第二次先后评估13个实验区。其中，第一次评估是在新课程改革实验刚刚开始半年时间，教育部主要通过评估了解教师、学校以及社会对新的课程试验的认可程度，并发现问题。主要结果如下。

86.8%的教师认为课程改革是必要的，认为暂缓改革的教师只占12.8%。说明多数教师是接受并认同课程改革的，他们从自己的教育改革实践中切实体会到课程改革势在必行。对课程改革很适应和基本适应的教师占92.7%，只有7%的教师感到不太适应或很不适应。45.6%的教师

1　柳叶青. 从实体思维到实践思维：当前教材评价研究的新趋势[J]. 课程·教材·教法，2017（12）：24-30.
2　唐丽芳，丁浩然. 建构以质量为核心的教材评价体系[J]. 教育研究，2019（2）：37-40.
3　侯前伟，张增田. 教科书通用评价系统CIR-FS的研制与评估[J]. 全球教育展望，2019（11）：71-95.
4　王润，余宏亮. 数字教材评价的指标体系与观测要领[J]. 教育研究与实验，2022（2）：77-82.

认为学校实施课改的最不利条件是教学设施等物质条件不能满足教学要求；44.2%的教师认为实验中遇到的最大困难是缺少课程资源；70.4%的教师感到使用新教材的过程中最大的难点同样是缺乏课程资源。另外，教师还比较集中地谈到了：评价的跟进问题；大班额问题；政府重视问题；配套政策问题；专家指导问题；社会环境改善问题；师范院校改革问题等。[1]近76%的家长对新课程的态度是支持或基本支持的，但也有近24%的家长对新课程不甚了解，这对今后进一步扩大宣传力度提出了更高的要求。

教育部通过第二次评估，结果如下。

从教师的业务能力与新教材的适应来看，90%的教师表示能够适应（包括完全适应和基本适应），其中表示自己的业务能力对新课程适应的占95.6%，对新教材适应的则为98%；有超过95%的教师对新课程改革的理念和目标以及新课程中所提供的如主动探索和合作交流等新的教学方式持认同态度。在评价方式上，85%的教师认为新课程所倡导的评价理念和方式是"完全可以做到"，或者可以"创设一定的条件可以实现"。76.1%的学校形成了"通过教师自评、领导评价、学生评价、家长评价等多种渠道"的教师评价方式。评估调查也显示，相对于第一次调查来说，校内教师合作文件正在生成。80.2%的教师认为自开展实验以来与同事的讨论和交流明显增强，72.7%的教师当遇到困难和问题时能够寻求同事的帮助和支持。

评估中也发现了存在的问题：随着课程改革的推进，地区差异和学段差异对新课程的适应以及对新课程的态度有很大差异。从省会、地市县、镇到乡村的教师，对新课程"完全适应"的比例明显呈现下降趋势，分别为38.6%、28.6%、22.8%、11.1%。相反，认为自己的业务能力与新课程所要求的还存在一定差距的比例呈现上升趋势，分别为3.6%、4.2%、5.0%、22.2%。另外，与小学教师相比，初中教师对课程与教材的适应和对新课程教学、评价理念与方式的认可程度相对较低，评价变化的程度较小。初中家长对课程改革的支持程度也明显比小学家长低（持非常支持态度的初中家长占10.6%，而小学家长则为29.7%；持基本支持态度的初中家长占43.7%，而小学家长则为55.8%）。另外，在第一次评估调查时出现的问题，如课程资源问题、大班额问题、缺乏指导问题依然存在，教师培训问题更为突出。[2]

1　朱慕菊，刘坚. 来自课程改革试验区的声音[M]. 北京：未来出版社，2003：380-381.

1　教育部"新课程实施与实施过程评价"课题组. 基础教育课程改革的成就、问题与对策：部分国家级课程改革实验区问卷调查分析[J]. 中国教育学刊，2003（12）：39-43.

二、地方课程评价的实施现状

《中共中央　国务院关于深化教育改革全面推进素质教育的决定》明确指出，要"建立新的基础教育课程体系，试行国家课程、地方课程和学校课程"，地方课程在这里作为一种重要的课程形式被提出来。关于地方课程有两种理解，广义的地方课程指凡是在地方实施的课程都是地方课程，它既包括国家课程在地方的实施，也包括对校本课程的指导；狭义的地方课程是指以各级地方为本位，根据地方自身特点开发和设置的课程，本章所指的地方课程是指其狭义内涵。[1]地方课程评价是三级课程评价中的重要组成部分，目前与国家课程评价相比，我国地方课程开发能力与动力相对不足，这直接影响地方课程评价的研究与实施。

地方课程有别于国家课程、校本课程，各自有不同的课程目标，因而它们的评价标准亦应有所区别。然而，在不少地方和学校，仍然沿用适应"应试教育"的评价思路，用陈旧的理念、单一的指标、简单的方法和手段等对地方课程的质量和效果进行评价。[2]为有效解决这些问题，我国地方课程评价也做了一些积极探索，并取得了一定的成就。早在《教育部地方课程管理指南（征求意见稿）》中就指出："地方课程的评价更要重视学生在教育教学过程中的体验和经历，重视学生作业、活动产品和相关业绩所表现出来的实践能力和创新精神。"根据这一评价政策要求，我国的地方课程评价在一定程度上做到了因地制宜、评价内容多元、评价方法和手段多样，不少地方纷纷涌现出异彩纷呈的地方课程，并展开了与地方课程相一致的评价探索。尽管如此，我国的地方课程评价在深度的理论研究、专门详细的宏观政策指导和扎实有效的实践探索等方面，都还有很大的发展空间。现以江苏淮安市民间文学地方课程的评价实施为例，从评价方法和评价内容两个方面来呈现我国地方课程评价的实践探索。

"淮安民间文学"地方课程评价

"淮安民间文学"地方课程的评价从教师和学生角度出发，在课程实施的过程中对照课程目标的要求，遵循课程评价的发展性、多元化、客观性原则制定了评价方式。

评价方法："淮安民间文学"地方课程的评价采取形成性评价与表现性评价相结合、定量评价与定性评价相结合、他人评价与自我评价相结合的表现性评价方式。具体而言，分为对教师的评价和对学生的评价，分别采取不同的评价方法并制定评价细则。综合考虑新课程改革的要求和地方课程的特点，在组织对教师的评价时，教师的自我评价、学生与家长的评

1　张晓东. 地方课程评价的基本理念[J]. 教育理论与实践，2001（6）：45-47.
2　曹石珠，张传燧. 地方课程开发实施值得关注的几种倾向[J]. 中国教育学刊，2005（3）：27-30.

价以及评价组的评价所占比例分别为 40%、30%、30%。在组织对学生的评价时，力求做到形成性评价与总结性评价相结合、质性评价与量化评价相结合。

评价内容："淮安民间文学"地方课程的评价内容注重全面性，以课程目标为标准，参考多元智能理论选择评价内容，构建了"淮安民间文学"地方课程教师评价和学生评价的内容与标准（表11-1、表11-2）。

表11-1 教师评价内容与标准表

评价内容	评价目标	评价标准
课程开发与研究能力	教师要对课程内容有深入独到的理解，针对学生、自身和学校等情况组织个性化的教学	1.全面掌握淮安民间文学的知识，对"淮安民间文学"地方课程的目标和课程内容有清晰的认识。2.运用自身的专业知识对课程进行二次开发，挖掘教学资源，使之适应本班学生的学习状况，在此过程中提高自身课程开发的能力。3.在课程实施之前实施的过程中对课程内容进行深入研读，得出具有结构性和操作性的认识
设计合适的教学方案	教师要针对学生的情况制订合理的教学方案	1.为学生制定包含最终目标和阶段目标的教学计划。2.针对课程内容，创造性地修改课程内容，设计适合不同学生的经历、兴趣、知识水平等各方面能力的教学方案。3.选择教学和评价方案，以提高学生对淮安民间文学的理解
管理学习环境	教师要营造和管理好学习环境，为学生的学习提供必要的时间、空间和资源	1.提前联系好学生进行田野调查的场地，确保教学的质量和安全。2.创造开放轻松的课堂讨论氛围，保证小组探讨高效实际。3.能鉴别和利用校内外各种学习资源。4.能调动学生参与学习环境的设计，自主选择实践场所
促进学生学习	教师要学会引导学生学会学习，使得学生面对难题能够抽丝剥茧，化难为易	1.引导学生学会小组学习，明确小组学习过程中应有的注意事项，使得小组学习不再流于形式，人人参与其中。2.能认识到学生之间存在着差异性，并能采取相应的措施，帮助每名学生找到适合自己的角色分工，为团队出一份力，体现自己的价值，并能有所收获。3.引导学生认识自己的学习行为，使学生具备元认知能力，能够随时监测自己的学习行为
实施合理的课程评价	教师要不断地参与对教学及学生所进行的评价	1.使用多种方法，收集并正确分析学生在文本研习和田野调查、实践学习过程中的资料，及时有效地组织档案袋评价。2.指导学生进行自我评价。3.向学生、家长、教师、主管部门及广大公众报告学生学习过程和学习效果

表11-2 学生评价方案表

类别	项目	分值	评价维度	评价内容	评价主体	考核成绩
形成评价	学习习惯	5	基本规范	自觉有序收集与整理学习材料；平时出勤；上课专注度等	自评、师评各占50%	A（90~100）B（80~89）C（70~79）D（60~69）E（60以下）
		5	自主学习	有明确的学习目标；能够自觉做好课前准备和预习；有独立思考的习惯；能够及时复习等	自评	
		10	合作学习	积极参与合作学习；能够在合作学习中认真倾听，尊重他人；大胆表达自己的看法；在合作学习过程中提出建设性意见等	师评25%自评50%互评25%	
	课程内容	15	阅读与鉴赏	对各种体裁的民间文学作品有较高的鉴赏能力；感受民间文学与文人文学的区别；能够感受民间歌谣中反映的人民生活场景；能够分析民间谚语中蕴含的生活哲理，探求其中的科学依据	师评25%自评50%互评25%	
		15	表达与交流	寻访名人逸事并汇报；体验名菜制作并交流；举办班级民歌联唱会；汇报并交流田野调查课题。		
		20	梳理与探究	尝试提炼传说母题；梳理民间文学文本的传播演变脉络；针对某一问题设计调查方案并开展田野调查		
总结评价	课题汇报	20	课题探究	期末考核前两周教师布置调研课题，学生以小组为单位进行课题探究。要求能够根据课题设计合理可行的调研方案，能够进行科学高效的调查并形成相应的调研报告	教师评30%专家评40%家长评30%	
		10	小组汇报	每个小组派出成员汇报自己小组的课题。汇报内容包括课题调研方案设计、具体实施过程、得出的结论、调研过程中遇到的困难及解决方案		

[资料来源] 谷亮."淮安民间文学"地方课程开发与实施研究[D].南京：南京师范大学，2021.

我国台湾于2003年颁布了新的"九年一贯课程纲要总纲"（以下简称"总纲"），在其要点中比较重视各层级的课程评价权责。为了进一步落实这一实施要求，台湾地区的教育研究院与新竹师范学院合作研究，共同开发各层级的课程评价手册，且对每一层级开展课程评价都制定了较详细的课程评价标准，"总纲"对开展日常的课程评价活动提供了重要的依据和参照。现以"总纲"中专门规定"'地方'层级课程评价"的相关内容为例，从课程评价目的、评价时间、评价人员组织、评价流程、评价方式以及评价标准六大方面来完整呈现我国台湾"地方"课程评价的实施全貌和具体情况。

台湾"'地方'层级课程评价"相关内容

评价目的："地方"层级课程评价主要在于自我了解与改进，以扮演好台湾教育事务主管部门与学校之转化枢纽角色，次要目的为强化相关人员自我评价知能、促进专业成长、激发其工作士气，通过课程评价增强课程的发展与实施成效。

评价时间："地方"层级课程自我评价，约每年进行一次，最佳评价时机为每年3—4月并兼具形成性与总结性评价。

评价人员组织：成立两个评价组织，分别为课程自我评价推动委员会、自我评价小组，其成员可视自身之条件与需求，邀请学者专家、家长代表、社会公正人士及学校层级人员。

评价流程：包括三个阶段，第一个阶段是准备评价阶段，第二个阶段是评价运作阶段，第三个阶段是分享与改进阶段。

评价方式：包括自我反省与课程评价对话（自我评价会议）、课程改革相关文件，问卷调查、访谈相关人员等。

评价标准：主要包括组织与任务、行政规划配套、专业成长课程与教学辅导咨询、资源整合及"地方"特色等六大项24条标准。

结果的呈现是以"质量并陈"的方式出现，以质的描述为主，量的结果为辅。

综上所述，地方课程处于承上启下的重要地位，是三级课程体系中的枢纽。地方课程评价首先要考虑国家课程的要求，看地方课程是如何进一步促进国家课程的发展的，其次还要顾及校本课程的生长，关注学校的个性和教师积极性及创造力的发挥。[1]根据《纲要》的要求，地方课程管理的权限是依据国家课程管理政策和本地实际情况，制订本省、自治区、直辖市实施国家课程的计划，规划地方课程。地方课程评价只有处理好国家课程评价和校本课程评价之间的关系，合理准确把握国家、校本两种层次课程的走向，才能避免形成地方保护主义，进而促进其充分发挥地方课程评价的衔接与黏合作用。因此，做好地方课程的评价工作，既能保证国家课程的顺利落实与实施，还能给予校本课程开发更多的空间，有利于校本课程的繁荣创新，实现三级课程的整体发展与推进。

三、校本课程评价的实施现状

我国学者张嘉育、黄政杰认为，学校本位课程评价是发生在学校层级的课程评价活动，亦即由学校成员统筹规划，对学校的课程发展过程或课程成品进行系统而有计划的资料收集与分析，以诊断学校课程问题，引导课程发展过程，产出优质的课程成品的评价过程。[2]那

1　张晓东. 地方课程评价的基本理念[J]. 教育理论与实践，2001（6）：45-47.

2　陈美如，郭昭佑. 学校本位课程评鉴：理念与实践反省[M]. 北京：九州出版社，2006：87.

么，校本课程评价究竟为什么而评、由谁来评、应该评些什么、怎样来评呢？下面我们分别从评价目的、评价主体、评价内容以及评价程序四个基本问题出发，围绕校本课程评价来展开分析。

（一）校本课程评价的目的

我国长期处于大一统的课程体系之下，以国家课程为主，校本课程起步较晚，对于校本课程的评价也尚处于摸索阶段，因此，能够厘清校本课程评价的目的，对理解校本课程评价的价值意义和发展方向具有重要作用。校本课程评价具有两个最根本的目的：其一，校本课程评价为保证校本课程品质而评。校本课程是基于学校自身的办学条件，借助学校的师生力量自主开发的课程，因此，课程开发质量参差不齐。所以，通过校本课程评价进行问题诊断、信息反馈，从而调节策略和结构，以促进校本课程的不断完善。因此，校本课程评价是确保校本课程顺利且高质量开发的关键，也是构建校本课程的质量保障系统的重要环节。其二，校本课程评价为促进学生全面而有个性的发展而评。校本课程评价同其他教育评价活动一样，都是为了更好地促进学生的发展，因而，学生的发展是校本课程评价工作的始点和终点。校本课程评价能够真实地诊断和如实地反映学生的学习情况，并通过对这些学习情况的反馈，能够及时解决教师和学生在日常实践中的课程教学问题。

当然，在课程开发与评价过程中，由于教师以及学校的互动合作，校本课程评价对教师专业水平的提高，对学校的办学理念的更新、办学特色的定位以及整体发展规划，同样具有很大的影响和促进作用。

（二）校本课程评价的评价主体

主体多元化是校本课程评价的主要特点，这是课程权力下放和决策分享的必然结果。应该说，校本课程开发实施的利益相关者都应该是校本课程评价的主体。[1]第一，作为校本课程的最直接参与人和受益人，教师和学生理应成为校本课程评价的主要评价主体。第二，课程评价专家是系统掌握课程评价理论和技术的专业人才，应作为校本课程评价的重要评价主体。第三，学生家长和社区代表的教育需求与期望可以为校本课程开发提供重要的反馈信息，也应该成为校本课程评价的参与者。[2]在关于我国台湾地区的中小学九年一贯课程评鉴模式及其规准之研发与试用的研究成果报告中，提到校本课程实施的评价，其评价主体是以学校课程发展委员会为主体的课程组织，学校课程发展委员会成立课程评价小组，由校长担任召集人，教务（导）主任担任副召集人。为增进校本课程自我评价的公信

---

1 李达. 校本课程评价初探[D]. 上海：华东师范大学，2014.
2 赵新亮，周娟. 校本课程评价的内涵与实施策略[J]. 教学与管理，2011（10）：30-31.

力及准确性，除课程发展委员会成员之外，宜再聘请校内教师、校外社区人士或学者专家（可含中、小学教育工作者）等2～4人。小型学校可以依据上述原则，采取区域策略联盟的方式组成，以解决师资人力不足的问题。而因各校有其文化及行事的不同，每个学校的课程评价组织可依自身的条件弹性调整，选择最适合的人员组织形态。值得注意的是，由于学校开展课程评价的能力并没有得到充分培育，在开展课程评价方面有着许多现实的困难。因此，学校层面的课程评价并不一定完全由学校承担，教育行政部门还应该通过主动组织、委托人员或机构帮助学校更好地开展课程评价工作。

（三）校本课程评价的评价内容

校本课程作为我国当前课程管理分权下放的产物，它的实施与落实集中体现了"以校为本"的基本理念，从某种意义上来说，"既是对我国长期以来这种课程与教学分离局面的反拨，也是一次课程意识的创生与解放。"[1]一般来说，对于校本课程本身的评价其主要包括以下两个不同层面。第一，宏观上对校本课程总体规划的评价，如校本课程总目标、结构与门类、实施策略、组织体系与保障机制等；第二，微观上对校本具体科目的评价，如各科的课程目标设定、资源整合、内容组织、活动设计等。[2]校本课程评价不仅限定在这些静态的课程文本内容的评价，还应包括校本课程实施和操作等动态的、过程性的评价。在实际评价工作中，我们无法将文本的静态评价与实施阶段的动态评价完全割裂开来。另外，相对于国家和地方教育行政部门来说，学校不仅要对所开发的适合学校特色的课程进行评价，还要对国家课程和地方课程的校本化实施情况进行评价。因此，确定校本课程评价的内容和标准的重要意义，就在于它一方面可以为人们在进行总结性的课程评价时提供参照和依据，另一方面还可以在协商和对话过程中，向人们提供一个进一步建构课程评价的环境与前提，所以课程评价内容应具有一个更加灵活多样的评价标准。因此，学校应基于自身的实际情况与需要，根据其课程目标进行适当的整合和评价，选择最适合提高本校课程质量、促进学生发展且科学可行的评价内容指标。现以上海市某中学的校本课程评价内容框架作为范例，希望能为校本课程评价内容的设置和构架提供可参考的思路，详见表11-3。

1　林一钢，黄玉鑫. 校本课程评价[J]. 江西教育科研，2002（9）：7-9.
2　李达. 校本课程评价初探[D]. 上海：华东师范大学，2014.

表11-3　上海市某中学的校本课程评价内容框架[1]

类别	课程评价	课务评价	效果评价
评价内容	课程纲要与课程设计：重点考察课程设计的先进性、科学性、适用性	教务考察：出缺勤、迟到与早退；课堂的投入与效果	受欢迎程度：重点考察选课人数及信息反馈
	课程内容：重点考察内容的充实性、组织的合理性		学生作品：学生课题与作品的数量与质量
	课程组织形式：形式的生动性、多样性、科学性	学生反馈：教学的态度；教学的效果	经验的可移植性：科研课题与论文、总结
	作业与考核：要求明确、围绕主题、量与难度的适度性		学生评价：学生的体会与感悟

（四）校本课程评价的评价程序

课程的评价程序是评价人员或研究工作者依据某种教育理念、课程思想或特定的评价目的，选取一种或几种评价途径所建立起的相对完整的评价体系，它对评价的实施做了基本的说明。[2]校本课程评价涉及的人员较多，过程也相对复杂，相比国家课程评价以及地方课程评价而言，校本课程评价更灵活，情境创生性也更加明显。因此，拥有合理、科学的校本课程评价程序，对于校本课程的质量保证和促进学生的发展就显得尤为重要。一个好的校本课程评价模式要能同时解决两个问题：其一，能协调联合评价主体在实际评价过程中的关系，保障受委托评价者的评价能在学生和学校监控之下创造性地开展评价；其二，评价的标准要能摆脱既定校本课程评价标准的束缚，而在具体的评价过程生成，还要能从实施校本课程的实际中得出真实有效的评价结论。[3]总体而言，我国内地当前的学校校本课程开发很不均衡，校本课程评价研究与实践也不均衡，因此，对校本课程评价流程与模式的研究也有待加强。

关于校本课程评价的实施程序，我国台湾于2004年专门成立研究组对校本课程评价的运行机制、评价细则等进行了深入探究，对校本课程评价的实施流程也有比较系统和清晰的规准：学校层级实施课程评价，由课程发展委员会成立课程评价小组，制订校本课程评价实施计划及修订学校课程评价手册。然后由各方人员构成的课程评价小组进行自我评价和提交评价结果，并在讨论会中向课程发展委员会提出问题及改进意见。最后是追踪评价。针对该校本课程评价的实施流程，各学校可依据自身的条件弹性调整，选择最适合本校的评价实施方式。图11-1是我国台湾学校层级课程评价流程情况。

1　崔允漷，等. 校本课程开发：上海经验[M]. 上海：华东师范大学出版社，2010：227-228.
2　李雁冰. 课程评价论[M]. 上海：上海教育出版社，2002：66.
3　张远增. 论校本课程评价的四个问题[J]. 上海教育科研，2003（7）：63-66.

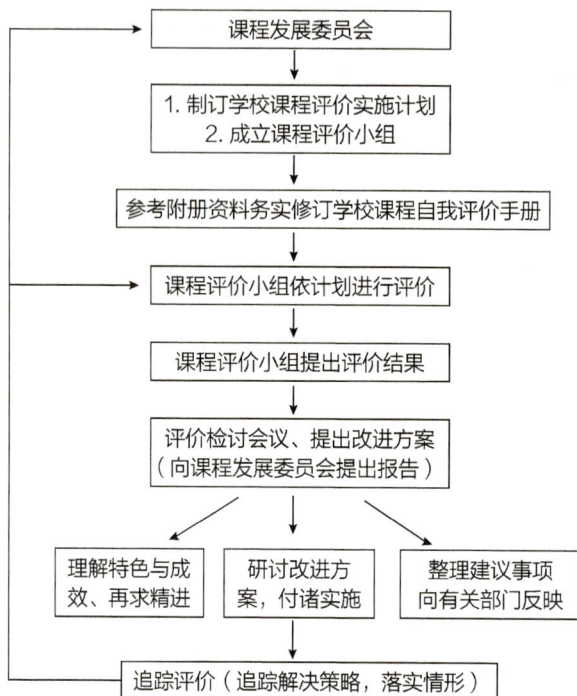

图11-1　我国台湾学校层级课程评价流程图

本章小结

课程评价是指评价者根据教育基本理论、课程理论和评价理论对学校课程在满足社会与学生需求上的程度做出的判断活动。

课程评价结果能否全面地反映教育教学的真实水平，很大程度上取决于课程评价内容的针对性和实效性。因此，明确课程评价基本内容是实施评价工作的关键因素。一般来说，课程评价主要包括课程计划评价、课程标准评价以及教材评价三个方面。

为改变课程管理过于集中的状况，我国实行三级课程评价，包括国家课程评价、地方课程评价以及校本课程评价。三级课程评价活动作为调控课程开发的活动、持续提升课程质量的活动，增强了课程对地方、学校及学生的适应性。

课程评价应运而生于课程创新和课程改革的需求，学习课程评价，有利于清晰地把握课程体系结构，更加理解课程评价的重要意义；同时有助于体悟课程改革创新的顶层设计理念。在学习课程评价的时候，应注意与课程教学实践结合起来，整体把握其脉络。

总结 >

Aa 关键术语

课程评价 Curriculum Evaluation	课程方案评价 Evaluation of Curriculum Program	课程标准评价 Evaluation of Curriculum Standard	教材评价 Teaching Material Evaluation
国家课程评价 National Curriculum Evaluation	地方课程评价 Local Curriculum Evaluation	校本课程评价 School-based Curriculum Evaluation	

🔗 章节链接

　　本章内容与第四章、第八章、第九章都有密切的联系，第四章"教育评价的类型与内容"，部分在讨论教育评价内容时，对课程评价内容进行了整体的概括。课程评价中对教师教学质量、学生学业结果进行探究是评价课程实施过程重要的评价指标，因此，本书第八章"学生评价"、第九章"教师评价"与本章内容联系非常紧密。

应用 >

✏ 体验练习

　　1. 简述课程评价的基本含义及其价值。

　　2. 简述不同课程评价类型及其使用范围。

　　3. 阅读《基础教育课程改革纲要（试行）》，谈谈你对评价部分的认识。

　　4. 结合《义务教育课程方案（2022年版）》，谈谈你对课程方案评价的认识。

　　5. 阅读义务教育某一学科课程标准（2022年版）或普通高中某一学科课程标准（2017年版，2020年修订），谈谈你的认识。

　　6. 结合我国地方课程实施的评价现状，提出你的优化构想。

　　7. 比较不同教材评价标准的维度，谈一谈应该从哪些维度开展教材评价。

　　8. 对课文《愚公移山》做政治性分析，谈谈该课文具备的积极价值观，以及在思想性方面可能产生的误导。

9．以一篇中小学课文编排评价为主题设计一份调查问卷，向教师和学生收集有关的评价信息。

10．试对某一学科的某一册教材进行评价，并设计用于学生的访谈提纲和问卷。

拓展 >

补充读物

1　刘志军．课程评价的现状、问题与展望[J]．课程·教材·教法，2007（1）：3-12．

　　该文针对课程评价中存在的问题，如对课程评价的宽泛理解、缺乏系统的课程评价组织、地方和学校层面的课程评价缺失、过于强调行政意义上的评价等，提出了未来的课程评价工作需加强课程评价理论研究，加强地方特别是学校层面的课程评价，建立有效的课程评价标准和合理的课程评价机制，加强课程评价过程中的对话与协商等策略。

2　冯生尧．课程评价含义辨析[J]．课程·教材·教法，2007（12）：3-8．

　　该文着重探讨了课程评价内涵的问题。内容包括：第一，剖析课程的内涵不只是静态的课程文本，更重要的是动态的课程活动。第二，课程评价就是对课程活动的组成要素和过程环节做出评价。第三，在新基础教育课程改革中，我们应尽可能动态地、全面地评价课程。

3　徐彬，刘志军．指向核心素养的课程评价探析[J]．课程·教材·教法，2019（7）：21-26．

　　该文在促进学生核心素养发展的大背景下，详细阐述了指向核心素养的课程评价的具体含义和基本特征，并基于这些特征提出了指向核心素养的课程评价的建构逻辑，进而从核心素养目的引领、理论实践探索的支撑和多元主体参与的动力三个方面提出了建构指向核心素养的课程评价的路径。

4　李运昌，何青霞．课程评价性思维：教师课程意识的觉醒与彰显[J]．当代教育科学，2012（1）：21-24．

　　该文强调教师课程评价性思维在课程评价中所起的重要作用。文中提出了一些具有建设性的观点，如教师评价性思维的习得在学理上遵循"认知—反思—批判—对话—建构"的发展路径，认为在现实条件分析上，要扩展教师课程评价的视域，为教师进行课程评价赋权增能，营造和谐、共享的课程评价文化与气氛等。

5　王凯．美国课程标准之评价标准的比较、评价与借鉴[J]．比较教育研究，2004（1）：38-43．

　　该文以20世纪90年代美国各州课程标准为研究基础，遴选了美国教师联合会、收获公司以及美国太平洋研究所这三个影响较大的组织的评价标准，对其进行对比并予以评价。最后在合理借鉴的基础上，尝试提出我国新课程标准之评价标准。

6　曾家延，章婷婷．课程标准与评价一致性评估新方法：一致性通用评估工具介评[J]．当代教育科学，2019（5）：52-57．

　　该文在深度比较和分析当前最具代表性的三大一致性测评模型（韦伯分析模式、成功分析模式、课程实施调查模式）的特点和局限性的基础上，详细介绍了一致性通用评估方法存在的优势，并系统分析了一致性通用评估工具的背景及实施技术特点，为我国开展课程标准与评价一致性测评研究提供了新的方法依据。

7　高凌飚. 教材评价维度与标准[J]. 教育发展研究，2007（12）：8-12.

　　该文专门针对教材评价的维度和标准做了深入的研究和探讨。文章提出：从教材的定位出发，其评价应该有六个基本的维度（知识、思想文化内涵、心理发展规律、编写制作水平、可行性、特色与导向性）；教材评价应根据学科的具体情况将上述维度和问题学科化、具体化，形成评价的相关指标项，进一步制定学科的具体评价标准等颇有见地的观点。

8　《中小学教科书评价研究》课题组. 关于中小学教材评价标准的初步研究[N]. 教育学报，2005（4）：46-50.

　　该文着重探讨了如何科学地制定中小学教材评价标准的问题，提出制定中小学教材评价标准有其必要性和迫切性，认为中小学教材评价标准必须反映中小学教材的本质属性，尤其须充分反映中小学教材的教育性，才能更好地解决中小学教材逻辑顺序和心理顺序的协调问题。

9　刘志军. 走向理解的课程评价：发展性课程评价理论探索[M]. 北京：中国社会科学出版社，2004.

　　全书共4章，通过对发展性课程评价的理论分析，将课程评价进行重新诠释，并确立了课程评价的基本理念，形成了以课程设计评价、课程实施评价、课程结果评价相互交融的开放的三螺旋结构表现形式的发展性课程评价的基本结构。最后提出理解、多元和现实的基本原则、网状结构模型的内在机制，以行动研究为基本策略的发展性课程评价的方法体系。

10　陈玉琨，等. 课程改革与课程评价[M]. 北京：教育科学出版社，2001.

　　该书系世纪之交中国基础教育改革研究丛书之一，从课程改革和评价的前瞻性和现实性的结合上，对课程改革方向进行了科学的指引；从理论和实践的紧密结合上，对课程改革的意义、作用和操作进行了详细的阐述；从规范和创新上，对课程体系和结构进行了整体的把握。构成了一个较之以前不同的、较完整的课程改革和课程评价体系。

参考文献

著作类：

[1] 蔡敏. 当代学生课业评价[M]. 上海：上海教育出版社，2006.

[2] 蔡敏. 美国中小学教师评价及典型案例[M]. 北京：北京大学出版社，2009.

[3] 陈向明. 质的研究方法与社会科学研究[M]. 北京：人民教育出版社，2000.

[4] 陈新汉. 评价论导论：认识论的一个新领域[M]. 上海：上海社会科学院出版社，1995.

[5] 陈玉琨. 教育评价学[M]. 北京：人民教育出版社，1999.

[6] 陈玉琨. 中国高等教育评价论[M]. 广州：广东高等教育出版社，1993.

[7] 陈玉琨，等. 课程改革与课程评价[M]. 北京：教育科学出版社，2001.

[8] 程书肖. 教育评价方法技术[M]. 北京：北京师范大学出版社，2004.

[9] 丁朝蓬. 新课程评价的理念与方法[M]. 北京：人民教育出版社，2003.

[10] 高凌飚. 基础教育教材评价：理论与工具[M]. 北京：人民教育出版社，2002.

[11] 顾明远. 中国教育大百科全书[M]. 上海：上海教育出版社，2012.

[12] 侯光文. 教育评价概论[M]. 石家庄：河北教育出版社，1996.

[13] 胡中锋. 教育评价学. 2版[M]. 北京：中国人民大学出版社，2008.

[14] 胡中锋. 教育评价学[M]. 北京：中国人民大学出版社，2013.

[15] 黄光雄. 教育评鉴的模式[M]，台北：师大书苑有限公司，1989年.

[16] 黄光扬. 教育测量与评价[M]. 上海：华东师范大学出版社，2012.

[17] 黄济，王策三. 现代教育论[M]. 北京：人民教育出版社，1996.

[18] 江山野. 简明国际教育百科全书·课程[M]. 北京：教育科学出版社，1991.

[19] 蒋建洲. 发展性教育评价制度的理论与实践研究[M]. 长沙：湖南师范大学出版社，2000.

[20] 金娣，王刚. 教育评价与测量[M]. 北京：教育科学出版社，2002.

[21] 李聪明. 教育评价的理论与方法[M]. 台北：台湾幼狮书店，1961.

[22] 李德顺. 价值论：一种主体的研究[M]. 北京：中国人民大学出版社，1987.

[23] 李雁冰. 课程评价论[M]. 上海：上海教育出版社，2002.

[24] 李玉芳. 多彩的学生评价[M]. 北京：教育科学出版社，2009.

[25] 刘本固. 教育评价的理论与实践[M]. 杭州：浙江教育出版社，2000.

[26] 刘本固. 教育评价学概论[M]. 长春：东北师范大学出版社，1988.

[27] 刘志军. 课堂评价论[M]. 桂林：广西师范大学出版社，2002.

[28] 刘志军. 走向理解的课程评价：发展性课程评价理论探索[M]. 北京：中国社会科学出版社，2004.

[29] 柳夕浪. 学生综合素质评价：怎么看？怎么办？[M]. 上海：华东师范大学出版社，2016.

[30] 马俊峰. 评价活动论[M]. 北京：中国人民大学出版社，1994.

[31] 瞿葆奎. 教育学文集·教育评价[M]. 北京：人民教育出版社，1989.

[32] 沈玉顺. 现代教育评价[M]. 上海：华东师范大学出版社，2002.

[33] 盛奇秀. 中国古代考试制度[M]. 济南：山东教育出版社，1988.

[34] 孙河川. 教师评价指标体系的国际比较研究[M]. 北京：商务印书馆，2011.

[35] 孙培青. 中国教育史[M]. 上海：华东师范大学出版社，2009.

[36] 陶西平. 教育评价辞典[M]. 北京：北京师范大学出版社，1998.

[37] 涂艳国. 教育评价[M]. 北京：高等教育出版社，2007.

[38] 王斌华. 教师评价：绩效管理与专业发展[M]. 上海：上海教育出版社，2005.

[39] 王道俊，郭文安. 教育学[M]. 北京：人民教育出版社，2009.

[40] 王汉澜. 教育评价学[M]. 开封：河南大学出版社，1995.

[41] 王景英. 教育评价[M]. 北京：中央广播电视大学出版社，2004.

[42] 吴钢. 现代教育评价基础[M]. 上海：学林出版社，2004.

[43] 肖远军. 教育评价原理及应用[M]. 杭州：浙江大学出版社，2004.

[44] 许建钺，等编译. 简明国际教育百科全书：教育测量与评价[M]. 北京：教育科学出版社，1992.

[45] 杨小微. 教育研究的理论与方法[M]. 北京：北京师范大学出版社，2008.

[46] 袁贵仁. 价值学引论[M]. 北京：北京师范大学出版社，1991.

[47] 翟天山. 教育评价学[M]. 武汉：武汉工业大学出版社，1992.

[48] 张德锐，等. 发展性教师评鉴系统[M]. 台北：五南图书出版公司，1996.

[49] 张惠芬，金忠明. 中国教育简史[M]. 上海：华东师范大学出版社，2001.

[50] 赵祥麟，王承绪. 杜威教育论著选[M]. 上海：华东师范大学出版社，1981.

[51] 周卫勇. 走向发展性课程评价：谈新课程的评价改革[M]. 北京：北京大学出版社，2002.

[52] 朱德全，宋乃庆. 教育统计与测评技术[M]. 重庆：西南师范大学出版社，2007.

[53] 朱慕菊. 走进新课程：与课程实施者对话[M]. 北京：北京师范大学出版社，2002.

[54] [美]Daniel L. Stufflebeam, George F. Madaus and Thomas Kellaghan. 评估模型[M]. 苏锦丽，等译. 北京：北京大学出版社，2007.

[55] [美]Diane Hart. 真实性评价：教师指导手册[M]. 国家基础教育课程改革"促进教师发展与学生成长的评价研究"项目组，译. 北京：中国轻工业出版社，2004.

[56] [美]Ellen Weber. 有效的学生评价[M]. 国家基础教育课程改革"促进教师发展与学生成长的评价研究"项目组，译. 北京：中国轻工业出版社，2003.

[57] [美]Gary D. Borich, Martin L. Tombari. 中小学教育评价[M]. 国家基础教育课程改革"促进教师发展与学生成长的评价研究"项目组，译. 北京：中国轻工业出版社，2004.

[58] [美]James Nolan, Jr. linda A. Hoover. 教师督导与评价：理论与实践的结合[M]. 兰英，主译. 北京：中国轻工业出版社，2007.

[59] [美]布卢姆，等. 教育评价[M]. 邱渊，等译. 上海：华东师范大学出版社，1987.

[60] [美]高尔，等. 教育研究方法导论. 6版[M]. 许庆豫，等译. 南京：江苏教育出版社，2002.

[61] [美]拉尔夫·泰勒. 课程与教学的基本原理[M]. 施良方，译. 北京：人民教育出版

社，1994．

[62] [日]梶田叡一．教育评价[M]．李守福，译．长春：吉林教育出版社，1988．

期刊类：

[1] 陈玉琨，李如海．我国教育评价发展的世纪回顾与未来展望[J]．华东师范大学学报（教育科学版），2000（1）．

[2] 丁朝蓬．教材评价的本质、标准及过程[J]．课程·教材·教法，2000（9）．

[3] 高凌飚．教材评价维度与标准[J]．教育发展研究，2007（12）．

[4] 李方．论教育评价指标体系的构建[J]．教育研究，1996（9）．

[5] 刘志军．关于教育评价方法论的思考[J]．教育研究，1997（11）．

[6] 刘志军．教育评价的反思和建构[J]．教育研究，2004（2）．

[7] 刘志军．课程评价的现状、问题与展望[J]．课程·教材·教法，2007（1）．

[8] 裴娣娜．论我国课堂教学质量评价观的重要转换[J]．教育研究，2008（1）．

[9] 吴钢．西方教育评价发展历史的探讨[J]．外国教育研究，1992（4）．

[10] 杨向东．教育测量在教育评价中的角色[J]．全球教育展望，2007（11）．

[11] 叶澜，吴亚萍．改革课堂教学与课堂教学评价改革："新基础教育"课堂教学改革的理论与实践探索之三[J]．教育研究，2003（8）．

[12] 叶澜．让课堂焕发出生命活力：论中小学教学改革的深化[J]．教育研究，1997（9）．

[13] 张厚粲，等．教育测量与教育评价[J]．教育研究，1987（5）．

关键术语表

价值	Value	价值是主客体的一种关系，价值是客体对主体的意义，是客体对主体需要满足之间形成的特定关系，它来源于客体，取决于主体的需要，产生于实践
规范性评价	Criterion Evaluation	以主客体关系价值为基础的评价，是依据一定的标准，以价值判断为主要特征的评价
超规范性评价	Super-criterion Evaluation	以交往价值为基础的评价，是通过评价主体之间的交流实现对已有评价标准或规范的批判、理解、反思、建构
教育评价	Educational Evaluation	通过对教育现象和活动价值的调查、分析、协商、判断，逐步达成共识，促进教育现象与活动不断调适、改进和发展的过程
形成性评价	Formative Evaluation	通过诊断教育活动与过程中存在的问题，为正在进行的教育活动提供信息，以提高活动质量的评价
总结性评价	Summative Evaluation	在教育活动发生后对教育活动效果的判断，它常常与分等鉴定和考核有关
教育评价功能	Function of Education Evaluation	教育评价本身所具有的、可以对教育对象产生影响或变化的功效与能力
相对评价	Relative Evaluation	也称常模参照评价，是一种以被评价群体的常模为参照，用以说明一个个体在群体中所处的位置，并用其在群体中所处的位置说明其优劣
绝对评价	Absolute Evaluation	也称为标准参照评价，它以教育目标或课程标准等评价群体外的标准作为参照，对被评者的表现或成就进行评定
个体内差异评价	Individual Differences in Evaluation	一种以个体过去的表现为参照的一种评价，一般是把被评者的当前表现和过去的某个或某些表现进行比较
诊断性评价	Diagnostic Evaluation	了解评价对象的已有条件和基础，以便根据学生实际和特点组织教育教学活动，常常在一个教学周期或一个新的教学单元开始之时进行

续表

自我评价	Self-Evaluation	被评价者（个人或集体）根据教育评价标准，对自己的工作、学习、品德等方面的表现，进行自己对自己的评价，也称内部评价
他人评价	Others' Evaluation	被评价者以外的组织或个人依据评价标准对被评者进行的评价，也称外部评价
量化评价	Quantitive Evaluation	对评价对象可以量化的部分进行测量，获取数量化的信息资料，并运用统计分析方法进行分析，以得出评价结果的一类评价
质性评价	Qualitative Evaluation	通过收集非数量化资料信息并运用描述分析方法得出评价结论的一类评价
教育评价模式	Educational Evaluation Models	在一定教育评价理论或教育评价思想指导下建立起来的相对稳定的教育评价活动的范型，是对某种教育评价活动的总体构思
目标评价模式	Objective Evaluation Model	由"现代教育评价之父"泰勒提出，将行为目标看作教育评价活动的出发点和依据
CIPP 评价模式	CIPP Evaluation Model	由美国教育评价学者斯塔弗尔比姆提出，是背景（Context）评价、输入（Input）评价、过程（Process）评价和成果（Product）评价四个步骤的简称
CSE 评价模式	CSE Evaluation Model	由美国加利福尼亚大学洛杉矶分校评价研究中心（Center for Study of Evaluation）开发的一种教育评价模式，包括需要评定、方案计划、形成性评价、总结性评价等步骤
目的游离评价模式	Goal-free Evaluation Model	由美国学者斯克里文提出，强调评价更看重是否真正满足了消费者的需要，而不是目标的达成
应答评价模式	Response Evaluation Model	由美国课程评价专家斯塔克提出，强调评价活动从开始到结束都应以方案当事人的充分交流和磋商为基础
自然主义评价模式	Naturalism Evaluation Model	代表人物是古巴和林肯，认为评价过程是评价者和被评价者共同建构意义的过程，提倡在自然教育情境中采用质性方法进行评价
教育评价程序	The Procedure of Evaluation	教育评价活动的各项要素与内容，按其相关联系、活动顺序，组织实施的次序或步骤

续表

教育评价的心理调控	Psychological Adjustment and Control in Educational Evaluation	在教育评价中改变评价者和被评价者影响教育评价正常进行的心理偏差的调节与控制措施
评价准则	Evaluational Criterion	在教育评价活动之前对被评属性或方面质的规定
评价标准	Evaluational Standard	评价方案的设计者根据教育目标、教育规律的要求而设计的对教育现象进行科学判断和价值判断的具体规定和准则
评价指标体系	Evaluation Index System	一组相互间有着紧密关系的指标集合体
权重	Weight	某一评价标准在同级评价标准体系中所处地位的相对重要程度
加权	Weighting	根据某个评价标准在整个评价标准体系中的相对重要程度分别赋予不同权数的过程
德尔菲法	Delphi Technique	一种通过有控制的收集专家意见的手段和程序，专家在研究问题时不进行面对面的交往，不直接交换意见，在互不影响的条件下，达到意见一致的过程
评价者心理调控	Psychological Adjustment and Control of Evaluator	通过各种措施使影响评价人员正常进行评价的不良心态得以改变的措施
被评价者心理调控	Psychological Adjustment and Control of Being Evaluated	通过各种使被评价者因各种心理原因对评价效果的不良影响的心理状态得到改变和有效控制
教育评价方法	Educational Evaluation Methods	评价者根据教育评价目标和理论，在收集评价对象的各种质量表现、做出评价结论时，所运用的操作方式和工具
量化方法	Quantitive Method	采取定量计算的方法，运用一定的数学模型、统计方法、模糊数学的方法来收集和处理数据

续表

质性方法	Qualitative Method	评价者在自然情境中收集评价对象的各种描述性的、定性的资料，依据教育价值观对这些资料进行判断，从而得出评价结论的一种评价方法
观察法	Observation Method	评价者对评价对象在自然状态下或者有控制状态下的有关行为表现做出描述性如实记录的方法
访谈法	Conversation Method	评价者通过与访谈对象（可能是评价对象，也可能不是评价对象）面对面的交谈而收集评价信息的一种方法
问卷法	Questionnaire Method	评价者根据评价目标编制一组书面问题，要求调查对象书面回答，从而获得评价信息的一种评价方法
测验法	Test Method	评价者通过一系列试题评价对象的质量状况，并以数量形式表现评价结果的一种评价方法
学生评价	Student Evaluation	在系统和全面地收集、处理和分析学生信息的基础上，依据一定的价值标准，运用多种科学且可行的方法，对学生的课业、思想品德、身体素质、心理素质和综合能力等方面的发展和变化进行评价，目的在于促进学生的全面发展，提高教师的教学质量
表现性评价	Performance Evaluation	根据学生在真实的或模拟的生活情境中完成任务的表现，评价他们在认知、情感、技能和学习成果等方面的情况
档案袋评价	Portfolio Evaluation	通过对档案袋的积累过程和最终结果的分析，对学生的发展状况所做出的评价
教师评价	Teacher Evaluation	依据一定评价标准和程序，采用多种评价方法，对教师应具备的素质、工作过程中的表现及其工作绩效等方面进行调查、分析、协商、判断，逐步达成共识的过程，目的在于不断促进教师的专业发展和提高教学效能
奖惩性教师评价	Teacher Evaluation of Rewards and Punishments	以提高教师绩效管理为目的，强调通过评价对教师工作的价值进行甄别与选拔，从而给出奖励或惩罚的教师评价制度
发展性教师评价	Developmental Teacher Evaluation	以促进教师专业发展为目的，注重通过评价发现教师工作中存在的问题，指出方向，从而促进教师发展的教师评价制度
学校评价	The School Evaluation	以一定的教育价值观为指导，运用教育评价的理论和方法，按照党和国家的教育方针、政策、法规以及特定的评价标准对学校的办学方向、办学条件、管理工作、办学效益等方面进行总体评价的或单项评价的活动和过程

鉴定性学校评价	Identification of School Evaluation	以鉴定学校办学优劣为宗旨，根据某种评价标准，对学校工作进行检查、监督，对办学质量进行水平鉴定和优劣评定的活动
发展性学校评价	Developmental School Evaluation	以帮助、指导学校自主发展为宗旨，依据学校自身发展水平及发展目标，对被评价学校发展现状、潜能和未来发展前景进行评判的活动或过程
综合性学校评价	Comprehensive School Evaluation	对学校工作的全面评价，一般包括办学思想、办学条件、办学行为和办学绩效等方面
专题性学校评价	Unique School Evaluation	对学校某一（些）方面工作进行的评价，如学校管理工作评价、学校教学工作评价、学校后勤工作评价等
课程评价	Curriculum Evaluation	对课程开发全过程的评价，主要包括课程设计的评价、课程实施的评价、课程效果的评价等
课程方案评价	Evaluation of Curriculum Program	对课程方案各项组成内容的评价，具体包括培养目标、课程结构、课程设置、课程实施与评价、条件与保障等方面的评价
课程标准评价	Evaluation of Curriculum Standard	对课程标准各项组成内容的评价，具体包括课程性质与课程理念、学科核心素养与课程目标、课程结构、课程内容、学业质量标准、实施建议等方面的评价
教材评价	Teaching Material Evaluation	对教材的价值大小做出的一种判断，具体包括教材设计和编制的分析和评价；教师使用教材的分析和评价；学生行为模式和学业成绩的分析和评价等

后 记

　　《教育评价》作为高等师范院校教师教育精品教材系列中的一本，主要面向师范类本科生学习并掌握教育评价理论与方法编写，也可以作为中小学教育工作者认识、了解与学习教育评价知识的参考书或读物，本书第一版于2018年8月由北京师范大学出版社出版。

　　时隔4年，《教育评价》在第一版基础上进行了第一次修订，主要有如下两点原因：第一，本书第一版出版后，受到广大中小学教育实践工作者的关注，收到不少好评，尤其是不少科研院所的评价研究人员在看完本书后，通过电话、邮件等方式与主编及作者联系，提出了进一步学习和交流的愿望，这些来自实践领域和理论工作者对教育评价的学习热情，给了编者很大的鼓舞，同时，也极大地激发了编者勇担教育评价知识传播者和改革参与者的责任感和使命感，深感有责任有义务对第一版作进一步完善和修订。第二，当前我国正处在教育评价改革的迅猛发展时期，尤其是2020年10月13日中共中央、国务院印发了《深化新时代教育评价改革总体方案》后，相关配套政策及改革措施陆续出台，拉开了我国新时代教育评价改革的大幕，与此同时，教育评价理论研究也迎来了一个新的高潮，我国正在朝着形成富有时代特征、彰显中国特色、体现世界水平的教育评价体系而努力。因此，全面领会评价改革精神，充分体现最新研究成果，不断加强理论对实践的解释力和指导力，这是高校师范教育高质量高水平教材的应然追求。鉴于上述两点原因，本书主要在以下三个方面进行了修订：

　　第一，加强教育评价理论知识的可读性。重点就第一至五章教育评价理论知识的学习内容，进一步完善了教育评价相关学术用语的严谨性，以及表达方式的流畅性，以加强学习者对教育评价理论知识的可读性和接受度。

　　第二，增强教育评价技术方法的实践性。主要结合教育评价实践工作发展和需求，在第六、七章就教育评价程序、技术、方法等相关内容做了进一步规范和更新，并就第八至十一章涉及评价方式方法的内容，增加了实践案例，更新了阅读资料，以充分体现教育评价技术方法的实践指向特点。

　　第三，体现教育评价改革精神的时代性。重点在第一章、第八至十一章的历史梳理、评价理念、评价内容、评价方式等相关内容中，充分吸收融入了新时代我国教育评价改革的最新精神及最新研究成果，以充分体现教育评价改革的时代性和先进性。

　　本书共十一章，由刘志军教授（河南大学）任主编，张红霞教授（河南大学）任副主编，由来自八所院校的作者共同完成。各章作者分别是：导论，刘志军教授（河南大学）；第一章，曾继耘教授（山东师范大学）、李想（鲁东大学）、刘志军教授（河南大学）；第二章，刘志军教授（河南大学）、王连照教授（天津师范大学）；第三章、第九章，张红霞教授（河南大学）；第四章，张红霞教授（河南大学）、南纪稳教授（陕西师范大学）；第五章，曾继耘教授（山东师范大学）；第六章，张红霞教授（河南大学）、但武刚教授（华中师范大学）；第七章，刘志军教授（河南大学）、但武刚教授（华中师范大学）、王宏伟副教授（河南师范大学）；第八章，蔡敏教授（辽宁师范大学）、王洪席教授（河南大学）；第十章，曾继耘教授、周卫勇教授（山东师范大学）；第十一章，刘志军教授、徐彬副教授（河南大学）、熊杨敬副教授（河南师范大学），河南大学博士研究生陈雪纯、许越，硕士研究生胡婷婷、丁晓芳同时参与了部分章节修订工作，全书由刘志军、张红霞统稿和定稿。

本书能够顺利出版，特别感谢北京师范大学出版社！尤其是王剑虹同志为本书的编辑与出版付出了很多心血，没有她的辛苦付出，本书的修订版难以在短时间内与读者见面。

各位编者倾注了大量时间和精力，力求出精品、佳品，由于水平有限，书中仍难免有疏漏与不当之处，恳请广大读者批评指正，以帮助我们日后不断修正完善。

刘志军

2022 年 5 月